Adam Reifenberger

Fuerteventura

REISE  HANDBUCH

Fuerteventura

Text, Zeichnungen	Adam Reifenberger
Fotos	Adam Reifenberger, Conrad Stein
Titelbild	Roberto Rodríguez Castillo
Lektorat	Anette Reese
Karten und Pläne	Stefanie Kruth
Gesamtherstellung	Norddruck Neumann KG

Das Titelbild zeigt eine Windmühle (*molino de gofio*) - das Wahrzeichen Fuerteventuras.

Von Adam Reifenberger sind außerdem folgende ReiseHandbücher im Conrad Stein Verlag erschienen: *Gomera, Gran Canaria, Kanarische Wanderungen, Lanzarote, La Palma, Teneriffa*.

Dieses ReiseHandbuch hat 288 Seiten mit 24 Abbildungen (davon 10 in Farbe), div. Skizzen sowie 10 Karten und Stadtplänen. Es wurde auf chlorfrei gebleichtem Papier gedruckt.

ISBN 3-89392-210-5   002680

Inhalt

Prefacio

En el año 1403, Gadifer de la Salle, a modo de un touroperador pionero, ofertaba, sin faltar a la verdad, una estancia en Fuerteventura en un paraje idílico, en la vega de un río permanente rodeado de bosque. Había que poblar la isla.

Esta imagen originaria y paradisíaca se vió lógicamente transformada con la arribada del hombre europeo y su ingenio, que convirtieron la isla en el granero de Canarias para aquella época. Pero con el hombre supuestamente civilizado llegaron los burros, vacas y, sobre todo millares de cabras, en cantidades del todo excesivas. La tierra quedó pelada y a merced de los caprichos de las irregulares lluvias subtropicales, que no pocas veces dejaron de satisfacer las más elementales necesidades de los habitantes. Las hambrunas impusieron la emigración, hasta que los inviernos más lluviosos fecundaban de nuevo la tierra.

Después de siglos de repetidas sequías y constante pobreza, Fuerteventura, con su piel de camello tostada y endurecida por el viento, ha sido redescubierta como un paraíso, pero muy diferente al de hace seis siglos: playas blancas e infinitas, batidas por las olas de un Atlántico benigno y acogedor; habitantes afables y laboriosos, cielo azul y sol a raudales, y la despreocupación por los animales venenosos y enfermedades malignas inherentes a aquellas latitudes tropicales que parecían tener reservadas este tipo de bellezas.

Sin embargo, el libro que tienen en sus manos, pretende mostrarles algo más que los tópicos turísticos de la isla. Desvela para usted la vieja cara arrugada de Fuerteventura, la intrincada historia de sus rocas, los testimonios de una arquitectura medieval, y la milagrosa astucia de unos animales y plantas que han logrado sobrevivir en condiciones ecológicas ya de por sí difíciles, antes de que el hombre las agravara más. No en valde ha sido escogido como símbolo de la isla una euforbia, que aprendió a imitar a los cactos, reliquia del ingenio adaptativo de la vida frente al reto de un medio desértico.

Invito al lector de este libro a conocer la fuerza brava y austera de la naturaleza majorera bajo el duro resplandor de un sol, ya algo africano, para que él mismo, y también los que vengan detrás, puedan despedirse de Fuerteventura con el homenaje del poeta Unamuno, que la conoció como exiliado, y terminó por enamorarse de ella:

"Un oasis me fuiste, isla bendita,
la civilización es un desierto."

Antonio Machado Carrillo
Consejero Regional de la UICN

Im Jahr 1403 bot Gadifer de la Salle, gewissermaßen als Pionier der Reiseveranstalter, ohne der Wahrheit Unrecht zu tun, einen Aufenthalt in einer idyllischen Landschaft auf Fuerteventura an, im Tälchen eines ganzjährigen Baches, umgeben von Wald. Schließlich galt es, die Insel zu besiedeln.

Dieses ursprüngliche und paradiesische Bild wurde aber mit der Ankunft des europäischen Menschen und seinem Erfindergeist, der die Insel zur Kornkammer der Kanaren der damaligen Zeit machte, verändert. Aber mit dem angeblich zivilisierten Menschen kamen die Esel, Kühe und vor allem Tausende von Ziegen, jedenfalls in disproportionalen Mengen. Die Erde blieb geschoren zurück, den Launen unregelmäßiger subtropischer Niederschläge, die oft nicht einmal die elementarsten Bedürfnisse ihrer Bewohner deckten, schutzlos ausgeliefert. Hungersnöte zwangen zur Auswanderung, bis regenreichere Winter die Erde wieder fruchtbar machten.

Nach Jahrhunderten immer wiederkehrender Dürren und dauernder Armut, wurde Fuerteventura, mit seiner verbrannten und vom Wind gehärteten Kamelhaut, als Paradies wiederentdeckt, aber als ein ganz anderes Paradies als das von vor sechs Jahrhunderten: unendliche, weiße Strände, an die die Wellen des milden und freundlichen Atlantiks schlagen; liebenswürdige und fleißige Bewohner, blauer Himmel und Sonne in Hülle und Fülle und dazu keine Angst vor giftigen Tieren und tückischen Krankheiten, die jenen tropischen Breiten eigen sind, denen solche Schönheiten normalerweise vorbehalten bleiben.

Doch will das Buch, das Sie in Händen halten, Ihnen etwas mehr zeigen als die typischen Tourismusziele der Insel. Es enthüllt Ihnen das zerfurchte, alte Antlitz Fuerteventuras, die komplexe Geschichte seiner Gesteine, die Zeugnisse einer mittelalterlichen Architektur und die wunderbare List der Tiere und Pflanzen, die es geschafft haben, unter ökologischen Bedingungen zu überleben, die schon an und für sich schwierig waren, bevor der Mensch sie verschlimmerte. Nicht umsonst wurde als Sinnbild der Insel eine Euphorbie gewählt, die gelernt hat, die Kakteen zu imitieren, ein kostbares Dokument der Anpassungsfähigkeit des Lebens angesichts der Herausforderung einer wüstenhaften Umgebung.

Ich lade den Leser dieses Buches ein, die wilde, strenge Kraft der Naturlandschaft Fuerteventuras unter dem harten Licht der schon etwas afrikanischen Sonne kennenzulernen, damit er selbst und auch noch die, die nach ihm kommen, sich von Fuerteventura mit der Huldigung des Dichter Unamuno verabschieden können, der sie als Verbannter kennenlernte und sie als in sie Verliebter verließ:

"Oase warst du mir, gesegnete Insel,
die Zivilisation ist eine Wüste."

Antonio Machado Carrillo
Vertreter Europas bei der International Union for Conservation of Nature and Natural Resources (IUCN) und Ex-Umweltberater der Autonomen Kanarischen Regierung

Danke

Die Recherchierungsarbeiten für dieses Buch wurden von den Majoreros auf verschiedensten Ebenen großzügig durch bereitwillige Zurverfügungstellung mündlicher und schriftlicher Informationen unterstützt.

Zu besonderem Dank verpflichtet bin ich dem Senator Gerardo Mesa Noda, dem Leiter des historischen Archivs der Insel, Francisco Navarro Artiles, den kooperativen Mitarbeitern der Inselverwaltung, insbesondere dem Hobby-Archäologen Pedro Carreño Fuentes, sowie dem Biologen Bernardo Santana und der Museumsführerin Maria Belén in Betancuria.

Typische Windmühle in Antigua ☞

Symbole

🖐   Achtung

✉   Adresse

📖   Buchtip

☺   Tip

🛏   Unterkunft

✗   Verpflegung

Über den Autor

Adam Reifenberger lebt mit seiner Frau Ursula seit über zehn Jahren auf La Gomera. Seine ausgezeichneten Kenntnisse der Kanarischen Inseln gewann er u.a. als Wanderführer bei Wikinger-Reisen. Er ist nicht nur Autor der im Conrad Stein Verlag erschienenen Reise- und Wanderhandbücher über Gomera, Teneriffa, La Palma, Lanzarote, Gran Canaria und Kanarische Wanderungen, sondern er veröffentlicht auch wissenschaftliche Artikel in Fachpublikationen.

Für die Sendung *Der große Preis* am 25. Juni 1992 mit dem Thema *Kanarische Inseln* hat ... "das Spanische Fremdenverkehrsamt in Frankfurt ... dem ZDF Adam Reifenberger als Experten empfohlen, weil er als Autor der besten Reiseführer-Serie der Kanaren gilt" (Wochenspiegel, Teneriffa).

Im Jahre 1993 war er als freier Mitarbeiter des WDR 3 Co-Autor des Kanarenbeitrags der Sendung *Ticket* vom 04. April 1993.

Reise-Infos von A bis Z

Fuerteventura in Daten

Lage: zwischen 28°45'04'' und 28°02'16'' nördlicher Breite und zwischen 14°30'34'' und 13°49'12'' westlicher Länge

Oberfläche	1.653,7 km²
Höchste Erhebung	Pico de la Zarza 807 m NN
Größte Nord-Süd-Erstreckung	92,5 km (Corralejo - Morro Jable)
Größte West-Ost-Erstreckung	31,3 km (Puerto de la Peña - Caleta de Fustes)

Entfernung nach	
Lobos	2 km
Lanzarote	11 km
Gran Canaria	81 km
Teneriffa	166 km
La Gomera	240 km
El Hierro	332 km
La Palma	320 km
Afrika (Festland)	94 km
Deutschland (Frankfurt/M.)	3.150 km

Küstenlänge	326 km
davon Steilküste	165 km
davon Felsküste	80 km
davon Kiesstrand	20 km
davon Sandstrand	55 km
davon Hafenanlagen	6 km

Straßennetz	423 km
Erdstraßen	665 km

Einwohner (1991)	49.542
Ausländer	444
Einwohner/km²	30
	(zum Vergleich: Deutschland 220)

Arbeitender Teil der Bevölkerung	37%
Arbeitslosigkeit	19%

Sonnenschein in Std./Jahr	3.033 (Costa Calma); 2.910 (Corralejo) (zum Vergleich: München 1.800)

Älteste Gesteinsprobe	38,6 Millionen Jahre
Letzte vulkanische Aktivität	Arena (420 m NN) ca. 5.000 v.Chr.
Älteste menschl. Siedlungsspur	220 n.Chr.

Regen	pH 7
Trinkwasserqualität (Las Playitas)	pH 7, Nitrat 25 mg/l; Wasserhärte 20 Grad deutscher Härte

Fisch	Quecksilber 0,003-0,016 ppm
in Deutschland zulässig	500 bis 1.000 ppm nach Schadstoff-höchstmengen VO vom 23.3.1988

Die Insel Lobos in Daten

Lage: zwischen 28°45'38'' und 28°43'47'' nördlicher Breite und zwischen 13°48'25'' und 13°49'54'' westlicher Länge

Oberfläche	6 km²
Höchste Erhebung	Lobos oder Montaña de la Caldera 127 m NN
Größter Durchmesser	3,5 km

Ausflugsattraktionen

Geologische Attraktionen
* Puerto de la Peña, Aufschluß von kreidezeitlichem Meeresboden (☞ Das Land, Geologische Formen; Ort für Ort)
* Vega de Rio Palmas (am Stausee), Aufschluß von Tiefenerstarrungsgestein (☞ Das Land, Geologische Formen)
* Montaña Tindaya, Trachytstock (☞ Das Land, Geologische Formen; Ort für Ort)
* Las Playitas, Pozo Negro, La Lajita und Tarajalejo, Fossilaufschlüsse (☞ Das Land, Geologische Formen; ebenso aufbereitet im Museum in Betancuria)

Landschaftsattraktionen (☞ Die Wirtschaft, Karte Naturschutzgebiete)
* Naturpark "Dünen von Corralejo" (☞ Ort für Ort)

- Naturpark "Pozo Negro", Lavafelder mit Siedlungsspuren der Ureinwohner (☞ Die Ureinwohner, Karte vorspanischer Fundstätten)
- Naturpark "Insel Lobos" (☞ Ort für Ort; Wanderung Nr. 7)
- Naturpark Jandía (☞ Ort für Ort; Wanderungen Nr. 9 bis 12)
- Naturpark Betancuria (☞ Ort für Ort; Wanderungen Nr. 1 bis 5)
- Naturpark Barranco de los Molinos (☞ Ort für Ort), Feuchtbiotop
- Naturschutzgebiet "Tindaya", Felsbilder (☞ Die Ureinwohner, Karte vorspanischer Fundstätten; Wanderung Nr. 8)
- Naturschutzgebiet "Malpaís de la Arena", Lavafelder mit archäologischen Fundstellen (☞ Die Ureinwohner, Karte vorspanischer Fundstätten)
- Naturschutzgebiet "Saladar de Jandía", salzliebende Vegetation (☞ Das Land, Flora)
- Naturschutzgebiet Caldera de Gairia, Kraterkegel

Bootsausflüge
- Morro Jable, Motorboot "My Lili", ☏ 541284
- Morro Jable - Palm Charter, ☏ 535340
- Morro Jable, Segelschiff "Pedra Sartaña", ☏ 535340 und 541284
- Corralejo, täglich 10:00 Überfahrt nach Lobos mit Boot "Poseidon", ☏ 866739
- Corralejo, täglich 10:00 und 15:30 Ausflüge Lobos/Lanzarote mit Glasbodenboot "Majorero", ☏ 866225/26
- Corralejo, Ferry "Betancuria", drei bis vier tägliche Überfahrten nach Playa Blanca/Lanzarote, ☏ 812534
- Corralejo, Ferry "Yaiza", fünf tägliche Überfahrten nach Playa Blanca/Lanzarote, ☏ 517550
- Caleta de Fustes, Segelboot "Autarkie-Charter", täglich 10:00, ☏ 163046

Dromedarausritte
Oasis de los Camellos, La Lajita, ☏ 161225

Architektonische Attraktionen (☞ Ort für Ort)
Puerto del Rosario: Kalkbrennöfen am Hafen, Ortsteil Los Hornos (Die Öfen); Fremdenlegionsdenkmäler bei der Kaserne
Ampuyenta: Kirche San Pedro Alcantara; Hospital de Ampuyenta; alte Häuser mit Balkon; typische Lehmdachhäuser
Casillas del Angel: Pfarrkirche Santa Ana; Lehmdachhäuser, Ziegeldachhäuser
Tetir: Pfarrkirche Santo Domingo de Guzmán

11

La Matilla: Kapelle Nuestra Señora del Socorro; landestypisches Anwesen mit Balkon, renoviert

Llanos de la Concepción: Windmühlen mit vier und sechs Flügeln; Lehmdachhäuser; Kalkbrennofen; Getreidespeicher ("Pajero") in Form eines "Heumandl" (Voralpen)

Tefia: Kapelle San Agustín; Windmühle, Flügel fehlen

El Time: Kapelle Nuestra Señora de la Merced

Antigua: Pfarrkirche Virgen de la Antigua; zwei renovierte Windmühlen; an der einen Mühle: Restaurant El Molino von César Manrique entworfen

Agua de Buyes: Kapelle Virgen de Guadelupe

Valles de Ortega: Kapelle San Roque; Windmühle

Caleta de Fustes: Castillo de Fustes (Wehrturm); Windmühle in der Anlage "Pueblo Majorero"

Triquivijate: Kapelle San Isidro; Lehmdachhäuser

Betancuria: gesamter Ortskern steht als "Conjunto histórico-artístico" unter Denkmalschutz; Kirche Santa María de Betancuria; Ruine des Franziskanerklosters; Kapelle San Diego de Alcalá

Vega de Rio Palmas: Kirche Nuestra Señora de la Peña (Inselpatronin)

Valle Santa Inés: Kapelle San Bartolomé; typische alte Häuser

La Oliva: Pfarrkirche Nuestra Señora de Candelaria

Villaverde: zwei Windmühlen

El Cotillo: Kapelle Nuestra Señora del Buen Viaje; Castillo del Tostón (Wehrturm); typische Landhäuser mit Lehmdächern; Windmühlen; an der Punta de Tostón: drei Leuchtturmgenerationen nebeneinander

Los Lajares: typische Lehmhäuser; Getreidespeicher ("Pajero") in Form eines "Heumandl" (Voralpen); Molino und Molina nebeneinander, zwei Windmühlenarten (☞ Ort für Ort); "Taro"-Ruine - Rundbau zur Käselagerung (Dach fehlt)

Tindaya: Kapelle Nuestra Señora de la Caridad; "Monumento a Miguel Unamuno" - Denkmal für den 1924 auf die Insel verbannten Philosophen an der Montaña Quemada, von Tindaya über Erdstraße erreichbar

Vallebrón: Kapelle San Juan; typische Häuser; "Gavias" (= Bewässerungsfelder zur Überschwemmung mit Regenwasser)

Tuineje: Pfarrkirche San Miguel Arcángel; Windmühlen, schlechter Erhaltungszustand; reichlich alte Lehmhäuser

Tiscamanita: Kapelle San Marco; Windmühle; typische Häuser

Pájara: Pfarrkiche Nuestra Señora de la Regla; direkt vor der Kirche: "Noria" (= Schöpfrad für Wasserförderung aus Brunnen); typische Häuser mit Lehmdach bzw. Holzbalkon; Kalkbrennofen an der Straße nach Betancuria

Toto: Kapelle des Antonius von Padua; "Gavias" (= Bewässerungsfelder)

Cofete: Festungsbau von Gustav Winter
Punta de Jandía: Leuchtturm - Faro de Jandía

Minizoo
Oasis de los Camellos, La Lajita, ☏ 161225

Prähistorische Fundstätten
☞ Die Geschichte; ☞ Die Ureinwohner, Karte vorspanischer Fundstätten

Besichtigung von Einrichtungen der Inselregierung (Cabildo Insular)
Pozo Negro: "Granja experimental del Cabildo" = landwirtschaftliche Demonstrationsanlage, Wiederaufforstungsprojekt, Gemüsezuchtanlage mit Verkauf
Tefia: "Poblado Artesanal de Tefia", Kunsthandwerksdörfchen
Betancuria: Aussichtsrestaurant "Mirador Velosa" nach Entwurf von César Manrique
Antigua: El Molino, restaurierte Windmühle mit Restaurant, ebenfalls von César Manrique entworfen, zur Zeit Erweiterung um "Pueblo Majorero"
Betancuria: "Aula de la Naturaleza" = Baumschule und Wiederaufforstungsprojekt; bei Vega de Rio Palmas rechts ab, ausgeschildert

Messen/Ausstellungen/Kulturwochen/Märkte
(Genaue Termine bei den angegebenen Telefonnummern erfragen oder auf Plakatierung achten!)
Pozo Negro: in der "Granja experimental del Cabildo" Landwirtschaftsmesse (FEAGA) mit Melkwettbewerb und Folkloredarbietungen, Ende April, ☏ 851400 oder 878066
Antigua: "Encuentro Insular de Villancicos" = Volks- und Weihnachtsliedertreffen, Mitte Dezember, ☏ 878004
"Mercadillo insular" = Kunsthandwerk und Landartikelmarkt mit Folkloreaufführungen, unregelmäßige Abstände, ☏ 878004
"Feria de Artesanía" = Kunsthandwerksmesse der gesamten Kanarischen Inseln mit Folkloreprogramm, Ende Mai, ☏ 878004
In wechselnden Orten: "Semana cultural" = Kulturwoche, Folklore, Vorträge über Ökologie, Flora, Fauna etc., November, ☏ 851400

"Miradores" - Aussichtspunkte
♦ "Cuesta de la Pared" mit Restaurant, zwischen Tarajalejo und Costa Calma

- "Morro Velosa" mit Restaurant nach Entwurf von César Manrique, zwischen Betancuria und Valle Santa Inés
- Pico de la Zarza (807 m NN), ☞ Wanderung Nr. 9
- Tindaya (401 m NN), ☞ Wanderung Nr. 8
- Degollada de Cofete/Cofetepaß (353 m NN), ☞ Wanderung Nr. 10
- Cumbre de Betancuria/Kammübergang von Betancuria (633 m NN), ☞ Wanderung Nr. 5
- Montaña de la Caldera oder Lobos (127 m NN), ☞ Wanderung Nr. 7

Botanische Minigärten mit Gärtnerei
- La Antigua, bei der Anlage "El Molino"
- La Lajita, Oasís de los Camellos

Auskünfte

✉ Patronato del Turismo, Direktor Andrés Valeron, Puerto del Rosario, Avenida Primero de Mayo, ☎ 851024
... auf deutsch bei Loni Christiansen, ☎ 541417

Badestände

🌊 Die Ostküste Fuerteventuras, auch Playa de Sotavento genannt, besitzt die größten und schönsten hellen Feinsandstrände Europas. Dieses Badeparadies hat gegenüber den Stränden tropischer Länder unschätzbare Vorzüge. Hier gibt es keine unkalkulierbaren Gesundheitsgefahren, wie tropische Infektionskrankheiten, gefährliche bzw. giftige Tiere, und das Klima ist rund ums Jahr angenehm und ausgeglichen.

Halbinsel Jandía
30 km fast ununterbrochener Traumstrand von Morro Jable bis zur Punta de los Molinillos. Die Playa del Matorral, auch Playa de Jandía genannt, geht auf der Höhe des Barranco Butihondo in die Playa de Butihondo über, beide Strände sind sehr breit, und es kommt kein Gefühl der Enge auf, wie z.B. an den hellen Stränden Gran Canarias.

Die anschließende Playa de Sotavento de Jandía hat eine riesige vorgelagerte Lagune und erlaubt so gefahrloses Schwimmen auch für Ungeübte. Dieser Sicherheitsfaktor wird auch für Surfanfängerkurse genutzt. Außerhalb der Lagune befindet sich das Surfgebiet für Könner. Hier finden alljährlich Worldcup-Wettbewerbe und Speedweeks statt.

Caleta de Fustes
Eine kleine wind- und wellengeschützte Bucht mit der geglückten Anlage Castillo de Fustes.

Grandes Playas y Dunas de Corralejo
Von der Montaña Roja bis Corralejo über 10 km das einmalig schöne Wanderdünengebiet, welches seit 1982 unter Naturschutz steht. Der Reiz dieser "Minisahara" wird durch die phantastische Fernsicht auf Lobos und Lanzarote noch unterstrichen.

Die für die Strandverhältnisse auf dem übrigen Kanarischen Archipel als Spitzenbademöglichkeiten zu bezeichnenden Buchten von Tarajalejo, Gran Tarajal, Las Playitas und Playa Blanca bei Puerto del Rosario können auf der **Badeinsel der Kanaren** von den Gästen noch verschmäht werden, da es Superstrände im Überfluß gibt.

Als **Geheimtip** für Individualisten werden der kleine **Sandstrand der Insel Lobos** sowie die kleinen geschützten **Sandbuchten von El Cotillo** bis zum Leuchtturm Tostón angesehen. Zur **Brandungsbucht von Cotillo** (Playa del Aljibe de la Cueva) gelangen Schwimmprofis links von Cotillo auf der Erdstraße am Festungsrundturm Tostón vorbei. Diese Buchten bei Cotillo sind die einzige Ausnahme auf der Westseite der Insel, da sie bedingt zum Baden geeignet sind.

☞ **Alle** anderen **Barlovento-Strände** sind wunderschön anzusehen, aber zum Baden zu **gefährlich**, insbesondere die 12 km der **Playa de Cofete** und **Playa de Barlovento** auf der Westseite der Jandía-Halbinsel.

Banken

In Puerto del Rosario gibt es zwölf Geldinstitute, in Gran Tarajal sieben Zweigstellen, in den Tourismusorten Morro Jable und Corralejo je acht Banken und in Antigua und Pájara je eine Sparkasse. Öffnungszeiten Mo-Fr 9:00 bis 14:00, Sa 9:00 bis 12:00.

Bei einigen Banken gibt es Geldautomaten, an denen man mit Euroscheckkarte und Geheimnummer Geld holen kann (Gebühren ca. DM 5).

Bankzentralnummern für Schecksperrung

Euroscheck	Frankfurt/M., ☎ 07/49/69/740987
Visa	Madrid, ☎ 91/2560000
American Express	Madrid, ☎ 91/2796200

Gesetzliche Feiertage

✍ Feiertage, die auf Sonntage fallen, werden vor- bzw. nachgefeiert! Ein Ziel, das die übrigen Gewerkschaften Europas noch nicht erreicht haben!

1. Januar, 6. Januar (*Reyes*), 19. März (*San José*), Gründonnerstag, Karfreitag, 1. Mai, 30. Mai (*Día de Canarias*), 25. Juli (*Santiago*), 15. August (*Asunción* bzw. *Candelaria*), 1. November (*Todos los Santos*), 6. Dezember, 25. Dezember.
Lokale Feiertage ☞ Brauchtum; Fiestas.

Kunstausstellungen und Künstlerateliers

Jandía Playa: Galería de Arte Cervantes, Shopping Center, Local, 26, Mo-Fr 11:00 bis 19:00
Galerie La Fuentita, Hotel Stella Canaris, Mo-Sa 18:00 bis 22:00
Corralejo: Kunstgalerie, c/Crucero Canaria, s/n, 11:00 bis 13:00 und 16:00 bis 21:00
Kunstgalerie Solrac Villa Tabaiba des Künstlers Carlos Iruegas, Avenida Grandes Playas
Puerto del Rosario: Atelier Santana Reyes, c/Zaragoza, 43, ☎ 850612
Gran Tarajal: José Manuel Suleiman Padrón und Victor Carmona Carreño, c/Princesa Tibiabín, s/n
Tarajalejo: Klaus Berends, Galería de arte d 7, c/Isidro Diaz, 5, ☎ 161034
Cruce de Gran Tarajal - Morro Jable (km 1): Galerie La Fuentita, Alejandro Andreoni (Argentinien), Beatrice Kunz (Österreich), Mo-Fr 11:00 bis 19:00, ☎ 540264
La Oliva: Casa Mané, nahe Casa de los Coroneles, Mo-Sa 9:00 bis 12:30 und 16:00 bis 19:00; sonn- und feiertags 9:00 bis 12:00, ☎ 868233

Kunsthandwerk

El Cardón: Tomás Cabrera, Holzminiaturen
Gran Tarajal: Basar Tuareg, Avenida Constitución, s/n
Silvestre, c/Princesa Tiabí, s/n
Domingo Morales Cedrés, Avenida Constitución, s/n
Oscar Herredia, Avenida Constitución, s/n

Cruce Gran Tarajal - Morro Jable (km 3): Kunsthandwerkverkauf bei Biofarm "Der Aussteiger"
La Lajita: Oasís de los Camellos, ☏ 161225
Betancuria: Kunsthandwerkladen des Cabildo Insular, links neben dem Museum
Schuhmacher Salvador, links neben der Kirche (Schild)
Weiterer Kunsthandwerkladen rechts neben der Kirche (Schild)
Valle Santa Inés: Aus Richtung Antigua/Betancuria kommend, kurz vor dem Ortsschild rechts zur Keramikwerkstatt von Josefita Acosta abbiegen
Vega de Rio Palmas: Pedro Ravelo, Korbflechter
Antigua: Juana Betancor Sicilia, c/Batista Evora, 3, ☏ 878250
Colectivo Mafasca, Verkauf im Komplex El Molino
José Melián Martín, c/Pozo Verde, s/n, ☏ 878262
Tetir: Edelmira Herera Cedrés, c/Domingo J. Manrique, 155, ☏ 852183
Los Lajares: Natividad Hernádez López, Haus Nr. 12, ☏ 868023 und 866232
Tindaya: Juana María Montelongo, Keramik

Landesprodukte/deutsche Lebensmittelspezialitäten

Zwischen Tuineje und Gran Tarajal: Käsefabrik Maxorata, S.A.T. Ganaderos de Fuerteventura, Llanos de la Higuera, s/n, ☏ 870890
Pozo Negro: "Granja experimental del Cabildo" - Gemüse-, Pflanzen- und Käseverkauf
Cruce Gran Tarajal - Morro Jable (km 3): Obst- und Gemüseverkauf, Biofarm "Der Aussteiger"
Urbanización La Pared: Vera's Kuchenstübchen, hausgemachte Kuchen
Tarajalejo: Panadería Pastelería Alemana S.L., c/Cabrera Martín, 12, ☏ 161059, deutsche Konditorei
Puerto del Rosario: Konditorei Mike Schiller, c/Hermanos Machado, 11
Gerard Bosse S.A., deutscher Lebensmittelgroßhandel, ☏ 850550

Medizinische Versorgung

☺   Umtausch der Bescheinigung über Anspruch auf Sachleistungen bei Aufenthalt in Spanien gegen Krankenscheinscheckheft (Talonario) **vor** Aufsuchen des Arztes oder Krankenhauses (sonst Privatzahler!) beim Instituto Nacional de la Seguridad Social, c/Almirante Lallermand, s/n, ☏ 850270, Puerto del Rosario.

Eine Touristenattraktion: Dromedarkarawane bei La Lajita ☞

Morro Jable/Playa Jandía/Playa del Matorral
Dr. R. Winter-Althaus, Urb. Solana, s/n, ☎ 540306 (deutschsprachig)
F. Batista Diaz, Carretera General, s/n, ☎ 876435
Centro Médico Jandía, Shopping Center Urb. Solana, 24-Stunden-Dienst,
☎ 876543 und 877120 (deutschsprachig)
Deutsche & Skandinavisk Klinik, Urb. Solana, Palm Garden, ☎ 541435
Centro Médico Jandía, Morro Jable, c/del Carmen, 14, ☎ 876427
Kinderarzt R. Renaud Olivier, Urb. Pto. Jandía, 4, ☎ 540654
Dr. Alonso Avila, J.J., Urb. Solana, ☎ 876366
Dr. C. Cuevas, Morro Jable, Casco, ☎ 876157
Dr. O.M.V. Suárez Janariz, Urb. Jandía Mar, 1, ☎ 876278
Apotheke M. Sánchez Hernández, c/José Antonio, s/n, ☎ 876012

Urbanización Costa Calma
Deutsche & Skandinavisk Klinik, Shopping Center Sotavento,
☎ 541435

Pájara
Casa del Médico, Plaza Regla, s/n, ☎ 161434

Gran Tarajal
Centro de la Salud, c/Tindaya, s/n, ☎ 800988/89
Drei Apotheken.

Antigua
Casa del Médico, Casco, ☎ 878012
Dr. B. Hernández Hernández, c/San Antonio, 9, ☎ 878223
Apotheke M.T. Andreu Sánchez, c/Principe de España, s/n, ☎ 878053

Caleta de Fustes
Dr. José Ageo Pérez, Castillo de Fustes, Parcela J, 24-Stunden-Dienst,
☎ 163046 und 163100

Puerto del Rosario
Dr. Barbara Schrewe de Aichhorn, c/León y Castillo, 26, ☎ 850074
(deutschsprachig)
HNO-Arzt Dr. A. Lazarich Valdés, c/Virgen del Rosario, 7, ☎ 851858
Fünf Apotheken sind im Ort vorhanden.

Inselkrankenhaus: Hospital Seguridad Social, Puerto del Rosario, Carretera General Aeropuerto, s/n, ☎ 850973

Corralejo
Centro Médico Insular, c/General Franco, 14, ☎ 866390
Dr. Lucas González Caballero, Carretera Puerto del Rosario - Corralejo
km 28, ☎ 866442 (24-Stunden-Dienst)
Apotheke M.A.P. Soto Velázquez, c/El Barco, s/n, ☎ 866020

Zahnärzte
Corralejo: Dr. Scharping, gegenüber Apartamentos Hoplaco, Avenida
Generalísimo, ☎ 535276 und 535174 (Deutscher Zahnarzt)
Puerto del Rosario: E. Felipe Lemes, c/Primero de Mayo, 60, ☎ 851108
A.M. González Falcón, c/Virgen del Rosario, 15, ☎ 850747
Costa Calma: Centro Médico Jandía, Sotavento Shopping Center, ☎ 541543
Jandía: Centro Médico Jandía, Jandía Beach Center, ☎ 541543

Museen

Betancuria: Museo del Cabildo Insular mit den Abteilungen Prähistorie,
Paläontologie und Ethnologie, c/Roberto Roldán, s/n, geöffnet täglich
10:00 bis 17:00, ☎ 878241
Museo de Arte sacro/Kirchenkunstmuseum im alten Pfarrhaus, geöffnet
9:30 bis 16:30
Caleta de Fustes: Freilichtmuseum Salinas del Carmen (= Salzsalinen),
an der Straße Caleta de Fustes - Antigua bzw. Pozo Negro, 3 km nach
Caleta de Fustes, links ab zum Meer
Antigua: Museumsdorf Pueblo Majorero, beim Komplex Molino de Anti-
gua, ☎ 878220

Notrufe

Polizei (Guardia Civil) Notruf: ☎ 091
Morro Jable: Carretera de Jandía, s/n, ☎ 876107
Gran Tarajal: Carretera General del Sur, s/n, ☎ 870031
Puerto del Rosario: Veintitres de Mayo, s/n, ☎ 850503

Verkehrspolizei/Guardia Civil del Tráfico
Gran Tarajal: Carretera Betancuria, s/n, ☎ 870884

Nationalpolizei/Guardia Nacional
Flughafen Matorral, ☎ 851496

Küstenwache des Roten Kreuzes/Cruz Roja del Mar
Morro Jable, Playa Matorral, s/n, ☎ 876260

Krankentransporte: ☎ 245921

Flugrettung
ADAC - Flugrettung, München, ☎ 07/49/89/76762244
SOS - Flugrettung, Teneriffa, ☎ 922/343105 und 922/386103 oder
Deutschland, ☎ 07/49/711/797025 und 07/49/711/705555
Deutsche Flug-Ambulanz, Wuppertal, ☎ 07/49/211/431717

Konsulate
Deutschland: Las Palmas de Gran Canaria, c/José Franchy y Roca, 5,
☎ 275700
Schweiz: Las Palmas, c/El Cid, 40, ☎ 274544
Österreich: Las Palmas, c/Luis Morote, 6, ☎ 261100

Deutscher Rechtsanwalt
W. Stenger, Puerto del Rosario, c/Prof. J Tadeo Cabrera, 17,
☎ 851817

Dolmetscher/Sprachschule
Wolf-Juif, Puerto del Rosario, c/Maestro Falla, 5, ☎ 531101

Infrastruktur
Wasser: Consorcio de Abastecimiento de Agua a Fuerteventura,
☎ 852254 und 850338 und 850837 und 852027; Corralejo ☎ 866028
Strom: Unelco S.A., Puerto del Rosario ☎ 851801 und 850511; Corralejo ☎ 866136; Morro Jable ☎ 540101
Feuerwehr: Fremdenlegion (Tercio Don Juan de Austria 3° de la Legión)
Puerto del Rosario, c/Comandante Diaz Trayter, s/n, ☎ 850175 und
851110

Post (Correos)

Öffnungszeiten
Puerto del Rosario: 9:00 bis 13:00, c/Primero de Mayo, 44, ☎ 530894
und 850412 (nur hier Postsparkasse!)
Gran Tarajal: 9:00 bis 13:00, Plaza Candelaria, ☎ 870334
Morro Jable: 11:00 bis 13:00, c/Nuestra Señora del Carmen

Telegrammtelefon
☎ 850412

Radio, deutsch-/englischsprachig

Canary Tourist Radio Mo-Sa auf MW 747 kHz
radio tourist lanzarote (nur im Norden) auf UKW 90,7 MHz, täglich 9:30
bis 10:30 und 18:05 bis 19:35

Reisebüros

In Morro Jable gibt es sechs, in Corralejo zwölf, in Gran Tarajal zwei und
in Puerto del Rosario zehn Reisebüros.

Sport

🚴 **Fahrrad bzw. Mountainbike-Verleih**
Corralejo: Apartamentos Los Barqueros, ☎ 866072
Morro Jable: Motos SAJ, c/Senador Velázquez Cabrera, 19, ☎ 540107
Jandía Playa: Club Robinson Jandía Palace, ☎ 540368/69; Jürgen und
Rüdiger, rechts vom Shopping Center, zwischen Viajes Mundisol und Beta
Car, Mo-Fr 9:00 bis 13:00 und 17:00 bis 22:00

† **Flugsport/Drachenfliegen/Ultraleichtflieger**
Gran Tarajal: Club Deportivo Virgen de Loreto (Ultraligeros) c/Gracía
Blairzy s/n, ☎ 870832 und 851916 und 530856 und 530650

☘ **Golf**
Playa Jandía: Club Aldiana, "Deli-Golf-Anlage", ☎ 541029

Ⓢ **Gymnastikschule (deutsch)**
Corralejo: Anke Schaarschmidt, c/Iglesia, 28, ☎ 866509

🚴 **Mountainbike-Safari**
Jandía Playa: Club Robinson Jandía Palace (s.o.), ☎ 540368/69

🐎 **Reitschule**
Tarajalejo: beim Hotel Tofio, ☎ 161001

23

⚓ **Segeln**
Corralejo, Caleta de Fustes und Morro Jable im Yachthafen

Segelkurse
Playa de Jandía: Club Aldiana, ☎ 541029 und 541147
Playa Esquinzo: Robinson Club, ☎ 540033

⚐ **Surfen ...**
Das Surfparadies Fuerteventura bietet für alle Ansprüche das ideale Revier.

... für Anfänger: die riesige Lagune an der Playa de Sotavento de Jandía, gefahrloses Übungsgebiet mit renommierter Surfschule.
... für Fortgeschrittene: die Bucht von Caleta de Fustes, ebenfalls mit Surfschule.
... für Speedfreaks: ideale Bedingungen, da vorwiegend Flachwasser und kleine Wellen an den Stränden Jandía Playa/Playa Matorral, Playa Butihondo, Playa Esquinzo, Playa Sotavento de Jandía.
... für fortgeschrittene Speedfreaks: Playa de Corralejo und Grandes Playas de las Dunas de Corralejo, jeweils mit Surfschule.
... nur für Brandungs-Cracks und Surfexperten: Cotillo an der Nordwestküste mit 3-6 m hohen Wellen und gefährlicher Felsküste.
... für Anwärter auf den Weltmeistertitel: Playa Barca, die Starkwindzone an der Playa de Sotavento de Jandía, wo alljährlich Weltmeisterschaftswettbewerbe ausgetragen werden.

Windverhältnisse: Corralejo 5-6 Beaufort, Playa de Jandía 3-6 Beaufort, Playa Barca 5-8 Beaufort.
Die Winde sind zu 80% Nordostpassate (ablandig), in den Herbst-, Winter- und Frühjahrsmonaten können sie bei Saharalufteinbrüchen aus Süd bzw. Ost wehen.

Surfschulen
Playa Sotavento de Jandía: René Egli, Hotel Sol Gorriones, ☎ 870850
Corralejo: Ventura Surf Schule, Apartamentos Hoplaca, ☎ 866295
Playa Esquinzo: Robinson Club Esquinzo, ☎ 540901
Playa Butihondo: Aldiana Club, ☎ 541029
Playa de Jandía: Robinson Jandía Palace, ☎ 540368/69
Costa Calma: Surfschule Sotavento Beach Club, ☎ 871041 und 870960
Caleta de Fustes: Surfschule El Castillo, ☎ 163046
Corralejo: Flag Beach Windsurfcenter, Hotel Tres Islas, ☎ 866000

Surfstationen
Playa de Jandía: Bahía Sports Windsurfing, rechts vom Leuchtturm, Büro Urb. Stella Canaris, ☎ 876060
Costa Calma: Urb. Cañada del Rio, Fanatic Fun Center

 Tauchschulen
Corralejo: Dive Center Miguel Abella, Apartamentos Elena No. 8, ☎ 866243; Tauchbasis Hotel Tres Islas, ☎ 866000
Caleta de Fustes: Tauchbasis Jochen Georg El Castillo, ☎ 163046
Costa Calma: Tauchbasis Acuarios Jandía, Arnulf Brozy, im Sotavento Beach Club, ☎ 871041 und 870960
Playa Esquinzo: Tauchbasis Armin Kroger, Robinson Club, ☎ 540901
Playa de Butihondo: Tauchbasis Tony Mayer, Club Aldiana, ☎ 541029
Playa de Jandía: Tauchschule Felix, Loni Christiansen, zwischen Palmgarden und Stella Canaris, ☎ 541417/18
Club Robinson, Jandía Palace, ☎ 540368/69
Club Aquamarin, Marlies Penzhorn und Ulrich Liss, zwischen Stella Canaris und Riu Ventura

⊞ **Tennis**
Corralejo: Tennisschule Hoplaca, ☎ 866040, Tennis Academy, Hotel Tres Islas, ☎ 866000; Tennis Academy, Hotel Oliva Beach, ☎ 866100
Caleta de Fustes: Tennis El Castillo, ☎ 163046
Costa Calma: Sotavento Beach Club, ☎ 871041 und 870960
Playa Esquinzo: Robinson Club, ☎ 540033
Playa Butihondo: Club Aldiana, ☎ 541029
Playa Jandía: Jandía Tennis Center neben Hotel Stella Canaris

---

Telefongespräche

Von Deutschland, Österreich und der Schweiz
Vorwahl für die Provinz Las Palmas de Gran Canaria: 0034-28.

Internationale Gespräche
Zuerst 07 wählen und Dauerton abwarten, dann Landeskennnummer 49 für Deutschland, 41 für die Schweiz und 43 für Österreich, dann weiter mit der Ortsnetzvorwahl, allerdings ohne die Null am Anfang!

Gespräche in die Provinz Teneriffa
Vorwahl 922 (Tenerife, La Palma, El Hierro, La Gomera).

✋ Wenn man bei automatischen Gesprächen den Handvermittlungs-
knopf, der nur auf Anweisung der Vermittlung zu drücken ist, bedient,
kassiert der Apparat alle aufgelegten Münzen. Bei Beendigung des Ge-
spräches erst die noch oben liegenden Münzen einsammeln, dann einhän-
gen, sonst rutschen sie nach.

Da der Telefondienst von einer Privatgesellschaft (Telefónica) durchgeführt wird, hat die Post mit dieser Dienstleistung nichts zu tun. Man
muß die öffentlichen Kabinen oder mancherorts die sogenannten "Locuto-
rios" (Telefonbüros) aufsuchen.

Öffentliche Telefone (mit Zähler, aber in einem Privathaus, das diesen
Dienst übernommen hat) in abgelegenen Weilern:

Agua de Bueyes	872023	La Matilla	850298
Ajuy	878283	Mézquez	878127
Ampuyenta, La	850075	Roque	868016
Asomada, La	850103	Tefia	850195
Caldereta	868047	Tesejerague	870173
Cardón	870155	Tesjuates	850091
Casillas del Angel	850070	Tindaya	868089
Casillas de Morales	878123	Tiscamanita	878074
Chilegua	870142	Tostón	868049
Colonía García		Toto	878055
Escámez	850196	Triquivijate	878055
Corte, La	878123	Valle de Santa Inés	878138
Giniginamar	870123	Vallebrón	868068
Lajares, Los	868024	Valles de Oetega	878098
Llanos de la		Vega de Rio Palmas	878049
Concepción	850118	Villaverde	868074

Umweltschutzadressen

✉ Asociación Canaria para Defensa de la Naturaleza (Ascan), Sergio
Verastegui Quintero, Puerto del Rosario, Urbanización Tamogán, 18,
☎ 851920
✉ Bernardo Santana, Botaniker/Ökologe,
☎ 851809
✉ Senador de Fuerteventura, Gerardo Mesa Noda, über Parteibüro
Asamblea Majorera, ☎ 860798

Unterkunft

✉ ... nach der Liste des Cabildo Insular de Fuerteventura und der neuesten Ausgabe des Guía Alojamientos Turísticos de Canarias sowie der Tourismusstudie "Políticas Turísticas en Fuerteventura".

Puerto del Rosario
Parador Nacional de Turismo, Carretera Aeropuerto, ☎ 851150
Ruben Tinguaro, c/Juan XXIII, 52, ☎ 851088
Valerón, c/Candelaria del Castillo, s/n, ☎ 850616
Roquemar, Plaza Domingo J. Manrique, 2, ☎ 850359
Tamasite, León y Castillo, s/n, ☎ 850280
Hotel Macario, ☎ 851197 und 852032, c/Almirante Fontán, 12

Gemeinde Antigua
10.524 Betten (= 25% der Betten der Insel)
Caleta de Fustes: Preise von Bungalows Fuerte Sol, ☎ 851203, DZ pts. 4.500 bis Castillo de Fustes, ☎ 878046, DZ pts. 7.500
Weitere Unterkünfte in: **Urbanización Nuevo Horizonte**

Gemeinde La Oliva
16.975 Betten (= 41% der Betten der Insel)
Corralejo: Preise von Hotel Corralejo, ☎ 866228, DZ pts. 3.500 bis Hotel Tres Islas, ☎ 866000, DZ pts. 13.500
Weitere Unterkünfte in: **Parque Holandés** und **Cotillo**

Betancuria
Club Agua Verdes, Playa de Santa Inés, ☎ 878133
Puerto de la Peña, Apartamentos Pino Alonso, ☎ 878283

Gemeinde Tuineje
1.258 Betten (= 3% des Angebotes der Insel)
Weitere Unterkünfte in: **Las Playitas**, **Gran Tarajal**, **Giniginamar**, **La Lajita**, **Tarajalejo**

Gemeinde Pájara
13.077 Betten (= 31% des Angebotes der Insel)
Morro Jable: Preise von Apartamentos Don Carlos, ☎ 541084, DZ pts. 900 bis Robinson Club Jandía Palace, ☎ 876375, DZ pts. 25.300
Weitere Unterkünfte in: **Playa de Jandía** / **Playa del Matorral** / **Solana del Matorral** / **Playa del Saladar** (früher: Casas del Matorral), **Playa de**

Butihondo, Playa Esquinzo, Playa de Sotavento de Jandía, Costa Calma, Urbanización Cañada del Rio, Urbanización La Pared

Insel Lobos
Einfachunterkünfte zu buchen über: Hotel Geafond Numero Uno Lanzarote S.A., ☏ 866154 und 866100

Verkehrsverbindungen

☏ Flugverkehr
Internationaler Charterverkehr
Auskunft: Iberia, Flughafen Matorral, ☏ 850852
Condorbüro, Flughafen Matorral, ☏ 850017
Gepäckfundstelle: Flughafen Matorral, ☏ 530201

Interinsuläre Flüge
Binter-Canarias S.A., Aeropuerto Matorral, ☏ 850380 und 850984
... nach Teneriffa Nord (Los Rodeos) zweimal täglich
... nach Gran Canaria (Gando) mehrmals täglich
... nach Lanzarote (Guasimeta) dreimal wöchentlich

✋ Die Flugpläne werden häufig - vor allem an Feiertagen - geändert!

🏛 Fährverkehr
Linie Corralejo (Fuerteventura) - **Playa Blanca** (Lanzarote)

Ferry Betancuria, Fred Olsen S.A., Corralejo, ☏ 535090

| Winterfahrplan | **ab Corralejo**: 8:00, 10:00, 14:30, 17:00 |
| 1.10. bis 31.3. | **ab Playa Blanca**: 9:00, 11:00, 15:30, 18:00 |

| Sommerfahrplan | **ab Corralejo**: 8:00, 10:00, 14:30, 17:00 |
| 1.4. bis 30.9. | **ab Playa Blanca**: 9:00, 11:00, 15:30, 19:00 |

Ferry Yaiza, Alisur S.A., Muelle Playa Blanca, ☏ 517550
ab Corralejo: 8:30, 10:50, 16:15, 18:40
ab Playa Blanca: 7:20, 9:40, 15:00, 17:30

Linie Corralejo - Lobos
Mit der "Poseidon Sorguiña" täglich 10:00 ab Corralejo und ca. 16:00 zurück ab Lobos.

28

Volkstanzgruppe beim Folkloretreffen in Tesejerague

Alter Festungsturm (1743) von Caleta de Fustes

Fährverkehr Puerto del Rosario
Trasmediterranea, Puerto del Rosario, c/León y Castillo, 46, ☎ 850877
und 850095
ab Puerto del Rosario: Di/Mi/Fr 9:00 nach Arrecife/Lanzarote
Di 23:45 nach Las Palmas de Gran Canaria/Santa Cruz de Tenerife
Mi/Fr 23:00 nach Las Palmas de Gran Canaria/Santa Cruz de Tenerife

Linie Morro Jable - Las Palmas de Gran Canaria
Trasmediterranea, Puerto del Rosario, c/León y Castillo, 46, ☎ 850877
und 850095
ab Morro Jable: Di/Do/Sa jeweils 13:00

✋ Das Schnellboot (Jet-Foil) verkehrt nur bei guten Wetterverhältnissen.

🚌 Autobuslinien
Transportes Fuerteventura S.A., Puerto del Rosario, c/Alfonso XIII, 25,
☎ 850951

Linie 1: Puerto del Rosario - Morro Jable
ab Morro Jable: Mo-Fr 6:00, 9:00, 13:30, 17:00
                             Sa 6:00, 9:00, 13:30, 16:30
                             So u. feiertags 6:00, 18:00
ab Puerto del Rosario: Mo-Fr 10:30, 13:15, 16:00, 19:00
                             Sa 10:30, 13:15, 16:00
                             So u. feiertags 10:00, 14:00, 20:30

Linie 2: Puerto del Rosario - Vega de Rio Palmas
ab Puerto del Rosario: Mo-Sa 10:00, 14:00
ab Vega de Rio Palmas: Mo-Sa 7:00, 12:30

Linie 3: Puerto del Rosario - Caleta de Fustes
ab Caleta de Fustes: täglich von 7:30 bis 19:30 stündlich
ab Puerto del Rosario: täglich von 7:00 bis 19:00 stündlich

Linie 4 und 9: Morro Jable - Pájara
ab Morro Jable: täglich 10:00, 16:00, 16:30
ab Pájara: täglich 6:30, 12:00

Linie 5: Costa Calma - Morro Jable
ab Morro Jable: täglich 11:00, 12:00, 15:00
ab Costa Calma: täglich 11:30, 12:30, 15:30

Linie 6: Puerto del Rosario - Corralejo
ab Corralejo: täglich 8:00, 11:00, 13:00, 16:00, 18:00
ab Puerto del Rosario: äglich 7:00, 9:30, 12:00, 15:00, 17:00

Linie 7: Puerto del Rosario - El Cotillo
ab El Cotillo: täglich 7:00, 12:00
ab Puerto del Rosario: täglich 10:00, 14:00

Linie 8: Corralejo - Cotillo
ab Cotillo: täglich 17:30
ab Corralejo: täglich 18:00

🚘 **Leihwagenfirmen**

Flughafen: 2	Gran Tarajal: 0
Caleta de Fustes: 5	Morro Jable: 8
Corralejo: 5	Puerto del Rosario: 6

✋ Bei Erschließungsstraßen zu Tourismuskomplexen besteht in der Regel ein Links-Abbiege-Verbot! Also zuerst nach rechts abbiegen, Kreisverkehr umrunden und dann die Straße überqueren. Diese unübersichtliche Verkehrsregelung ist unfallträchtig.

⛽ **Tankstellen**
Mo-Sa 7:00 bis 20:00 geöffnet, sonn- und feiertags geschlossen!

Anzahl der Tankstellen in

Puerto del Rosario: 5	Corralejo: 1	Tarajalejo: 1
Tuineje: 1	Caleta de Fustes: 1 (im Hafen!)	
Gran Tarajal: 1	Antigua: 1	
Morro Jable: 1	Halbinsel Jandía: 1	

🚘 **Taxi**
Puerto del Rosario: c/Nuestra Señora del Rosario, s/n, ☎ 850216
c/Ruperto Gonzalez Negrín, s/n, ☎ 850059
Antigua: ☎ 878011 und 868073
Betancuria: c/Roberto Roldán, s/n, ☎ 878094
La Oliva: ☎ 868073
Corralejo: ☎ 866014 und 866037
Morro Jable: ☎ 876006 und 161428 und 876111 und 161477
Gran Tarajal: ☎ 870218 und 870978
Pájara: ☎ 878228 und 878077

Währung

Die spanische Währung heißt Peseta (pta., bzw. pts.). Der Kurs, der ständig geringen Schwankungen unterworfen ist, liegt bei ca. 82 Peseten pro DM (Stand Februar 1994).

☺   Einige Spanier rechnen zum Teil noch mit Duros (1 duro = 5 pts.).

Es gibt Münzen im Wert von 1, 5, 10, 25, 50, 100, 200 und 500 Pesetas und Geldscheine im Wert von 1.000, 2.000, 5.000 und 10.000 Pesetas.

Die kanarischen Bankinstitute und Wechselstuben erheben eine Umtauschgebühr von 1 bis 2%, mindestens jedoch von pts. 250 (ca. DM 4), so daß es sich nicht lohnt, dort Kleinbeträge unter DM 100 zu tauschen. Trotz der DM 5 Gebühren ist es recht günstig und bequem, sich mit der Euroscheckkarte und der Geheimnummer bei den Geldautomaten (Telebank) sein Geld zu besorgen.

Zollbestimmungen

Die Einfuhr spanischer Peseten unterliegt keinen Einschränkungen, das gleiche gilt für ausländische Devisen. Bei der Ausreise dürfen bis zu 100.000 pts. ausgeführt werden.

Haustiere müssen vor der Einreise gegen Tollwut geimpft werden. Die Impfung darf nicht länger als ein Jahr zurückliegen und muß spätestens einen Monat vor Reiseantritt erfolgt sein. Durch ein amtstierärztliches Attest, das nicht älter als 14 Tage alt sein darf, müssen die Impfung und die Herkunft aus einem seuchenfreien Gebiet bescheinigt werden.

Ausgeführt werden dürfen die EG-üblichen Mengen an Zigaretten und Alkohol. Bei der Rückkehr nach Deutschland müssen die auf den Inseln gekauften Elektrogeräte und Fotoartikel deklariert werden.

Fuerteventura

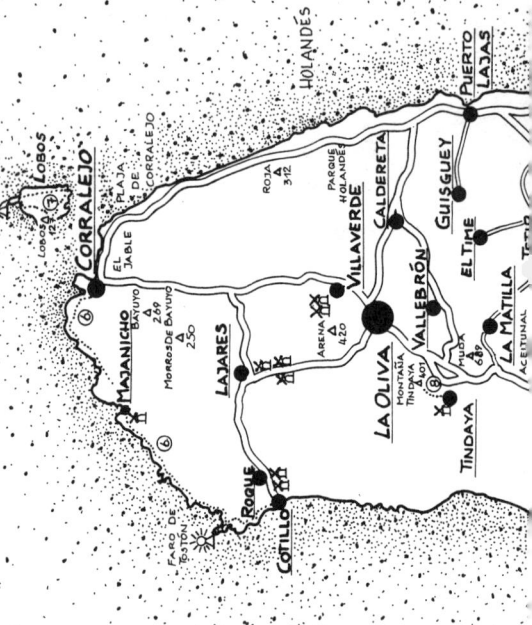

LEGENDE:

———	ASPHALTIERTE STRASSE
═══	ERDSTRASSE
·····•·	WANDERROUTEN
●	GEMEINDEAMTSSITZ
●	DORF
•	WEILER

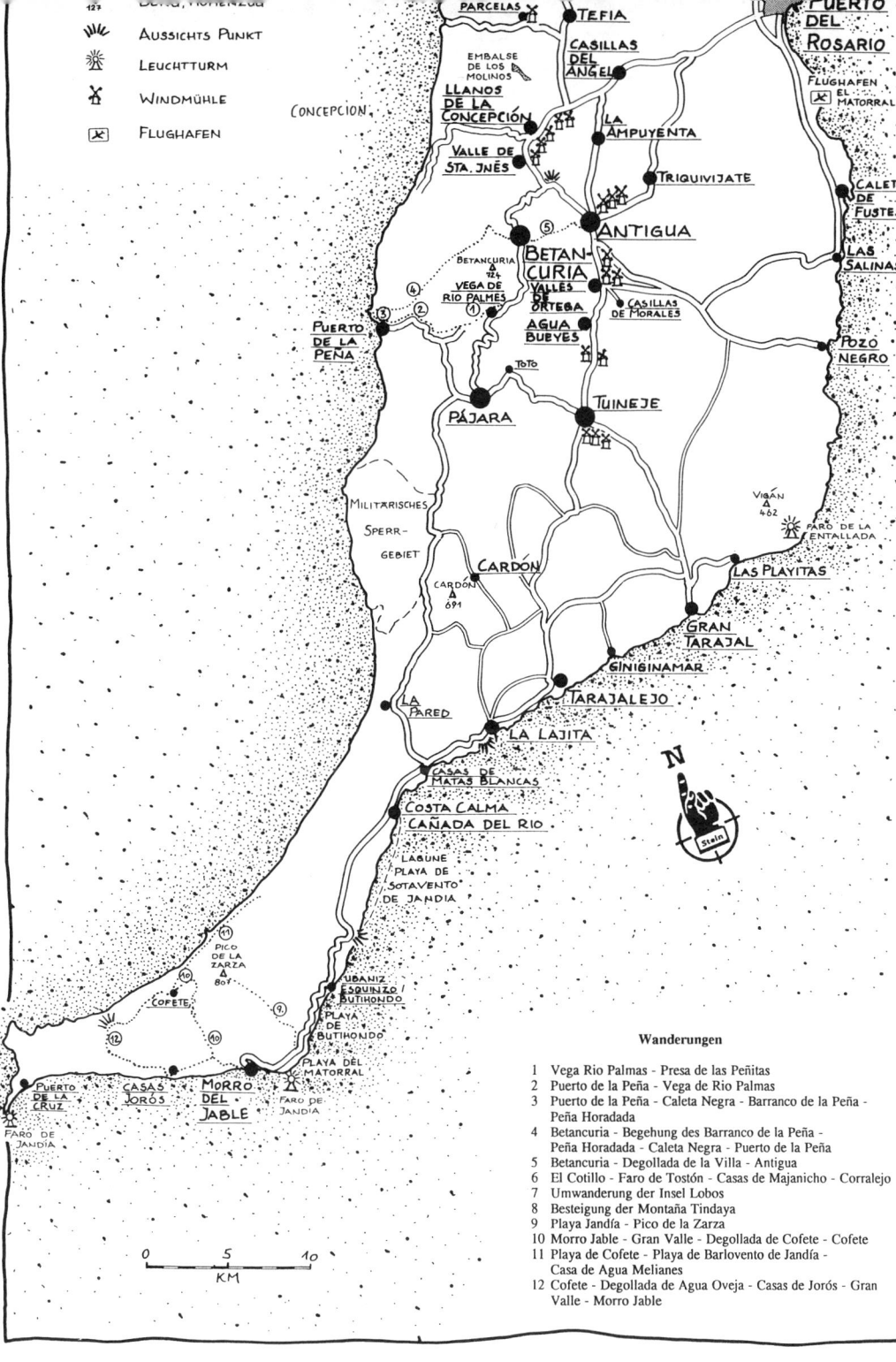

Legend:
- 127 Berg, Höhenzug
- ⛰ AUSSICHTS PUNKT
- ☀ LEUCHTTURM
- 🗼 WINDMÜHLE
- ✈ FLUGHAFEN

CONCEPCION

PARCELAS ✈   TEFIA   PUERTO DEL ROSARIO

EMBALSE DE LOS MOLINOS   CASILLAS DEL ANGEL   FLUGHAFEN EL MATORRAL ✈

LLANOS DE LA CONCEPCIÓN   LA AMPUYENTA

VALLE DE STA. INÉS   TRIQUIVIJATE   CALETA DE FUSTES

⑤   ANTIGUA   LAS SALINAS

BETANCURIA 724   BETAN-CURIA

VEGA DE RÍO PALMES   ④   VALLES DE ORTEGA

③   ②   ①   CASILLAS DE MORALES

PUERTO DE LA PEÑA   AGUA BUEYES   POZO NEGRO

TOTO

PÁJARA   TUINEJE

VIGÁN 462   FARO DE LA ENTALLADA

MILITÄRISCHES SPERRGEBIET

CARDÓN   CARDÓN 691   LAS PLAYITAS

GRAN TARAJAL

GINIGINAMAR

LA PARED   TARAJALEJO

LA LAJITA

CASAS DE MATAS BLANCAS

COSTA CALMA
CAÑADA DEL RIO

N

LAGUNE PLAYA DE SOTAVENTO DE JANDIA

PICO DE LA ZARZA 80?

UBANIZ ESQUINZO BUTIHONDO

⑪

⑩   PLAYA DE BUTIHONDO

COFETE   ⑨

⑫   ⑩   PLAYA DEL MATORRAL

PUERTO DE LA CRUZ   CASAS JORÓS   MORRO DEL JABLE   FARO DE JANDIA

FARO DE JANDIA

0   5   10
KM

Wanderungen

1 Vega Rio Palmas - Presa de las Peñitas
2 Puerto de la Peña - Vega de Rio Palmas
3 Puerto de la Peña - Caleta Negra - Barranco de la Peña - Peña Horadada
4 Betancuria - Begehung des Barranco de la Peña - Peña Horadada - Caleta Negra - Puerto de la Peña
5 Betancuria - Degollada de la Villa - Antigua
6 El Cotillo - Faro de Tostón - Casas de Majanicho - Corralejo
7 Umwanderung der Insel Lobos
8 Besteigung der Montaña Tindaya
9 Playa Jandía - Pico de la Zarza
10 Morro Jable - Gran Valle - Degollada de Cofete - Cofete
11 Playa de Cofete - Playa de Barlovento de Jandía - Casa de Agua Melianes
12 Cofete - Degollada de Agua Oveja - Casas de Jorós - Gran Valle - Morro Jable

Das Land

Entstehung des Archipels

Der von Platon überlieferte Mythos vom geborstenen und untergegangenen Westkontinent Atlantis, als dessen Reste die Inseln lange gedeutet wurden, ist von der modernen geologischen Forschung ins Reich der Literatur verwiesen worden.

In Wegeners **Kontinentaldrifttheorie** waren die Kanarischen Inseln durch Driftwiderstände abgerissene Brocken des afrikanischen Kontinents.

Als in den 60er und 70er Jahren die Möglichkeiten geophysikalischer Tiefseeforschung und paläomagnetischer Messungen Belege für die Ausdehnung des Ozeanbodens vom mittelatlantischen Rücken aus erbrachten und damit die Kontinentaldrifttheorie in das umfassende Konzept der **Plattentektonik** integrierten, wurden auch die Hypothesen über die Entstehung des Kanarischen Archipels auf ein neues Fundament gestellt.

Zunächst wurde in etwas kurzschlüssiger Analogie zu den Hawaii-Inseln das **"Hot spot"-Modell** zur Erklärung herangezogen. Danach sei der Archipel durch Verschiebung der afrikanischen Platte über einem aktiven Magmaherd entstanden, der die Inseln eine nach der anderen hervorgebracht hätte, während der weiterwandernde Ozeanboden sie dann wieder ostwärts hinwegverlagerte. Aber zum einen wird diese Hypothese der schon auf den ersten Blick keineswegs linearen Anordnung der Kanaren nicht gerecht, zum anderen stimmt es mit der Verjüngung von Ost nach West bei näherem Hinsehen auch nicht: Auf Lanzarote gab es in viel jüngerer Zeit noch Ausbrüche als auf den beiden westlich folgenden Inseln und auf Teneriffa noch mindestens 2,8 Millionen Jahre nach der letzten Eruption auf der westlichen Nachbarinsel Gomera. Doch der wichtigste Schönheitsfehler hat sich in jüngster Zeit durch genauere Messungen herausgestellt: Die afrikanische Scholle hat sich gerade in den letzten 25 Jahrmillionen, also dem Entstehungszeitraum der obermeerischen Teile der Kanarischen Inseln, nicht mehr bewegt. Damit ist der Hauptbedingungsfaktor für einen "Hot spot"-Archipel weggefallen. Das Modell ist seither in Fachkreisen fallengelassen worden.

Das auf dem jüngsten Kongreß zum Kanarischen Vulkanismus (1989) vertretene und allgemein akzeptierte Modell erklärt die Entstehung der Inseln folgendermaßen: Der Ozeanboden, der nach paläomagnetischen Messungen im Bereich der Kanaren zwischen 180 und 150 Millionen Jahre alt ist, also aus den frühesten Etappen der Öffnung des Atlantiks stammt, zerbrach in dieser Stauzone vor dem afrikanischen Kontinent, weil die von der Neubildung ozeanischer Kruste vom Mittelatlantischen Rücken ausgehenden Schubkräfte hier mit der **Brems- und Zerrwirkung** zusammentrafen, die aus dem Zusammenstoß der afrikanischen mit der eurasischen Platte und ihrer Drehung resultieren. Die so entstandenen **Schollenbruchstücke** wurden wie einzelne Keile unterschiedlich hoch gehoben und bildeten die Sockel, auf denen dann frühestens ab Mitte des Tertiärs (vor 30 bis 40 Millionen Jahren) durch vulkanische Prozesse - zunächst noch untermeerisch - die einzelnen Inseln aufgebaut wurden. Die **obermeerisch** entstandenen Eruptivgesteine konnten auf den Kanaren bislang nur bis **25 Mio. Jahren** datiert werden.

Vor diesem Hintergrund sind heute die Sedimentgesteine Fuerteventuras ebenso wie quarzitische Sedimentbrocken in jungen Laven Lanzarotes als gehobene Teile des alten Meeresbodens identifiziert, während sie früher als Beweis für das Aufsitzen der Ostinseln auf kontinentalem Sockel gewertet wurden.

Von dieser Annahme eines Zusammenhangs wenigstens der östlichsten Inseln des Archipels mit dem Kontinent ist man mit zunehmender Verfeinerung der Methoden und Einsicht in Zusammenhänge immer mehr abgerückt.

Die ab Höhe Gran Canaria nach Osten zunehmende Krustenverdickung, die man zunächst als Übergang von ozeanischer zu kontinentaler Kruste deutete, hat inzwischen eine Aufklärung gefunden, die das endgültige "Aus" für die Hypothese **ehemaliger Landverbindung** bedeutet: In dem Meeresbecken zwischen den Ostkanaren und Afrika haben sich seit dem Übergang von Jura- zu Kreidezeit ununterbrochen Sedimente abgelagert, die eine Gesamtdicke von 10 km erreichen. Diese Mächtigkeit der Sedimentation im afrikanisch-kanarischen Becken und ihr Zurückreichen ins Erdmittelalter macht denn auch die Annahme von Landbrücken, die man früher wegen der geringen Meerestiefen in diesem Bereich (max. 1.355 m) für denkbar hielt, völlig unhaltbar.

Seit die von Rothe 1964 als Eischalen eines straußartigen Vogels vorgestellten Fossilien aus miozänen Kalksedimenten Lanzarotes einer ausgestorbenen Meeresvogelart zugeordnet werden konnten, ist auch das härteste Argument der Zoologen für einen früheren Zusammenhang mit dem Kontinent hinfällig geworden.

Damit sind die Kanaren in jeder Hinsicht als **ozeanische Inseln** eingeordnet, die auf jeweils unabhängigen Sockeln aufsitzen. Nur Fuerteventura und Lanzarote, die von einem max. 40 m tiefen Meeresarm getrennt sind, bilden ein einziges langgestrecktes Vulkanmassiv, das sich über 180 km

Gesamtlänge von NO nach SW erstreckt. Jedoch ragt von diesem Vulkangebäude, vergleichbar der Spitze eines Eisbergs, nur 1 % des Gesamtvolumens über den Meeresspiegel.

📖 Archipel der Träume - Fuerteventura: Die Geliebte der Sahara. In: GEO Saison 10, 1993, S. 26 ff.

Geologische Formen

Fuerteventura ist in jeder Hinsicht die geologisch älteste Insel der Kanaren: Hier stehen nach bisherigen Datierungen die ältesten Gesteine an, aber hier hat auch die Abtragung ihr Werk am weitesten vorantreiben können, ohne durch vulkanische Verjüngung von reliefbestimmendem Umfang unterbrochen zu werden.

Abgesehen von der etwas alpin anmutenden Bergkette der Halbinsel Jandía, die im Pico de la Zarza mit 807 m bereits die höchste Erhebung der Insel bildet, weist Fuerteventura insgesamt ein reifes, sanftes Relief mit geringen Erhebungen auf; die höchste ist La Atalaya oder Betancuria mit 724 m.

Die ältesten Gesteine Fuerteventuras stellen **gehobenen Ozeanboden** vom Ende der Jura- bis zur oberen Kreidezeit (ca. 150 bis 65 Mio. Jahre) dar, dessen Sedimentschichten vermutlich durch die später horstartig hochgedrückten **magmatischen Tiefenkörper** oder **Plutone** aufgekippt und steilgestellt wurden. So spiegeln die Ablagerungssequenzen, die heute auf einem kleinen Raum von 3 x 5 km um Puerto de la Peña schräg übereinander bis fast nebeneinander geschichtet sind, eine ursprüngliche Mächtigkeit der Sedimente von 1.500 m wieder.

Diese Sedimentformation des Erdmittelalters besteht aus miteinander abwechslenden, grünlich und weißlich getönten Schichten von Quarzsandsteinen, Tonschiefern, Siltsteinen (verhärteten Schluffen), Kalksteinen und Mergeln. Solche Gesteine sind aus europäischen Mittelgebirgen gut bekannt, aber sonst im Kanarischen Archipel nicht vertreten, außer in ganz geringen Anteilen in der Sockelformation Gomeras. Das Alter und auch die kontinuierliche Abfolge der einzelnen Phasen konnte eindeutig aus Fossilien (Foraminiferen, Ammoniten, Korallen u.a.) bestimmt werden. Die Schichten werden nach Norden hin jünger, das heißt sie wurden von einer Kraft von Süden her aufgekippt.

Tatsächlich stehen im Süden die vor ca. 11 bis 6 Mio. Jahren gehobenen und daher durch Erosion von der rundherum anstehenden alten Basaltdecke entblößten **Plutone** an. Das sind Stücke von in der Erdkruste, sozusagen auf halbem Weg, erstarrtem Magma. Diese Tiefengesteine sind vollständig durchkristallisiert: vorwiegend braungraue, grobkörnige Gabbros und schwarzgrünliche Peridotite (um Pájara und westlich davon), die entstehen, wenn Magma direkt aus großer Tiefe (bis 100 km) aufsteigt; aber auch helle Syenite wie bei der jüngeren Intrusion, die südlich Vega de Rio Palma ansteht und das Muster eines doppelten Rings erkennen läßt.

Dieses deutlich hellere Gestein, das im Risco de la Peña und dem parallel dazu landeinwärts verlaufenden Kamm des Pico de la Muda ansteht, wurde gebildet durch Magma, das seine basischen Anteile (Eisen, Magnesium, Calzium) schon weitgehend abgeschieden hatte und als relativ saure, silikatreiche Schmelze erstarrte. Da es jünger und auch von der Zusammensetzung her verwitterungsresistenter ist als die alten Gabbros und Peridotite, treten diese Syenitintrusionen als markante, felsige Kämme gegenüber dem schütteren und gerundeter abgetragenen Material der Umgebung hervor (☞ Wanderung Nr. 1).

Diese Tiefengesteine wurden auf einen Zeitraum zwischen 38 und 18 Mio. Jahren datiert. Der Zeitpunkt ihrer Entstehung, d.h. Erstarrung, liegt somit dem ihrer Hebung in den obermeerischen Bereich um 10 bis 20 Mio. Jahre voraus.

Im Norden dagegen gehen die kreidezeitlichen Sedimentformationen in die frühesten **untermeerischen Vulkanite** über, in die allerdings immer noch Sedimentschichten, bereits gemischt aus vulkanischen Verwitterungsprodukten und Planktonskeletten, zwischengebettet sind. Die Fossilien datieren diese Phase des untermeerischen Inselaufbaus auf etwa 35 bis 25 Mio. Jahre. Dieser untermeerische Vulkanismus ist erkennbar an den charakteristischen Kissenlaven. Das sind rundliche, wabenförmig gegeneinander abgegrenzte Erstarrungskörper von wenigen Dezimetern Durchmesser, jeweils umgeben von einer "Außenhaut" oder Krustenschicht, wie sie durch die schockartige Abkühlung im Wasser entsteht (zu beobachten im Unterlauf des Barranco de la Peña ☞ Wanderung Nr. 4).

Dieselben submarinen Laven stehen auch wieder südlich der plutonischen Formationen an, was in Verbindung mit der Kippung der Sedimentformation dem heute allgemein akzeptierten dynamischen **Modell von Robertson und Stillmann** entspricht, das nebenstehend vereinfacht wiedergegeben ist. Daß der Intrusivkörper mehrere, sicherlich ungleich hohe "Gipfel" aufweist, geht aus seinem isolierten Vorkommen weiter nördlich in der Montaña Milocho und Montaña de la Blanca (nordwestlich La Oliva) und ebenso im Süden bei Gran Tarajal (Montañetas de Mazacote und Juan Gopar) hervor.

Im Zeitraum etwa zwischen 30 und 25 Mio. Jahren gingen die untermeerischen Emissionen sowohl durch eben diesen vulkanischen Aufbau

MEERESSPIEGEL

65 MIO JAHRE

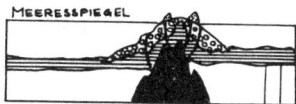

MEERESSPIEGEL

30-25 MIO JAHRE

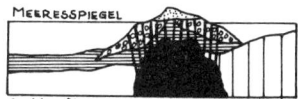

MEERESSPIEGEL

20 MIO JAHRE

MEERESSPIEGEL

10 MIO JAHRE

⫿⫿⫿ OZEANISCHE KRUSTE		⫽⫽⫽ GANGSCHWARM
≡≡≡ JURA-U KREIDEZEITLICHE SEDIMENTE		○○○ SUBMARINE ERGUSSGESTEINE
■■■ MAGMATISCHER TIEFENKÖRPER		∴∴∴ OBERMEERISCHE ERGUSSGESTEINE

Modell der Entstehung
des Grundgebirges

der Insel als auch mutmaßlich durch ihre tektonische Hebung in obermeerische Emissionen sauren Magmas über, das vor allem als Trachyt und
trachytische Tuffe die östlichen Ausläufer des Grundgebirges bildet (z.B.
um Valle Sta. Inés).

Diese vier Hauptformationen des "**Grundgebirges**" der Insel sind nun
dicht an dicht durchschnitten von Gesteinsgängen, die nichts anderes sind
als in Bruchspalten erstarrtes Magma. Es sind die Fördergänge aller dar-
überliegenden vulkanischen Schichten und daher wie diese überwiegend
von basaltischer Zusammensetzung, allerdings durch die jahrmillionenlan-
gen Zersetzungsprozesse meist zu Grünstein umgewandelt. Das höchste,
bislang für diese Gänge mit der Kalium-Argon-Methode ermittelte Alter
ist 46 Mio. Jahre, doch reichen die jüngsten herauf bis 14,4 Mio. Jahre.
Ein Teil dieser Gänge speiste ja auch die erste obermeerische Phase des
Miozäns (s.u.).
Diese Gänge sind überwiegend 0,5 bis 1 m, selten über 5 m dick.
Stellenweise sind jüngere in ältere eingedrungen. Sie liegen so dicht bei-
einander, daß sie nirgends weniger als die Hälfte, stellenweise bis 95%
des Gesamtgesteins ausmachen, also vom umgebenden Gestein wenig üb-
riglassen. Damit ist dieser Gangschwarm eines der weltweit beein-
druckendsten Zeugnisse solcher subvulkanischen Aktivität.
Man schließt aus dem Einschießen eines so enormen Gesteinsvolumens
in die bestehende Erdkruste, daß diese sich in der betroffenen Zone um
insgesamt 10 km gedehnt hat, und zwar grob gesehen in NNW-SSO-
Richtung, da die Gänge überwiegend von NNO nach SSW streichen. Aber
auch kreuzende Gänge werden beobachtet, was auf Eindringen in verschiedenen Phasen hinweist.

Auf diesen Sockelkomplex, der von der Erosion zu einer sanften Mit-
telgebirgslandschaft abgetragen wurde, folgt **die erste basaltische Serie**,
die während 10 Jahrmillionen (22 bis 12 Mio. Jahre v.u.Z.) die Insel zu
einem weiten, sanft gewölbten vulkanischen **Schild** von sicherlich größerer Ausdehung als die heutige Insel überformte. Auch heute noch ist diese
Serie, die über 50% der Inseloberfläche einnimmt, die am häufigsten vertretene Formation.
Ihre fast horizontalen, ein wenig auf die Ostküste zu geneigten Lava-
flüsse traten aus **Förderspalten** aus, die heute noch als Gesteinsgänge erkennbar sind und da sie jünger, also härter als das Umgebungsgestein
sind, auch als freigewitterte Rippen herausragen können, wie z.B. im Talschluß des Gran Valle (☞ Wanderung Nr. 10), und die weitgehend
WNW-OSO verlaufen, also rechtwinklig zur vorherrschenden Richtung

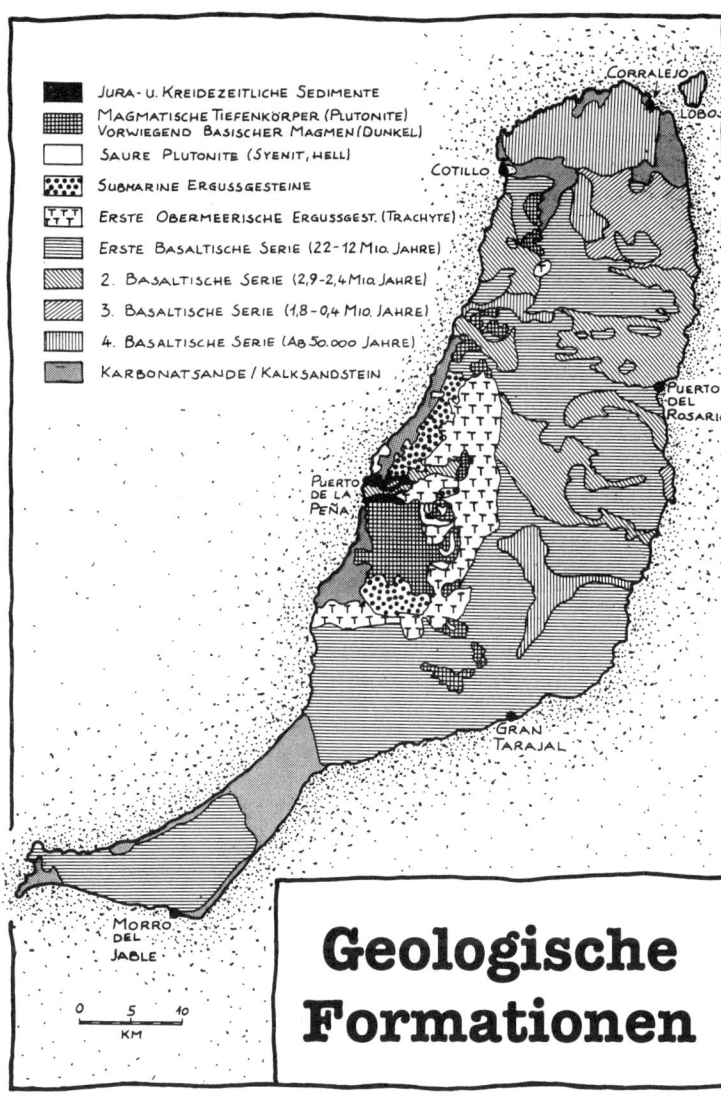

Legende:

- Jura- u. Kreidezeitliche Sedimente
- Magmatische Tiefenkörper (Plutonite) Vorwiegend Basischer Magmen (Dunkel)
- Saure Plutonite (Syenit, hell)
- Submarine Ergussgesteine
- Erste Obermeerische Ergussgest. (Trachyte)
- Erste Basaltische Serie (22–12 Mio. Jahre)
- 2. Basaltische Serie (2,9–2,4 Mio. Jahre)
- 3. Basaltische Serie (1,8–0,4 Mio. Jahre)
- 4. Basaltische Serie (Ab 50.000 Jahre)
- Karbonatsande / Kalksandstein

CORRALEJO

LOBOS

COTILLO

PUERTO DEL ROSARIO

PUERTO DE LA PEÑA

GRAN TARAJAL

MORRO DEL JABLE

0   5   10
KM

Geologische Formationen

des Gangschwarms der Sockelformation. In dieser Phase herrschte also ein ganz anderes tektonisches Spannungsfeld.

Die Landschaftstypen, die diese vulkanische Serie hinterließ, sind gekennzeichnet durch die horizontal geschichteten Basalte: das 800 m hohe Gebirge der Halbinsel Jandía und die ganzen rechtwinklig zur Küste ziehenden Höhenzüge im Ostteil der Insel, die im Norden durch immens weite, im Süden durch zunehmend engere Trogtäler getrennt sind. Hier hat die Erosion aus den Tafelbasalten die lokal als "Cuchillo" (= Messer) bezeichnete Form schmaler Grate herauspräpariert, manchmal sogar freistehende, pyramidenförmige Zeugenberge wie die Montaña del Campo nordöstlich von Ampuyenta isoliert.

Im Unterbau dieser **Horizontalbasalte** findet man allerdings Tuffe und Agglomerate aus der ersten Phase dieses Zyklus, die offenbar von explosiveren Eruptionsmechanismen bestimmt war. Das unter hohem Druck ausgeworfene Magma wurde fragmentiert zu Schlacken, Lapilli (2 bis 65 mm Durchmesser) und feinsten Aschen (unter 2 mm Durchmesser), die sich als heterogene Masse ablagern (Tuffe) und manchmal Brocken mitgerissenen Muttergesteins darin einbetten (Agglomerate). Solche Gesteine liegen bei den nördlichsten Höhenzügen zuoberst, so daß sich gerundete Kämme ausbildeten. Die typische Cuchillo-Form entwickelte sich im mittleren Bereich, beginnend mit dem Höhenzug der Muda, die mit 689 m die höchste Erhebung dieser Serie auf der Hauptinsel bildet. Der Namen "Cuchillo" (= Messer) bezeichnet treffend den schmalen Kamm aus dünnen Lavaschichten, der auf dem durch Schuttkegel noch verbreiterten, sanft ansteigenden Sockel aus Agglomeraten stehenblieb.

Vom Barranco de la Antigua an werden die Kämme dank der von da an mächtiger werdenden Basaltbänke (bis zu 20 m hoch), die nicht so leicht von der Erosion angegriffen werden, massiver. Die Tuffe und Agglomerate dagegen tauchen im Süden immer mehr in den Untergrund ab; in Jandía fehlen sie fast völlig.

Besonders rote, homogene Horizonte, die im Jandíagebirge sogar bis 15 m dick anstehen, sind alte, durch die darüberfließenden Laven oxidierte Böden, die bezeugen, daß es lange eruptionsfreie Intervalle in dieser vulkanischen Periode gegeben hat.

Nach einem Intervall vulkanischer Ruhe von ca. 7 Mio. Jahren, in dem sich ein starkes Erosionsrelief in den Vulkanischen Schild einfraß, begann vor 5 Mio. Jahren erneut die vulkanische Aktivität mit der **2. Serie**. Ihre erste Etappe repräsentiert der etwa 5 Mio. Jahre alte Vulkan von Betancuria (Morro Valdés, Llanos de Sta. Catalina).

Nach wiederum 2 Mio. Jahren ohne feststellbare eruptive Ereignisse entstanden in einem Zeitraum von einer halben Million Jahren (2,9 bis 2,4 Mio. Jahre v.u.Z.) durch Spaltenausbrüche die flachen, breiten Schildvulkane des Zentrums und Nordens der Insel wie La Ventosilla (bei Tindaya) oder die flachen Hügel südöstlich von Ampuyenta (Gavias Cumplidas) und etwas entfernter im Osten Cercado Viejo. Aber auch die Schlacken- und Lapillikegel von Tetir sowie die südlich Tefia westlich der Straße sichtbare Montaña Bermeja (= rotbrauner Berg) und die Montaña del Tao bei Casillas del Angel gehören diesem Zeitraum an.

Die **3. Eruptionsserie**, die sich über den Zeitraum 1,8 bis 0,4 Mio. Jahren v.u.Z. erstreckte, brachte im Norden der Insel drei Vulkanreihen hervor, die durch ihre lineare Anordnung deutlich ihr Aufsitzen auf einer darunterliegenden Spalte zu erkennen geben: erst die Reihe Montaña Escanfraga, Montaña Caimá, Montaña Roja, dann nördlich parallel angeordnet Montaña Negra, M. Pajarita, und Calderas Blancas, beide dem in den Kanaren sehr häufig wirkenden Spannungsfeld ONO-WSW folgend. Etwas steiler nordöstlich verläuft die Reihe Montaña de los Saltos (nordöstlich von La Oliva), Mal Nombre und Los Apartaderos. Diese fast in Fluchtlinie liegenden Kegel, kann man, mehr oder weniger miteinander durchgedeckt, von den beiden von Corralejo nach Süden führenden Straßen aus gut sehen (auf der Höhe von Villaverde bzw. nördlich von Parque Holandés). Das abnehmende Alter der drei Vulkanreihen läßt sich an der abnehmenden Kalkverkrustung ablesen. Auch die verstreuter liegenden Eruptionen der Montaña de Tirafe bei Valle de Sta. Inés oder die für Bausandgewinnung angeschnittene Caldera bei La Matilla gehören zu dieser Serie. Die Rotlehmböden, die sich auf ihren Materialien gebildet haben, lassen darauf schließen, daß vor rund 1 Mio. Jahren noch einmal eine feuchtwarme Klimaphase eintrat.

Die jüngste oder **4. Serie** ist daran erkennbar, daß noch keinerlei Kalkverkrustung und auch erst eine sehr geringe Verwitterung stattgefunden hat, so daß die jungvulkanischen Blocklavafelder noch ihren typischen "**Malpaís**"-Aspekt bewahren.

Die ältesten sind nach neuesten Thermolumineszenzdatierungen die drei kleinen Vulkane von Pájara (51.000 Jahre v.u.Z.).

Die Kraterkegel des nördlichen Eruptionsfeldes von **Bayuyo** scheinen einer SW-NO streichenden Bruchspalte aufzusitzen. Ihrem Erhaltungszustand zufolge sind sie etwa zeitgleich mit der **Lobos-Caldera**. Aus Datierungen der fossilen Dünen, die die Bayuyo-Laven im Quertal von Los

Lajares überflossen haben, erschloß man, daß sie vor rund 10.000 Jahren entstanden sind. Ihre Lavamassen haben die Insel um schätzungsweise 100 km² nach Norden erweitert.

Das Lavafeld von **Malpaís Grande** mit seiner langen Zunge, die in den Barranco de **Pozo Negro** vordrang, wurde mit der Thermolumineszenzmethode auf 10.000 bis 15.000 Jahre vor unserer Zeit datiert.

Am Schlackenkraterkegel des Malpaís Chico und auf der Insel Lobos (☞ Wanderung Nr. 7) ist die interessante vulkanische Kleinform der **"hornitos"** zu beobachten, die durch Wasserdampf leergeschossene Minischlote darstellen.

Die Caldera de Jacomar an der Südostküste ist dadurch bemerkenswert, daß sie einem "Cuchillo"-Kamm aufsitzt und ihre Laven die vormalige Küstenlinie deltaförmig ins Meer hinausverlagert haben.

Die jüngste Eruption ist der nördlich von La Oliva gelegene Vulkan, der gemäß seiner Bestimmung, zu Bausand und -kies abgebaut zu werden, schlicht Arenas heißt.

Doch ist dieser schwarze Sand, letzten Endes in weiße Hotels verwandelt, die Voraussetzung dafür, daß der Tourist jenen ganz anderen Sand der Traumstrände genießen kann. Freilich kann auch dieser Lapillischutt vom Meer zu feinem Sand zerrieben werden, wie bei den schwarzen Dünen von Playas Negras. Doch muß man sich auf dieser strandverwöhnten Insel mit dem schwarzen Substitut nicht zufrieden geben.

Die großartigen, weiten **Dünenlandschaften** von **Corralejo** und **Jandía** sind dem Zusammenspiel von tektonischen Hebungen bzw. dem Steigen und Fallen des Meeresspiegels im großklimatischen Rhythmus mit dem immerwährenden rauhen Spiel von Wind und Brandung zu verdanken.

Die Sandmassen sind nicht, wie man immer noch lesen kann, vom Wind aus Afrika angewehter Saharasand. Das können Sie selbst leicht überprüfen, wenn Sie Zeuge eines der häufigen Saharalufteinbrüche werden. Was da die Luft trübt, ist von der Korngröße und Farbe her eben kein Sand, sondern feiner bräunlicher Staub, die vom Wind erodierte Erde Afrikas.

Dagegen bestehen die cremeweißen Sande der Dünenlandschaften in Küstennähe größtenteils aus feinzertrümmerten und durch Abrollen in der Brandung gerundeten Skelettbruchstücken von Meereskleinstlebewesen und Kalkalgen des Flachwasserbereichs, die der Wind jeweils beim Zurückweichen des Wassers im Zuge der Gezeiten landeinwärts transportiert. Wenn in kurzfristigen erdgeschichtlichen Zeiträumen der Meeresspiegel sinkt bzw. tektonische Hebungen die knapp unter dem Meeresspiegel vom

Wellengang geschaffene Abrasionsplattform auch nur ein wenig über die Meeresoberfläche anheben, können diese Ablagerungen von **organischen Kalkfragmenten** breite Küstenstreifen einnehmen und werden dann dort vom Wind zu Dünen onduliert, die z.B. bei Corralejo bis 10 m hoch werden. Ihre Wandergeschwindigkeit wurde übrigens auf 4 m pro Jahr ermittelt.

Durch chemische Umwandlungsprozesse der Karbonate (Dolomitbildung) können diese Kalksande zu weichen Sedimentgesteinen zementiert werden. Diese vom Wind abgelagerten **Kalksandsteine** weisen oft eine Schrägschichtung auf, die von späterer Winderosion wieder zu interessanten Formen beschliffen wird, wie z.B. südlich von Puerto del Rosario (Playa Blanca).

Mit dieser chemischen Verfestigung kann weiter landeinwärts noch die Stabilisierung durch beginnende pflanzliche Durchwurzelung parallel gehen. Ein Teil des Materials wird freilich immer wieder durch den Wind

Die Schluchtenge von Peñitas bei Vega de Rio Palmas

der Sedimentierung entzogen und weht weiterhin als freier Treibsand über die Ebene, sich stellenweise zu mächtigen **Wanderdünen** sammelnd. Dieser Übergangszustand zwischen aktiven Dünen und Sedimentierung ist im **Istmo de la Pared** in allen Varianten zu beobachten. Küstennahen Bergen wird der Sand wie ein Schleier angeweht, der sich in den Erosionsrinnen etwas dicker anlagert und so ihr Relief nachzeichnet. Stellenweise wird dort auch der vom Wind transportierte Karbonatsand in Verbindung mit der Luftfeuchtigkeit an freiliegenden Pflanzenwurzeln so angelagert, daß "versteinerte Büsche" entstehen.

Diese Landschaften mit freiem Treibsand nennt man auf Fuerteventura "**Jable**" - eine Hispanisierung des französischen Worts "sable", das die ersten normannischen Siedler dafür verwandt haben mögen. Dagegen bezeichnet das spanische Wort "arena" hier den als Bausand und Kies verwendeten Lapillischutt junger Vulkane.

Wo die Dünen soweit stabilisiert und zementiert sind, daß sie nicht mehr aktiv sind, wie im nördlichen Quertal um Lajares, spricht man von **fossilen Dünen**. Auch im Norden der Halbinsel Jandía bezeugen verfestigte Kalksandsteinformationen innerhalb der Plattform (Riegel und Rücken), daß die heute auf einen wenige Meter hohen Steilabfall zurückgestutzte Küste vormals als Flachküste aktive Dünen speiste (Versteinerungen datieren diese Phase auf ca. 18.000 Jahre v.u.Z.). Manchmal sind diese fossilen Dünen von bräunlichen Kieselkalken überdeckt und befestigt, deren Tonerdeanteil auf den Niederschlag eben jenes bräunlichen Saharastaubes zurückgeht.

Auch in der Gezeitenzone selbst findet man bereits verfestigte Kalksandsedimente. Sie bilden sich dort aus dem einfachen Sand durch Abscheidung von Karbonaten, welche die Sandkörner miteinander verbacken, aus dem verdunstenden Meerwasser. Solche Küstensedimente findet man nördlich und südlich um Puerto del Rosario, bereits wieder durch Beschleifung mit basaltischen Geröllen und Kiesen zu skurril geformten Buckeln gerundet, die aus den Lockersedimenten der Gezeitenzone herausragen (**Beachrock**).

In den fossilen Dünen der Ebene von Lajares, aber auch in den Schichten unter den aktiven Dünen von Corralejo treten immer wieder Horizonte von Landschneckenskeletten, Insektenpanzern und Vogeleierschalen auf, die auf regenreichere Episoden in einer Phase sonst insgesamt wüstenhaften Klimas zwischen rund 100.000 und 10.000 Jahren v.u.Z. hinweisen. Davor allerdings herrschte in der letzten Zwischeneiszeit (Riß-Würm, rd. 100.000 v.u.Z.) bei gestiegenem Meeresspiegel ein tropisches Klima, das einer markanten Schnecke tropischer Meere, deren Gehäuse man heute in einem Horizont von 5 m ü.d.M. entlang der Südostküste von Pozo Negro bis Jandía findet, die Einwanderung ermöglichte. Schöne Aufschlüsse dieses Horizonts finden sich am südlichen Felsvorsprung der Bucht von Las Playitas.

Ein noch älterer Meeresfossilienhorizont aus der ersten Zwischeneiszeit (Günz-Mindel, 540.000 bis 480.000 v.u.Z.) findet sich im Hinterland von Morro del Jable in den zahllosen Erosionskerben aufgeschlossen auf einer ziemlich konstanten Höhe von 55 m über dem heutigen Meeresniveau, dem Höchststand des Meeresspiegels jener Warmzeit.

Noch ältere **Kalkhorizonte, auf Strandterrassen des Spättertiärs** entstanden (vor rund 5 Mio. Jahren) und dann durch Basaltlaven der 2. Serie überflossen, laufen an der ganzen Westküste auf einem konstanten Niveau von 15 m über dem heutigen Meeresspiegel in der niedrigen Kliffküste entlang, kilometerweit deutlich als cremeweiße Zwischenlage gegen die dunklen Basalte abstechend (besonders deutlich von ☞ Ort für Ort, El Cotillo bis ☞ Puerto de la Peña).

Diese Kalkvorkommen wurden seit der europäischen Kolonisierung abgebaut und gebrannt, eine "Industrie", die den Mörtelbedarf nicht nur der eigenen, sondern auch der an Kalkvorkommen armen West- und Zentralinseln deckte und durch ihren Energiebedarf nicht unerheblich zur Vernichtung aller Wald- und Buschformationen auf der Insel beitrug.

Neben dieser niedrigen Kliffküste im Norden bietet die Westseite im mittleren Abschnitt zwischen Jable de Salinas und Playas Negras eine echte, noch aktuell vom Meer benagte Steilküste, die an ihrer höchsten Stelle bis 382 m aufsteigt.

Dagegen muß die viel höhere ehemalige Steilküste der **Nordflanke des Jandíagebirges** der unmittelbaren Einwirkung des Meeres, das sie geschaffen hat, durch eine Hebung bzw. Meeresspiegelsenkung entzogen worden sein. So hatten die Steilwände die Möglichkeit, sich auf der ehemaligen Abrasionsplattform eine Schuttschleppe vorzubauen, die dem Unterhang ein sanft auslaufendes konkaves Profil verleiht. Sie ist allerdings selbst schon wieder vom Meer, das relativ wieder im Steigen begriffen ist, auf ein 20 m hohes Kliff zurückgestutzt worden, vor dem sich ein Saum rezenten, feinen Sandes gebildet hat (☞ Wanderung Nr. 11). Von der Annahme tektonischer Ereignisse, die man früher für die Entstehung des halbmondförmig geschwungenen, 800 m hohen Steilabfalls verantwortlich machte, wie Wegbrechen einer viel größeren Caldera, deren Restsegment das Jandíagebirge wäre, oder Spaltenbrüche, längs deren die Fortsetzung

45

des Gebirges nach Nordwesten abgesunken wäre, ist man heute in Fachkreisen abgerückt.

Das Faszinierendste an den Landschaftsformen dieser vegetationsarmen Insel ist die schonungslose Offenlegung der **Erosionsprozesse**.

Die **Entwaldung** des westlichen Gebirgskomplexes in den sechs Jahrhunderten europäischer Geschichte hat einerseits das jahrmillionenalte, großräumige, sanfte Relief eines Mittelgebirges sichtbar gemacht, andererseits auch dort bereits in Ansätzen zur sekundären Zerrunsung durch sofortiges Abfließen der für aride Klimate typischen kurzen Starkregenfälle geführt. Ein um so bemerkenswerteres Zeugnis früherer Bewaldung sind die immer noch großflächig ausgewiesenen Fersialit-Böden, ein Bodentypus, der sich nur in waldbedeckten Gebieten bildet.

Wo menschliche **Übernutzung**, vor allem Viehzucht, durch fortschreitende Zerstörung der Vegetationsdecke den Auswirkungen des ariden Klimas lange genug in die Hände gespielt hat, kommt es schließlich so weit, daß das Wasser der sehr punktuellen und heftigen Regenfälle, das von keiner Pflanzendecke mehr festgehalten und von der immer dünneren Bodenschicht kaum noch aufgenommen wird, lauter schmale, aber tiefe und sich bei jedem Sturzregen erweiternde Mini-Schluchten in das weiche Schwemmland am Fuß der Berge gräbt. Die **Zerrunsung** ist an allen Bergen der Insel zu beobachten, ganz besonders deutlich in dem Gebiet um La Matilla.

Nordwestlich Puerto del Rosario findet man solche durch Erosionsgräben aufgelösten Ebenen mit einer Schicht von Eisenhydroxidkieseln bedeckt. Viele Bergflanken weisen dieselben fatalen Netze von Erosionsgerinnen auf, die sie aufgrund ihrer flächigen Wirksamkeit binnen kurzem ohne Bodenauflage hinterlassen, so daß vielerorts die nackten ☞ **Kalkkrusten** weißlich hervortreten, Schädeldecken einer botanisch und agrarisch sterbenden Landschaft.

Eine typische und alte Großform arider Klimate sind die weiten **U-Täler** zwischen den Ost-West verlaufenden Höhenzügen der alten Basalte im Osten der Insel. Sie sind in niederschlagsreicheren Klimaepochen des Spättertiärs V-förmig in den alten Basaltschild eingetieft worden, aber später bei nachlassender Schleppkraft oder gar völligem Ausbleiben der Fließgewässer durch die flächige Hangabtragung der punktuellen Starkregen des Wüstenklimas mit Hangschutt aufgefüllt worden, bis eine weite Talsohle entstand. Die **Schuttschleppen** setzen sich zusammen aus Schuttkegeln, von denen man oft zwei Generationen beobachten kann: Die Überziehung mit Kalkkruste verrät die jeweils älteren.

Diese **Kalkkrusten** bedecken weite Teile der Insel, oft von jüngeren Schwemmsedimenten oder Böden überlagert, andernorts durch Erosion schon wieder freigelegt, wie an den Bergflanken oder in den Trockenbachbetten um Antigua. Sie werden im Volksmund "**tosca blanca**" genannt. Nach Beobachtungen in anderen Weltgegenden müssen sie sich unter ariden, aber nicht ganz so niederschlagsarmen wie den gegenwärtigen Klimabedingungen gebildet haben. Sie setzen durchschnittliche Jahresniederschläge um 250 mm voraus, die heute auf Fuerteventura nur an wenigen Stellen erreicht werden. Bei dieser Niederschlagsmenge in Verbindung mit heißen Temperaturen, löst sich der Kalk aus den Komplexmineralien und steigt im Boden kapillar aufwärts bis zur Oberfläche oder einem bestimmten oberflächennahen Horizont, wo er sich abscheidet. Bei höheren Niederschlägen würde er wieder gelöst und ausgewaschen. So sind die Kalkkrusten Zeugen ganz bestimmter Klimaphasen.

Auch diese Kalke, noch härter als die fossilen Strandterrassen, wurden in beträchtlichem Umfang abgebaut und gebrannt, so z.B. in den Ebenen um Puerto del Rosario. Aber auch über die ganze Insel verteilt trifft man diese kegelstumpfförmigen, seltener auch quadratischen, manchmal gestuften Kalkbrennöfen an.

Dieselben Kalkkrusten überzogen auch die sanft auslaufenden Unterhänge der U-Täler und die Schutt- und Schwemmvorländer der die Zentralebene umgebenden Bergzüge. Beim Absinken des Meeresniveaus, dem jeweils eine Tieferlegung des Entwässerungsnetzes folgt, wurde dann das alte **Bergfußglacis** durch Erosion zerschnitten. Nur der Kalkschild konnte jeweils partiell Einhalt gebieten, indem die oft mehrere Meter dicke härtere Deckschicht die darunterliegenden Kegelstümpfe eine Zeitlang stabilisierte (wie die Steine die Erdpyramiden in den Alpen). Diese ca. 20 m über das Umgebungsniveau aufragenden Kegelstümpfe mit ihrem obenaufliegenden Kalkplateau werden lokal "**tablero**" (Plattform) genannt.

Doch gibt es in der Landschaft Fuerteventuras auch noch andere aktuell sichtbare Zeugen **niederschlagsreicherer Epochen**. So wurden vor rund zwei Millionen Jahren die Flußbetten der Ost-West-Täler mit steilen, stellenweise fast senkrechten Flanken bis zu 50 m tief in das Bergfußglacis eingeschnitten. Auch die letzte Eintiefung des aktuellen Flußbettes um 1 bis 2 m unter das Niveau, das dem Ende der letzten Eiszeit entspricht (vor rund 10.000 Jahren), setzte regelmäßigere Niederschläge voraus, als sie in der Gegenwart herrschen. Sehr schön sind diese Formen im Barranco de La Antigua zu beobachten.

Vom Barranco de la Antigua an südwärts werden die unendlich weiten Ost-West verlaufenden Trogtäler, die die Kämme der Altbasalte trennen, langsam schmaler, bis sie jenseits der Einmündung der großen Längssenke bei Gran Tarajal wieder Anschluß an das etwas regenreichere und höhere Westmassiv finden, das das Potential für kräftigere Einsägung von Kerbtälern liefert.

Diese bei Gran Tarajal sich zum Meer öffnende große **Binnenebene**, eingefaßt vom Westmassiv einerseits und den küstenwärts vorgelagerten Querrippen des alten Basaltschildes andererseits, setzt sich jenseits eines leichten Anstiegs oder Plateaus zwischen Antigua und Llanos de la Concepción weiter nach Norden bis zur Montaña Quemada fort. Diese Binnensenke paßt nicht zu einem normalen Erosionsrelief. Die Erosion schreitet stets von der Küste landeinwärts fort, und nie reißt die nagende Kraft des Wassers die Hauptwasserscheide vor den Querrippen ein. Dieses Bild liegt aber auf einer Reliefkarte von Fuerteventura vor: Sowohl nach Westen als auch nach Osten werden Querkämme im Mittellauf der Täler höher als im Oberlauf, dem sozusagen das Quellgebiet, der die Querrippen normalerweise überragende Hauptkamm, fehlt.

Auch zeigen die Quertäler, die von der Längssenke nach Osten ziehen, teilweise ein paradoxes Profil: haben einige fast gar kein Gefälle, so weisen sie vom Barranco de la Antigua an nach Süden sogar einen leichten Gegenanstieg oder Sattel auf ihrem Weg von der Längssenke zum Meer auf, durch den sich das Wasser seinen Weg dann etwas tiefer legen mußte, was nur möglich ist, wenn es sich um eine so langsame Senkung handelt, daß die Inzisionskraft des Wassers damit Schritt halten konnte. Ein solcher Ablauf paßt durchaus zu einer **tektonischen Senkung** mit Nord-Süd-Achse im Zentrum der Insel.

Diese Beobachtungen in Verbindung mit der Tatsache, daß dieses zentrale Längstal parallel zu dem horstartig hochgedrückten Westgebirge verläuft, legten dem finnischen Geologen Hausen um die Jahrhundertmitte den einleuchtenden Schluß nahe, daß die Senke einen **Grabenbruch** darstellt, der im Zuge der Anhebung des westlichen Horsts etwas abgesunken ist. Diese Hypothese wurde seither nicht mehr mit methodischen Untersuchungen verfolgt, aber die Frage nach der Entstehung dieser Zentralsenke hat auch noch keine andere überzeugende Antwort gefunden.

Nachdem das Westmassiv Generationen von Forschern beschäftigt, den Schwerpunkt des jüngsten Kongresses zum Kanarischen Vulkanismus gebildet und Tausende Druckseiten gefüllt hat, kann man nur mit Brecht sagen: "Die Mühen der Gebirge liegen hinter uns, vor uns liegen die Mühen der Ebenen."

Festung Winter (Cofete)

Taffonisierung im Kalkband (Puerto de la Peña)

Klima

Das Klima Fuerteventuras wird bestimmt von seiner Lage im Einfluß-
bereich der drei Großwindsysteme, die im kanarischen Raum aufeinander-
treffen: der **Passatwinde**, der **Westwinddrift** und der **Sahara- oder
Levantewinde**.

Die **Passatwinde** resultieren aus dem Rückfluß der Luftmassen aus
dem subtropischen Hochdruckgürtel (hier Azorenhoch) Richtung Äquator.
Durch die Corioliskraft abgelenkt, erreichen sie den Kanarischen Archipel
als Nordostwinde. Durch die Form der Insel bzw. den Verlauf ihrer
Hauptgebirgszüge ergibt sich als vorherrschende Windrichtung der Sektor
zwischen Nord und Nordost.

Dieser Wind hat auf seinem Weg übers Meer viel Feuchtigkeit aufgenommen. Die Bergmassive dieser alten, jahrmillionenlang abgetragenen
Insel sind jedoch zumeist nicht hoch genug, um die feuchte Luft zum Auskondensieren in Form der für die westlichen Nachbarinseln so typischen
Passatnebelwolken zu zwingen. Nur das Jandíagebirge, das in seiner
höchsten Erhebung 807 m erreicht und dabei noch leicht quer zur
Hauptrichtung der Windes liegt, vermag dieser Feuchtluftschicht zumindest im Sommer, wenn sie etwas tiefer herannaht, ein gewisses Hindernis
zu bieten, an dem sie sich manchmal zu einem Wolkenmeer aufstaut.
Doch ist der Kamm auch wiederum niedrig genug, daß ihn die Wolken-
schicht leicht überwindet, um auf der Südseite noch einen kurzen Wolken-
überfall zu bilden. Diese ideale Umhüllung des Kammes durch das Wolkenmeer während der Sommermonate hat in vorspanischer Zeit und bis ins
18. Jahrhundert hinein hier einen Wald gedeihen und seine verkrüppelten
Reste bis heute überleben lassen.

Während die feuchte Phase dieses Passatwindes das Lebenselixier der
Vegetation darstellt, zeigt er sich - zum Entzücken der Windsurfer an der
Playa de Sotavento - auf der Südseite als **föhnartiger Fallwind**, der sich
im Lee nicht nur erwärmt und austrocknet, sondern auch ordentlich Speed
gewinnt.

Da jedoch auf der übrigen Insel der feuchtigkeitsgeladene Passat nur
wenig durch Reliefhindernisse aufgehalten wird, trägt er seine Feuchtigkeit ziemlich gleichmäßig über die ganze Landmasse. So schwankt die
Luftfeuchtigkeit z.B. am Flughafen zwischen 75 und 82 %, wobei sich
kaum Unterschiede zwischen Sommer und Winter abzeichnen. In den Bin-
nensenken bildet diese Luftfeuchte im Frühsommer, wenn der Passat am
besten entwickelt ist, manchmal morgens dünne Nebelschleier oder gar
Nebelbänke, die sich erst am späten Vormittag auflösen.

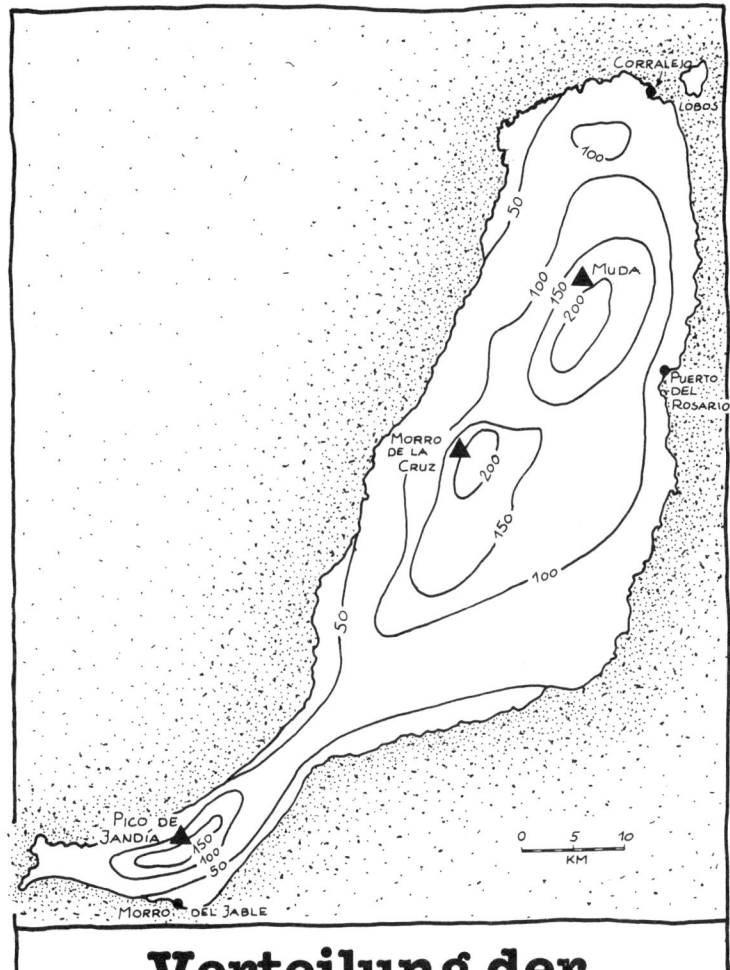

Verteilung der Jahresniederschläge

Das stark heruntergewitterte Relief benachteiligt die Insel aber nicht nur bei der Auskämmung des Passats im Sommer, sondern auch im Winter, wenn die Feuchtigkeit in Form von **Regenniederschlägen** mit der **Westwinddrift** kommt. Zudem sind Verlauf und Lage der Gebirgsketten, genau wie für die Passatwolkenbildung, so auch im Hinblick auf das Abfangen der Regenfronten nicht günstig: Da die größten Niederschlagsmengen hier die aus Südwest heranziehenden Fronten nach Süden abgelenkter Ausläufer der Westwinddrift bringen, kann das just in Zugrichtung dieser Fronten liegende westliche Gebirge ihren Steigregen nicht maximal abschöpfen. So bringt es das Betancuria-Massiv im Mittel nur auf Werte zwischen 200 und 250 mm durchschnittlichen Jahresniederschlags, während die in Ost-West-Richtung verlaufenden Gebirgskämme im Norden, wo sie am höchsten sind (Muda mit 689 m, Aceitunal mit 686 m), die Regenfronten besser abfangen, da sie nahezu quer zu ihnen stehen. So verzeichnen Tetir und Vallebrón die höchsten langjährigen Mittelwerte der Insel (Knapp über 250 mm).

Noch schlechter schneidet das Jandíagebirge ab, an dessen schmalem Grat sich die ihm fast parallel bewegenden Wolkenmassen einfach teilen wie an einem Wellenbrecher und vorbeifließen, ohne sich richtig auszuregnen. Jandía erreicht deshalb nur mittlere Jahresniederschläge von wenig über 150 mm.

Die insgesamt geringen Niederschläge fallen dann auch noch völlig unregelmäßig in jahreszeitlicher und Langzeitverteilung. In schlechten Jahren fällt nur ein Fünftel (und manchmal noch weniger) des Quantums eines guten Regenjahres. Während ein regenreiches Jahr wie 1989 in Betancuria 642 mm Regen bringen kann, so blieben die Niederschläge auf der Insel auch schon mehrere Jahre hintereinander zwischen Werten von 58 und 8 (!) mm (1939-1945).

Und wenn reichliche Niederschläge fallen, gehen sie meist komprimiert als kurzfristige **Starkregenfälle** nieder, mit allen Nachteilen, die das hinsichtlich Erosion und Wasserhaushalt mit sich bringt. Obwohl die Zahl der Tage mit meßbaren Niederschlägen (d.h. über 0,1 mm) sich zwischen 14 Tagen pro Jahr in Morro Jable und 28 Tagen im Jahr in Betancuria bewegt, kommt doch die Hauptmenge des jährlichen Regenaufkommens in einem knappen Dutzend Sturzregen herunter. So fallen oft 2/3 des Monatsquantums oder gar 1/3 bis 1/4 des Jahresniederschlags eines Ortes innerhalb von 24 Stunden.

Für die geringe Niederschlagsmenge und -häufigkeit und ihre besonders irrationale Verteilung spielt freilich nicht nur die geringe absolute Höhe der Gebirge der Insel eine Rolle, sondern auch der dritte und einzige wirklich gefürchtete der Windgötter: **der Levante oder Saharawind**. Diese Einbrüche von Saharaluft trocknen vor allem im Frühjahr und Sommer, wenn sie als heiße Winde aus dem nordafrikanischen Hitzetief einströmen, das Land erbarmungslos aus. Sie treffen die Vegetation und die wenigen mit Winterregen bestellten Pflanzungen besonders im Frühjahr hart, da im Sommer ohnehin alles pflanzliche Leben sich in Überdauerungsformen zurückzieht. Diese Luftmassen führen Staub mit sich, der zur Trübung der Sicht führt und sich auf allen hellen Flächen sichtbar ablagert. In der Regel fallen sie als böenartige Winde über die Insel her, denen dann aber auch anhaltende Windstille folgen kann. Diese Saharalufteinbrüche traten im Beobachtungszeitraum 1964-1973 an durchschnittlich 63 Tagen des Jahres auf, mit einer Frequenzspitze im Juli und August.

Trotzdem machen diese Saharawinde, die aus dem Sektor Ost bis Süd kommen, vom Gesamtwindaufkommen der Insel nur 13,5% aus. Weitaus vorherrschend ist der vom Passat bestimmte Sektor Nord bis Ostnordost, der zusammen etwa 2/3 des Jahres einnimmt. Die größte Windintensität liegt in den Sommermonaten Juni bis August. Während an der Playa de Sotavento de Jandía kurzfristig Spitzenwerte von Windstärke 9 erreicht werden - gegenüber einer stetigen Grundgeschwindigkeit zwischen 20 und 28 km/h - reicht die Windstärke am Flughafen nie über den Bereich von 7 hinaus, und die Monatsdurchschnitte der Windgeschwindigkeit schwanken hier zwischen 15 und 30 km/h.

Wie und wo auch immer die Werte abgerufen werden, auf der ganzen Insel ist der Wind ein so vorherrschendes Element, daß immer wieder die witzelnde - freilich sprachlich unsinnige - Deutung des Namens der Insel als "die stark Windige" kolportiert wird.

Daß die Winde auf dieser Insel der großen Ebenen so wenig vom Landschaftsprofil gebremst werden, wirkt sich auf den Feuchtigkeitshaushalt zweifach negativ aus: der Passatniederschlag bzw. Steigungsregen kann nicht auskondensieren, und die vorhandene Feuchtigkeit wird vom Wind überall ständig weggetrocknet. Die rein physikalische Verdunstung - ohne den Wasserkreislauf etwaiger Vegetation zu berücksichtigen - beträgt in den Tieflagen etwas über 8 mm pro Tag. D.h. im gesamten Jahr würden 2.920 mm verdunsten, sofern sie überhaupt vorhanden sind, wie z.B. in bewässerten Kulturen. Diese Zahl gibt aber auch eine Vorstellung davon, wie schnell der Segen der wenigen, kurzen winterlichen Starkregen in den Überflutungsfeldern und erst recht in den normalen Bergflanken wieder verzischt, wie der Tropfen auf der Herdplatte.

Doch der Wind nimmt den Pflanzen nicht nur ihr wichtigstes Lebenselement, das Wasser, weg, sondern er strapaziert sie auch mechanisch so hartnäckig, daß sie ihm nachgeben müssen und so nie die ihnen zukommende Wuchsform und -höhe erreichen. Diese **Windschur** kann man an den aufgeforsteten Kiefern am Kamm über Betancuria sehen oder noch drastischer an den als jämmerliche Besen über die Straßenböschung gepeitschten Akazien auf der Paßhöhe zwischen Betancuria und Valle Sta. Inés.

Was für die Vegetation nachteilig ist, stellt für die Wärmeregulation des Menschen jedoch eine willkommene Annehmlichkeit dar: Wo der **temperaturausgleichende Einfluß des Meeres** noch dazukommt, schwanken die Tagestemperaturen sommers und winters um nicht mehr als 6 Grad. Während sich die nächtlichen Tiefstwerte selbst in den kühlen Monaten um ein Mittel von 15 Grad bewegen, pendeln sich auch in den Hochsommermonaten die Tageshöchsttemperaturen dank dem Passatwind und der Dämpfung durch die kühle Meeresströmung des Kanarenstroms um 27 Grad ein. Nur die Saharalufteinbrüche können das Thermometer kurzfristig auf 40 Grad hochjagen.

Tab. 1: Klima-Eckwerte im Süden und Norden Fuerteventuras

	Playa Barca (Süd)		Los Estancos (Nord)	
	Aug.	März	Aug.	Jan.
Ø Mittagstemperatur	27°C	21°C	27,2°C	18,6°C
Ø Nachttemperatur	21°C	15°C	18,6°C	12,4°C
Ø Tagesschwankungen	6°C	6°C	8,6°C	6,2°C
Ø Niederschläge	26 mm/Jahr		102 mm/Jahr	
Ø Sonnenscheindauer	3.033 Std./Jahr		2.843 Std./Jahr	

Im Landesinneren werden die Gegensätze allerdings etwas härter. Im Winter wird es nach dem so fotogenen Sonnenuntergang in Betancuria empfindlich kalt. Schon 4 km landeinwärts von der Hauptstadt, beim ehemaligen Flughafen Los Estancos, wurden niedrigere nächtliche Tiefstwerte gemessen und größere sommerliche Tagesschwankungen verzeichnet (8,2 Grad), die aber freilich immer noch komfortabel sind verglichen etwa mit europäischen Septembertagen.

Selbst wenn man die Gesamtjahresschwankung zwischen sommerlichen Höchst- und winterlichen Tiefsttemperaturen von 12 Grad an der Südküste oder 15 Grad am alten Flughafen vergleicht mit den Differenzen, die auf gleicher geographischer Breite in der Wüste verzeichnet werden (Adrar 47 Grad), so wird deutlich, was für eine privilegierte Situation es ist, ringsum vom Atlantik umgeben zu sein.

Daß dieser auch noch das ganze Jahr über eine zum Baden einladende Wassertemperatur hält, macht den Urlaub auf Fuerteventura zu einer der angenehmsten Begegnungen mit dem **subtropischem Wüstenklima**.

Tab. 2: Wassertemperaturen an der Playa Barca (Sotavento de Jandía)

Monat	Temp. in °C	Monat	Temp. in °C
Januar	20	Juli	21
Februar	20	August	22
März	18	September	23
April	19	Oktober	22
Mai	20	November	22
Juni	21	Dezember	22

Flora

Fuerteventura ist heute eine waldlose und auch von Buschvegetation weitgehend entblößte Insel. Daß dies nicht immer so war, sondern das Ergebnis von sechs Jahrhunderten europäischer Besiedlung ist, bezeugen historische Dokumente (☞ Die Wirtschaft) und auf schmalste Rückzugsstandorte beschränkte Zeugenpflanzen (☞ Die Wirtschaft, Ökologie).

Zu Beginn des 15. Jahrhunderts waren das Betancuriamassiv und - sogar bis ins 18. Jahrhundert - das Jandíagebirge noch bewaldet. Die Kämme dieses Gebirgszuges bergen heute noch, meist jedoch nur in den für Ziegen unzugänglichen und von Bergsteigerteams erforschten Steilabstürzen, verkrüppelte Bäume und Begleitpflanzen der Lorbeerwaldgesellschaft. Dieser in vielen seiner Arten ins Tertiär zurückreichende subtropische Waldtypus, der in feuchteren und wärmeren Klimaepochen ein großes Gebiet rund um das heutige Mittelmeer einschließlich der Gebirge der Zentralsahara bedeckte, konnte sich auf den in der Passatzone liegenden vier Archipelen des Ostatlantik dank der ausgleichenden Wirkung des Passatnebels auf Feuchtigkeitshaushalt und Temperaturstabilisierung erhalten, Faktoren, die er seinerseits freilich wieder hervorragend verstärkt.

Nicht nur in der Waldvegetation, sondern auch in der semiariden Flora haben diese ostatlantischen Archipele - Azoren, Madeira, Kanaren, Kapverden - untereinander gemeinsame Arten, die sonst nirgends auf der Welt vorkommen. Man nennt diese lokalen Arten nach der Sammelbezeichnung dieser vier Inselgruppen (Makaronesien = glückliche Inseln) **Makaronesen-Endemiten**. Häufiger ist der Fall, daß eine Art nur innerhalb des

Kanarischen Archipels, aber auf zwei oder mehr seiner Inseln vorkommt (**Kanaren-Endemiten**). Aber die geographische Isolierung einer Insel mit dem sich daraus ergebenden Mangel an Rückkreuzungsmöglichkeiten hat auch immer einige absolute Inselspezialisten hervorgebracht. Diese **Insel-endemiten** machen auf Fuerteventura 2,5% der insgesamt 622 hier gemeldeten Arten, Unterarten und Varietäten aus, die Kanaren-Endemiten 11% (davon ein Drittel nur mit Lanzarote verbindend) und 4% die Makaronesen-Endemiten. Da aber die Makaronesen-Endemiten, wie beschrieben, überwiegend auf unzugängliche Rückzugsstandorte beschränkt sind und die Kanaren-Endemiten ebenfalls über weite Strecken der Überweidung und Bodenerosion zum Opfer gefallen sind, bleibt als dominierender Eindruck ein Vorherrschen der 512 mediterran-afrikanischen oder gar von weiterher eingeschleppten kosmopolitischen Arten, meist opportunistische Ruderalpflanzen. Da sich selbst unter diesen die mehrjährigen, strauchartigen Gewächse, die die endlose, oft einen Winter überspringende Trockenzeit überstehen, auf wenige Dutzend beschränken und, von den Ziegen beweidet, nur lichte Bestände bilden, ist der weitaus größte Teil des Artenbestandes der Insel nur nach ausreichenden Regenfällen - also nicht jeden Winter - zu beobachten, wenn die Fülle der einjährigen Weidepflanzen für wenige Monate einen grünen Teppich über die Insel breitet.

Als Insel der Dünen hat Fuerteventura gut entwickelte **psammophile** (= sandliebende) Pflanzengesellschaften. Schmuckstück dieser Dünenflora im Norden der Insel ist ein Liliengewächs, das seine weißen Blüten kaum über den Sand und aus dem von Blättern gebildeten flachen Trichter erhebt und sie der Enge halber nacheinander öffnet. Von dem nordafrikanischen *Androcymbium gramineum* hat es sich in der Isolierung der Insel zur kanarischen Subspezies *psammophilum* abdifferenziert. Es ist der einzige Endemit in dieser sand- und salzliebenden Gesellschaft, deren Elemente an allen nordatlantischen Küsten verbreitet sind, da sie klimatisch keine speziellen Ansprüche stellen.

Einige sind direkt vom afrikanischen Festland eingewandert: Die beiden Sode-Arten, *Suaeda vermiculata* (mit tropfenförmigen Blättchen) und *Suaeda vera* mit zylindrischen Blättchen, vor allem aber *Traganum moquinii*, der robusteste der Sträucher, dichtbesetzt mit tetraeder- oder pyramidenförmigen Blättchen, daneben eine niederliegende, graublättrige Melde mit unscheinbaren, gelblichen Blütenknäueln in endständiger Traube, die in ihrem Namen *Atriplex glauca ssp. ifniensis* schon ihre afrikanische Herkunft verrät (nach der marokkanischen Stadt Sidi Ifni); sie sind alle vier Vertreter der Gänsefußgewächse, einer Familie, die besonders produktiv in Anpassungen an salzige und alkaline Milieus war.

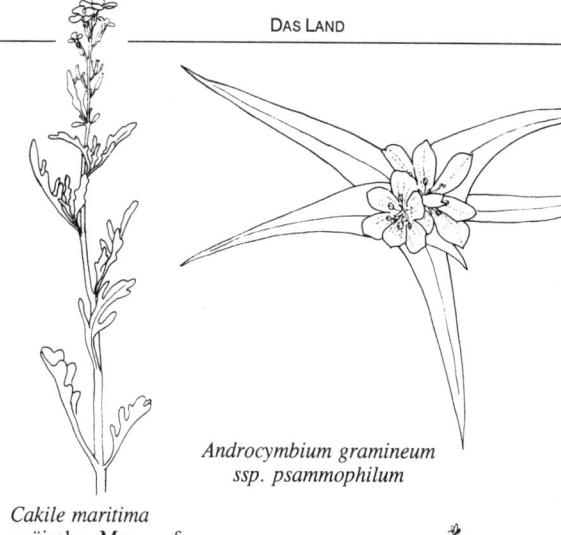

*Androcymbium gramineum
ssp. psammophilum*

Cakile maritima
Europäischer Meersenf

Heliotropium ramosissimum
"camellera"

Suaeda vermiculata
Gedrehtstielige Sode

Kriechend, teils sogar im Sand vergraben, versteht sich auch ein zarter Vertreter der Rauhblattgewächse, *Heliotropium ramosissimum*, vor Wind und Sonne zu schützen. Die weißen Blütenwickel riechen penetrant süßlich. Auch die krautige, einjährige Dünenwolfsmilch (*Euphorbia paralias*) stammt von der afrikanischen Atlantikküste. Ihre Samen überstehen die Reise im Salzwasser in keimfähigem Zustand.

Weltenbummler sind, wie alle Cyperngräser, der hier in den Wanderdünen seine Wurzelgeflechte verankernde *Cyperus kalli* und der von ihm an seinen drei Hochblättern unterscheidbare *Cyperus rotundus*.

Ein weiterer einjähriger Dünenspezialist, *Cakile maritima* (Europäischer Meersenf) stammt dagegen von den Mittelmeerküsten.

Wo der Sand sich landeinwärts zunehmend stabilisiert, siedeln sich *Polycarpaea nivea* und *Zygophyllum fontanesii* an, auch diese beiden sind afrikanische Beiträge zur Kanarenflora. Die in fünf Segmente zerfallenden, gelblichen Samenkapseln von *Zygophyllum fontanesii*, die dicht gesät unter den Sträuchern liegen, haben die Fähigkeit, auf Salzwasser schwimmend überleben zu können, um, an irgendeiner Küste angetrieben, zu keimen. Dieses Jochblattgewächs hat von den aufgezählten Küstensandbewohnern die Strategien der Anpassung an das salzige und aride Milieu am weitesten perfektioniert: enorm wasserspeichernde Blätter mit adaptierbarem Speichervolumen, ledrige Außenhaut mit Wachsüberzug als Verdunstungsschutz, Reduktion des Grundumsatzes durch sparsame Chlorophyllverteilung bzw. seinen Abbau und Rückzug, wenn bei anhaltender Trockenheit die Blätter gilben und abgeworfen werden. In diesem Zustand erinnert die "uvilla del mar" (= "Meersträubchen") am meisten an eine Traubenfrucht. Dagegen führt *Polycarpaea nivea* die Vorzüge der Behaarung vor, der man ebenfalls immer wieder als Schutz gegen Trockenheit und Sonneneinstrahlung begegnet: die Luftschichtisolierung zur Verringerung der Verdunstung und die silberweiße Farbe der Härchen als Reflexionsmechanismus.

Sobald unter dem Sand etwas Felsgrund ansteht, trifft man *Salsola longifolia* an, deren geflügelte Samen in der trockensten Zeit des Jahres Blüten vortäuschen. Wo der Sand konsolidiert ist, säumen die leuchtend gelb blühenden Sträucher der Leguminose *Ononis natrix* über weite Strecken die Straße, südlich Corralejo ebenso wie im Istmo de la Pared.

Eine noch speziellere Küstenformation, die den Sandgesellschaften sehr nahesteht, aber noch extremeren Bedingungen ausgesetzt ist, stellen die **Salzlagunen** dar, Senken in Küstennähe, vom offenen Meer durch eine Sand- oder Felsbarriere getrennt, die bei Springflut vom Salzwasser bedeckt werden, welches dann stehenbleibt, bis es verdunstet. *Arthrocnemum*

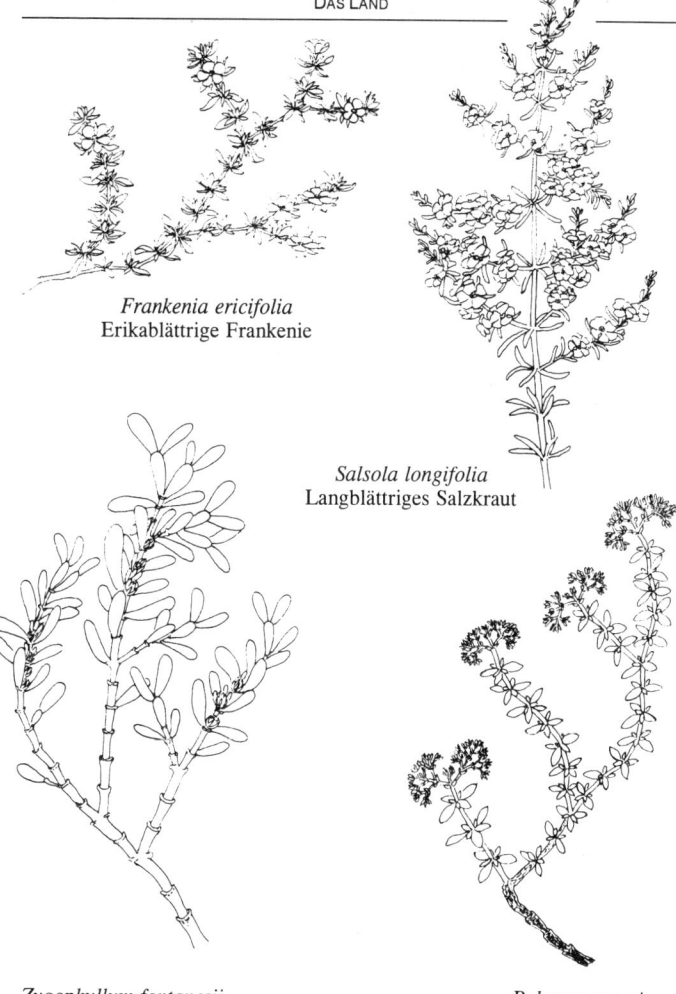

Frankenia ericifolia
Erikablättrige Frankenie

Salsola longifolia
Langblättriges Salzkraut

Zygophyllum fontanesii
"uvilla del mar"

Polycarpaea nivea
"lengua de pájaro"

fruticosum (Strauchiger Queller) ist ihre Charakterpflanze, er ist blaßgrün, blattlos und aus sukkulenten Stielgliedern aufgebaut, wie ein fetter Schachtelhalm. Mit ihr assoziieren sich in der Salzniederung von Playa Jandía, die als typischer "Saladar" unter Naturschutz gestellt wurde, vereinzelte Tamarisken, die meist etwas niederliegende Strandsode (*Suaeda maritima*) und die Niederbüsche der *Suaeda vera,* **Zygophyllum fontanesii,** die rosablütige **Erikablättrige Frankenie,** die blaßgrüne Melde von Ifni, vereinzelt die robuste, meterhohe Strauchmelde *Atriplex halimus* sowie die kleinblättrige Schwester der **Salsola longifolia,** die verwirrenderweise wie die kleinblättrige Sode auch die Artbezeichnung *vermiculata* (= gedrehtstielig) hat. Diese anspruchslose, an alle Arten alkaliner Böden anpassungsfähige *Salsola vermiculata* wird uns über die ganze Insel hinweg immer wieder begegnen.

Eine noch speziellere Salzlagunenvegetation hat sich auf der Insel **Lobos** bewahrt. In dem engeren Bereich der Überflutung, einer Lagune von 900 x 300 m an der Ostküste, wächst neben *Arthrocnemum fruticosum* (Strauchiger Queller), das nach den Springfluten vom Salzwasser wie verbrannt ist und neue Austriebe bilden muß, eine Strandnelkenart (kanarische Unterart des westmediterranen *Limonium ovalifolium*), die das Salzwasserbad unbeeinträchtigt übersteht. Die Blüten sind durch blaue Hochblätter hervorgehoben.

Angrenzend an der Lagune wachsen wieder die bekannten Bewohner des Küstensaums, *Traganum moquinii* und **Zygophyllum fontanesii.** In den nicht mehr überfluteten, leicht alkalinen Senken überrascht die natürliche Monokultur einer weiteren Strandnelke (*Limonium tuberculatum),* deren kniehohe Büsche sich im Frühjahr mit dem zarten Schaum der rosafarbenen Tragblätter überziehen. Die Strandnelke der sandigen Küstensäume der Hauptinsel, ebenfalls mit rosa Tragblättern blühend, stellt jedoch bereits wieder eine andere Art dar (*Limonium papillatum*).
Eine vom Brackwasser des Barrancos gebildete Salzvegetation findet sich im Unterlauf und der Mündung des Barranco de los Molinos. Dominierend ist im Mündungsbereich *Suaeda vera.*

Da auf Fuerteventura, bedingt durch die Bildung von Kalkhorizonten in verschieden tiefen Bodenniveaus, verbunden mit geringer Regenauswaschung, die **alkalinen und salzhaltigen Böden** einen großen Raum einnehmen - rundum ein Küstenstreifen von 5 km Tiefe, im nördlichen Quertal fast durchgehend - sieht man über weite Strecken nur die wenigen Pflanzenarten, die auf solche Böden spezialisiert sind oder sie tolerieren.

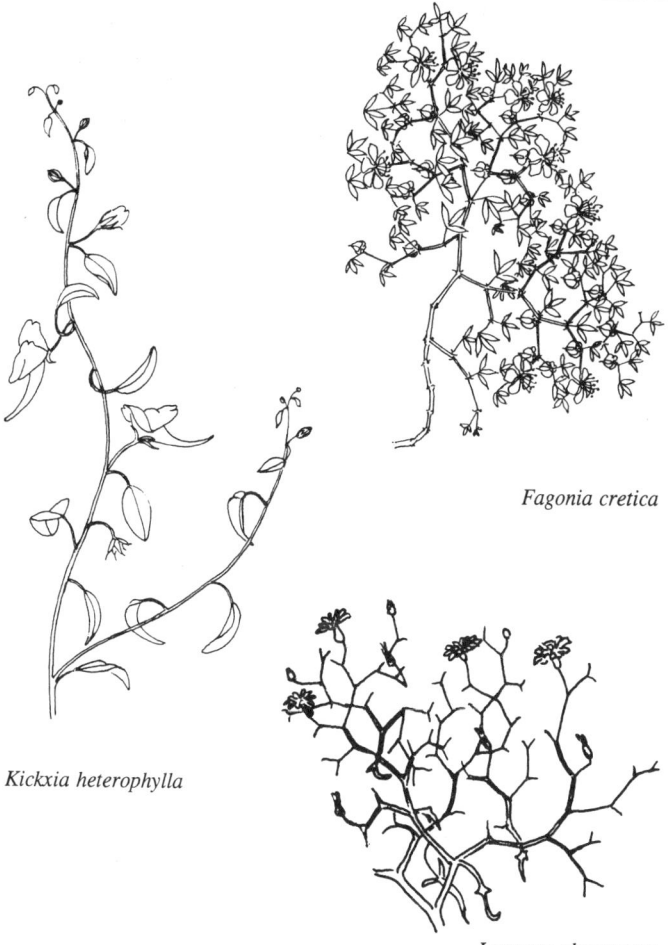

Fagonia cretica

Kickxia heterophylla

Launaea aborescens
Dornlattich
"aulaga"

Unter den Baumarten ist die Tamariske (*Tamarix canariensis*) als Salz-
und Trockenheitsspezialist die verbreitetste. Deswegen kommt ihr Name
("Tarajal") auch in so vielen Ortsbezeichnungen vor. Galeriewald bildet
sie an zeitweilig wasserführenden und dann wieder zu brackigen Rinnsalen
reduzierten Wasserläufen (bei den nach ihr benannten Orten Gran Tarajal
und Tarajalejo, im Barranco de Rio Cabras bei Tesjuates, Valle Sta. Inés)
oder im Sumpf um die verlandenden Talsperren (Embalse de Los Molinos,
Presa de las Peñitas).

Ein unauffälliger, aber verbreiteter Salzbodenanzeiger ist die schon für
die Küstengesellschaften erwähnte *Salsola vermiculata*, die kleinblättrige
und gedrehtstielige Schwester der *Salsola longifolia*. Da sie zudem vom
Vieh nicht allzu begeistert gefressen wird, bilden ihre bis 1 m hohen Büsche, die mit ihren reichlichen weiß bis rosa geflügelten Früchten üppiges
Blühen vortäuschen, den Trost der wüstenhaften Talebenen. Mit ihnen zusammen hält als oft einziger Strauch noch *Launea arborescens* durch, der
die lange Trockenzeit nichts anhaben kann, weil sie solange einfach auf
Blätter verzichtet und jegliches Chlorophyll aus den verholzenden, dorni-
gen Zweigen zurückzieht. Manchmal scheinen einzelne Büsche gelblich
bis rosa überhaucht: dann hat sich ein Schmarotzer, verwandt mit der europäischen Seide, auch Teufelszwirn genannt, ihrer bemächtigt. Diese
Cuscuta approximata bringt die unverwüstliche Pflanze auf die Dauer zum
Absterben. Mehr Glück hat sie, wenn sie nur von einem dem Frauenflachs
ähnlichen, gelbblühenden Rachenblütler *Kickxia heterophylla* als Kletter-
gerüst benutzt wird. Selbst dieser unkomplizierte und allgegenwärtige
Dornstrauch mußte bei der allgemeinen Überausnutzung der Ressourcen
vor Raubbau geschützt werden, denn er wurde zur Befestigung der Wälle
der "Gavias" (Überflutungsfelder) genutzt, weshalb die Gemeinderäte sich
bald gezwungen sahen, diese Nutzung auf abgestorbene Exemplare zu beschränken und das Ausreißen grüner Sträucher zu verbieten.

Ähnlich anspruchslos wie *Launaea arborescens* und an Schuttböschungen oft mit ihr vergesellschaftet ist der Zwergstrauch *Fagonia cretica*, der
jedoch erst auffällt, wenn auf dem karg beblätterten Gitternetzwerk seiner
kriechenden Zweige die rosa Blüten mit schöner Regelmäßigkeit auf alle
Knoten verteilt aufgehen.

Auf den durch Erdbewegungen oder Ackerbau frisch gestörten Flächen
dieser salinen Böden breiten sich die einjährigen Mittagsblumengewächse
Mesembryanthemum crystallinum und *Mesembryanthemum nodiflorum*
aus, die im frühen 19. Jahrhundert wegen ihrer Verwertbarkeit für die
Sodagewinnung auch flächig angebaut wurden. Die Samen von *Mesembryanthemum nodiflorum*, als "cosco" oder "cofe" bekannt, waren

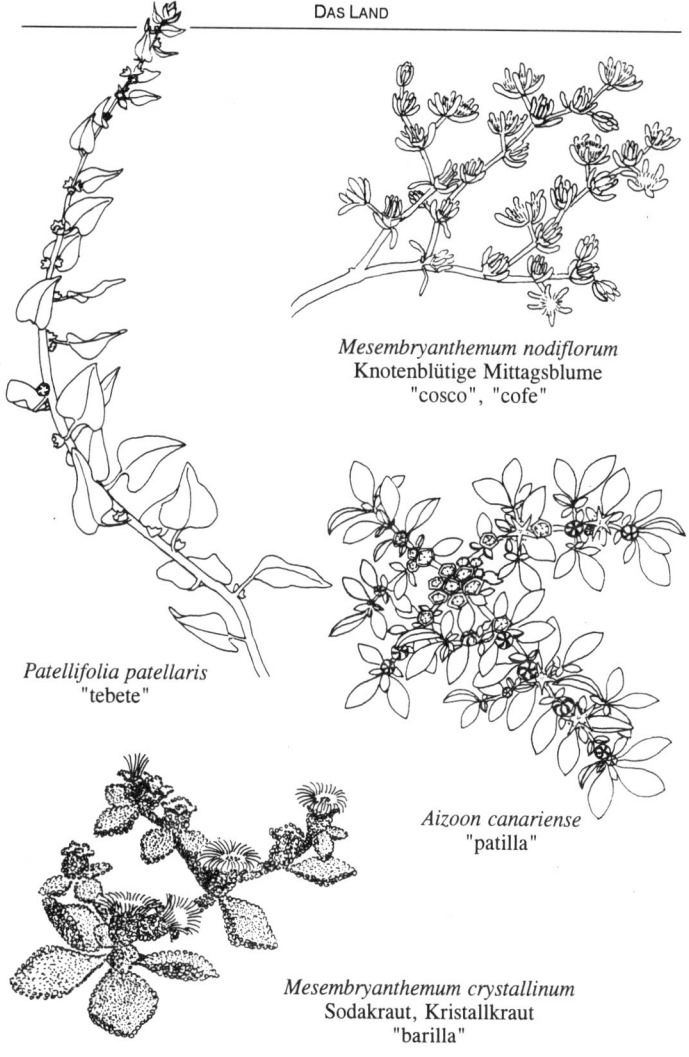

Mesembryanthemum nodiflorum
Knotenblütige Mittagsblume
"cosco", "cofe"

Patellifolia patellaris
"tebete"

Aizoon canariense
"patilla"

Mesembryanthemum crystallinum
Sodakraut, Kristallkraut
"barilla"

63

zudem immer in Notzeiten als - wenn auch mäßiger - Kohlenhydratliefe-
rant genutzt worden (☞ Die Geschichte). Daß sie nach einer kurzen
grünen Phase beide so tief weinrot anlaufen, geht auf den Farbstoff
Anthocyanin zurück, den die Pflanze zum Schutz gegen hohe UV-Ein-
strahlung erzeugt. Mit ihnen vergesellschaftet sich oft *Aizoon canariense*,
das seine Zweige eng an den Boden gedrückt ausbreitet. Da sich in jeder
Blattachsel eine Fruchtkapsel bildet, sieht die abgestorbene Pflanze wie
eine Wabe aus.

Dieselben Standorte - Schuttböschungen, aufgelassenes Ackerland -
überzieht auch *Patellifolia patellaris* mit ihren leicht sukkulenten Blatt-
ranken. Je trockener der Standort und die Jahreszeit ist, desto sukkulenter
wird sie, und je länger sie der Sonne ausgesetzt ist, desto intensiver nimmt
auch sie die weinrote Schutzfarbe an, ein Verhalten, das man bei vielen
Pflanzen an ariden und sonnenexponierten Standorten beobachten kann.

Für die Meisterung von Trockenperioden optimal ausgelegt ist das
überall zurechtkommende Nesselgewächs *Forsskaolea angustifolia*, das
trotz seiner Präferenz für Ruderalstandorte erstaunlicherweise ein Kana-
ren-Endemit ist. Es wirft seine ohnehin schmalen, silbergrau behaarten
Blätter bei anhaltender Trockenheit einfach ab.

Am tüchtigsten ist aber zweifellos der erst im letzten Jahrhundert eingeschleppte amerikanische Baumtabak *Nicotiana glauca*, der unter Bedingungen, die andere Planzen zu äußerster Ökonomie zwingen, sattgrüne,
durchaus weiche, große Blätter hervorbringt und ein Wuchstempo vorlegt,
das dem verholzenden, hochwüchsigen Strauch erlaubt, in kurzer Zeit
neugebaute Straßen mit bescheidenen Alleen zu säumen. Auch "malpaís"
(Junglava) ist für ihn nicht zu schlecht. Sein Haupttrumpf auf dieser Zie-
geninsel ist seine Giftigkeit. "Mimo" wird er genannt oder geringschätzig
"bobo" (= der Blöde). Hohe Wertschätzung genießt dagegen ein kanaren-
endemisches Sonnenröschen, ein Zwerg- und Kriechstrauch, der in der
Trockenheit weitgehend "auf Tauchstation" geht, aber nach dem Regen
eine Trüffelart (*Terfezia pinoyi*) hervorbringt. Auf sie stürzten sich früher
nur die Hirten, heute auch Scharen galicischer Gastarbeiter, so daß die
Majoreros um ihre "turma" zu bangen beginnen.

Wenn die Trüffelzeit ist, ist freilich auch die hohe Zeit aller einjährigen Gräser und Blumen. Aus den vielen unauffälligen mittelmeerischen
Weidepflanzen, von denen viele auch aus Mitteleuropa bekannt sind - wie
die Leimkräuter, Latticharten, Ackerringelblumen, Mohn und Wegwarte -
sei nur ein auffälliger gelber Korbblütler mit geheimnisvoll rotbraunem
Zentrum herausgegriffen: *Reichardia tingitana* ist in den Ebenen des

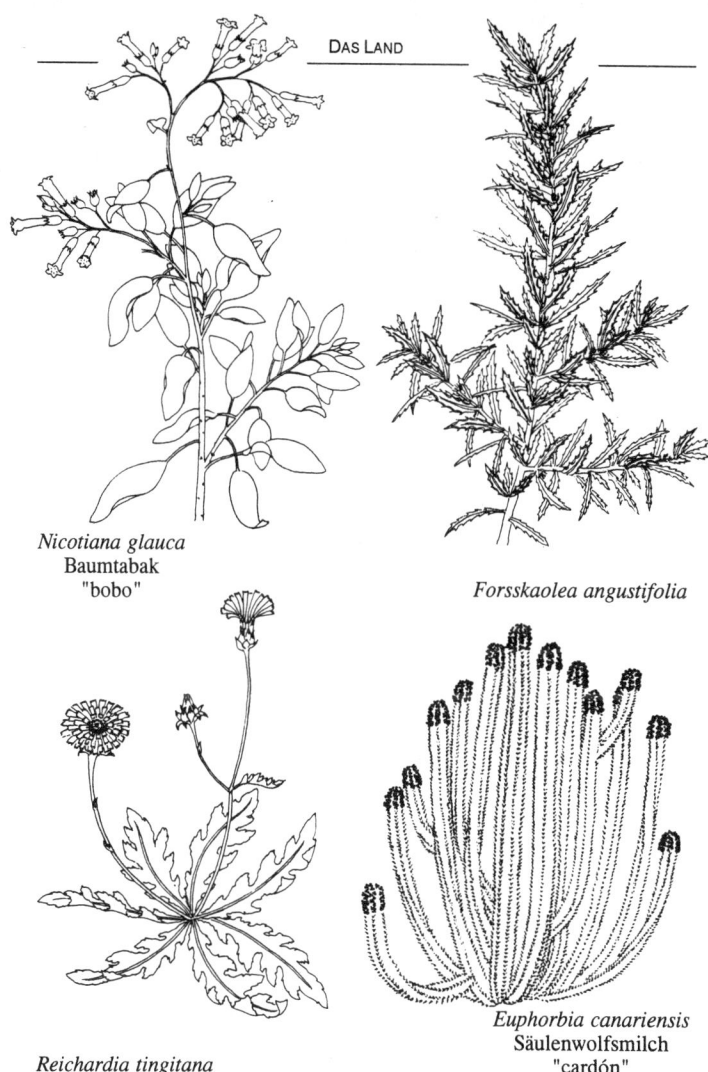

Nicotiana glauca
Baumtabak
"bobo"

Forsskaolea angustifolia

Reichardia tingitana

Euphorbia canariensis
Säulenwolfsmilch
"cardón"

Nordens besonders häufig. Sie hat auch zwei endemische Gattungsverwandte mit noch derberen Hüllblättern und noch kräftigerem Stiel, noch
sukkulenteren Blättern, die man aber durch ihre Bindung an felsige Standorte kaum zu sehen bekommt (Jandíakamm).

Auf einer Insel mit so unregelmäßigen Regenzeiten und so gnadenlosem Viehverbiß ist die Überlebensstrategie der einjährigen Pflanzen aussichtsreicher als die der strauchbildenden Kanaren-Endemiten, die auf den
Nachbarinseln die halbwüstenhafte untere Zone bevölkern. Da sie mehr
oder weniger verholzen, wurden sie außerdem auf dieser so bald schon
weitgehend entwaldeten Insel auch verfeuert. So sind sie heute nur unter
Bedingungen anzutreffen, wo der eine oder andere dieser Raubbaufaktoren
ausfiel.

Die als Vollsukkulenten optimal an die subtropischen Trockenperioden
angepaßten "Cardones" (*Euphorbia canariensis*), die als Wolfsmilchgewächse durch ihren giftigen Latex auch vor Viehverbiß sicher sind, entgingen dem Feuerholzsammeln nur an dem gleichnamigen Bergmassiv
südwestlich von Pájara und im Schutze des Gebirgskamms von Jandía.
Daß ihnen heute der Jeepausflug mit dem bei Südländern obligatorischen
Grillpicknick zum Verhängnis wird, übertrifft die Grausamkeiten früherer
Jahrhunderte, und zwar aus dem entscheidenden Grund, daß damals der
Raubbau aus Not geschah, heute als Freizeitluxus. Die Bestände zählen zu
den schönsten und kräftigsten des Archipels. Eine kleinere Kolonie sieht
man auch vom Kammweg zum Pico de la Zarza (☞ Wanderung Nr. 9).
Der *Euphorbia canariensis* ähnlich, aber bestachelter und daher auch
vor Holzsammlern sicher ist der Inselendemit *Euphorbia handiensis*, der
im Unterlauf des Gran Valle (☞ Wanderung Nr. 10) und der zwei westlich benachbarten Barrancos noch große Flächen einnimmt. Das Erstaunlichste ist, daß sich diese hochadaptierte Pflanze augenscheinlich nie über
die Halbinsel Jandía hinaus verbreitet hat.
Wie ein niederwüchsiger Cardón, mit ähnlichen, stets vierkantigen
Säulen, doch unbestachelt, gehört *Caralluma burchardii* einer gänzlich anderen Familie, den Seidenpflanzengewächsen, an. So zwingen gleichartige
ökologische Bedingungen genetisch völlig verschiedene Pflanzen zu analogen Überlebensstrategien (Konvergenz). Doch da der "cuernu(d)a" (= Gehörnte, wegen ihrer meist paarigen langen und spitzen Samenkapseln) im
Gegensatz zu den Euphorbien der giftige Milchsaft als Schutz gegen Viehverbiß fehlt, konnte sie nur im Schutz von stachligen Sträuchern überleben. Nur auf **Lobos** (☞ Wanderung Nr. 7), wo der Druck der
Überweidung wegfällt, sind auch freistehende Bestände zu sehen.

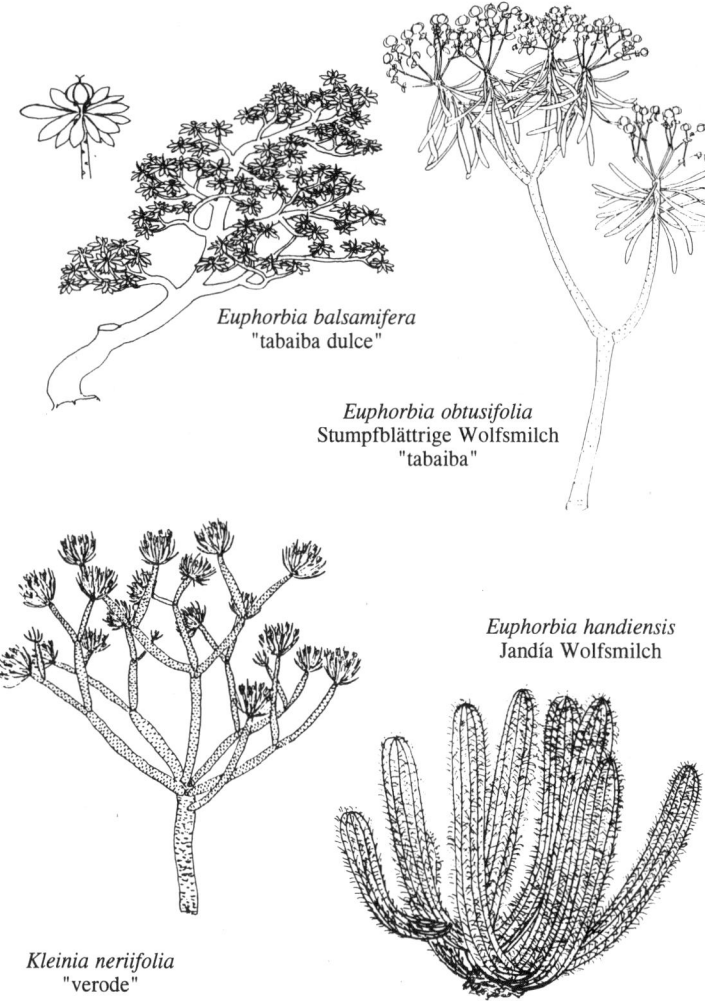

Euphorbia balsamifera
"tabaiba dulce"

Euphorbia obtusifolia
Stumpfblättrige Wolfsmilch
"tabaiba"

Euphorbia handiensis
Jandía Wolfsmilch

Kleinia neriifolia
"verode"

Die anderen beiden kanarischen Wolfsmilchsträucher sind ebenfalls stammsukkulente, aber schopfblättrige und während der Trockenzeit blattwerfende Sträucher, die Assoziationen an Bonsai-Bäumchen wachrufen: *Euphorbia balsamifera* liebt die Salzluft in Küstennähe und wächst langsam zu sehr verkrümmtem und wuchtigem, ab dem Boden verzweigtem Schaftwerk heran. Diese natürliche Spezialisierung sowie eine nur geringe Giftigkeit ihres Latex hat sie auf wenige Reststandorte (hauptsächlich Ausgänge der Barrancos von Jandía) reduziert.

Verbreiteter, wenn auch längst nicht so flächendeckend wie auf anderen Kanareninseln, ist die in Klima und Boden wenig wählerische und mit ätzendem Milchsaft geschützte *Euphorbia obtusifolia*. Doch da sie dem Ackerbau im Wege stand und auch als Viehweide nicht nutzbar war, wurde sie in den landwirtschaftlich genutzten Zonen gerodet. Darauf gehen die Ortsnamen mit "Rosa" - kanarische Version des spanischen Wortes für Rodung - in den Küsten- und Talenden zurück. So ist auch sie heute insbesondere infolge der Absenkung des Grundwasserspiegels paradoxerweise auf etwas feuchtere Höhenlagen zurückgedrängt: auf die Hohlflanken der Berge des Betancuriamassivs, aber auch stellenweise ins Jandíagebirge (z.B. einige Flecken am Weg auf den Pico de la Zarza, ☞ Wanderung Nr. 9).

Der dritte spektakuläre Stammsukkulent mit Schopfblättern, *Kleinia neriifolia*, der, obwohl aus ganz anderer Familie (Korbblütler), dieser Wolfsmilch mimikriartig angeglichen und von Natur aus mit ihr vergesellschaftet ist, hat hier vor dem verzweifelten Hunger der Ziegen fast nur in den dornstarrenden Hecken von *Lycium intricatum* Zuflucht und Überlebensmöglichkeit gefunden. Dieses erstaunliche Nachtschattengewächs mit den unauffälligen violetten Röhrenblüten bot zwar sowohl den Hirten in seinen roten Früchten als auch den Ziegen in seinen sukkulenten Blättchen Nahrung, soweit sie von außen zugänglich waren, stellten aber für die Tiere ein unüberwindliches mechanisches Annährungshindernis durch ihre sparrigen und in Holzdornen endenden Verzweigungen dar.

Zu ähnlichem Versteckspiel ist der robuste Ampferbusch *Rumex lunaria*, anderwärts Kolonisator von Junglavafeldern und allgegenwärtiger Böschungsbefestiger, hier gezwungen, und selbst damit hat er nur vereinzelt zwischen Betancuria und Antigua und um Vallebrón überlebt.

In den Felsen von Vallebrón kann man mit großem Glück auch noch Zeugenpflanzen des ehemaligen Waldes sehen wie *Hypericum inodorum*, oder nach guten Regenwintern den Kanarischen Hahnenfuß (*Ranunculus*

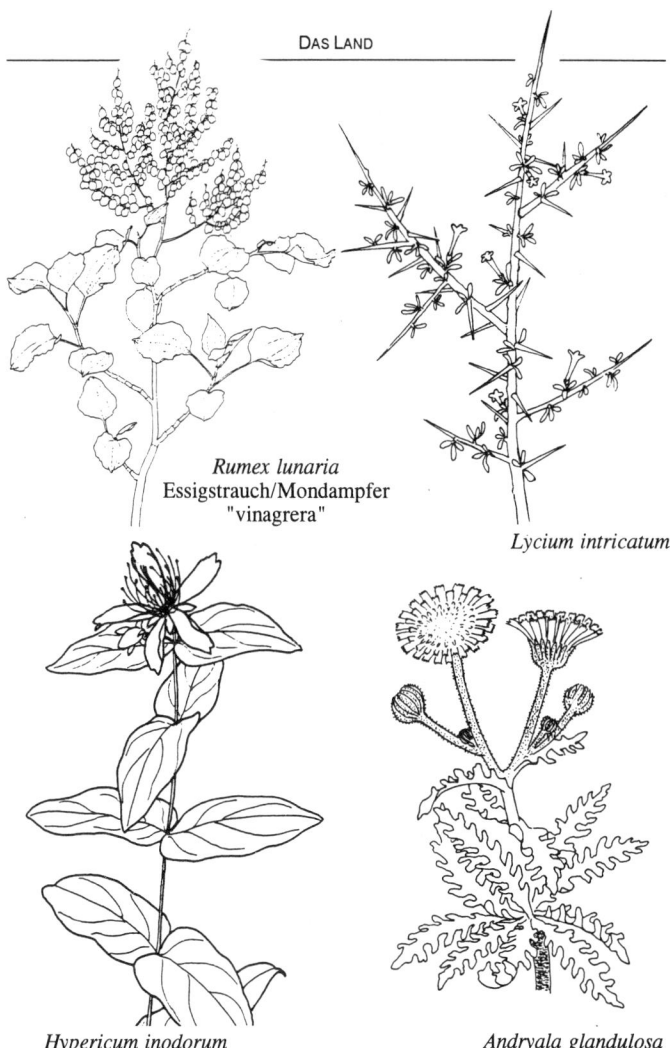

Rumex lunaria
Essigstrauch/Mondampfer
"vinagrera"

Lycium intricatum

Hypericum inodorum
Großblättriges Johanniskraut

*Andryala glandulosa
ssp. varia*

cortusaefolius), mit noch größerem Glück und von weitem in den Felsen von Jandía die ostinselspezifischen Korbblütler ***Andryala glandulosa ssp. varia*** und ***Sonchus pinnatifidus*** oder im Oberlauf des Barranco de Vinamar den **Kanarischen Lavendel**.

Nur der Erklärung Jandías zum Parque Natural und dem damit verbundenen Verbot der freien Viehweide ist es zu verdanken, daß am Pico de la Zarza sich einige Arten der endemischen Bergflora wieder zeigen wie die weißfilzige *Sideritis pumila* oder gar deutlich ausbreiten wie der schmucke *Asteriscus sericeus*, der uns auch im ebenfalls zum Naturpark gewordenen Betancuriamassiv häufiger begegnet. Doch selbst diese Maßnahme kann den Druck der Pflanzenfresser auf die gefährdete Vegetation nur mildern: Es bleiben die bis auf wenige Sonntage des Jahres geschützten Wildkaninchen, die dafür sorgen, daß viel Grün und sogar Holzpflanzen gar nicht erst hochkommen (☞ Die Wirtschaft, Wald).

Am wenigsten werden sich aus eigener Kraft die kümmerlichen Reste des ehemaligen Baumbestandes regenerieren können. Auf Polsterbüsche zurückgestutzte Exemplare des wilden Ölbaums ("acebuche") am Kamm zwischen Betancuria und Antigua, just in Reichweite der vor jeder Jagd geschützten Kaninchen der "reserva de caza" der Umweltschutzbehörde, sind weit davon entfernt, zu blühen oder zu fruchten.

Die Palmen, die eindrucksvollsten Überlebenden des ehemaligen Baumbestandes und die so gut wie einzige lebendige Gliederung der Acker- und Weidelandschaft, beginnen stellenweise in den am stärksten durch Wasserfördermaßnahmen erschöpften Gebieten (z.B. um Teguital, nordöstlich von Gran Tarajal) schon den umgekehrten Weg zu gehen: Sie sterben wegen der Grundwasserspiegelsenkung ab.

Üppige Palmenhaine findet man in zeitweilig wasserführenden Bachläufen wie dem Barranco de las Peñitas und seinem Nebenarm Madre del Agua oder, wenngleich schon zerstreuter, in seiner mittleren Talstufe, der sie den Namen gegeben haben: Vega de Rio Palmas. Der größte Bestand bei Gran Tarajal wird teilweise noch von der Felderberieselung "mitbedient" und, soweit in den Stadtpark integriert, sogar regelmäßig bewässert.

Oberhalb von Betancuria (☞ Wanderung Nr. 5) versuchte die Forstbehörde, Kiefernaufforstungen mit der langnadeligen Kanarenkiefer (*Pinus canariensis*) und der an ihren gelblicher grünen und kürzeren Nadeln unterscheidbaren Aleppokiefer (*Pinus halepensis*) hochzubringen. Aber ihre

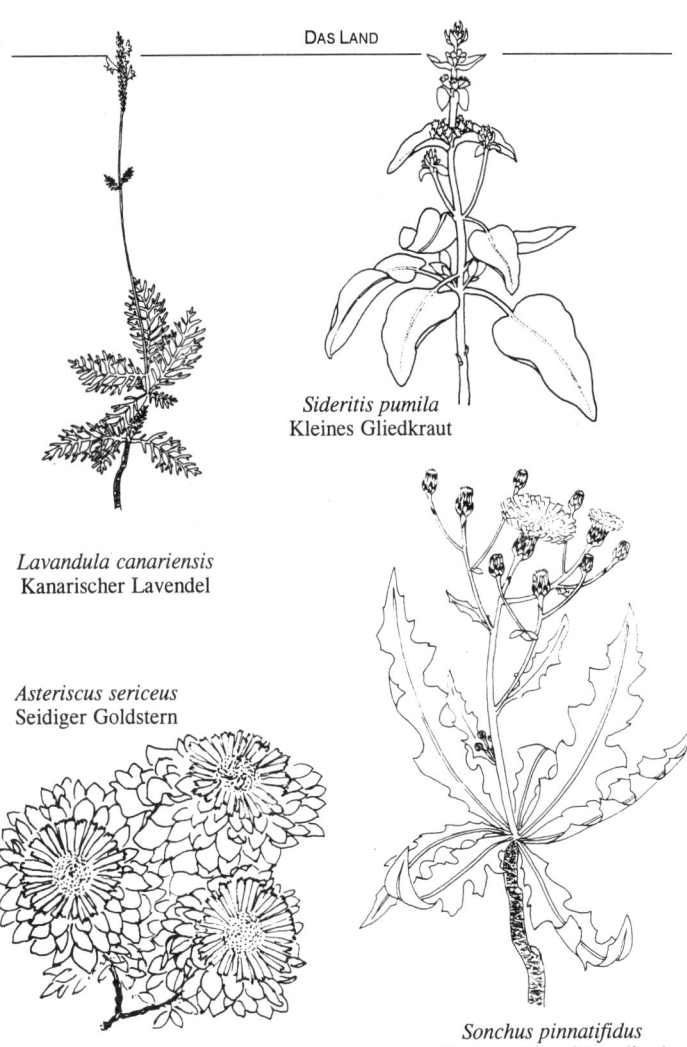

Sideritis pumila
Kleines Gliedkraut

Lavandula canariensis
Kanarischer Lavendel

Asteriscus sericeus
Seidiger Goldstern

Sonchus pinnatifidus
Fiederspaltige Gänsedistel

71

hungrigen kleinen Freunde, die Kaninchen, haben nur vereinzelte Pflanzen durchkommen lassen, die, scharf in Windrichtung gegen den Berg gebürstet, knapp 3 m Höhe erreicht haben.

Pflegeleichtere und an noch aridere Gebiete angepaßte Zierbäume sind die schon unter dem Namen "majorera" eingebürgerten Akazienbäume, volkstümlich auch Mimosen genannt. Doch selbst von diesen harten Australiern konnte man sich hier nicht die auf den anderen Inseln und auch im deutschen Weihnachtsgebinde geschätzte *Acacia dealbata* leisten, sondern nur die lederblättrigen Arten *Acacia cyclops* und *Acacia salicina,* deren Blätter noch schmallanzettlicher sind. Die erstere bildet z.B. das ansprechende Grün im Ortskern von Betancuria, mit der letzteren werden z.Z. im kleinen Maßstab Aufforstungsversuche gegenüber der Baumschule de Cabildo (bei Pozo Negro) gemacht.

Von den früheren Kulturbäumen sind noch am verbreitetsten - wenn auch kaum noch gepflegt - die Feigenbäume.

In den feuchtigkeitsbegünstigten Tälern (Toto, Vallebrón) fällt noch der eine oder andere Johannisbrotbaum (*Ceratonia siliqua*) durch sein kräftiges Grün auf oder als große Seltenheit die Maulbeerbäume von Vallebrón.

Größere Flächen von Opuntienkakteen (*Opuntia ficus barbarica*) sind von alten Viehschutzwällen vor Verbiß geschützt, die noch aus der Zeit des Cochenilleanbaus stammen. Sie werden immer noch als Viehfutter genutzt, und außerdem werden - seltener allerdings - auch ihre Früchte geerntet. Uneingezäunt überlebte nur die wegen ihrer langen, harten Stacheln selbst von den rauhen Ziegenzungen nicht zu meisternde *Opuntia dillenii* mit gelblich-grünen Gliedern und kleineren, purpurfarbenen Früchten.

Wenn in ganz extremen Trockenjahren alle Grünpflanzen abgefressen waren, wurden die Ziegen zuletzt noch ins "Malpaís" geführt, um die auf der noch nicht zu Boden verwitterten Junglava siedelnden Flechten, besonders die langlappigen Ramalina-Arten, abzuknabbern.

So wurde und wird auf Fuerteventura alles pflanzliche Leben mit einem Maß gemessen: der Zunge der Ziegen. So ist denn auch das einzige für die Insel herausgegebene Gefäßpflanzeninventar von der Naturschutzbehörde, die dem Landwirtschaftsministerium untersteht (!), unter dem Gesichtspunkt ihrer Verwertbarkeit als Futterpflanzen in Auftrag gegeben worden: Die Gefäßpflanzen Fuerteventuras (Kanarische Inseln) mit spezieller Berücksichtigung der Futterpflanzen (G. Kunkel, 1977, spanisch).

Fauna

Säugetiere gelangten auf diese 94 km vom afrikanischen Festland entfernte Insel überwiegend durch die Mithilfe des Menschen. Dementsprechend ökologisch destabilisierend ist die Auswahl. Die erste Errungenschaft waren die Kaninchen, die einer der ersten Feudalherren, Diego García de Herrera, zur Sicherstellung seines Jagdvergnügens mitbrachte. So wie es damals dem Fürsten egal war, daß diese Nager in alle Zukunft die Bemühungen der Bauern ruinieren würden, so kann sich heute, wo die Vereinigung der Jäger auf Fuerteventura mittlerweile 1.472 "Fürsten" zählt, die Naturschutzbehörde selbst nicht mit der Ideologie der Schutzwürdigkeit dieses kostbaren Jagdwilds auseinandersetzen, sondern richtet ihm, ganz im Gegenteil, noch eigens eine Schutzzone ein, ihre eigenen Aufforstungsvorhaben von vornherein vereitelnd.

Die letzte Errungenschaft, diesmal von weniger amtlicher Förderung unterstützt, war die Einführung des Wüstenhörnchens (*Atlantoxerus getulus*) durch einen Sahara-Heimkehrer, der eines Tages mit Bedauern feststellte, daß ihm das niedliche Pärchen entkommen war. Da es außer Schnecken vorwiegend pflanzliche Nahrung verzehrt, addiert sich sein Einfluß zu den von den Kaninchen und Ziegen angerichteten Schäden.

Als blinde Passagiere sind natürlich auch Ratten und Mäuse mit auf die Insel gekommen und erst in jüngerer Zeit - wahrscheinlich auch durch die Kolonialbeziehungen zur spanischen Sahara - der nordafrikanische Igel (*Erinaceus algirus*), diesmal ein Nützling, der aber zum Dank für seine Mithilfe bei der Insektenvertilgung wegen seiner unangebrachten Langsamkeit auf Fuerteventuras schnellen Straßen häufig mit dem Tode bestraft wird.

Die einzigen Säugetiere, die mit Sicherheit ohne menschliche Transporthilfe auf die Insel gekommen sind, sind die Fledermäuse. Die Weißrandfledermaus (*Pipistrellus kuhli*) ist hier nachgewiesen. Von der Alpenfledermaus (*Pipistrellus savii*) und der Bulldoggfledermaus (*Tadarida teniotis*), die auf Gran Canaria ebenso wie auf dem afrikanischen Festland leben, nimmt man an, daß sie diese dem Festland nächstgelegene Insel nicht übersprungen haben werden.

Von der hier vorkommenden Spitzmaus, die sich so weit von ihren nordafrikanischen Verwandten unterscheidet, daß sie als kanarenspezifische Art (*Crocidura canariensis*) eingestuft wird, muß man allerdings annehmen, daß sie die Inseln schon länger als der Mensch bewohnt haben muß, um sich so weit von ihren Nachbarpopulationen wegzuentwickeln.

Das Transportmittel, das für nicht luft- und seetüchtige Tiere in Erwägung gezogen wird, könnten Treibgutflöße gewesen sein, die bei Unwettern aus den Flußmündungen der vor ein paar tausend Jahren noch ganzjährig Wasser führenden Flüsse des damals noch bewaldeten Nordafrikas aufs Meer trieben und bei Ostwind die Inseln erreichen konnten.

Denselben "Lift" müssen auch die **Echsen** erwischt haben, die hier leben und ihre Verwandtschaft mit nordafrikanischen Arten noch erkennen lassen. Die hier heimische Eidechsenart *Gallotia atlantica* kommt sonst nur noch auf Lanzarote vor; alle anderen Kanaren haben eigene Arten und Rassen dieser Gattung. Das Männchen ist dunkelbraun bis fast schwarz, Weibchen und Junge sind heller braun und beidseits mit zwei hellen Längslinien gezeichnet. Beide Geschlechter haben türkise Flecken auf den Flanken. Aus Gran Canaria wurde in jüngster Zeit auch die fast doppelt so große, graubraune *Gallotia simonyi stehlinii* eingeschleppt.

Auch die Familie der Skinke hat die Inseln bevölkert. Von etwa gleicher Größe wie Eidechsen, aber viel scheuer, mit unauffälligen Füßchen und schlängelnden Bewegungen, werden sie leicht mit Schlangen verwechselt. Der glatte, wie Kupfer schimmernde Panzer hat ihnen den einheimischen Namen "lisneja" (von "liso" = glatt) und den wissenschaftlichen Gattungsnamen *Chalcides* (von Chalkos = Kupfer) eingetragen. Der *Chalcides polylepis occidentalis*, der Fuerteventura und Lanzarote bewohnt, kann seine Verwandtschaft mit der nordafrikanischen Stammart so wenig verleugnen, daß er nur als ihre Unterart anerkannt wird. Im Gegensatz zu den gern auf die leichter erjagbare vegetarische Kost umsteigenden Eidechsen frißt er Insekten und Schnecken. Ob ihm vergiftete Insekten zum Verhängnis werden, oder ob die wie er in Trockenmauern wohnenden und Schnecken verzehrenden Wüstenhörnchen ihn verdrängen, weiß man nicht; er ist jedenfalls besorgniserregend zurückgegangen.

Die Geckos sind als Insektenfresser nützliche Hausgenossen. Die auf den Ostinseln vorkommende Art ist identisch mit der mediterranen *Tarentola angustimentalis*. Nachtaktiv und mit Haftzehen versehen, kann der "prenquén" als Lauerjäger kopfüber an der Decke hängen und auf unvorsichtige Nachtfalter warten.

Ein sehr spektakuläres Wasserreptil stattete Fuerteventura am 16. Juni 1991 einen außergewöhnlichen Besuch ab: die **Lederschildkröte** *(Dermochelys coriacea),* die größte Schildkröte der Welt, kam zur Eiablage an die Playa de Jandía. Das 3 m lange und schätzungsweise 800 kg schwere Tier wurde von den Badegästen bei seinem mühsamen Rückweg ins Wasser beobachtet.

Diese Meeresschildkröte kommt nur zur Eiablage an die Strände tropischer bis - ausnahmsweise - subtropischer Breiten. Ihr nördlichster Landgang wurde vor drei Jahrzehnten in Sizilien beobachtet. Üblicherweise sind ihre Brutplätze an den Nordostküsten Südamerikas (Surinam, Französisch Guayana), seltener auf den Antillen und an den Ostküsten des Atlantik zwischen Senegal und Angola beobachtet worden. Nachfragen bei den Seeleuten Fuerteventuras ergaben allerdings, daß diese Riesenschildkröte auf der Südseite von Jandía schon mehrfach beobachtet worden war.

Die Lederschildkröte legt zwischen 200 und 350 Eier in 60 cm tiefe Tunnels, die sie mit ihren Schwimmfüßen in den Sand gräbt. Tatsächlich fanden die Biologen am Morgen des 26. Juli die leeren Schalen des geschlüpften Geleges. Da die weiblichen Lederschildkröten an den Ort ihrer Geburt zur Eiablage zurückzukehren pflegen, könnte damit die Insel wieder regelmäßiger Brutplatz der Riesenschildkröte werden. Da die Weibchen mit fünf Jahren geschlechtsreif werden, wäre ab 1996 mit dieser Möglichkeit zu rechnen. Zu alledem wurde Ende August desselben Jahres ein männliches Tier von 120 cm Länge aus ungeklärten Gründen an der Playa de Solapa an der Westküste der Insel herumirrend beobachtet, womit die Präsenz dieser Art in kanarischen Gewässern voll bestätigt wurde.

Gelegentlich sind an kanarischen Küsten auch Karettschildkröten an Land gesichtet worden.

Mit der größten Artenvielfalt unter den an Land beobachtbaren Wirbeltieren sind die **Vögel** auf den Inseln vertreten. Daß jedoch auch für sie das Meer eine bedingte Barriere für genetischen Austausch darstellt, kommt darin zum Ausdruck, daß viele aus Europa bekannte Vogelarten sich in der relativen Isolation der Insel zu kanarischen oder auf die Ostinseln beschränkten Unterarten entwickelt haben.

Eine ganz klar abgegrenzte eigenständige Art kann Fuerteventura sogar ganz für sich allein verbuchen: *Saxicola dacotiae*, lokal "tarabilla" genannt in Anlehnung an die in Spanien unter diesem Gattungsnamen bekannten Braun- und Schwarzkehlchen; in seiner Färbung steht es etwa zwischen diesen beiden Arten. Nur hat das Kanarenschwarzkehlchen (früher irreführend als Kanarenschmätzer geführt) just weder eine schwarze noch eine braune Kehle, sondern ist weiß bis zum klaren rostbraunen Brustansatz.

Nach neuesten Feldstudien schätzt man die Population auf der ganzen Insel auf 750 Pärchen, deren Hauptwohngebiete im wesentlichen von den Naturschutzgebieten Jandía, Betancuria, Pozo Negro und Vallebrón abgedeckt sind. Als Lokalendemit ist die "tarabilla" streng geschützt (auf Tötung eines Exemplars stehen pts. 500.000 Strafe).

Noch weitergehende Schutzbemühungen gelten der viel selteneren endemischen Kragentrappe *Chlamydotis undulata fuerteventurae*. Sie kommt mit noch ca. 100 Exemplaren auf Fuerteventura und noch höchstens 20 im Süden Lanzarotes vor. Ihre Hauptstandorte, die Gebiete um Los Lajares und Tesjuates, hat man als generelle Jagdschutzgebiete ausgewiesen. Aber auch sonst steht auf die Erlegung einer "hubara" eine Geldstrafe von 1 Mio. Peseten.

Wie die endemische Unterart der Kragentrappe, so verbinden noch sechs weitere lokale Unterarten bekannter europäischer Vögel Fuerteventura exklusiv mit der nur durch eine schmale Meeresstraße von ihr getrennten Nachbarinsel Lanzarote: der Turmfalke, der hier in der Subspezies *dacotiae* kleiner und rötlicher ist als auf den übrigen Inseln; der Hartert'sche Bluthänfling, der blasser ist als seine westlichen Nachbarn; eine Subspezies *gracilirostris* der Schleiereule, die dunkler, kleiner und schlankschnäbliger ist; der nur hier vorkommende Inseltriel und eine Ostinselrasse der Blaumeise. Auch eine Unterart des Sandflughuhns, auf die Fuerteventura sehr stolz ist, wird ausnahmsweise auch im Süden Lanzarotes gesichtet.

Anthus berthelotii
"bisbita caminero"

Eine allen Kanaren gemeinsame eigenständige Art ist der **Kanarenpieper** (*Anthus berthelotii*), hier auch wegen seines typischen Laufverhaltens "bisbita caminero" oder "correcaminos" (= Wegläufer) genannt.

Weitere zwölf Arten kommen in kanarenweiten Unterarten vor: Das nordafrikanische Felsenhuhn hat hier die Subspezies *Alectoris barbara koenigi* entwickelt; der wüstenbewohnende Rennvogel hat in der Subspezies *Cursorius cursor bannermanni* einen gelblicheren Rücken und eine rötlichere Brust; der Distelfink ist kleiner als der europäische; die Brillengrasmücke ist dunkler und kräftiger gefärbt; die Samtkopfgrasmücke ist kleiner und am Schwanz weniger weiß gezeichnet; der Wüstengimpel (*Bucanetes githagineus amantum*) ist hier kräftiger rotgetönt als seine afrikanischen Vettern.

Der Fahlsegler (*Apus pallidus brehmorum*) kommt nur im Frühjahr zum Brüten aus Afrika herüber und zieht im Herbst wieder dorthin

76

zurück. Sehr häufig sieht und hört man hier den Raubwürger (in der Subspezies *Lanius excubitor koenigi*) auf seinem niedrigen Ansitz oder im typischen wellenförmigen Flug. Stummellerche und Grauammer, aber auch die Flugkünstler Felsentaube und Mäusebussard waren genügend von der europäischen Population getrennt, um kanarenspezifische Unterarten zu entwickeln.

Der Kolkrabe kommt hier in der afrikanischen Unterart (*ssp. tingitanus*) vor, die etwas kleiner ist und glänzenderes Gefieder hat als in Europa. Die Silbermöwe hat eine die ganzen atlantischen Inseln umspannende dunklere Rasse ausgebildet. Die nordatlantische Rasse des Gelbschnabelsturmtauchers ist des öfteren auf den Felsen von Corralejo und ausnahmsweise auch an den gebirgigen Küstenabschnitten von Jandía zu beobachten.

Erstaunlich gut erhalten ist hier die im übrigen Archipel weitgehend reduzierte (Gran Canaria und Lanzarote) oder ganz ausgelöschte Population der Schmutzgeier. Sie wurden nicht nur an bekannten Vogelbeobachtungsplätzen wie den verlandenden Talsperren gesichtet, sondern an verschiedensten Orten im Norden der Insel einschließlich in Hauptstadtnähe. Auch der weltweit vom Aussterben bedrohte Wanderfalke wurde, allerdings selten, hier noch gesichtet.

Besonders auffällig von den hier nicht nistenden, aber überwinternden oder auf dem Durchzug rastenden Vögeln sind die Graureiher, die sich an den Talsperren einfinden. Selten, doch unverkennbar durch Flugbild, lebhafte Färbung und Schwarmbildung sind die Bienenfresser (Frühling). Ausnahmsweise werden auch Flamingos und Stelzenläufer von ihrer normalen Route abgelenkt und hierher getrieben, können aber nach guten Winterregen an den dann zahlreichen stehenden Gewässern monatelang verweilen. Haus-, Rauch- und Rötelschwalben kommen regelmäßig im Frühjahr durch. Den heimischen Stelzen gesellen sich im Winter die europäische Bach- und Schafstelze zu. Auch die auf Gran Canaria heimischen Wachteln richten sich nach regenreichen Wintern hier zeitweilig ein.

Am besten vertreten sind natürlich in den weiten Küstenebenen, an den brackigen Tümpeln und Lagunen und verlandenden Talsperren die Watvögel: Sandregenpfeifer, Flußregenpfeifer, Seeregenpfeifer und Kiebitzregenpfeifer, Steinwälzer, Alpen- und Zwergstrandläufer, Flußuferläufer, Bruchwasserläufer, ganz ausnahmsweise auch Kampfläufer, Rotschenkel, Grünschenkel, Regenbrachvögel, Bekassinen. Pfuhlschnepfen sieht man ebenso am Küstensaum des Bayuyolavafelds zwischen Corralejo und Majanicho (☞ Wanderung Nr. 6) oder auf dem einsamen Eiland Lobos wie in den Mündungen der Barrancos de la Muley (südlich des Flughafens) und de la Antigua (südlich Caleta de Fustes) oder auf den Sümpfen der Talsperren von Rio Cabras (südlich der Hauptstadt) oder Los Molinos (nordwestlich von Tefia), vereinzelt auch an den Stränden der Costa Calma und von Jandía.

Am meisten jedoch werden die Gäste - höchst unromantisch - durch den reich gedeckten Tisch der Müllhalden in der Nähe der Hauptstadt angezogen. Auf den seichten Talsperren haben sich auch Wasservögel wie Bläßhuhn und Teichhuhn schon dauerhaft eingerichtet.

Von den Meeresvögeln sind neben Silbermöwen auch Lach- und Heringsmöwen sowie Brandseeschwalben häufig, ebenso auf den Felsen vor Corralejo wie in den Dünenlagunen von Jandía. Der Reichtum an Vögeln kontrastiert insgesamt überraschend mit der sonst kärglich belebten Landschaft.

Einen wichtigen Faktor ihrer Ernährung stellen zweifellos die **Landschnecken** dar, die gerade in diesem ariden Klima eine ins Auge springende Populationsdichte erreichen. Wenn trockene Sträucher zu blühen scheinen, dann sind sie in der Regel über und über von Schnecken besetzt. Die hellen, fein gestreiften Gehäuse der *Pisa thebana* hängen wie falsche Blüten in den meist kahlen Büschen der Jable-Ebenen. Zahlreiche *Hemicycla*- und *Helix*-Arten leben in fast bewuchslosem Milieu. Eine ostinselspezifische *Monilearia* besiedelt heiße Küstenstreifen.

Die heute nur noch geringe Oberflächendeckung der Landwirtschaft hat auch den **Insekten** eine faire Überlebenschance gelassen. So gibt es z.B. auf der wasserarmen Insel immerhin sechs Libellenarten: Große und Kleine Königslibelle, Feuerlibelle, Goldfleckenblaupfeil, Frühe Heidelibelle und eine saharische Verwandte der großen Pechlibelle, die hier unter ihrem afrikanischen Namen "fulele" bekannt ist.

Da die **Schmetterlinge** von den Futterpflanzen ihrer Larven abhängen, findet man hier am häufigsten den Kleinen Kohlweißling, den Wandergelbling, den Distelfalter und den Hauhechelbläuling, die mit ubiquitären Weidekräutern vorliebnehmen. Doch in den feuchtigkeitsbegünstigteren Ackerbauzonen um Vallebrón, Vega de Rio Palmas und Betancuria begegnet man gelegentlich auch dem auf Brennesseln angewiesenen Admiral, und zwar sowohl dem normalen nordwesteuropäischen mit dem durchgezogenen roten Band als auch einer makaronesischen Unterart (*calliroe* oder *vulcania*) der in Ostasien verbreiteten *Vanessa indica* - ein sehr ungewöhnliches Verbreitungsmuster, das auch einige endemische Pflanzen der ostatlantischen Archipele aufweisen. Dieser kanarisch-maderensische

Admiral hat die Rotzeichnung in zwei verbundene Hufeisen aufgelöst. Die dem Zitronenfalter verwandte *Gonepteryx cleobule* ist hier in der in Marokko häufigen *forma italica* vertreten, aber so selten wie ihre mutmaßliche Larvenfutterpflanze, ein kanaren-endemischer Vertreter des Kreuzdorns (Betancuria).

Der kleine Monarch *Danaus chrysippus* findet dagegen die erforderlichen Wirtspflanzen vor, da die Larve mit unterschiedlichen Seidenpflanzengewächsen und Euphorbien (Wolfsmilch) vorliebnimmt. Speziell auf diese Gattung abonniert ist der nachtaktive Wolfsmilchschwärmer *Hyles euphorbiae*, hier in der makaronesischen Subspezies *tithymali*.

Verglichen mit dem Artenbestand und der durch Desertifikation reduzierten Dichte der Landtierwelt hat die **Meeresfauna** eine ganz andere Dimension und Intensität.

Die am häufigsten hier gefangenen Thunfischarten sind der "patudo" (*Thunnus obesus*), "bonito" (*Euthynnus pelamis*), "barrilote" (*Thunnus alalunga*) und "rabil" (*Thunnus albacares*); die kleine "sierra" (*Sarda sarda*) ist seltener im Fang, aber beim Tauchen oft zu beobachten.

Die meisten exquisiten Speisefische gehören der Familie der *Sparidae* an. König auf der Speisekarte und im Tauchrevier ist der hier "vieja" (= Alte) genannte Papageifisch (*Sparisoma cretense*) mit seiner leuchtend blau-rot-gelben Bänderung. Die doppelt so große "sama zapata", der Goldbrassen (*Sparus aurata*), schmeckt ebenfalls hervorragend, ist aber selten. Der Blautüpfelbrassen (*Sparus coeruleostictus*), hier "roquera" genannt, läßt sich von Tauchern recht zutraulich beobachten, aber schwieriger angeln.

Der hier "bocinegro" genannte *Sparus pagrus* ist früher einer der häufigsten Kochfische gewesen, heute aber durch Überfischung stark im Rückgang. Der Zahnbrassen (*Dentex dentex*), der erwachsen bis 14 kg erreicht, ist hier als "sama dorada" bekannt und beliebt. Die normale "sama" (*Dentex gibbosus*, Federbrassen), rötlich und mit langer Rückenflosse, ist der größte Fisch der Familie (bis 20 kg). Aber auch einer der kleinsten, der Großaugenbrassen ("antoñito", *Dentex macrophthalmus*) wird wegen seines Geschmacks mit der Leine gefischt. Der Zebrabrassen ("sargo breado") ist weniger als Speisefisch, dafür aber als Fotoobjekt des Unterwassersportlers willkommen.

Weniger spektakulär gestreift ist der marokkanische Geißbrassen (*Diplodus sargus*). Attraktiv gezeichnet mit breitem schwarzen Stirnband und feinem "Nadelstreifen" ist der gastronomisch uninteressante Gemeine Seebrassen (*Diplodus vulgaris*, hier "seifío"). Der Gestreifte Seebrassen (*Lithognathus mormyrus*; "herrera") ist noch sehr häufig, weil wenig gefragt.

Der Weißbrassen (*Pagellus erythrinus*, "breca"), im Gegensatz zu seinem Namen zart rosa gefärbt, geht so leicht als unbrauchbarer Jungfisch ins Schleppnetz, daß er rar geworden ist. Sein kleiner Verwandter, der "besugo" (*Pagellus acarne*), ist dafür noch immer so häufig, daß er als Trockenfisch verkauft wird. In großen Schwärmen kommt, obwohl geschätzter Grillfisch, immer noch der Streifenbrassen (*Spondylosoma cantharus*, "chopa") vor, ebenso wie die "fulas" (*Chromis chromis*).

Quantitativ beherrschen den Markt und die Speisekarte jedoch die Barsche, unter denen die Zackenbarsche führend sind: der bis 80 kg schwere "cherne" (*Polyprion americanus*), der halb so große "mero" (*Epinephelus guaza*) und allen voran die zierliche, knapp 1 Kilo schwere "cabrilla" (*Serranus cabrilla*), der teuerste Speisefisch nach der "vieja", deren schöne Zeichnung - drei Paar Querstreifen von einem Flankenlängsstreifen ausgehend - sie auch dem Taucher leicht vertraut macht. Der attraktiv weißgefleckte "mero" macht dem Unterwassersportler durch seine Zutraulichkeit buchstäblich die Kontaktaufnahme leicht. Er lebt in den Felshöhlen der Sockelplattform.

Ein kleiner Verwandter, der hier "aba(d)e (= Abt) genannt wird (*Mycteroperca rubra*), kann in einzelnen Exemplaren ein leuchtendes Cadmiumgelb präsentieren. Diese bekommen von den Fischern den Titel "capitán" oder "coronel", da ihnen jeweils der Schwarm zu folgen pflegt. Er ist an der Westküste häufiger. Die anderwärts auf den Kanaren gewöhnlichen Speisefische "merluza" (Seehecht) und "br(i)ota" (Gabelbart) sind durch Überfischung zur Seltenheit geworden.

Der Gesteifte Schweinsfisch, dessen durchscheinende rosa Farbe und hervorstehendes Zahnpaar seinem Namen Ehre macht, heißt hier "pejeperro" (= Hundsfisch). Zur selben Familie, den *Labridae*, gehört der kleinste der überhaupt professionell gefangenen Fische, der attraktiv gefärbte Grünfisch ("pejeverde"), der sogar von den Hafenmolen aus zu beobachten ist (ca. 10 cm lang).

Nur auf der sandigen Sockelplattform an der Südküste von Jandía begegnet dem Taucher der lachsrosa gefärbte "Perlmutterrasierfisch" (*Xyrichthys novacula*), hier "peine" (= Kamm) genannt. Im selben Bereich kann man auch den Einstachler *Stephanolepis hispidus* ("gallo" = Hahn) und den Vierzahner *Sphoeroides spengleri* ("tamboril"), der seinen Namen von der Fähigkeit hat, sich in Abwehrsituationen mit Wasser zu einer Kugel aufzublasen, treffen.

Drei Arten von Muränen, die Schwarze Muräne, die Gefleckten Muränen (*Muraena helena* und *Lycodontis anatinus*) und die Maderensische

Muräne lauern in Felshöhlen des oberen Plattformsockels, während der bis 30 kg schwere Meeraal von den Fischern nur aus größerer Tiefe geholt wird.

Obwohl an den Küsten Fuerteventuras Haie - vom 90 cm kleinen Katzenhai bis zum 4 m großen Hammerhai - gefischt werden, sind keine Badeunfälle gemeldet. Taucher seien an die Instruktionen der Tauchschulen verwiesen (☞ Reise-Infos von A bis Z, Sport).

Von den Skorpionfischen kann am ehesten der "rascancio" (*Scorpaena porcus*, soviel wie "Schweinsskorpion") beim Tauchen gesichtet werden, sein größerer und auch schmackhafterer Verwandter mit dem ähnlichen Namen *Scorpaena scrofa* jedoch nur in den Netzen der Fischer, ebenso wie die beiden anderen Skorpionfische "bocanegra" (= Schwarzmaul) und "obispo" (= Bischof).

Schwertfische und Rochen gehen nur zufällig an die Hakenleine, doch den Guitarrenfisch kann auch der Unterwassersportler zu Gesicht bekommen (über sandigem Grund), ebenso wie Stachelrochen, Glattrochen, Stierrochen oder Meerdrachen.

In den bei Ebbe sich bildenden Lagunen der Felsküsten können sogar Nicht-Taucher seltsame Fische wie den fiederflossigen, schön gezeichneten "barriguda" (eine *Blennius*-Art) und einen wulstlippigen Gobius beobachten.

Die in der Gezeitenzone der Felsküste lebenden **Mollusken und Krustentiere** seien besonders der liebe- und respektvollen Naturbeobachtung empfohlen: Wer ihre Schönheit schätzen lernt, wird nicht mehr bereit sein, zu ihrer schon weit fortgeschrittenen Ausrottung (☞ Die Wirtschaft, Landwirtschaft und Fischfang) beizutragen, indem er sie der Speisekarte gehorchend auf den Teller reklamiert.

Kurz vor dem Aussterben ist das von verantwortungslosen Reiseschriftstellern als hier spottbillig erhältlich empfohlene Krebstier "percebe" (*Pollicipes cornucopia*), das hier wegen seiner Form auch "patacabra" (= Ziegenfuß) genannt wird. Ähnlich geht es der großen Auster *Spondylus gaederopus*, die hier neben *Spondylus senegalensis* vorkommt. Selbst die hiesige Miesmuschel *Perna picta* ist überausgebeutet.

Vom Purpurmeeresohr kommt hier eine kanarische Subspezies vor. *Thais haemastoma* wird in der ostkanarischen Form nur 30 cm groß, aber ihr Gehäuse mit seiner blutroten Öffnung ist eines der schönsten unter den hier vorkommenden Meeresmollusken. Sie selbst lebt von kleinen Mollusken, während sich die Kreiselschnecken (*Osilinus*) von Algen ernähren. Verschiedene Napfschnecken (*Patella*) mit ihren flachen, radial gerippten Gehäusen sitzen eng den Felsen an.

Die weiße und seltener die grüne Strandkrabbe sieht man oft auf den bei Ebbe freiliegenden Felsen, aber an Steilküsten auch die rote Krabbe (*Grapsus Grapsus*).

Auch ohne zu tauchen, findet man am Küstensaum artenreiche Biotope vor, wenn man lange genug hinschaut, um die Fels- und Algenmimikris zu enttarnen.

📖 Die Faszination der Einsamkeit: Windiges Land für stille Genießer. In: Merian - Kanarische Inseln. Fuerteventura. Heft 8, 1991, 4 Seiten plus Infos.

Die Ureinwohner

*Hinweis: Die Nummern in der Klammer weisen auf die in der ☞ **Karte vor-**
spanischer Fundstätten verzeichneten Fundortnummern hin!*

Ihr Stammesname "Majos" wurde von den europäischen Siedlern in vielen
Landschaftsbezeichnungen bewahrt: Es gibt den Hügel, das Tal, die Weide und sogar die Kirche der Majos.

Bei den frühen Geschichtsschreibern und Gelehrten wurde der berberische Name zu "Mahoreros" hispanisiert, womit man damals unter-
schiedslos erst die Ureinwohner, dann schlicht die Einwohner der beiden
Ostinseln bezeichnete. Erst seit die Lanzaroteños mit dem Spitznamen
"Conejeros" (Kaninchenjäger) ausgezeichnet wurden, blieb der (prä)histo-
risierende Name "Majoreros" den Bürgern Fuerteventuras vorbehalten. Er
wird in einer Mönchschronik des 17. Jh. damit erklärt, daß "maho" ursprünglich hier wie auch auf Lanzarote einfach die Insel bzw. das Land
bezeichnet hätte und gleichzeitig auch die Fußbekleidung. Daß "Sohle"
und "Boden" mit demselben Wort bezeichnet werden, ist auch aus anderen
Sprachen bekannt (bis hin zum Lateinischen). Und daß sich die Einheimischen beim Eindringen von Fremden selbst als "die von der Erde" - die
"Bodenständigen" - abgrenzen, ist ein häufiges ethnisches Denkmuster.

Die **berberische Abstammung** der Ureinwohner Fuerteventuras wird
heute von niemandem mehr angezweifelt. Im Kuriositätenkabinett der kanarischen Prähistorie landeten so eindeutig kolonialistisch-rassistisch gefärbte Theorien wie die von einem spanischen Historiker 1924-1932 veröffentlichte Zurückführung des Namens "Majoreros" auf den arischen
Stamm der Mahu-Harias, die die Insel als erste besiedelt hätten.

Jedoch hat der kurz nach der Conquista begonnene massive Import von
Berbersklaven, der sie bald zu einer überwältigenden Mehrheit gegenüber
der dünnen europäischen Oberschicht machte, die kulturellen Spuren der
präkolonialen Berber durch Überlagerung mit neuzeitlich berberischen
Einflüssen in vieler Hinsicht verwischt.

Insofern müssen die berberischen Bezeichnungen für Orte, Berge, Ge-
wanne, die in der Topographie Fuerteventuras überall ins Auge springen,
nicht unbedingt von den Ureinwohnern übernommen sein. Sie beginnen
typischerweise und enden manchmal sogar mit den Silben -ti-, -ta- oder
-te-, die im Berberischen Artikelfunktion haben.

So könnte die Montañeta de Tamacite durchaus eine hispanisierte Form
des eigenen Wortes der Berber für ihre gemeinsame Sprache (Tamasight)
sein, mit der die europäischen Grundherren eine den Berbersklaven vorbehaltene Gegend ausgrenzten.

1 Los Caserones: kegelstumpfförmige Hüttenreste aus Kalksandstein
2 Altos de la Villa Seca: Siedlungsreste
3 Hoya del Caballo: halb in die Erde eingelassene Rund- und Oval-
   bauten, Muschelschalenhaufen
4 Bristol: rechteckige Steinsetzungen deuten auf Gräber hin
5 Rundgemäuer mit Tonscherben
6 Llano del Dinero: wie 5
7 Corral del Majo (!): wie 5 und 6
8 Halbkreismauern mit Tonscherben
9 und 10 rechteckige Steinsetzungen deuten auf Gräber hin
11 wie 9 und 10
12 Cueva de Villaverde: Wohnhöhle (Haushaltsreste einschl. Mühl-
   steine), später Bestattungshöhle (ein Erwachsener und ein Kind)
13 Siedlungskomplex des Barranco del Esquinzo
14 wie 13
15 Malpaís de la Arena: Cueva de los Idolos, Kult- und zuletzt Bestattungshöhle
16 Montaña Tindaya: sakraler Berg mit Felsbildern (über 100 Fußumrisse)
17 Lomo de la Virgen: Fundstelle des Idolfrieses
18 Barranco Azul oder del Cavadero: Felsinschriften
19 Las Gambuesas: Siedlungsruinen
20 Barranco de Tinojay: Wohnkomplex (Bauten und Höhlen)
21 Montaña de la Muda: Wohn- und Bestattungshöhlen
22 Morros del Cortijo: Wohnkomplex mit Tonscherben
23 Casas de la Herradura: Bestattungshöhlen
24 Montaña Martínez (Tefía): Siedlungsreste
25 Fortaleza: Wohnkomplex, Bestattungshöhlen und Felsinschrift
26 Wohnhöhlen
27 Morro de la Galera: Felsgravierungen (Buchstaben und Schiffe)
28 Castillejo Grande: Wohnhöhlen und Felsinschriften
29 Montaña de Enmedio: Reste von Wohnbauten, Felsinschriften
30 Vega de Abajo: Siedlungsstrukturen mit Viehhürden
31 Rio Cabras oberhalb Talsperre: wie 30
32 Lomo Lezque: wie 30 und 31
33 Tablero del Golfete: wie 30, 31 und 32
34 Cuchillo de Goroy: Bestattungshöhle
35 Cuchillete del Manadero und
36 Los Corraletes: Siedlungskomplexe

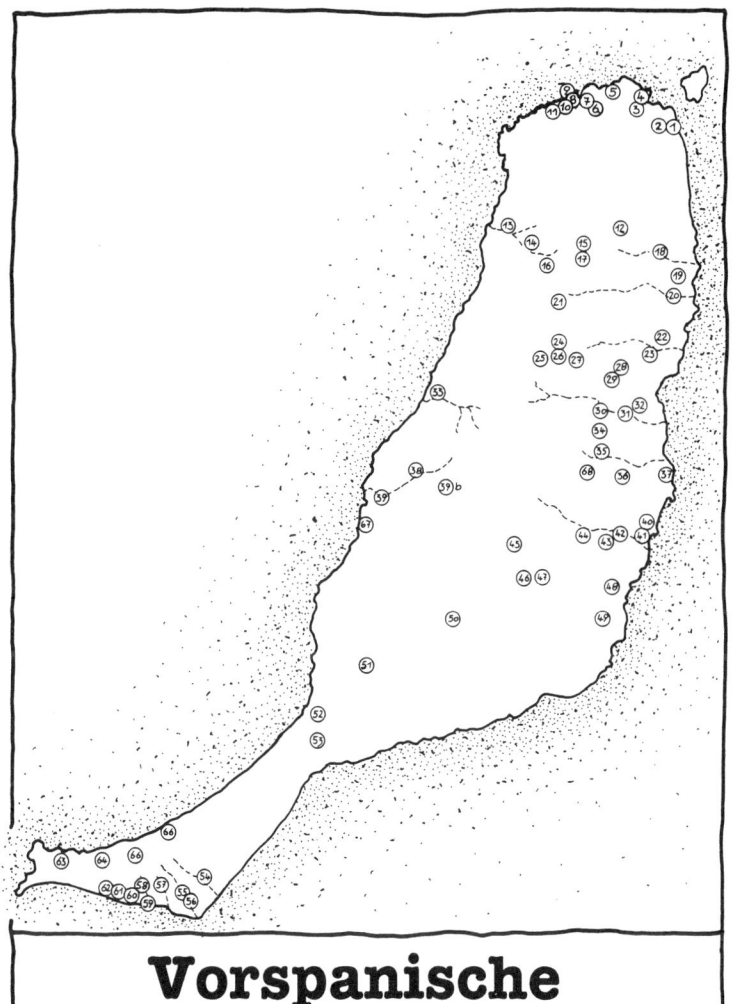

Vorspanische
Fundstätten

37 Llanos del Dinero, Los Barranquillos und Montaña del Dinero:
   Siedlungsruinen und Hausratsreste; auf einer Anhöhe in den Llanos
   del Dinero, oberhalb eines Muschelschalenhaufens, ein Kreis in die
   Erde gekanteter Steinplatten, der als "tagoror" (Fest- und Versamm-
   lungsplatz der Ureinwohner) gedeutet wird
38 Tablero del Aceituno: Siedlungsruinen, Felsgravuren
39 Llanos del Sombrero: Siedlungskomplex mit Befestigungscharakter,
   Reste eines doppelten Steinkreises mit mutmaßlich sakraler
   Funktion
39b La Atalaya (Betancuria): Siedlungsreste und kultische "Näpfchen"
   im Fels
40 Llanos del Morrito, 41 Llanos de la Cancela und 42 Los Corrales de
   la Torre: Siedlungskomplexe
43 Rosita del Vicario: prähispanische Tonscherben und normannische
   Waffenreste in der Ruine eines Turms mit Trockenmauerfundament,
   Innennischen und Treppenzugang
44 Alares und 45 Montaña Gayría: Siedlungsstrukturen
46 Risco Caido: Wohnhöhle im Volcán de La Laguna
47 El Castillejo: Wohnhöhle mit Befestigungsanlage
48 La Atalayita: Siedlungskomplex im Valle del Pozo Negro
49 Los Toneles: gut erhaltene Wohnstrukturen (Reste von Bedachung)
50 Ezquén Blanco: Siedlungsstrukturen
51 Montaña Cardones: Rundbauten auf dem Gipfel (sakral), Wohnbauten, Wohnhöhlen und Felsinschriften
52 Reste des Nordabschnitts der Mauer von Jandía
53 Siedlungskomplex
54 Bco. de Butihondo, Piedras Hincadas: Der Name kommt von den
   aus aufrecht in die Erde gekanteten großen Basaltplatten gebildeten
   Steinkreisen, denen man spirituelle Bedeutung zuspricht. Wohnbauten, Hürden und Reste von Steinwerkzeuggewinnung
55 (Wohnhöhlen) im Barranco de Vinamar
56 (Wohnstrukturen) im Barranco de Vinamar
57 bis 62 Bco. del Ciervo, Bco. Gran Valle, Laderas de Munguía,
   Bco. de Jorós, Bco. de los Escobones, Bco. del Mosquito): Wohnstrukturen
63 Manantial Agua Cabras (Quelle): Muschelschalenhaufen
64 3 km westl. von El Cofete und 65 Cofete: Siedlungsruinen
66 Muschelschalenhaufen
67 Morrete de Tierra Mala, Felsinschriften
68 Cuchillo de Buenavista, Felsinschriften

Aber die zahlreichen Landschaftsbezeichnungen, die Fuerteventura, oft bis auf den Buchstaben identisch, mit anderen Kanarischen Inseln gemeinsam hat, könnten auch Zeugnisse der älteren Sprachebene sein: Teno, ein westlicher Gebirgsvorsprung (La Antigua), genau wie der Westzipfel Teneriffas; Time, der Steilabfall in den Barranco de Valhondo, genau wie auf La Palma die rechte Steilflanke des Barranco de las Angustias; die Barrancos von Vinamar und Ginginamar mit gleichnamigem Ort an der Mündung - eine geringe Abwandlung des auf Gran Canaria und El Hierro vertretenen Namens Jinamar.

Die mehrfach wiederkehrende Bezeichnung Ezquén (nördlich Antigua, südlich Tuineje) - oder mit spanischem Artikel Lezque (südlich der Hauptstadt) - führen hiesige Prähistoriker auf das Wort für "Heiligtum", das als "esequen" überliefert ist, zurück.

Auch über den **Zeitraum der Besiedlung** dieser und der übrigen Kanarischen Inseln besteht heute weitgehende Übereinstimmung der Indizien und Meinungen. Allerdings hatte sich früher die Kanarenforschung unter dem Eindruck der ohne Metall auskommenden, archaisch einfachen Hirtenkultur auf die falsche Fährte einer steinzeitlichen Besiedlung locken lassen. Diese wurde dann noch abgestützt durch im 19. Jahrhundert kolonialistisch, im 20. Jahrhundert nazistisch inspirierte Theorien von angeblich steinzeitlichen Rassenmerkmalen, die inzwischen von modernen Anthropologen als inzuchtbedingte Herausmendelung regressiver Merkmale aufgeklärt sind.

Doch durch genauere Vergleiche mit Steinzeitkulturen, besonders mit denen Nordafrikas, wurde immer deutlicher, daß die vorspanischen Bewohner der Kanaren **nicht in der Steinzeit** eingewandert sein konnten.

Ihre Steinwerkzeuge weisen so gut wie keine Bearbeitungstechnik auf, durch die sich doch die steinzeitlichen Kulturen sehr differenziert charakterisieren lassen. Die Einwanderer stammten also nicht aus einer steinbearbeitenden Kultur.

Sie beerdigten auch ihre Toten nicht wie in der Steinzeit (mit Ocker bestreut und in Hockseitenlage), sondern meist so, wie es im berberischen Hinterland Nordafrikas erst in der Römerzeit üblich wurde (auf dem Rücken ausgestreckt).

Sie opferten nicht mehr, wie ihre jungsteinzeitlichen Vorfahren, die Schneidezähne durch gewaltsame Entfernung. Und sie kannten die rotierende Handmühle, eine Errungenschaft, die die nordafrikanischen Küstengebiete mit den Phöniziern erreichte, die in der Sahara jedoch erst in der Blütezeit des römischen Imperiums den jungsteinzeitlichen Reibstein oder Mörser verdrängte.

Diese Indizienkette des Kulturvergleichs ist inzwischen durch die absoluten Datierungen nach der Radiokarbonmethode durchgängig bestätigt worden. Durch ein breites Netz von ungefähr 60 Stichproben über alle Kanarischen Inseln ist die Einwanderung der Berberstämme auf die verschiedenen Inseln auf einen Zeitraum von **wenigen Jahrhunderten um Christi Geburt** eingegrenzt. Die älteste Stichprobe, auf La Palma erhoben, reicht bis 240 v.Chr. zurück. Für Fuerteventura ist die älteste von bisher sechs erhobenen Proben auf **220 n.Chr.** datiert.

In den Felsgravierungen der Insel glaubte man denn auch, einige kurze Zeilen, die sich von dem sonst auf den Kanaren bekannten libysch-berberischen Zeichenrepertoire unterscheiden, mit Zeichen der pompejanischen Kursivschrift in Verbindung bringen zu können. Noch überzeugender ließen sich Übereinstimmungen mit Zeichen der vorrömischen iberischen Schrift aufzeigen. Beides wird jedoch gegenstandslos angesichts der

Felsinschrift mit verschiedenen nordafrikanischen Schriftzeichen
(Morrete de Tierra Mala, 67)

Tatsache, daß gerade diese abweichenden Zeichen schon in einer Felsbildstelle in Südmauretanien aufgenommen wurden und ein großer Teil dieses überwiegend auf spitzwinklig zusammenlaufenden Strichen aufgebauten Zeichenrepertoires an anderen nordafrikanischen Fundstellen durchaus vermischt mit jenen mehr auf Kreis und Quadrat aufbauenden Zeichentypen vorkommen, die hier als libysch-berberisch erfaßt und kategorisiert wurden. Sie dürften also eine durchaus bodenständig nordafrikanische Sonderentwicklung aus dem allen mediterranen Schriften zugrundeliegenden phönizischen Alphabet darstellen.

Vor diesem Hintergrund gewinnt es wieder besonderes Interesse, daß der erste mit Sicherheit auf die Kanaren beziehbare Text der Antike einen Expeditionsbericht des mauretanischen Königs Juba wiedergibt, der im 1. Jahrhundert v.Chr. bereits als römischer Statthalter seine Berberstämme regierte. Schon der früheste spanische Geschichtsschreiber der Kanarischen Inseln referiert eine Spekulation, wonach aufständische Berber von den Römern hierher strafdeportiert worden seien. Schließlich verlangte es nach einer Erklärung, wie Hirtenstämme, die keinerlei Schiffahrt kannten, auf hundert und mehr Kilometer vom Festland entfernte Inseln gelangt waren.

Libysch-berberische Felsinschrift
(Barranco del Cavadero, 18)

Die Phönizier oder Karthager wären aufgrund allerdings etwas vager Berichte dafür auch in Frage gekommen. Als wirtschaftliches Motiv zog man die Ausbeutung der Färberflechte in Betracht, die auch für die spätmittelalterlichen Conquistadoren noch eine verlockende wirtschaftliche Perspektive war.

Zumindest sporadische **Kontakte mit dem römischen Macht- und Wirtschaftsbereich** sind jedenfalls durch Funde römischer Amphoren aus dem 3. Jahrhundert n.Chr. an den Küsten besonders des benachbarten Lanzarote bezeugt.

Wenn weder die Römer noch die Karthager diesen Wüstensöhnen eine freiwillige oder unfreiwillige Überfahrt besorgt hätten, wäre jedenfalls ihre Ausreise in Anbetracht der nur äußerst rudimentären Schiffahrtstechniken, die den nordwestafrikanischen Fischern bis in die Neuzeit zu Gebote standen, sicherlich eine so not- und behelfsmäßige Aktion aus dem Mut der Verzweiflung gewesen, daß sie verständlicherweise dem Meer für immer den Rücken kehrten.

Ihre neue Heimat bot ihnen offensichtlich ausreichende Voraussetzungen, sich auf bescheidenstem Niveau zu arrangieren und ihre schmale Wirtschaftsbasis über ein Jahrtausend lang zu erhalten.

Fuerteventura bot den Siedlern allerdings - im Gegensatz zu den westlicheren Inseln - **wenig Höhlen** zum Wohnen (z.B. Montaña de la Muda,
21, Fortaleza, 25, und Montaña Cardones, 51). Wo im jungvulkanischen
"Malpaís" Lavatunnel Schutz vor Wind, Hitze und Kälte boten, wurden
sie durch bescheidene Steinsetzungen im Innern wohnlich gemacht (Cueva
de los Pascuales im Malpaís de la Arena, 15, Montaña Cuchillos bei Casillas del Angel).

Wo die Natur nichts Bezugsfertiges bereitstellte, wurden in bloßer
Trockenmauertechnik kleine runde oder ovale Hütten von 3 bis 4 m Innen-
durchmesser gebaut, deren Bedachung nach dem Prinzip des **Scheinge-
wölbes**, d.h. durch immer mehr nach innen gezogene Steinlagen erreicht
wurde. Dies ist die einfachste Bedachungstechnik für kleine Räume, die
auch im Mittelmeer in Randgebieten die Steinzeit überlebt hat (Nuraghen
in Sardinien, Trulli in Apulien und die Bories der Provence) und nicht
zuletzt von den Eskimos für ihre Iglus angewandt wird.

Man sieht dies noch in dem relativ gut erhaltenen Siedlungskomplex
Los Toneles (49) oder den zwei noch intakten Bauten der später als Steinbruch benutzten Siedlung **La Atalayita** (48). Ob die etwas geräumigeren,
aus mehreren Apsiden oder Alkoven zusammengesetzten "Mehrzimmer-
wohnungen" von ca. 6 m Durchmesser mit demselben Scheingewölbe gedeckt waren oder mit vergänglichem organischen Material, ist nicht mehr
zu erkennen. Die gedeckt erhaltenen Einheiten hatten gerade Standhöhe,
der Eingang war noch niedriger, und insgesamt wurden sie oft etwas **unter das Umgebungsniveau eingetieft** - eine in Nordafrika bekannte und
bewährte Strategie zum Schutz vor Temperaturextremen und Wind. Für
diese Bauweise wurde auf den Ostinseln der Begriff "**Casas Hondas**"
(= tiefe Häuser) geprägt.

In der Regel gruppierten sich diese zweifellos als "Einfamilienwohnun-
gen" zu betrachtenden Wohnbauten - manchmal zu mehreren wabenförmig
aneinandergebaut - um größere Rundwälle von zehn und mehr Metern
Durchmesser, die nachts das Vieh beherbergten. Diese wurden praktisch
in allen Fällen von den Hirten der historischen Epoche weiterbenutzt.

Oft verschmähten die ja ebenfalls aus dem berberischen Nordafrika re-
krutierten Viehhütesklaven auch die Wohnungen ihrer Vorgänger nicht. In
diesen Fällen findet man dann zwischen den Tonscherben vorspanischer
Herstellungs- und Dekorationstechnik auch Reste von Utensilien der europäischen Ära in Form von Metallgegenständen oder glasierter oder auf der
Scheibe getöpferter, also importierter, Tonware oder der bis in die jüngste
Zeit gebräuchlichen Bauerntöpferei.

In den Siedlungen des Malpaís lebten sie wahrscheinlich nicht ganzjährig, sondern nur in der zweiten Winterhälfte und den Frühjahrsmonaten,

90

wenn im Anschluß an die Regenzeit diese im späteren Jahr verbrannte, lebensfeindliche Landschaft eine zeitlich begrenzte Futterreserve bot, die ausgeschöpft werden mußte, um das länger grün bleibende Futter der feuchtigkeitsbegünstigteren Zonen für die zweite Jahreshälfte zu schonen.

Da aus allen Zeugnissen der Eroberberichte hervorgeht, daß die Ureinwohner ausschließlich von **Viehzucht** lebten und die Archäologie bisher auf kein gesichertes Zeichen von Ackerbau gestoßen ist, ist anzunehmen, daß sie die jahreszeitlichen Ortswechsel zur optimalen Ausnutzung der Futterreserven (**Transhumanz**) mit dem ganzen Clan ohne Rücksicht auf Bindung an irgendwelche Pflanzungen durchführen konnten.

Auf die Frage, woraus sie denn dann ihren Kohlenhydratbedarf deckten und wozu die in prähispanischen Fundkontexten gefundenen **Handmühlen** gedient haben, gibt eine Ernährungsweise Auskunft, auf welche die größtenteils von Berbersklaven abstammende ärmere Bevölkerung auch in spanischer Zeit in den häufigen Hungerperioden immer wieder zurückgriff: Der Samen des Mittagsblumengewächses *Mesembryanthemum nodiflorum* (☞ Das Land, Flora), welches später als "barilla" für die Gewinnung des Exportartikels Soda bekannt und bedeutend wurde, wurde in Meerwasser eingeweicht, getrocknet und dann gemahlen und so - schon gesalzen - als Ersatz des "**gofios**" (= Röstmehl) aus Gerste oder Weizen gegessen. Bezeichnenderweise ist die Pflanze hier auf den Ostinseln unter dem Namen "**cosco**" bekannt, der wohl nicht umsonst an "Couscous" anklingt und ausdrückt, daß das Verarbeitungsprodukt dieser Samen als Ersatz für den Getreidebrei der nordafrikanischen Heimat der Berbersklaven angenommen wurde. Wenn es zutrifft, daß die vorspanischen Besiedler Fuerteventuras (wie übrigens auch die von La Palma) keinen Ackerbau kannten, mitbrachten oder betrieben, blieb ihnen fast nichts anderes übrig, als diese Nahrungsquelle zu entdecken, falls sie ihnen nicht schon aus ihrer Heimat bekannt war, wo die Pflanze ja verbreiteter ist als auf dem Archipel.

Daß sie mit Ackerbau nicht vertraut waren, ist wahrscheinlicher, als daß es ihnen nicht gelungen wäre, Saatgut mitzubringen, obwohl sogar Ziegen mitgereist waren. Denn bei manchen nomadisierenden berberischen Viehzüchterstämmen der Zentralsahara herrschte bis in die Neuzeit eine solche Verachtung für die Pflanzarbeit, daß man sie abwechselnd an bei Kriegszügen geraubte Negersklaven oder eingewanderte arabische Gastarbeiter delegierte. Viehzüchter fühlten sich als Herrenvölker. Vielleicht erklärt dieser Stolz auch die radikale Ächtung bzw. sogar Tötung dessen, der sich von den Söldnerhorden der Normannen (☞ Die Geschichte) gefangennehmen ließ, so daß es "sehr schwierig war, sie lebend zu fangen".

Daß das Hausschwein, welches auf den übrigen Kanaren seinen Beitrag zur Proteinernährung leistete, weder von dem Conquistadorenbericht noch durch archäologische Funde für das prähispanische Fuerteventura bezeugt ist, spricht ebenfalls für das Fehlen von Ackerbau und eine **nicht seßhafte Lebensweise**.

Eine interessante Symbiose scheinen sie allerdings mit den endemischen Kragentrappen (☞ Das Land, Fauna) geführt zu haben, und zwar nicht zur Ernährung, sondern im Gegenteil zur Rezyklierung der Abfälle.

Wenn sie das Quartier wechselten, scheinen sie die schlechter transportablen Habseligkeiten nicht unbedingt im Haus, sondern oft auch in einem nahen Versteck im unübersichtlichen Lavagewirr des "malpaís" hinterlassen zu haben. Denn in solchen Verstecken fand man einige schöne Exemplare der vorspanischen **Töpferei**.

Die rund drei Dutzend weitgehend intakt geborgenen oder hinlänglich rekonstruierbaren Gefäße sowie die zahllosen Fragmente, die allein in einer ausgegrabenen Höhle (15) auf ca. 100 Gefäße schließen lassen, weisen eine überraschende Vielfalt der Formen auf.

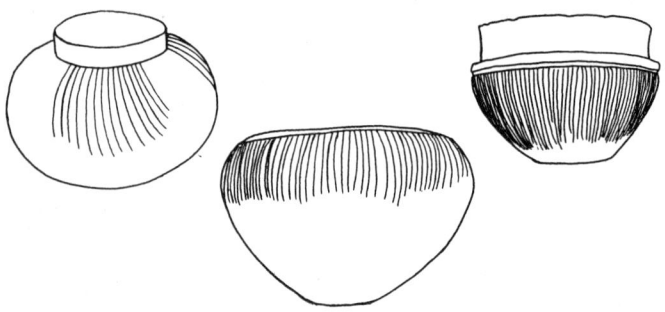

*Vorspanische Gefäße mit verschieden
angeordneter linearer Inzisionsdekoration*

Man fand kugelig bis ellipsoid gebauchte Gefäße mit mehr oder weniger verengter Öffnung und oft senkrecht hochgezogenem Rand, von dem aus vertikale bzw. radiale Dekorationslinien über etwa ein Drittel der Gefäßhöhe hinablaufen, meist in einfacher Inzisionstechnik, seltener als Kannelierung ausgearbeitet. Der Boden ist konvex oder hat eine schmale oder kaum ausgearbeitete Standfläche. Die Bauchung kann zu strengeren, umgekehrt konischen Wänden schematisiert werden.

Daneben gibt es glatte Töpferware mit **stumpfkegeligem Boden**, aber es sind auch schlichte und doch überraschende Einzelformen vorhanden, wie die oben erweiterte Helmform oder ein gerader, zylindrischer Krug.

Die Dekoration verwendet außer geraden Linien oder rhythmisch umlaufenden gefelderten Liniengruppen auch umlaufenden Tiefstich, Fingernageleindruck, Fischgrätmuster und Zickzackmuster, die auch zu weit geschwungenen Kurvensegmenten aufgelöst werden können wie bei dem exemplarisch schönen Melkgefäß mit der viereckigen Tülle.

Die ganze Palette an Formen und Dekorationsmustern und -techniken findet sich in der **berberischen Handtöpferei Nordafrikas** nebeneinander, stellt also ein über Jahrhunderte oder gar Jahrtausende in der Heimat der Einwanderer akkumuliertes vielschichtiges Repertoire dar.

Daß die Ziegen ihnen sowohl **Felle** für ihre Bekleidung als auch die **Knochenpfrieme** für ihre Verarbeitung lieferten, versteht sich in einer exklusiven Viehzüchtergesellschaft von selbst. Nach dem Bericht der Conquistadoren haben sie den Fellen nicht viel Bearbeitung zukommen lassen. Die Männer trügen ein komplettes Fell über die Schultern, heißt es dort, und nur die Frauen noch zusätzlich je ein Fell vorn und hinten, in Hüfthöhe gegürtet und bis an die Knie reichend.

Allerdings ist bei christlichen Bekleidungsreporten über die Heiden - die man ja wegen ihrer "den Tieren gleichen" Sittenlosigkeit unterwerfen und taufen mußte - immer gewisse Skepsis angebracht. Ein Mönch, der Anfang des 17. Jahrhunderts eine Chronik der Conquista verfaßte und sich über die Ureinwohner nur noch in älteren Quellen informieren konnte, schrieb ihnen die kniefreien Lederbundhosen nach französischer Mode zu, welche man zu seiner Zeit auf Fuerteventura trug, da ihm schon die Lederkleidung seiner Zeitgenossen hinlänglich prähistorisch vorkam, so daß sie "wie Wilde" auf ihn wirkten.

Obwohl man keine Bekleidungsreste gefunden hat, spricht das Auftauchen zahlreicher, meist derber Pfrieme für etwas mehr als nur zusammengebundene Felle. Am glaubwürdigsten ist die Beobachtung, daß sie Schuhe "ohne Oberleder" trugen, also wohl Sandalen wie die Berber Nordafrikas.

Die **Steinwerkzeuge** waren, wie schon bei der Diskussion ihrer Herkunft angedeutet, sehr roh und formlos: So gut wie unbearbeitete Kernabschläge oder natürliche Basaltsplitter dienten als Klingen und Schaber. Die Poliersteine sind einfach zerbrochene Kiesel, deren Werkzeugfunktion nur aus dem Fundstellenkontext erkennbar ist.

Die einzigen steinernen Hausratsgegenstände, die sorgfältig bearbeitet worden sind, sind die aus poröser Lava gefertigten kreisrunden **Handmühlsteine**, oft mit wulstiger Überhöhung des Achsenführungslochs, und die wahrscheinlich als Deckel für Wassergefäße schön glatt gearbeiteten Scheiben aus Kalksandstein.

Daß sie auch unterschiedliches Steinmaterial durchaus differenziert zu bearbeiten verstanden, zeigten sie allerdings im spirituellen Bereich ihrer Kultur. Die technisch perfekteste und anspruchsvollste Fertigung sind die etwas abgeflacht ovaloiden Kiesel mit den horizontal umlaufenden parallelen Rillen. Man weiß nicht, ob man sie noch zu den Schmuckgegenständen - häufig zu Quadraten geschliffene und perforierte Napfschneckenschalen oder Ketten aus polierten Knochensegmenten - stellen oder ihnen eine magisch-religiöse Funktion zusprechen soll, etwa als am Lederriemchen um den Hals zu tragender Talisman oder als abstrakteste Form des Idols.

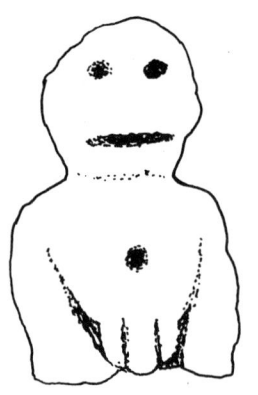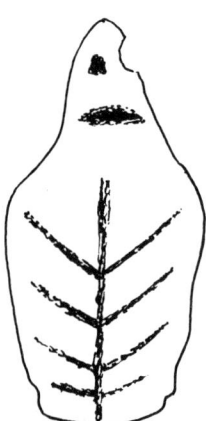

Paar magischer Fruchtbarkeitsstatuetten
aus der Cueva de los Idoles (Malpaís de la Arena, 15)

Die sogenannten **Idole** sind einfache steinerne Figürchen mit nicht ganz eindeutig bestimmbarer religiöser Funktion: eventuell als Mittler angerufene Ahnen verkörpernd oder, da es meist sexuell betonte Darstellungen sind, magische Gegenstände von Fruchtbarkeitsbeschwörungen.

Verglichen mit den stilisierteren Formen, die auf Gran Canaria und Lanzarote gefunden wurden, sind sie noch stärker auf die Minimalaussage des Archetypus reduziert und vereinfacht. Die aus der nach ihnen benannten Cueva de los Idolos (15) stammenden sind in poröser Lava gefertigt und 6,5 bzw. 7,5 cm hoch.

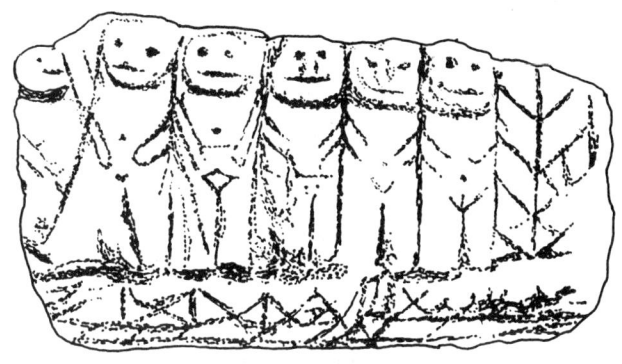

Idolfries vom Lomo de la Virgen bei La Oliva (17),
jetzt im Museo de Betancuria

Der Schematisierungsstil ist jeweils ein ganz anderer. Während bei der männlichen Figur Rumpf und Gliedmaßen fast auf die Höhe des Kopfes reduziert sind, wodurch wiederum das Genital relativ überbetont wird, wurden bei der kegeligen Figur mit dem Fischgrätmuster, das, wie gleich zu zeigen sein wird, die Weiblichkeit signalisiert, die Gliedmaßen völlig in den Rumpf integriert.

Das schönste und instruktivste Idol ist jedoch der von Pedro Carreño Fuentes am Lomo de la Virgen (17) auf dem Acker gefundene Relieffries. Die sieben Frauendarstellungen zeigen in ihrer durchaus variierten Schematisierung den Weg der Abstraktion von einer bestimmten Darstellung des weiblichen Genitals, verlängert in die darauf hinweisenden Arme, zum rein geometrischen Baum-, Ähren- oder Fischgrätmuster.

Damit liefert dieses künstlerisch anspruchslose Halbrelief aus Fuerteventura einen Schlüssel zu einem der vieldeutigsten archetypischen Symbole der prähistorischen Kulturen, das bei diesen konservativen, randständigen Berberstämmen bis in die Römerzeit lebendig blieb und in der

Abgeschlossenheit dieser Inselkultur dann nicht nur formal, sondern, wie an dem Fries und auch dem Paar zu sehen, sogar in seiner uralten Bedeutung bewahrt wurde.

Weitere, meist zerbrochene oder unvollständige, jedenfalls nur sehr rudimentär bearbeitete Figürchen lassen darauf schließen, daß solche magischen Gegenstände vermutlich jede Familie besaß, wie das römische Haus seine Laren.

Auch ein anderes Symbol unterlag hier starker Vereinfachung und Schematisierung, welches in der nordafrikanischen Heimat in deutlicher erkennbarer Ausführung vorliegt: die Fußumrisse.

Knapp unter dem Gipfel der Montaña Tindaya (16) finden sich 103 stark schematisierte **Fußumrisse** in den Fels geklopft: In natürlicher Größe, aber mehr oder weniger eckig ausgeführt, weisen die meisten fünf kurze Striche als Andeutung der Zehen auf, einige verzichten selbst darauf. Die meisten sind paarig dargestellt, aber es kommen auch einzelne und Gruppen von drei, vier oder sechs meist lückenlos aneinandergefügten Fußschemata vor.

Das Verblüffende ist, daß sie sich überwiegend auf den fernen, aber an klaren Tagen von hier aus sichtbaren Teide orientieren. Bezeichnenderweise wird der Berg Tindaya heute noch im Volksmund mit Erzählungen von Hexenzauber in Verbindung gebracht.

Die Abbildung von Fußumrissen in Stein ist eine von Skandinavien bis Nubien dokumentierte magische Praxis, die weit in die Steinzeit zurückreicht, aber in Nordafrika sogar bis in die bereits arabisch überformte Berberkultur, also mindestens bis ins Mittelalter, verbreitet war. Am häufigsten findet man sie in nordafrikanischen Felsbildstätten, die der libyschberberischen Kultur (etwa auf Spätantike bis frühes Mittelalter datiert) angehören. Auch in den nordafrikanischen Fundstätten kommen die Füße einzeln und paarig vor.

Über den Inhalt oder das Ziel solcher Beschwörungen gibt es heute nur Vermutungen: der Weg zur Gottheit, die Abwehr böser Geister, Darstellung sozialer Bindungen usw.

Auf den Kanaren kommt dieses Felsbildmotiv noch auf Gran Canaria, Teneriffa und Lanzarote vor. Die gegenüber den nordafrikanischen Fußumrissen wesentlich schematisiertere, nahezu auf ein gestrecktes Trapez reduzierte Darstellung des Fußes spricht nicht für direkten Import dieser Gewohnheit mit den massenhaft aus der Berberei herübergeholten Sklaven, sondern eher für eine Konventionalisierung und Erstarrung der berberischen religiösen Ausdrucksformen in der geographischen Isolierung der kleinen Inselgesellschaft.

Die derselben Kultur angehörenden **libysch-berberischen Schriftzeichen**, die auf allen Kanarischen Inseln außer La Gomera gefunden wurden, kommen hier erstaunlicherweise neben jenen bald als römisch, bald als altiberisch gedeuteten Zeichen vor, die gegenüber den überwiegend rundlichen, quadratischen oder kurzstrichigen Zeichen des hier vertretenen libysch-berberischen Alphabets augenfällig langgestreckt und spitzwinklig sind, und deren Repertoire für einen alphabetischen Gebrauch auch viel zu reduziert ist. Da ihre Grundtypen alle im Gesamtbestand der nordafrikanischen Schriftzeichen auftreten, bleibt die Frage, ob sich außer lokalen Differenzierungen und Reduzierungen des Zeichenbestandes schon vor Einwanderung der berberischen Gruppen in den Archipel nicht auch eine Rückentwicklung vom alphabetischen zum magischen Zeichen abgespielt hat. Das würde die eintönige und beschwörend anmutende Wiederholung der immer gleichen und immer weniger sorgfältig ausgeführten Zeichen erklären, die hier - wie auch auf der Nachbarinsel Lanzarote - gegenüber dem aus dem restlichen Archipel bekannten libysch-berberischen Schrifttypus überwiegen (Fundstellen 25, 27, 28, 29 gegenüber nur zwei Zeilen an Fundstelle 18 und drei an Fundstelle 67).

Eine weitere kultbezogene Felsbearbeitung verbindet Fuerteventura mit Gran Canaria, Teneriffa und La Palma: die **Näpfchen**. Man schreibt diesen schüsselförmigen Eintiefungen im natürlichen Fels allgemein die Funktion zu, Milchopfer aufzunehmen, mit denen die Gebete um Regen und Fruchtbarkeit verstärkt wurden. Diese Näpfchen finden sich hier, wie auch auf den anderen Inseln, auf einer markanten Anhöhe, der Atalaya von Betancuria, einem Platz, wo man sich der Gottheit nahe fühlte (39b).

Diese Milchopferstätte auf der Atalaya und die Montaña Tindaya mit den rätselhaften Fußumrissen sind denn auch schon die einzigen Spuren von Sakralstätten, die bislang von den Archäologen identifiziert wurden.

Archäologisch bislang nicht belegt ist ausgerechnet die von zwei Autoren um die Wende vom 16. und 17. Jahrhundert aus offenbar gemeinsamer älterer Quelle referierte Form eines Freilichtheiligtums, das von einer doppelt umlaufenden Mauer umschlossen gewesen sei, die gleichzeitig Umgang und Zugang bildete. Daß schon der frühere der beiden Beschreiber dieses Bauwerk bei seinem Aufenthalt auf Fuerteventura nicht mehr besichtigen konnte, geht daraus hervor, daß er es in der illustrierenden Zeichnung aus der Vorstellungswelt seiner Kulturepoche "rekonstruiert" hat: schön glatt verputzt und mit einer Renaissancestatue in der Mitte.

Jedoch ist die Bezeichnung eines solchen Heiligtums, von dem einen mit "esequen" wiedergegeben, in zahlreichen Ortsbezeichnungen der Insel erhalten (Esquén Blanco, Lomo del Esquén südlich Tuineje, El Esquén nördlich La Antigua und mehrfach mit spanischem Artikel Lezque). Auch finden sich auf El Hierro und La Gomera bescheidener angedeutete Ausführungen jenes durch doppelten Umgang erreichbaren und zugleich abgegrenzten Sakralraums unter freiem Himmel, der im berberischen Nordafrika in verschiedenen Varianten wiederkehrt. Ein solcher schlichter doppelter Steinkreis aus einzelnen groben Blöcken wurde, unvollständig allerdings, beim Siedlungskomplex Llanos del Sombrero identifiziert (39).

Auch die im ganzen berberischen Kulturraum nebeneinander vorkommenden Formen der **Bestattung** glaubt man auf Fuerteventura vorgefunden zu haben. In Höhlen wurden einige Skelette durch Ausgrabungen gesichert (12, 15, 21, 23, 25, 34). Entdeckt, aber bislang archäologisch nicht bearbeitet wurden einige tumulusartige Strukturen (z.B. am Fuß des heiligen Berges Tindaya) sowie Steinumfriedungen mutmaßlicher Gräber: Sowohl die rechteckigen Steinsetzungen im nördlichen Malpaís (4, 9-11) als auch die Kreise in die Erde gekanteter Platten im Barranco de Butihondo (54) könnten nach analogen archäologisch gesicherten Gräbertypen der Westsahara Bestattungen markieren.

Noch weniger als über das religiöse Leben weiß man über die gesellschaftliche Organisation der Ureinwohner. Selbst die Teilung in zwei Stammesfürstentümer ist erst in der Geschichtsschreibung des 17. Jahrhunderts behauptet und wahrscheinlich nachträglich aus der Mauer von Jandía, die auch schon der authentische Conquistadorenbericht genau da erwähnt, wo man heute noch ihre Reste sehen kann (52), hergeleitet worden, ohne allerdings ein Wort über ihre Funktion zu verlieren.

Der einzige Autor, der mit den Ureinwohnern noch in Kontakt kam, berichtet nichts über die starken Festungen, die zwei Könige oder die zwei Seherinnen, all die romantischen Motive, die erst in Texten des 17. Jahrhunderts auftauchen. So muß man es eben hinnehmen, daß die normannischen Eroberer erst mit dem Fangen und Töten der Ureinwohner und später dann mit ihrem Verkauf an Sklavenhändler so vorrangig beschäftigt waren, daß sie kein Interesse hatten, ihre Kultur eingehend zu beschreiben. Und daß sie mit der Liquidierung des kleinen Volkes so zügig fertig wurden, daß auch kein späterer, humanistisch interessierter Chronist mehr Gelegenheit hatte, dies nachzuholen.

📖 Guanchen: Die Ureinwohner aus Afrika? In: Merian - Kanarische Inseln. Heft 8, 1991, S. 122 f.

📖 Die Guanchen: Der Tod kam übers Meer. In: GEO 11, 1993, S. 104 ff.

Die Geschichte

Ein **normannischer Landedelmann**, der in eine kleine Textilmanufaktur eingeheiratet hatte, nebenberuflich Seeräuber und Drahtzieher von Rollkommandos gegen Pfaffen und zuletzt nach Verpfändung der Mitgift seiner Frau so verschuldet und in Delikte verwickelt war, daß er sich schlicht aus dem Staube machen mußte, beschloß die Flucht nach vorn: **Jean de Béthencourt** investierte den Erlös seiner betrügerisch verkauften Familiengüter in die Ausrüstung eines Schiffes und die Anheuerung einiger Dutzend brot- und skrupelloser Raufbolde. Da er selbst körperlich behindert war, gewann er als Sozius einen Landsknechtsführer, der seine Eignung für solche Unternehmungen durch Zutodefoltern eines ihm unliebsamen königlichen Staatsanwalts unter Beweis gestellt hatte.

Dieser räumte für ihn in den Jahren 1402 bis 1404 auf Lanzarote mit den Ureinwohnern auf, während er sich in Madrid das Plazet und die Unterstützung des spanischen Königs einholte und vom Gegenpapst Benedikt XIII. geistliche und materielle Unterstützung besorgte. Der Papst ermöglichte ihm die Verstärkung seines Expeditionskorps, indem er jedem einen vollständigen Sündenablaß gewährte, der dem Herrn von Béthencourt für seinen "Kreuzzug gegen die Ungläubigen" einen Söldner für ein halbes Jahr finanzieren würde. Damit bedankte sich Papst Benedikt dafür, daß ein Verwandter Béthencourts ihn aus seiner Gefangenschaft in Avignon befreit hatte.

Mit solchem politischen Rückhalt ausgestattet, kehrte Béthencourt am **19. April 1404** nach Lanzarote zurück und nahm die Phase II, die **Eroberung Fuerteventuras**, in Angriff, deren Einzelheiten dichterischer Freiheit überlassen bleiben, da die einzige Chronik darüber eine 200 Jahre später zusammengereimte Fälschung eines Nachfahren Béthencourts ist.

Im Jahre **1412** legte er jedenfalls **vor dem spanischen König** feierlich den **Lehenseid für die Kanarischen Inseln** ab, obwohl erst die zwei Ostinseln und El Hierro unterworfen waren. So wurde der Archipel Teil des spanischen Königreiches durch die militärische Initiative normannischer Abenteurer und Landsknechtsführer. Die politische Initiative jedoch sollte ihren Nachfolgern sehr bald entgleiten.

Der fanzösisch-englische Krieg endete mit der Besetzung der Normandie durch die damals mit Spanien verfeindeten Engländer. Wollte Béthencourt seine französischen Besitzungen als Lehensmann des englischen Königs behalten, mußte er mit dem spanischen König so auseinanderkommen, daß dieser nicht das an den normannischen Edelmann vergebene Lehen der Kanaren unwiederbringlich mit dessen Lehenseid an die englische

Krone verlor. Dies führte zu einer zwielichtigen Transaktion seines Neffen **Maciot**, der sein **Statthalter** und Generalbevollmächtigter auf den Kanaren geworden war, während er selbst in die Normandie zurückkehrte.

Hatte der Onkel in dem Jahrzehnt nach der Eroberung einen schwunghaften Handel mit den **Ureinwohnern** der drei von ihm kontrollierten Inseln auf den Sklavenmärkten Spaniens betrieben, so dehnte der Neffe die **Sklavenrazzien** auch auf die noch nicht unter effektiver militärischer Kontrolle stehenden Zentral- und Westinseln sowie auf das **nordafrikanische Festland** aus und führte auf seinen Inseln ein solches Willkürregiment über seine - zunehmend auch spanischen - Kolonien, daß die spanische Krone leicht Anlaß fand, ihn durch politischen und militärischen Druck zur **Abtretung der Kanarischen Inseln an einen spanischen Grafen** zu zwingen. So überschrieb er nach einem Blitzbesuch eines spanischen Hauptmanns, der ein mit unmißverständlichem Nachdruck ausgestattetes Ultimatum überbrachte, dem Grafen von Niebla (Andalusien) im Jahre 1418 die Kanarischen Inseln in Form einer Schenkung. Daß alle Beteiligten diese Schenkung als abgekartete Scheinaktion betrachteten (was natürlich Absprachen von höchster Ebene mit dem "Beschenkten" voraussetzte), sieht man daran, daß Maciot de facto zunächst noch Gouverneur der drei Inseln (Fuerteventura, Lanzarote und El Hierro) blieb.

Jedoch setzte der neue oberste Landesherr 1426 eine Verbesserung für die nunmehr überwiegend andalusischen Siedler als Stimulus für die zögerliche Besiedlung mit spanischen Untertanen durch: Der "**Fünfte**" sollte nicht auf alle Produkte schlechthin, sondern nur auf die exportierten entrichtet werden. Außerdem unterstellte er die Inseln **andalusischem Recht**. Damit war die Phase der normannischen Kolonisierung, die noch durch die Namen alteingesessener Familien wie Betancor(t), (D)Umpierrez, Melián, Denis, Marichal auf die Geschichte verweist, abgeschlossen und Fuerteventura auch faktisch dem spanischen Königreich eingegliedert.

Daß der spanische König die Überschreibung des gesamten Archipels auf den Conde de Niebla als leere Formsache betrachtet hatte, wurde bereits klar, als er 1420 die noch nicht eroberten Inseln - die ja in der "Schenkung" inbegriffen waren - seinerseits einem Alfonso de las Casas mit der Verpflichtung als Lehen gab, sie zu erobern. Diese de las Casas - seit längerem als Schiffsausrüster, See- und Sklavenräuber mit dem Kanarischen Archipel befaßt - brachten also die einschlägigen Voraussetzungen für Conquistadoren eher mit als der vornehm zurückhaltende andalusische Graf.

Alfonso de las Casas nutzte erst einmal das Schisma der Katholischen Kirche, um die noch bestehende normannische Hausmacht auf den Ostinseln zu schwächen: Da der damalige Bischof der Kanaren, mit Sitz auf Lanzarote, sich im Gefolge der Béthencourt'schen Verpflichtungen dem Gegenpapst Benedikt unterstellt hatte, war es Alfonso ein Leichtes, Papst Martin V. in Rom zu bewegen, **1424 ein unabhängiges Bistum auf Fuerteventura** zu schaffen, um die Kanaren seinem Widersacher zu entziehen. Dieses Bistum wurde, versteht sich, mit einem Verwandten Alfonso de las Casas' besetzt, doch da dieser nie Sehnsucht nach seiner Diözese hatte, blieb sie ein Stück Pergament. Denn beim Tod Benedikts hatte der Bischof auf Lanzarote die Weisheit, sich Rom zu unterstellen, woraufhin das Bistum Fuerteventura 1430 als politisch überflüssig aus dem Stellenplan gestrichen wurde.

Alfonsos Sohn, Guillén de las Casas, hatte mit dem normannischen Gouverneur Maciot offensichtlich weiterhin Schwierigkeiten, die er damit zu beenden suchte, daß er ihm die Insel Lanzarote 1432 als persönliche Pfründe zugestand, um ihn auf Fuerteventura und El Hierro auszuschalten. Maciot fungierte auch als Zeuge bei der Einigung der de las Casas mit dem vom König übergangenen Grafen von Niebla. Gegen eine Abfindung von 5.000 Golddublonen trennte dieser sich 1430 definitiv von seiner Schenkung im fernen Atlantik und überließ damit Guillén de las Casas den ganzen Archipel, eroberte und nicht eroberte Inseln. Bei der Erbteilung nach seinem Tod fiel Fuerteventura an seine Tochter Inés, die mit ihrem Mann Fernán Peraza, ebenfalls Sohn eines sevillanischen Sklavenräubers mit Kanarenerfahrung, 1445 feierlichen Einzug in ihrem Duodezfürstentum hielt. Auch ihre Tochter, verheiratet mit **Diego García de Herrera**, mußte noch um ihren Besitzanspruch auf die Ostinseln kämpfen, vor allem gegen die Siedler Lanzarotes, die lieber dem fernen Portugal oder der spanischen Krone unterstehen als an den Landesherren den "Fünften" abführen wollten. Von Fuerteventura hört man in diesem Zusammenhang nichts, was darauf schließen läßt, daß es noch gar nicht genug Siedler gab, die sich hätten auflehnen können.

Da man aus einem fast leeren Land keine Rendite ziehen kann, widmete sich Diego García de Herrera ab 1467 nachweislich in großem Stil jener Wirtschaftstätigkeit, die für über ein Jahrhundert die Haupteinnahmequelle dieser an Untertanen armen Inselherren bleiben sollte: dem **Sklavenfang** auf dem gegenüberliegenden afrikanischen Festland. Er und sein Sohn sollen allein 46 solcher Sklavenfangexpeditionen unternommen und dabei mehr als 1.000 "moros" erbeutet haben, seine Nachfolger, die

Saavedras, in drei Generationen noch einmal doppelt so viele. Verluste auf Seiten der Sklavenfänger blieben dabei die Ausnahme, die einzige nennenswerte Niederlage war die von 1545, bei der allerdings der Inselfürst von Lanzarote mit seinem Leben bezahlte.

Das Hauptinteresse der meist selbst als Ausrüster der Expeditionen fungierenden Inselherren bestand im Weiterverkauf der wertvollen Ware auf dem **Sklavenmarkt von Las Palmas** im benachbarten Gran Canaria. Gleichzeitig waren aber die Sklaven, die sie selbst und ihre Kapitäne und Gefolgsleute für die ackerbauliche Erschließung ihrer Landlose auf der bislang nur als Weide genutzten Insel behielten, die Voraussetzung dafür, überhaupt eine Produktion auf der Insel in Gang zu bringen, die besteuerbare Exporte versprach.

Die **ackerbauliche Erschließung** begann offensichtlich unter Diego de Herrera. Denn 1478, als die Eroberung der Hauptinseln, die die spanische Krone inzwischen in eigener Regie übernommen hatte, sich zu einem langwierigen Projekt auswuchs, suchte ein Kommandant des königlichen Expeditionskorps um Getreideproviant für seine Mannschaften bei Diego de Herrera nach.

Daß die Besiedlung und Erschließung der Inseln so zögerlich voranging, lag daran, daß diese von einem Duodezfürsten feudal regierten **Señorialinseln** für Leute mit Initiative nicht attraktiv waren, insbesondere seit die Eroberung Gran Canarias (1483) und Teneriffas (1496) ein zukunftsreicheres Betätigungsfeld auf den Kroninseln erschlossen hatte. Mußten doch die Señorialinseln an den Landesherrn von jeder exportierten Ware den "**Fünften**" (20%) des Erlöses abführen, während die Kroninseln bis 1528 nur 3% und später dann 6% an den königlichen Steuereinnehmer abzuführen hatten. Dem unabhängig von beiden an die Kirche abzuführenden Zehnten entrann man sowieso nirgends.

Der **Landesherr** hatte hier außerdem noch den Handel mit der **Färberflechte** in Form eines **Ankaufsmonopols** fest in der Hand, ferner die Salinen und ausgedehnte eigene Landgüter, die er direkt durch einen Hauptpächter bewirtschaften ließ.

Daß es ab dem späten 15. Jahrhundert schon gewisse Warenbewegungen zwischen Fuerteventura, dem spanischen Festland und der jungen portugiesischen Kolonie Madeira gab, bezeugen die **Inquisitionsprozesse** gegen auf Fuerteventura tätige und zumindest zeitweise residierende jüdische Kaufleute. Obwohl zwangsweise christlich getauft, waren sie vor der Inquisition aus Festlandspanien in die Kolonien geflohen, besonders nach der Judenausweisung aus Spanien im Jahre 1492. Doch die Inquisition

Altes Wasserschöpfrad ("Noria") auf dem Kirchplatz von Pájara

Historische Kanone vor dem Museum in Betancuria

folgte ihnen auf dem Fuß, wurde doch 1493 kommissarisch und 1504 hauptamtlich ein Inquisitionsgericht in Las Palmas eingerichtet, welches allein aus Fuerteventura vier Juden zitierte und Strafen von Kerker bis öffentliche Auspeitschung gegen sie verhängte. Die Anzeigen der christlichen Mitbürger lauteten auf Delikte wie Fleischverzehr am Freitag, Arbeitsruhe am Sabbat und Kochen mit Olivenöl statt Schweineschmalz.

Daß die Judenverfolgung und die Inquisition überhaupt hier nur ein Vehikel des reaktionären Kampfes der feudalen Grundbesitzergesellschaft gegen das gerade entstehende Handelsbürgertum war, geht aus den Akten der Inquisition selbst hervor: Die "schwarzen Listen" Neubekehrter auf den Ostinseln führten nur Juden auf, und von den elf lebendig auf dem Scheiterhaufen von Las Palmas verbrannten Opfern waren acht Juden und drei Lutheraner, also flämische und englische Kaufleute, während es doch gerade auf den Ostinseln von zwangsgetauften Berbersklaven wimmelte, deren heidnische Praktiken ganz gewiß keine Gewähr für Katechismustreue boten. Aber die als Arbeitskräfte so dringend benötigten **Berbersklaven** ("**moriscos**") wurden nicht so sehr beargwöhnt und, wenn angezeigt, dennoch nicht so hart bestraft wie die wirtschaftlich erfolgreichen Ketzer.

Die Unentbehrlichkeit der "**moriscos**" in der Landwirtschaft, besonders der Großgüter des Landesherrn und der führenden Familien, geht daraus hervor, daß sie gegen Ende des 16. Jahrhunderts etwa die Hälfte der Bevölkerung ausmachten und 1610 auf ausdrückliches Ersuchen der Bürger Fuerteventuras von dem königlichen Erlaß zur Ausweisung aller Mauren aus spanischem Staatsgebiet ausgenommen wurden.

Mit den Berbersklaven wurden auch gleich weitere unentbehrliche "Arbeitskräfte" aus dem Nachbarkontinent eingeführt: die **Dromedare**, hier schlicht "camello" genannt, oder mit den berberischen Fachausdrücken ihrer Treiber "guello" (als Jungtier) und "majalulo" (als erwachsenes Tier). Mit ihrer Genügsamkeit an aride Gebiete hervorragend angepaßt, waren sie auf dieser Insel der weiten Ebenen für Transportaufgaben geeigneter als die Esel. Bis ins 19. Jahrhundert betrieben sie auch in endlosem Kreisgang die "tahona" genannten Getreidemühlen; bis ins 20. Jahrhundert hinein drehten sie die Wasserschöpfräder der Tiefbrunnen, und bis in die jüngste Vergangenheit zogen sie den Dreschschlitten im Kreis auf dem Dreschplatz.

So wertvoll waren die Tiere, daß ein Bauer anläßlich einer Seuche dem für Krankheiten zuständigen Heiligen der Nachbarinsel Lanzarote, San Marcial, gelobte, sein Dromedar, falls es genesen sollte, zu seiner Kapelle zu bringen, damit es zum Dank den Kopf durch die Kirchentür strecken könne. Das Gebet soll erhört, das Gelübde erfüllt worden sein.

Hatten sich die Herren Fuerteventuras eineinhalb Jahrhunderte lang aus Nordafrika in großem Maßstab und mit geringem Eigenrisiko bedient, so schlug nach einer kopf- und ruhmlosen Aktion Ende des 16. Jahrhunderts das Pendel zurück. Am 16. August **1593** landete der **maurische Hauptmann Jabán** mit 230 Söldnern. Sie fanden keinen Widerstand, weil die meisten männlichen Einwohner wegen der auf der Insel herrschenden Hungersnot gerade als Saisonarbeiter auf der Nachbarinsel Lanzarote waren, nahmen Betancuria ein, legten die Stadt in Schutt und Asche, verbrannten auch in anderen Orten wichtige Gebäude, im ganzen Umkreis die Erntevorräte, schlugen eine 240 Mann starke (oder schwache) Entsatztruppe aus Gran Canaria in die Flucht und fuhren mit 60 gefangenen Majoreros wieder ab.

Im Vergleich dazu war der Blitzbesuch des englischen Korsaren **Walter Raleigh** zwei Jahre später ein verschmerzbarer Bubenstreich: Er erbeutete etwas Vieh und anderen Proviant, eine Schiffsladung Feuerwaffen und eine Schiffsladung Weinfässer.

Fünf Jahre zuvor hatten die Inselbewohner eine 40köpfige englische Bande mühelos zurückgeschlagen. Die Wellen des spanisch-englischen Krieges schlugen abgeschwächt auch an die Küsten der fernen Kolonialinseln.

Auch die zweite Etappe des Entscheidungskampfes dieser Seemächte im 18. Jahrhundert ermutigte mehrfach Korsaren zum Angriff auf die von der Küste her so unbesiedelt anmutende Insel. Am 13. Oktober **1740** landete ein 50 Mann starkes wohlausgerüstetes **englisches Korps** an der Küste des heutigen Gran Tarajal und marschierte Richtung Tuineje. Der Inselkommandant hielt es mit 37 eilig zusammengeholten Bauern 2 km vor Tuineje auf. Als sich alle wehrfähigen Männer eingefunden hatten, kamen ganze fünf Gewehre zusammen. Dafür ließ der Kommandant die mit Ackergerät und Prügeln ausgerüstete Landwehr im Schutz einer Phalanx von 40 Dromedaren vorrücken, die die erste Ladung der englischen Vorderlader abfingen und so den Bauern Zeit ließen, über die mit Nachladen beschäftigten Gegner herzufallen.

30 Tote und 20 Gefangene bei nur 5 Opfern in den eigenen Reihen waren die verblüffende Bilanz dieser genial improvisierten Verteidigung Tuinejes, die in einem naiven Gemälde am Altarsockel der Dorfkirche verewigt ist. Der Inselkommandant Sánchez Dumpierrez, der Hannibals Kriegslist unter den bescheideneren Bedingungen seiner armen Insel wiedererfunden hatte, war übrigens einer jener erfolgreichen Dynastie der Coroneles, die in La Oliva ihr Wirtschaftsimperium errichtet hatten und Ende des Jahrhunderts praktisch Herren der Insel waren. Mit den bei diesem

Sieg erbeuteten 50 Garnituren Bewaffnung konnten die Mahoreros den 14 Tage später landenden zweiten Stoßtrupp von 55 englischen Korsaren bis auf den letzten Mann vernichten. Der Freibeuter Charles Windham beschränkte sich drei Jahre später nur noch auf die Erlegung einiger Ziegen in Jandía.

Die beiden **Wehrtürme** der Insel, der von Tostón an der Nordwestecke und der von Caleta de Fustes an der Ostküste, wurden nach diesen Ereignissen im Jahre 1743 errichtet und jeweils mit ganzen vier Milizionären bemannt, die sich, da sie nicht besoldet wurden, meist um ihre Landwirtschaft und nicht um die Landessicherheit kümmerten. Glücklicherweise wurde die Effizienz dieser Garnison nicht mehr durch weitere Attacken auf die Probe gestellt.

Die abgesehen vom Rachefeldzug Jabáns minimale Behelligung der Insel durch Angriffe ist jedoch nur die Kehrseite ihrer Armut, die sie selbst für Seeräuber wenig attraktiv machte. Ihre Probleme kamen nicht von außen, sondern von innen: Sie lagen in dem verhängnisvollen **Zusammenspiel ihrer politischen Struktur mit sehr labilen ökologischen Bedingungen**.

Schon in den ersten zwei Jahrhunderten europäischer Herrschaft hatten die Landesherren und die übrigen Grundbesitzer durch Ausweitung der Getreideanbauflächen in den fruchtbaren Schwemmebenen und die Abdrängung des Weideviehs in die gebirgigen und jungvulkanischen Teile die Insel so weitgehend von ihrer Vegetation entblößt, daß ihr fragiles Gleichgewicht mit dem launenhaften subtropischen Klima kippte (☞ Die Wirtschaft, Landwirtschaft und Fischfang) und die Insel von nun an immer häufiger **Dürrejahre** erlebte. Ihre Nachfolger zogen aus der ruinierten bzw. immer unter dem Damoklesschwert der Dürre lebenden Insel durch **Export** und **Besteuerung** in den guten Jahren auch noch die letzten Ressourcen heraus, die den Einwohnern eine Überbrückung der Katastrophenjahre ermöglicht hätten.

Da der Landesherr ab 1630 nicht mehr auf Fuerteventura lebte, verpachtete er sowohl die Verwaltung seiner eigenen Güter an einen **Generalpächter** als auch die Eintreibung des "Fünften" an einen **Steuerpächter**. Beides wurde gegen einen im voraus entrichteten **Festzins** gepachtet, der auf den Ertrag und die Abgabeneinkünfte eines normalen Erntejahres - d.h. mit Winterregen und ohne Heuschreckenplage - bemessen war. Der Pächter suchte dann so viel wie möglich über seine "Investition" hinaus aus den Abgabenpflichtigen bzw. Halbpächtern herauszupressen, und dies unabhängig davon, wie der Ernteertrag des Jahres ausfiel.

Damit wurde das Konzept des "Fünften", der ja eine Proportional-
steuer war, in sein Gegenteil verkehrt und führte zu einer permanenten
Überforderung der Steuerpflichtigen, also derer, die Getreide exportierten.
Denn die Launen der Unregelmäßigkeit des Winterregens ließ oft die Getreideernte auf ein Zehntel des Wertes regenreicher Jahre absinken.

In den guten Regenjahren wurden die Ostinseln zu **Getreideexportko-
lonien**: Der Weizen wurde nach Teneriffa und Gran Canaria exportiert,
die immer ein Defizit hatten, weil ihre bewässerten Anbauflächen mit anderen Produkten höhere Erträge abwarfen, und teilweise auch nach Festlandspanien und bis 1640, dem Jahr des Auseinanderbrechens der
Personalunion Portugals mit Spanien, auch in die portugiesische Kolonie
Madeira.
Blieb jedoch der Winter den Regen schuldig, dann herrschte solcher
Mangel auf Fuerteventura, daß die Bevölkerung massenweise **emigrierte**
und viele dennoch an Hunger und Mangelkrankheiten starben. Der Aber-
witz, daß eine Insel, die in guten Erntejahren fast das Fünffache des
Eigenbedarfs exportierte, in Dürrejahren regelmäßig in die Hungerkata-
strophe stolperte, erklärt sich daraus, daß diejenigen, die in guten Jahren
Getreide exportierten, nicht dieselben waren, die in Dürrejahren hungerten
oder verhungerten.

Zwar veranlaßte der Landesherr persönlich 1599, noch unter dem
Schock des Maurenüberfalls auf die durch Hungeremigration ihrer Vertei-
digung entblößte Insel, auf der Ratsversammlung in der noch von jener
Brandschatzung zerstörten Kirche von Betancuria die Gründung einer
Rücklagenkasse für den Ankauf von Getreide in Notjahren und einer Ge-
treidereserve, aus der Saatgetreide (mit Rückzahlungsverpflichtung in
Überschußjahren) geliehen werden konnte. Doch da die Getreidekasse auf
die freiwilligen Beiträge der Großproduzenten angewiesen war, kam es nie
zu einer Rücklage, die die Erfordernisse der Notjahre decken konnte.
Denn gemäß der Eigendynamik jenes Festpachtsystems bei Steuerein-
treibung und Gutsverwaltung mußte jeder Grundbesitzer und Gutspächter
in den fetten Jahren seinen Gewinn zusätzlich zu der in Dürrejahren aufge-
laufenen Steuer- oder Pachtschuld durch maximale Exporte hereinholen.
So betrieb er tendenziell keine Vorratswirtschaft. In Dürrejahren, in denen
höchstens die Hälfte des Eigenbedarfs der Insel geerntet wurde, hatten die
Halbpächter des Gutsbesitzers, denen, wie der Name besagt, die Hälfte
des Ernteertrags zukam, keine Kaufkraft, um von ihm einen Teil seiner
Ertragshälfte zurückzukaufen. Seelenlos hinter seiner Steuerschuld her-
hechelnd, versuchte er auch in Hungerjahren, weiterhin zu exportieren.

Wäre dies konsequent praktiziert worden, wäre der Bevölkerung nur ein Viertel ihres Nahrungsbedarfs verblieben. Zum Glück versuchte in solchen Zeiten der Inselrat aus purer Angst vor Aufruhr in gewissem Maß gegenzusteuern. So kreisen die Sitzungsprotokolle in bedrückender Monotonie um Genehmigung oder Verbot von Getreideexporten. 1639 war es der Síndico Personero, eine Art gewählter Volksvertreter gegenüber den vom Landesherrn ernannten Ratsherren, der diese Mindestfürsorge für die hungernde Bevölkerung forderte, da schon in den Vorjahren viele verhungert seien.

Doch im Inselrat, dem Cabildo, setzte man mehr auf die Hilfe von "oben". Als im November 1652 nach drei regenarmen Jahren die Saatgetreidereserve angegriffen werden mußte, verordnete er eine **Bittnovene** an die Virgen de la Peña, als dies nichts half, 14 Tage darauf eine an alle Heiligen des Klosters.

Nachdem auch die Beziehung der Franziskaner zu den Himmelsmächten nichts zu bewirken vermochte, wurde im Dezember die mexikanische Virgen de Guadalupe von Agua de Bueyes eingeschaltet. Als auch dies nichts half, entschloß man sich endlich, das Getreide dort anzufordern, wohin es sonst als Tribut immer abgeführt wurde: beim Landesherrn. Fernando Matias de Saavedra, der auf Teneriffa residierte, schickte Getreide, das etwa drei Monate reichte. Ende März waren sogar die Unkräuter längs der Wege aufgezehrt.

Als es 1662 wieder einmal April geworden war, ohne daß Regen gefallen war, griff der Inselrat zur Maßnahme der Umverteilung: Vorräte Wohlhabender, die über den Eigenbedarf hinausgingen, wurden **requiriert**. So kam der Mindestverzehr für zwei Monate zusammen. Gleichzeitig sandte man SOS-Botschaften an den Gouverneur des Archipels, den Oberbefehlshaber von Lanzarote und den Landesherrn, mit deren **Hilfssendungen** man bis zum nächsten Winterregen durchkam.

Nach den Dürren von 1674 bis 1676 forderte der Inselrat erstmals vom Landesherrn Schiffe zur organisierten **Evakuierung** der Insel an. Als eine Requirierungskommission auf dem Gut eines auf Gran Canaria residierenden Großgrundbesitzers einen Vorrat entdeckte, der die Bevölkerung zwei Monate ernährt hätte, schaffte der Verwalter ihn eiligst und heimlich von der Insel. Mit einer Bürgschaft vom Landesherrn gelang es, ihm die noch vor Ort verbliebene Menge auf Wechsel abzuhandeln.

Selbst das Domkapitel stellte damals noch den **Kirchenzehnten** zur Verfügung. Doch ein Jahr später drohte die Kirchenbehörde für den Fall der **Rückhaltung des Zehntgetreides** mit Exkommunizierung.

Ein knappes Jahrzehnt später reduzierten die Ernteausfälle von 1683 und 1684 die Bevölkerung von 600 auf 130 Familien. Obwohl der Inselbürgermeister, gleichzeitig Kirchenverwalter, das Zehntgetreide zu Sozialpreisen verteilte, mußte er ständig evakuieren, bis die durch die **Flüchtlingsströme** überforderte Nachbarinsel Gran Canaria erstmals die Emigranten abschob. Trotzdem starben damals in den Straßen von Las Palmas 500 Hungerflüchtlinge.

Da auch das Vieh in solchen Dürrejahren verhungerte und verdurstete, sah man sich 1703 gezwungen, nach den Rindern und Schafen auch noch die überlebenden Ziegen auf Gran Canaria gegen Getreide einzutauschen.

Doch die dramatischste Hungersnot sollte die Insel 1720/21 heimsuchen. Nach den Mißernten von 1718 und 1719 hatte man 1720 zur Aussaatzeit nur noch für ein Drittel der Anbaufläche Saatgetreide, auch kein Vieh und somit keine Milch mehr, und nach einem Bericht des Coronels an den Gouverneur ernährten sich sieben Achtel der Bewohner von Kräutern und Wurzeln.

In dieser Situation bedrängte am Vorabend einer Bittnovene ein aufgebrachter Haufen den Vertrauensmann, in dessen Gewahrsam die seit 34 Jahren umstrittenen und vom Landgericht beschlagnahmten Fünfteinkünfte waren, ihnen gegen Verpfändung ihrer Ländereien ein **Darlehen aus der Fünftkasse** für Getreideankauf zu geben. Auf seine Weigerung hin trugen sie die Fünftkasse ins Haus des Sergeanten, den sie zu ihrem, des Volkes, Gewährsmann ernannten. Daraufhin ordnete derselbe Oberst, der die Notlage so bewegend gemeldet hatte, eine Generalmobilmachung der Milizen an und versammelte 500 bewaffnete Bauern aus den Nachbardörfern in Betancuria, woraufhin sich alle Bürger in Gehorsamsbeteuerungen überboten.

Die Forderung, die 1720 noch als Aufruhr galt, sollte nach einem weiteren Hungerjahr zur Anordnung des Gouverneurs werden. Im Frühjahr 1721 erreichte die Flüchtlingsproblematik eine neue Qualitätsstufe, indem die Verwaltung von Gran Canaria nach der Aufnahme von 3.000 Ostinselflüchtlingen keinen mehr an Land ließ. In dieser Situation wurde erstmals amtlicherseits der seit drei Jahrzehnten gerichtlich umstrittene und beschlagnahmte Landesherrentribut zur Diskussion gestellt. Das Landgericht in Las Palmas und der Gouverneur auf Teneriffa, die die Stabilität der großen Inseln langsam durch die Hungeremigration der Ostinseln bedroht sahen, gaben grünes Licht für **Ankauf und Verteilung von Getreide aus den gesperrten Steuermitteln**. Doch groteske Streitereien im Cabildo von Fuerteventura um die Modalitäten der Abwicklung sabotierten die großzügige Lösung.

Dafür wurde im Mai eine im Hafen von Tarajalejo ankernde **Weizensendung vom Erzbischof** von Sevilla an den Bischof von Las Palmas vom Vizekommandanten **beschlagnahmt** und verteilt. Auch die im Juli endlich eintreffende, aus Steuermitteln gekaufte Getreideladung gelangte nur durch eigenmächtiges Einschreiten des Oberst an die hungernden Verbraucher.

Doch die politischen Erschütterungen gingen noch weiter, bis zur **Infragestellung der Feudalherrschaft** auf der Insel. Als man im folgenden Jahr 1722 die magere Ernte unreif verzehrt hatte und zum Verkauf des restlichen Viehs gezwungen war, beantragte man den Erlaß der dafür anfallenden Ex- und Importabgaben, da sonst der Erlös nicht die Transportkosten gedeckt hätte - ein Schlaglicht auf die steuerliche Auspressung der Inseln. Der Gouverneur gewährte diesen Steuererlaß, knüpfte aber, als Sachverwalter der Zentralregierung, jede weitere Hilfe an die Bedingung, daß die Insel sich künftig steuerlich der Krone unterstelle, was Aufkündigung der Verpflichtung gegen den Landesherrn bedeutete, also im Prinzip Rebellion. So sah das jedenfalls der junge Inselherr, der alle Regidores, die diesem Beschluß zugestimmt hatten, auswechselte. Die Revolution war wieder einmal vertagt, die strukturellen Probleme weiter ungelöst.

Dafür machte er 1744 den Getreideexport generell von einer Genehmigung des Inselrats abhängig, die der Hafeninspektion vorzulegen war - soweit zur Sicherung seiner eigenen Steuereinkünfte -, aber er sicherte zudem den Bürgern der Insel ein **Vorkaufsrecht** durch die Auflage einer 14tägigen Aushängung jeder beabsichtigten Exporttransaktion beim Schreiber. So konnten bei sich abzeichnender Verknappung verantwortungsbewußte Gutsherren wenigstens Vorrat für ihre Hintersassen zum gebundenen ortsüblichen Preis ankaufen.

Damit war immerhin der **Spekulation** mit den höheren Preisen, die auf den reicheren Inseln zu erlösen waren, ein Riegel vorgeschoben. Der erste, der sich diesem Vorkaufsrecht gewalttätig widersetzte, war 1749 der kirchliche Steuereinnehmer, der zweifellos am Zehntgetreide einen Preisgewinn auf dem auswärtigen Markt realisieren wollte.

Um die Spekulanten wirksamer zu kontrollieren, hatte schon 1737 der Inselrat die Getreideausfuhr auf die **Häfen Tostón (Cotillo)** und **La Peña** beschränkt. Das bedeutete angesichts der Lage dieser Häfen auf der Wetterseite der Insel eine technische Erschwerung der Ausfuhr.

Diese Kontrollkompetenz des Cabildos wurde jedoch 1764 vom **Oberst der Miliz**, dem inzwischen mächtigsten Vertreter der Großgrundbesitzer und Großexporteure, durch Berufung auf ein königliches Dekret, das den Getreidehandel zwischen allen Provinzen des spanischen Königreiches freigab, schachmatt gesetzt. Die Familie der **Coroneles** hatte ihre Besitzungen in La Oliva zu einem kleinen Wirtschaftsimperium im Rahmen der lokalen Möglichkeiten entwickelt und nun die Legalisierung ihrer Exportinteressen gegen den zaghaften Protektionismus des Cabildos durchgesetzt.

Der einzige Manövrierspielraum, der dem Cabildo bei Ausbruch der nächsten Hungersnot im Jahre 1769 blieb, waren daher **Anleihen bei der Fünftkasse** für Getreideankauf gegen Verpfändung des Landbesitzes der Gläubiger. Doch das Jahr 1769 war nur das erste von drei aufeinanderfolgenden Dürrejahren, die die Bevölkerung von 11.000 Einwohnern im Jahre 1768 auf 4.400 im Jahr 1772 reduzierten. Viele waren auf der Insel, andere auch in der Emigration auf den überlasteten Nachbarinseln gestorben, manche nach **Südamerika** weiteremigriert. Nur ein Eingreifen der Krone konnte noch die völlige Entvölkerung der Insel aufhalten: durch eine direkte **Getreidesendung aus Cadiz** und eine Finanzhilfe zum Ankauf auf dem regionalen Markt.

Einen neuen Einbruch in die Selbstversorgungsreserven der Insel bedeutete die Entdeckung der Verwendbarkeit des "**cosco**" oder "**cofe**" (*Mesembryanthemum nodiflorum*) für die Herstellung von **Soda**, zusammen mit dem primär dafür geeigneten, aber nicht ganz so häufigen *Mesembryanthemum crystallinum*. Waren die Samen dieser afrikanischen Wildpflanze bislang in Notjahren als Ersatz für Getreide zu "gofio" (Röstmehl) verarbeitet worden, so entstand den armen Sammlern 1769 erstmals eine tödliche Konkurrenz durch das Abernten dieser Ressource, damals noch als bloßer Rohstoff für den Export. Er wurde offensichtlich so gut bezahlt, daß die cleveren Exporteure, als vom Cabildo die **Konfiszierung** des gesammelten "cofe" zur Verteilung unter die Armen angeordnet wurde, sofort die Bereitstellung einer entsprechenden Menge Getreide anboten (das ging nun plötzlich!).

Doch nachdem ausländische Kaufleute um 1780 das Herstellungsverfahren von Soda auf der Insel bekanntgemacht hatten, wurde das Geschäft mit der "**barrilla**", wie man jetzt diese natriumanreichernden Mittagsblumengewächse nannte, noch lukrativer und die Interessenkonflikte härter. Als daher 1787 wieder hungernde Arme und kommerzielle Sammler aufeinanderprallten, verbot die Behörde nur noch das Einsammeln von bereits fruchtendem "cofe". Die Ortsbürgermeister hätten persönlich zu überwachen, daß nur unreife Pflanzen verascht würden.

Man braucht sich nur den wenige Wochen kurzen Lebenszyklus einjähriger Pflanzen in aridem Klima und die fatale Hartnäckigkeit von Hungerperioden auf Fuerteventura zu vergegenwärtigen, um zu sehen, daß hier mit ernstester Bürokratenmine der aktuelle Konflikt entschärft und die vitalen Bedürfnisse der Armen verraten wurden. So wurde die **Selbstversorgungskapazität** Stück um Stück zugunsten merkantiler Interessen geschmälert. Erst **Freigabe des Getreideexports**, dann **Freigabe der Wildpflanzenreserven**, und der nächste logische (Fort-)Schritt war natürlich **Umwidmung von Getreideanbauflächen** für gezielte Anpflanzung von "barrilla".

Die politische **Abschaffung der Señorialherrschaft** brachte keinerlei Umverteilung von Land oder Wohlstand mit sich. Allerdings hatten sich auf die Meldung des Zusammentritts der bürgerlichen Regierung in Spanien auch auf den Kanaren solche selbsternannten Gremien von Interessenvertretern der Handels- und Agrarunternehmer gebildet. So hatten sich auch hier die aufstrebenden Unternehmer und die schon längst gegen die alte Grundbesitzeroligarchie aufbegehrenden Großbauern des Südens (Tuineje, Antigua) am 24. November in Antigua zu einer "Junta" mit antifeudaler Stoßrichtung zusammengetan.

Da gleichzeitig die Rivalität zwischen Teneriffa und Gran Canaria ausbrach, schloß man sich Teneriffa an, um gegen die Interessenverflechtung der alten Feudalclique mit Gran Canaria Rückhalt zu gewinnen. Aber dieses Gerangel zwischen Alt- und Neureichen, das bis zur Einschließung beider Parteien in je einem der Festungstürme der Insel und der Entsendung einer Schlichtungstruppe durch den kanarischen Generalkommandanten ging, wurde durch Wiedereinsetzung der bourbonischen Monarchie durch die französische Besatzungsmacht im Jahre 1815 vorerst ad acta gelegt.

Als Sieger ging aus dieser Erschütterung der Feudalstrukturen der **Coronel, jetzt Soda- und Getreidemagnat von La Oliva**, hervor. Unbekümmert um die 1811 von der verfassungsgebenden Versammlung in Cadiz verabschiedete Abschaffung aller Feudalrechte und damit auch des "Fünften" schloß der Coronel mit der Grafenwitwe im Jahre 1812 einen Vertrag ab, der ihn gegen Zahlung von 25.000 Reales zur Eintreibung dieser gesetzlich aufgehobenen Steuer berechtigte. Daß er einen solchen Vertrag zu jenem Zeitpunkt abschloß, zeigt, daß er diesen Steueranspruch für weniger hinfällig hielt als der parlamentarischen Rat, der ihn abgeschafft hatte. Die Geschichte sollte ihm drei Jahre später recht geben, als der unter dem Schutz französischer Bajonette zurückkehrende König Fernando VII. die Verfassung von 1812 mit einem Federstrich annullierte. In der Zwischenzeit setzte er seinen "außerparlamentarischen" Standpunkt mittels der ihm als Coronel zur Verfügung stehenden Exekutivgewalt von Fall zu Fall durch.

Genauso pachtete er auch das Ankaufsmonopol über die Färberflechte, das seit der Conquista Privileg des Landesherrn oder eben des jeweiligen Generalpächters war. Allerdings nahmen sich nach der Abschaffung der Señorialprivilegien nunmehr auch kleine Kaufleute der Hafenstadt Puerto Cabras das Recht heraus, Orchilla anzukaufen.

Auch die Sodahändler versuchten, sich der Besteuerung zu entziehen mit dem Argument, das neue Produkt falle in keine Steuerkategorie, zumal es nicht auf den Produktionsflächen der bislang besteuerten Waren erzeugt werde.

Dies traf teilweise zu. Für diese trockenheitsresistenten und salzliebenden Pflanzen konnten Böden und Landstriche genutzt werden, die für Getreide nie in Frage gekommen waren. Insofern konnten jetzt auch Besitzer bislang wertloser Böden erstmals in den Genuß guter Erzeugerpreise kommen.

Doch am meisten profitierte von dem im ersten Drittel des 19. Jahrhunderts florierenden Sodahandel die Familie der Coroneles, die **Cabreras**. Sie hatten 35 eigene Lagerhäuser (16 in La Oliva und 19 in Puerto Cabras) und einen eigenen Handelsbeauftragten in London, da England der Hauptabnehmer war

Durch geschickte Heiratspolitik mit Cousinen und Nichten oder aber Erbinnen noch vermögenderer Familien wie der **Manrique y Laras** waren sie schließlich so finanzstark, daß sie ihren früheren Herren, den Grafen, große Summen vorstrecken und so deren Güter allmählich an sich bringen konnten.

So führte die Abschaffung des Feudalsystems zur Konzentrierung von Macht und Grundbesitz in den Händen einer Geldadeldynastie, der schließlich mehr von der Insel gehörte als den früheren Feudalherrn: bis 1850 rund **15% der gesamten Inseloberfläche**. Sie residierten denn auch wie ihre adligen Vorgänger auf Gran Canaria und reinvestierten dort das aus Fuerteventura herausgezogene Kapital.

Nachdem sie das Land des Grafen aufgekauft hatten, vergrößerten sie ihren Grundbesitz weiterhin mit kleinen und mittleren Parzellen selbständiger Bauern, die unter der in schlechten Jahren kumulierten Steuerschuld aufgeben mußten. Auch die **liberale Monarchie**, die 1836 die Verfassung von 1812 wieder einsetzte, blieb beim System der **Feststeuer**, das eine Insel mit periodischem und oft mehrjährigem Ertragsausfall zwangsläufig in unaufholbaren Steuerrückstand treiben mußte.

Im Katastrophenjahr 1850 - nach jahrelangen Dürren, Heuschreckenplagen und Seuchen - zeigte die Provinzialverwaltung punktuell Einsicht, indem sie wenigstens für dieses eine Jahr die Steuerschuld erließ.

Die **Säkularisierung** der Kirchen- und Klostergüter ab Mitte des Jahrhunderts schuf auch keine neuen bäuerlichen Existenzen, da sie zugunsten des Steuersäckels versteigert wurden und so nur potenten Aufkäufern zugute kamen.

Mit dem "Bauernlegen" durch die neuen Agrarmagnaten war eine neue Stufe der gesellschaftlichen Polarisierung erreicht, die sich zahlenmäßig darin widerspiegelt, daß der Zensus von 1860 nur noch 24% selbständige Bauern gegenüber 33% Tagelöhnern und 17% Pächtern ausweist. Bezeichnenderweise wurde der **Tageslohn**, damals immer noch in **Naturalien** ausgezahlt, niedriger als auf allen anderen Inseln des Archipels: 3,5 bis 5 kg Gerste.

Die absolute **Raubbaumentalität** der neuen ökonomischen Herren zeigte sich in der Krise der Jahrhundertmitte. Während nach einem Bericht der Provinzialbehörde die Hungerflüchtlinge, die in den Häfen zusammenströmten, mangels Proviant von den Schiffsbesatzungen abgewiesen wurden und dann massenweise auf dem Rückweg oder an der Küste verhungerten, schickte der Besitzer eines Sechstels der Insel kein Getreide wie der frühere Landesherr, und die neuen Sodabarone organisierten keine Requirierung von Überschüssen wie seinerzeit die Regidores. Hilfe kam nur noch von außen: ein Getreide- und ein Wasserschiff vom Gouverneur, eine Spende aus dem Kulturetat der Provinz, aus privater Initiative - Tropfen auf einen heißen Stein.

Nachdem die Verdrängung der Sodaproduktion durch synthetische Ersatzstoffe vom europäischen Markt der Insel dieses wirtschaftliche Standbein weggezogen hatte, kam ab Mitte des Jahrhunderts ein neues agrarisches Exportprodukt auf, das die siechende Inselwirtschaft für knapp zwei Jahrzehnte kräftig belebte.

Die Zucht der 1825 erstmals auf den Kanaren eingeführten **Cochenilleschildlaus**, die einen noch wesentlich begehrteren roten Farbstoff als die Färberflechte lieferte, setzte sich jedoch auf Fuerteventura schwieriger und langsamer als auf den Nachbarinseln durch.

Der Parasit, der sich auf den bereits vor Jahrhunderten aus Mexiko eingeführten und als wasserspeichernde Futterpflanzen geschätzten Opuntienkakteen ernähren sollte, stieß anfangs auf großes Mißtrauen. Mancher prozessierte gegen den wagemutigen Nachbarn, der die Schädlinge einschleppte. So produzierte Fuerteventura 1844 erst ein Zehntel der Cochenilleproduktion Lanzarotes. Und selbst in der Zeit der größten Flächenausdehnung waren ihr in der Gemeinde Antigua nur 3,8% der Anbaufläche gewidmet.

Doch entsprach ihr Flächenanteil nicht ihrem ökonomischen Wert. Erstmals in der Geschichte der Inseln war mit einem Produkt, das angesichts der Genügsamkeit der Wirtspflanze auch auf den klimatisch und bodenmäßig schlechten Parzellen der armen Hintersassen gedeihen mochte, ein hoher Erzeugerpreis zu erlösen. Zudem konnten bei der Cochenillezucht, die keine Schwerarbeit, sondern nur Geduld erforderte, auch Kinder als volle Arbeitskraft eingesetzt werden, womit die vielköpfige Familie plötzlich keine Last mehr war, sondern Betriebskapital. Da unter diesem Aspekt die Geburtenrate hochschnellte und die Bevölkerung enorm zunahm (von 6.384 im Jahre 1846 auf 11.609 im Jahre 1877) war der Zusammenbruch der Branche um so vernichtender für die Kleinproduzenten.

1862 wurden erstmals die Anilinfarben auf der Weltausstellung präsentiert. Doch in den 60er Jahren dehnte sich die Anbaufläche noch aus, der Markt sättigte sich rasch, der Naturfarbstoff mußte zunehmend gegen die billigeren synthetischen Farben antreten, und so sackten ab Mitte der 70er Jahre die Preise in ein Tief, aus dem sich die Produktion kanarenweit nicht mehr erholte.

In dieser **konjunkturellen Baisse** schlug nun die Geißel der Ostinseln, die Dürre, wieder zu, nur unbarmherziger als je zuvor: Fünf Jahre ohne Regen ab 1877 mit den entsprechenden Verknappungen und **Preissteigerungen bei Getreide** machten die durch den **Cochenille-Crash** freigesetzten Tagelöhner zu bettelnden Horden, die in vorher nie gekanntem Ausmaß die Städte und sogar Landgemeinden der Nachbarinseln überschwemmten.

Da die Zentralregierung, die sich gerade nach einer Revolution (der dritten seit 1808), zahlreichen Kabinetten und der knapp ein Jahr währenden 1. Republik wieder einmal in die **bourbonischen Restauration** in die Arme geworfen hatte, wegen permanenter Staatspleite der fernen Provinz keine Hilfe gewährte, engagierten sich außer Privatleuten, kirchlichen und kulturellen Institutionen nun sogar schon ausländische Konsulate und Firmen. Mehr als die Hälfte des Spendenaufkommens ging an Gran Canaria, aber dort fanden im **Straßenbau** und ab 1880 im **Hafenbau** auch viele Majoreros Arbeit.

Einen abermaligen Antrag auf Steuernachlaß beantwortete die Zentralregierung mit der absurden Bedingung einer Umlegung der Belastung Fuerteventuras auf die damals selbst in der Krise steckenden Schwesterinseln.

Dabei bekam Fuerteventura keine Gegenleistung von Madrid. In den 80er Jahren hatte die über weite Strecken flache Insel noch keine einzige befestigte oder selbst nur mit Pferdekarren befahrbare Straße. Ab 1892 wurde mit einem Staatszuschuß von 56% die erste **Hafenmole in Puerto Cabras** gebaut. Erst mit Beginn des 19. Jahrhunderts wurde dann immer ad hoc zum Abfangen der schlimmsten Arbeitslosigkeit wieder ein Straßenabschnitt gebaut. Auch an die Telegrafenleitung, die seit 1883 den Archipel an die Welt anband, wurde Fuerteventura erst 1909 angeschlossen. Dafür wurde ab 1900 der Export von Getreide, jetzt wieder einziger Handelsartikel Fuerteventuras, nach Festlandspanien mit einem Zoll belegt, als seien die Inseln Ausland.

Wer um diese Zeit die Entwicklung der Insel voranzutreiben suchte, waren einige Agrarunternehmer, die, vom Vertrauen in die technische Machbarkeit beflügelt, die Launen der Dürre nicht mehr hinnehmen und der Insel mit amerikanischer Technologie (Windpumpen) einen diversifizierten **Bewässerungsanbau** bescheren wollten. Ende des 19. Jahrhunderts begannen sie, Gran Tarajal als Hafen zu sponsern. Der Hauptinitiator war jahrzehntelang der Bürgermeister von Tuineje (☞ Ort für Ort).

Die absolute Kontrolle der Großgrundbesitzer über die durch ständig wiederkehrende Krisen verelendete Landbevölkerung änderte sich auch nicht mit der **Abschaffung des Zensuswahlrechts**, das von 1834 bis 1890 die politische Entscheidung in die Hände weniger, eben der steuerpflichtigen und -fähigen Bürger, gelegt hatte. Die Hälfte aller Abgeordneten vom ersten Republikversuch (1873) bis zur Machtergreifung Primo de Riveras (1923) waren Mitglieder der renommiertesten Großgrundbesitzerfamilien. In den Wahlen von 1910 bis 1923 blieb der einzige Abgeordnetensitz des Wahldistrikts Fuerteventura fest in Händen der Familie Manrique de Lara bzw. eines mit ihr verschwägerten Latifundienbesitzers. Zuvor hatten die Ostinseln, da sie dem Wahlkreis Las Palmas eingeschrieben waren, mit nur einem Fünftel der Bevölkerung ohnehin keine Chance, eigene Interessen zu artikulieren.

Als politische Großtat galt vor diesem Hintergrund schon die Aufstellung eines Forderungenkatalogs zur Vorlage beim Parlament - im wesentlichen Strukturfördermaßnahmen -, den die ehemaligen Señorialinseln gemeinsam mit 3.388 Unterschriften einreichten. Sein Initiator Manuel Velásquez Cabrera kämpfte jedoch jahrzehntelang vergeblich um das einzige Mandat Fuerteventuras.

So war der Staatsstreich **Primo de Riveras** 1924 für die herrschenden Familien zwar willkommen, aber nicht notwendig. Dafür bescherte er der Insel ihr berühmtestes Kulturereignis von nationaler Bedeutung: die viermonatige Verbannung des Schriftstellers, Philosophen und Rektors der Universität Salamanca. **Miguel de Unamuno**, der in Vers und Prosa der geschundenen Insel eine literarische Liebeserklärung hinterlassen hat.

Die ersten Gemeindewahlen der **2. Republik 1931** erwiesen hier die Herrschaft der reaktionären Oligarchie als unerschütterbar: 56 von 57 Ratsherren stellten die Monarchisten. In den Parlamentswahlen 1933 obsiegte die Rechte nur knapp, aber 1936 gegen die Volksfront wieder haushoch mit 75%. Als einzige Insel des Archipels erlebte Fuerteventura in den fünf Jahren der 2. Republik keinen einzigen Streik.

So rief der **Putsch**, den **Franco** just von seinem kanarischen Strafposten aus startete, auf Fuerteventura keine Opposition hervor. Der Caudillo belohnte und bestärkte diese Ergebenheit damit, daß er 1940 die Insel unter seinen besonderen Schutz nahm (heute würde es heißen: zum **Strukturförderungsgebiet** erklärte).

Die seit der Jahrhundertwende immer wieder erhobene Forderung nach staatlichen **Wasserbaumaßnahmen** wurde endlich, und zwar in großzügigem Stil, in Angriff genommen: die Talsperre von Las Peñitas, die von La Herradura (nördlich Puerto del Rosario) und die im Barranco de los Molinos, an die gleich eine Neusiedlerkolonie mit Parzellen und bezugsfertigen Wohnungen für 30 Familien angeschlossen wurde, welche damals den Namen eines Freundes und Nachfolgers Francos, des Generalkommandanten der Kanaren, García Escámez, erhielt, aber volkstümlich Las Parcelas genannt wurde.

Energisch förderte man den **Enarenado-Anbau** (Bedeckung des Ackers mit hygroskopisch wirkendem Lapilli) durch verlorene Zuschüsse und die kostenlose Bereitstellung einer Lorenbahn von 24 t Ladekapazität, die den Picon (Lapilli) vom Vulkankegel Arena abtransportierte.

Doch abgesehen davon, daß die - staatlicherseits im Zuge der Autarkiepolitik, die angesichts der internationalen Isolierung Spaniens betrieben wurde - mit dieser neuen Anbaumethode lancierte **Sisalfaser** sich klimatisch (als tropische Pflanze) und wirtschaftlich (wegen der billigeren Konkurrenz der synthetischen Fasern) als Fehlschlag erwies, war diese geniale Mulchmethode das einzige am Franco-Regime, wogegen die Majoreros nachhaltig Widerstand geleistet haben: Sie verschwand sang- und klanglos mit dem Sisal in der Versenkung.

Es war also nicht von ungefähr, daß die Majoreros die von den Lanzaroteños nach den Vulkanausbrüchen des 18. Jahrhunderts entwickelte Anbaumethode, die jenen eine diversifiziertere und wesentlich stabilere Agrarproduktion (Wein, Zwiebeln und Kirchererbsen für den Handel, Kartoffeln und Bataten für den Eigenbedarf) und damit ein besseres Überstehen der Dürrejahre ermöglicht hatte, in zwei Jahrhunderten nicht angenommen hatten.

Bessere Akzeptanz hatte der in den 30er Jahren eingeführte **Tomaten-anbau** gefunden, weil man hier, ähnlich wie beim Getreideanbau, nach der Aberntung die Ziegen wieder für die größere Hälfte des Jahres auf den Feldern weiden lassen kann, im Gegensatz zu dem mit Lapilli bedeckten Acker, der keinen Viehtritt verträgt.

Der Majorero sieht eben alles in erster Linie aus dem Blickwinkel des Viehzüchters. Mit dem Tourismus konnte er sich somit leichter abfinden, gewissermaßen als Fortsetzung dieser Tätigkeit auf höherer Stufe, mit dem unschätzbaren Vorteil, daß der Himmel, der das Futter für die Ziegen in so vielen Jahren nicht oder nur kümmerlich wachsen läßt, die Sonne alle Jahre in gleichem Überfluß bereitstellt.

Als es ab Ende der 60er Jahre mit dem **Tourismus** bergauf ging, ging es mit dem Franco-Regime bergab. Die politische Entwicklung nach dem Ableben des Caudillos im Jahre 1975 und der langsame - noch unabge-schlossene - Abbau seines Systems ist auf Fuerteventura auf das Thema der **Fremdenlegion** und der Militärpräsenz konzentriert. Als Spanien mit der Räumung der Sahara 1975 einen Standort für seine international zu-sammengewürfelte Kolonialtruppe suchte, entschied man sich prompt für die traditionelle Verbannungsinsel Fuerteventura, ohne Rücksicht auf ihre damals 18.000 Einwohner.

Nachdem in den ersten zwei Monaten der Stationierung der Legion die Kriminalität auf das Zehnfache hochschnellte, beantragte der Bürgermei-ster der Hauptstadt persönlich die Genehmigung einer öffentlichen Protest-demonstration. Die Vertretung der Zentralregierung verbot sie.

Ermutigt durch diese Unterstützung, ließ die Söldnertruppe ihre antrai-nierten und ständig um den Ernstfall betrogenen Kampfgelüste auf die Be-völkerung los: 1977 wurde ein Dorfbürgermeister erschossen und der Cabildopräsident mit 140 Stundenkilometern totgefahren, 1979 wurde eine DC-9 auf ihrem Flug nach Las Palmas von drei Legionären nach Genf entführt.

Die daraufhin einstimmig beschlossenen Anträge des Cabildos und der Gemeinderäte von Puerto del Rosario, Tuineje und Pájara auf Abziehung oder Auflösung der Fremdenlegion wurden vom Vertreter der Zentral-regierung, dem Provinzgouverneur, nicht etwa mit ihrer Ablehnung - für die er nicht zuständig gewesen wäre -, sondern mit der Aufhebung der Be-schlüsse selbst beantwortet.

Im Prozeß der Parteienbildung unter dem Schatten der Fremdenlegion hatte auf der Insel eine linke Lokalpartei, die **Asamblea Majorera**, eine breite Mehrheit gefunden, indem sie die Erfahrung der jahrhundertealten

118

und immer noch fortgesetzten Benachteiligung der Insel in einen als Klassenkampf definierten Lokalpatriotismus umsetzte. Die politischen Auseinandersetzungen um die Legion verliehen ihr einen Großteil ihres Profils und ihrer Stoßkraft. Sie stellte seit der ersten freien Wahl des Cabildos den Inselpräsidenten und die Mehrheit in dieser Körperschaft, 1977 und dann wieder ab 1982 den Senator und errang bei der ersten Wahl zum Parlament der **Autonomen Kanarischen Region** 45 % der Stimmen. Das von ihr geführte Inselgremium ließ sich vom Zivilgouverneur nicht einschüchtern und bekräftigte nochmals das einstimmige Votum für die Auflösung der Legion und sprach sich ebenso energisch gegen die Enteignung von 47 km² im Westen der Gemeinde Pájara aus, die das Verteidigungsministerium per Dekret zum **Truppenübungsgelände** bestimmt hatte. 1980 brachten die antimilitaristischen Gruppen 1.000 Leute auf der kleinen Plaza von Pájara zu einer Protestkundgebung gegen den Truppenübungsplatz zusammen, von der Guardia Civil mit Maschinengewehren bewacht, während gleichzeitig der Fahneneid der Legionäre in ihrer neuen Garnison zum Volksfest mit Gratistransport aufgezogen wurde.

Daß die Polarisierung der Bevölkerung auch der Rechten gelang, zeigen die Ergebnisse der Wahlen zum Kongreß 1977 und 1979, in denen eine überwältigende Mehrheit des rechten Blocks von rund 75 % und 1982 immerhin noch 56 % nur dadurch zustandekommen konnte, daß auch Anhänger der Asamblea Majorera - die auf Kongreßebene als Lokalpartei nicht kandidierte - in großer Zahl rechts wählten und keine der nationalen oder regionalen linken Parteien.

Als im Sommer 1980 ganze Hundertschaften von Legionären richtige **Straßenschlachten** gegen die Bevölkerung entfalteten, ergriff die rechtskonservative UCD, damals noch in Madrid am Ruder, für die Legion Partei. Damit sank ihre Popularität vom Zenit von 71 % bei den Parlamentswahlen von 1979 auf knappe 14 % im Jahre 1982. Jedoch machte die rechte Zentralregierung der Insel kurz vor ihrer Ablösung noch ein apartes Geschenk: Milans del Bosch, Sohn des gleichnamigen Organisators des Putsches von 1981, der den König öffentlich in gröbster Weise beschimpft hatte und dafür mit ganzen zwei Monaten Gefängnis bestraft wurde, mußte diese Strafe nicht einmal antreten, sondern wurde statt dessen als Kommandant zur Legion nach Fuerteventura versetzt.

Obwohl nun in Madrid die sozialistische Partei herrscht, haust die vormals von den Rechten protegierte Legion jedoch noch immer auf Fuerteventura. Auch nach zwei weiteren versuchten Flugzeugentführungen, zwei weiteren Morden - diesmal an Touristen - blieben alle bisherigen Eingaben des antimilitaristisch engagierten Asamblea-Senators Gerardo Mesa Noda unbeantwortet.

Als das Verteidigungsministerium 1991 über die Zumutungen der Fremdenlegion, der Truppenmanöver und militärischen Sperrzonen hinaus noch die **Muda** (689 m) für eine **militärische Luft- und Seeüberwachungsstation** in Anspruch nahm, veranstalteten pazifistische Gruppen, angeführt vom Senator persönlich, einen Sitzstreik auf der Zufahrtsstraße. Der Senator, selbst unsanft von der Polizei vom Platz befördert, erhielt dazu noch einen Verweis wegen Verletzung seiner Amtspflichten vom Innenminister - demselben, der gerade durch sein Gesetz zur Aufhebung des richterlichen Beschlusses als Vorbedingung für polizeiliche Wohnungsdurchsuchungen und zum Ausschluß des Rechts- und Beschwerdeweges gegen Ablehnung von Demonstrationen von sich reden machte.

Doch brachte diese Kampagne, deren Sprühparolen noch lange auf der Rückfront aller Straßenschilder prangen sollten ("La Muda llora" = Die Muda weint; "Ayuda la Muda" = Hilf der Muda) so geringe Resonanz, daß die Asamblea Majorera in dem zur selben Zeit gewählten Cabildo nur noch sechs von 17 Sitzen bekam. Daß sie nun mit drei Christdemokraten gegen vier Sozialisten und vier Rechtskonservative regieren, ein absurd anmutendes 2-Rechts-2-Links-Strickmuster, gewinnt seine volle Logik vor dem Hintergrund des nach wie vor vergeblichen politischen Kampfes gegen die Nutzung der Insel für militärische Zwecke durch die sozialistische Zentralregierung. Auch die Antwort auf die jüngste Eingabe des Senators, die Legion in eine geplante Sondereinsatztruppe zu integrieren und damit nach Festlandspanien abzuziehen, blieb hinhaltend. Was 1979 den Anträgen von regierungstreuen Gemeindeparlamenten nicht gewährt wurde, wird man nun schon gar nicht dem stärksten Konkurrenten um das linke Wählerpotential sich ans Revers zu stecken erlauben.

Außerdem ist und bleibt Fuerteventura auch für die sozialistische Regierung im Jahre 1991 Aufbewahrungsort für ihr unliebsame Elemente: Ein Beamter der Staatsanwaltschaft, der in der Staatsaffaire gegen den Intimus des Ministerpräsidenten, Alfonso Guerra, zu eifrig recherchiert hatte, sah sich - historisch in erlauchter Gesellschaft mit Putschgeneralen und dem Rektor der Universität Salamanca - ganz plötzlich nach Puerto del Rosario versetzt. Die Schatten der Geschichte in Madrid sind stärker als die gegenwärtige Wirklichkeit des südlichsten Vorpostens Europas mit seinen so freundlichen und nach so langer Abgeschlossenheit um so weltoffeneren und toleranteren Einwohnern.

Barbara Heißoff; RReinstr. 163
45219 Essen; Germany

Die Wirtschaft

Bevölkerungs- und Wirtschaftsstruktur

Bevölkerung und Besiedlung

Die Majos, die berberischen Ureinwohner Fuerteventuras, waren bereits im 14. Jahrhundert eine geschätzte Handelsware auf den Sklavenmärkten Europas. So wurden laut notarieller Urkunde am 14.11.1391 drei auf Fuerteventura geraubte Menschen in Sevilla verkauft, darunter ein 15jähriges Mädchen, welches schon auf den christlichen Namen Crispina getauft war.

Durch häufige Sklavenrazzien war die Einwohnerzahl der Insel bis zum Jahre 1400 auf ungefähr 900 Seelen reduziert. Die vom spanischen König und dem Papst autorisierte Söldnerhorde deportierte in kurzer Zeit soviele Majos, daß im **Januar 1405** nur noch knapp **300 Ureinwohner** zu taufen waren. Der Statthalter des normannischen Eroberers, Maciot de Béthencourt, verkaufte die meisten dieser getauften Majos bis zu seiner Amtsenthebung im Jahre 1418. Da die Arbeitskräfte durch den Eroberungskrieg rar geworden und weitere Einkünfte durch Sklavenverkauf von der eigenen Insel durch Überausbeutung unmöglich waren, machte der Eroberer Juan de Béthencourt schon im Jahre **1405** einen **Sklavenraubzug** von Fuerteventura **nach Nordafrika**. Die Grafen von Fuerteventura, insbesondere die Saavedra-Sippe, waren in Nordafrika bis zum Ende des 16. Jahrhunderts gefürchtete Sklavenjäger. Sklavenräuberei ist nicht vererbbar, und so tut sich der kanarische Ministerpräsident Jerónimo Saavedra durch sein - im Studium in Deutschland vertieftes - Demokratieverständnis hervor.

Der Anreiz zur Ansiedelung auf Fuerteventura war gering, da dreifache Steuern zu entrichten waren: für die Kirche, den Fürsten und den König. Außerdem ging der Schrecken der Inquisition um, und das Damoklesschwert der Rachefeldzüge der Nordafrikaner hing stets über den Inselbewohnern. Hinzu kam die rasche Erschöpfung des Waldes und die damit einhergehende Austrocknung der Bäche sowie im Gefolge davon die Verwüstung der Insel. Hinzu kamen noch Hungersnöte durch Trockenjahre, Heuschreckenplagen und Seuchen.

In der Bevölkerungsentwicklung sind die **fünfjährige Dürreperiode 1683-1687**, die Sodakrautkrise und der Getreidepreisverfall in der ersten Hälfte des 19. Jahrhunderts sowie die **Cochenillefarbstoffkrise** zwischen **1877 und 1887** eindeutig ablesbar (☞ Die Geschichte). Erst 1940 konnte die Insel wieder soviel Einwohner melden, wie sie bereits 1802 beherbergt hatte. Im Jahre 1975 mußte Fuerteventura auf Befehl von Madrid einen Großteil der Flüchtlinge aus Spanisch-Sahara sowie 4.500 Legionäre aufnehmen. Der Tourismusboom brachte ab 1970 nochmals eine starke Zuwanderung von Bauhandwerkern und Dienstleistungspersonal.

Tab. 3: Bevölkerungsentwicklung Fuerteventuras

1400	900	1877	11.609
1418	100	1887	10.166
1585	540	1900	11.668
1683	4.064	1940	13.173
1684	2.123	1970	17.957
1769	8.860	1975	23.175
1802	12.451	1986	31.382
1846	6.384	1990	40.012
		1991	49.542

Bei der Volkszählung von 1986 wurden zusätzlich zu den 31.382 Personen mit Hauptwohnsitz noch 6.743 Einwohner mit Zweitwohnsitz wie Gastarbeiter und Legionäre gezählt. Im Jahre 1986 gab es unter den 31.382 Majoreros 489 Ausländer, davon waren 178 Deutsche. In den 90 Jahren dieses Jahrhunderts verdreieinhalbfachte sich die Bevölkerung. Trotzdem blieb **Fuerteventura** mit 30 Einwohnern pro Quadratkilometer die **dünnbesiedelste Insel des Archipels**.

In den hundert Jahren zwischen 1876 und 1975 sind insgesamt 8.855 Majoreros legal ausgewandert, noch 1986 wurden 4.382 Majoreros als Zugezogene auf den restlichen Inseln des Archipels gemeldet.

Fuerteventura ist in sechs Gemeinden, diese wiederum in 43 Dörfer und 21 Weiler aufgeteilt. In den letzten 15 Jahren sind **15 touristische Siedlungen** (Urbanizaciónes) entstanden, gleichzeitig wurden viele abseits gelegene Weiler verlassen, so daß es insgesamt schon **30 Geisterdörfer** auf der Insel gibt.

Die Gemeinden Fuerteventuras haben eine sehr unterschiedliche Entwicklung genommen. Casillas del Angel und Tetir wurden in den zwanziger Jahren dieses Jahrhunderts Puerto del Rosario eingemeindet.

Die ländlichen Gemeinden Betancuria und Antigua haben aufgrund der wirtschaftlichen Entwicklung nur einen geringen Zuwachs an Bevölkerung zu verzeichnen, die restlichen vier Gemeinden dagegen haben in den letzten 90 Jahren ihre Einwohnerzahl vervielfacht; die Inselhauptstadt Puerto del Rosario sogar verfünfunddreißigfacht.

Tab. 4: Entwicklung der Einwohnerzahlen der Gemeinden Fuerteventuras

	1802	1860	1900	1970	1980	1991
Antigua	2.021	1.911	2.296	1.796	1.882	4.055
Betancuria	734	688	588	589	557	550
Casillas del Angel	2.055	1.091	1.236	-	-	-*
Oliva	2.909	2.603	2.561	2.557	3.267	7.950
Pájara	1.449	1.058	1.161	2.284	3.004	13.103
Puerto del Rosario	-	517	518	6.309	12.563	16.883
Tetir	1.612	1.279	1.110	-	-	-*
Tuineje	1.671	1.849	2.198	4.422	5.367	7.001

* Eingemeindet nach Puerto del Rosario

In den fünf Küstenorten - Corralejo, Morro Jable, Gran Tarajal, Tarajalejo und Puerto del Rosario - lebten im Jahre 1991 zwei Drittel aller Majoreros, in der **Inselhauptstadt** allein **34% aller Inselbewohner**.

Die Majoreros sind jünger als der Altersdurchschnitt aller Canarios. Allerdings sind die Tourismusorte daran erheblich beteiligt, da die Landgemeinden, wie z.B. Betancuria, stark überaltert sind.

Tab. 5: Altersverteilung Fuerteventura - Region Canarias

Jahre	0-19	20-64	über 65
Region Canarias	36,6%	54,9%	8,5%
Fuerteventura	40,2%	53,1%	6,7%
Pájara	41,2%	53,4%	5,4%
Betancuria	31,0%	51,0%	18,0%

Nach einer Studie der kanarischen Regionalregierung soll sich die Bevölkerung Fuerteventuras in nur zwanzig Jahren (1990-2010) erneut auf 80.000 Personen verdoppeln.

Bildungsstand der Majoreros

Im Schuljahr 1988/89 besuchten 9.365 Schüler die 43 Schulen Fuerteventuras. Davon gingen 81% auf die Hauptschule (E.G.B.), 11% nahmen an der weiterführenden Ausbildung (B.U.P.) teil, und 8% versuchten, sich in der Aufbaustufe (F.P.) für die Fachhochschule oder das Universitätsstudium zu qualifizieren.

Im Widerspruch zu diesen Zahlen des Zensus von 1986 steht eine Erhebung vom November 1990, wonach **30% der Einwohner** der Provinz Gran Canaria **Analphabeten** sind. Die nächsten Universitäten befinden sich in Las Palmas (Gran Canaria) und La Laguna (Teneriffa). Zum Niveau der Ausbildung auf dem Kanarischen Archipel sagt der Ministerpräsident der Autonomen Region, Jerónimo Saavedra, der sein Jurastudium an der Universität Köln absolviert hat, kurz und bündig: "**Wir bilden kulturelle Zwerglein aus**, und dies ist nicht gut für die Zukunft der Inseln."

Tab. 6: Schulbildung der Einwohner Fuerteventuras (1986 in % der Bev.)

Studium	1,5	Hauptschule	41,7
Fachschule	2,4	ohne Abschluß	38,4
Mittlere Reife	7,5	Analphabeten	8,3

Beschäftigungsstruktur und Arbeitsmarkt
Von 1950 bis 1990, also in nur 40 Jahren, hat die Umstellung von der Tomaten-/Ziegenzucht auf die Baugewerbe-/Tourismusmonokultur zu einer absoluten Abhängigkeit des gesamten Arbeitsmarktes von der Tourismuskonjunktur geführt.

Tab. 7: Entwicklung der Beschäftigungsstruktur Fuerteventuras in %

	1950	1975	1990
Landwirtschaft/Viehzucht/Fischerei	68	21	7
Industrie/Handwerk	8	26	21
Dienstleistungen/Tourismus	24	53	72

Im Jahre 1990 gab es 2.149 Arbeitslose, d.h. eine Arbeitslosenquote von 17,9% gegenüber 21% in der Region Canarias und 14,8% in Spanien. Die günstige Lage Fuerteventuras rührt noch vom auslaufenden Bauboom im Tourismusbereich. Allerdings stammt bereits jeder zweite Arbeitssuchende aus dem Tourismusgewerbe; jeder Vierte sucht sogar seinen ersten Arbeitsplatz. Die Arbeitgeberorganisation fordert von der Regionalregierung und dem Arbeitsamt eine Nachbildungsmaßnahme der überwiegend "Halbanalphabeten", damit sie in den Arbeitsmarkt einzugliedern sind.

Volkswirtschaftliche Daten
Im Jahre **1960** galt der **Kanarische Archipel** als wirtschaftlich **unterentwickelte Region**, der Anteil am Bruttosozialprodukt Spaniens betrug

2,37%. Dieser Anteil erhöhte sich bis 1989 auf 3,85%. Seit 1987 lag das Bruttosozialprodukt der Kanaren sogar über dem Landesdurchschnitt. In der Provinz Santa Cruz de Tenerife lag es 1989 bei 104% des Landesniveaus, in der Provinz Las Palmas de Gran Canaria bei 101%. Die absolute Abhängigkeit der kanarischen Wirtschaft von der **touristischen Monokultur** brachte mit der 1989 einsetzenden Tourismuskrise im Jahre 1990 eine schwere allgemeine Wirtschaftskrise. Dies äußert sich am klarsten darin, daß das Wirtschaftswachstum der kanarischen Region 1990 als einziges im ganzen Land negativ war (BSP -1,18%), während im Landesdurchschnitt das Bruttosozialprodukt um 4,4% zunahm.

In der kanarischen Region stammen **60% des Bruttosozialprodukts aus dem Tourismus**, und im Tourismusbereich sind **70% aller Arbeitnehmer** beschäftigt. Somit waren allenthalben mehr Arbeitslose und geringere Einnahmen zu beklagen. Allerdings bildete die einzige Ausnahme **Fuerteventura**, hier **stieg die Touristenzahl im Jahre 1990 um 26,9%**. Während die Zementfabrik auf Gran Canaria im Jahre 1990 ihre Produktion halbieren mußte, wurden auf Fuerteventura 7% Zement mehr verbraucht als im Vorjahr. Im **ersten Halbjahr 1991** betrug die **Zunahme des Tourismus auf Fuerteventura** spektakuläre **73%**, damit ist die Insel die einzige des Archipels, auf der die Tourismuskrise so gut wie nicht zu bemerken war. Aber 90% aller Lebensmittel müssen importiert werden und das gesamte Trinkwasser wird als Mineralwasser aus Gran Canaria und Teneriffa herangeschafft. Das entsalzte Meer- oder Brackwasser, welches als Brauchwasser aus der Leitung rinnt, ist mit Hilfe von Erdöl gewonnen worden (☞ Infrastruktur). Jede Form der Energie wird z.Z. aus Erdöl gewonnen. Eine derartige touristische Monokultur ist natürlich nicht ohne totale Versorgung von außen lebensfähig und daher besonders anfällig für zukünftige Krisen.

Bereits 1985 hat der Lehrstuhlinhaber für politische Ökonomie der Universität Madrid festgestellt: "Die Wirtschaftspolitik der Kanaren ist nicht effizient." Ein führender kanarischer Arbeitgebervertreter drückt es noch drastischer aus: "Die kanarische Wirtschaft muß sich erneuern oder sterben!" Der Kanarische Archipel importierte 1988 mehr als viermal soviel, wie er exportierte. Das Handelsdefizit belief sich auf 43% des kanarischen Bruttosozialproduktes. Selbst unter Einbeziehung der 200 Mrd. Peseten ausländischer Investitionen bleibt ca. die Hälfte aller Importe ohne Deckung. Der Wirtschaftswissenschaftler Wladimiro Rodríguez faßt zusammen: "Eine **unangemessene Konsumwelle**, so daß pro Einwohner für pts. 450.000 im Jahr importiert wird und nur für pts. 130.000 im Jahr exportiert. Außerdem gibt jeder Canario pts. 70.000 im Jahr für das

Glücksspiel aus." Im Jahre 1946 war die kanarische Handelsbilanz zum letzten Mal ausgeglichen!

Landwirtschaft und Fischfang

Die Majos, die berberischen Ureinwohner Fuerteventuras, hinterließen den normannischen Eroberern und den neuen Großgrundbesitzern eine für die Landwirtschaft hervorragend geeignete Insel: große, relativ ebene Gebiete mit ehemaligem Waldboden, der durch Bewuchs gegen die Wind- und Wassererosion geschützt war, große Laubwaldgebiete, die von mehreren, z.T. reißenden Bächen durchflossen waren. Innerhalb kürzester Zeit waren die Wälder gerodet und die Sträucher ausgerissen, um Getreidean- bauflächen zu erhalten, und so bekam **Fuerteventura** den Beinamen "**die Kornkammer der Kanaren**". Was ökologisch unausweichlich war, stellte sich dann auch ein: die Wind- und Wassererosion trug den fruchtbaren Boden mit sich weg und die Regenniederschläge konnten nicht mehr vom Wald zurückgehalten werden und flossen ungenutzt ins Meer. So kam es bald nicht nur zu hohen Ernteüberschüssen, so daß die übrigen Inseln mit Getreide beliefert werden konnten, sondern auch zunehmend zu **Mißern- ten** und **Hungersnöten**, die die Majoreros zur Massenflucht auf die Nach- barinseln veranlaßten. Im 16. Jahrhundert gab es nur fünf Hungerjahre, aber schon im 17. Jahrhundert mußten die Majoreros 26 Mißernten hin- nehmen, und im 18. Jahrhundert gab es bereits 52 Dürrejahre. Trotz be- ginnender Grundwasserausbeutung fiel im 19. Jahrhundert immerhin 30 Jahre lang die Getreideernte weitgehend aus.

In der Sammlung der Beschlüsse der Inselregierung von Fuerteventura aus den Jahren 1605 bis 1728 spricht die bittere Not: "... über die wirt- schaftliche Situation Fuerteventuras zu reden, bedeutet fast immer über Hunger zu reden ... der Getreideanbau wird zusätzlich stark beeinträchtigt durch Krankheiten und Heuschreckenplagen ... da es bis heute noch nicht geregnet hat ... und sich bereits viel Volk nach Gran Canaria eingeschifft hat, **verbieten wir unter Strafe die Ausfuhr von Getreide.**"

Im Jahre 1777 richtete die Inselregierung eine Eingabe an den spani- schen Königshof: "Man beschließt angesichts der miserablen Lebensum- stände der Majoreros, die sich nur dem Getreideanbau und der Viehzucht widmen, es für notwendig zu erachten, eine Landwirtschaftsgesellschaft zu gründen. Diese sollte dafür Sorge tragen, daß Weinreben, Baumwollpflan- zen sowie Oliven-, Mandel- und Maulbeerbäume angepflanzt werden, da- mit die Subsistenzwirtschaft verbessert werde. Dies ist notwendig, um **die Siedler** in den schlechten Jahren **vom Hunger und dem Hungertod** und

126

die Insel von der Entvölkerung infolge von Flucht auf die Nachbarinseln **zu befreien.**"

Lucas Fernández Navarro beschreibt die Insel 1925 als Beispiel "eines unzivilisierten Landes": "Der Fall Fuerteventuras gehört zu denjenigen, die von der Zentralregierung gelöst werden müssen. Der soziale Zustand der Insel, erlaubt nicht die Mitarbeit der Bewohner abzuwarten bei einer Arbeit, die Kapital und Bildung erfordert, Elemente, die gänzlich fehlen."

Seit 1925 gab es seitens der Zentralregierung unter den Diktatoren Primo de Rivera und Franco einige gutgemeinte, aber **mißglückte Versuche, die Lage der Landwirtschaft zu verbessern:**

✍ 1927 schlug eine Kommission die **Zurückdrängung der Überweidung** und den **Bau von Stauseen** vor.

✍ 1933 sprach man von Hilfen für Wasserbaumaßnahmen und der Anlage von "Enarenado-Feldern" (Lavagranulatfeldern), die die Verdunstung verhindern und den Tauniederschlag den Pflanzen nutzbar machen. Eine Technik, die auf der Nachbarinsel Lanzarote seit dem 18. Jahrhundert angewendet wurde.

✍ 1940 nahm der "Caudillo" **Fuerteventura unter seinen persönlichen Schutz,** um eine "wahrhafte Rettungsarbeit" vorzunehmen.

✍ Zwischen 1941 und 1949 wurden vier Stauseen mit einem Fassungsvermögen von über 1 Mio. Kubikmeter Wasser gebaut, zwei davon verlandeten in wenigen Jahren, eine ließ das Wasser durchlaufen und in die vierte läuft eine Salzquelle, so daß ihr Wasser für den Anbau nicht geeignet ist.

✍ Anfang der fünfziger Jahre ließ **Franco** eine Lorenbahn mit einem Transportvolumen von 24 t im Gemeindegebiet von La Oliva bauen, um **Lavagranulatfelder** (Enarenado) anzulegen. Auf diesen neuangelegten Feldern baute man dann auch versuchsweise **500 ha Sisalagaven** an, um Fasern zu gewinnen. Durch den Chemiefasernboom war dieser Versuch nach kurzer Zeit fehlgeschlagen.

Der Agrargeograph Wladimiro Rodríguez Brito faßt zusammen: "Häufig hat man projektiert, die Landwirtschaft Fuerteventuras zu verbessern. Ohne in Einzelheiten zu gehen ist klar, wenn man die Agrarlandschaft Lanzarotes mit der Fuerteventuras vergleicht ... die Lanzarotenos haben ihre Felder geschaffen ... während die Böden für die Majoreros unbrauchbar geworden sind."

Der Haushaltsplan der autonomen Region Canarias **sah** für das Jahr 1991 für jeden Majorero Aufwendungen in Höhe von über DM 1.000 vor, wovon allerdings **kein Pfennig für die Landwirtschaft** und die dringend

127

erforderliche Wiederaufforstung vorgesehen waren. Wladimiro Rodríguez beklagt dies wie folgt: "Ildefonso Chacon, ein Majorero, der bereits in der zweiten Legislaturperiode Minister für öffentliches Bauwesen der Kanarischen Regionalregierung ist, hat **dem Kampf gegen die Erosion** und **Verwüstung** auf seiner Heimatinsel **keine Pesete zugedacht**." Wenn die Lokalpolitiker sich dafür entscheiden, den Staatshaushalt zu 100% für touristische Infrastruktur zu bestimmen, nimmt es auch nicht wunder, wenn die Landwirtschaft im Verschwinden begriffen ist. Im Jahre 1947 waren 3,5% der Insel landwirtschaftlich genutzt, heute nur noch 1 Promille!

Im 19. Jahrhundert waren 11.000 ha oder 6,6 Prozent der Insel bepflanzt.

Tab. 8: Entwicklung der landwirtschaftlichen Nutzfläche auf Fuerteventura in ha

	1947	1972	1991
Getreide	5.570	3.291	-
Kartoffeln	18	225	100
Hülsenfrüchte	73	594	10
Tomaten	18	564	170
Wein	2	6	-
Gemüse	-	40	-
Mais	40	267	-
Zwiebeln	12	43	-
Agaven	-	500	-
Luzerne	128	183	-
insgesamt	5.861	5.713	280

Der Majorero Alejandro González Morales hat in seiner Doktorarbeit über die Landwirtschaft seiner Insel den Besitzwechsel der Grundstücke anhand von Katasteramtunterlagen der letzten zehn Jahre untersucht. So haben nur fünf touristische Immobilienbetriebe in den Tourismuszonen bereits 21.976 ha, oder 13% der Inseloberfläche, zu Spekulationszwecken aufgekauft.

Bewässerung
Schon bald nach der Eroberung im 15. Jahrhundert wurde das Bewässerungsrecht in ökologisch sinnvoller Weise geregelt. Mittels "Gavias", d.h. Beeten mit hohen Erdwällen wurde das in Gräben oder im Trockenbachbett fließende Regenwasser zur Überflutung der Anbauflächen genutzt. In

einer Urkunde aus dem Jahre 1567 legte der Inselfürst Augstín de Herrera y Rojas die Modalitäten dieser von den Regenniederschlägen abhängigen Bewässerungsweise fest. Seit undenklichen Zeiten sei **das Regenwasser** in seinen natürlichen Bachläufen den Anrainern **für** das "**Tränken ihrer Gavias**" zugestanden. Und zwar in der Weise, daß das höchstgelegene Grundstück zuerst mit Wasser gefüllt wurde, und nachdem das am tiefsten gelegene Grundstück seine Wasserzuteilung erhalten habe, man oben wieder begann. In der Reihenfolge konnte niemand übergangen werden, und die Anlage von Wasserspeichern war verboten. Dieses Wasserverteilungssystem funktionierte natürlich nur in guten Regenjahren, wird aber teilweise noch bis zum heutigen Tag angewendet.

Bereits im 19. Jahrhundert versuchte man, mit Hilfe von "**Norias**", d.h. von Tieren betriebenen **Schöpfradbrunnen**, Wasser zu "gewinnen". Anfang des 20. Jahrhunderts ersetzte man die Schöpfräder durch in Amerika gefertigte **Windräder** ("Aeromotor de Chicago"). Viele dieser windgetriebenen Pumpen sind immer noch in Betrieb.

Wenige Jahre später mußten wegen der rapiden Grundwasserabsenkung aber bereits tiefere Brunnen angelegt werden und **Motorpumpen** die von dem Windantrieb nicht mehr zu bewältigenden Höhenunterschiede überwinden helfen. Heute hat man dank der "Wassergewinnung", die man besser **Grundwasserabsenkung** nennen sollte, einen **mittleren Salzgehalt von 6-10 g/l** (Meerwasser 35 g/l) erreicht, da das Meerwasser längst das erschöpfte Grundwasser auffüllt. Das aus Brunnen geförderte Brackwasser muß man durch erdölbetriebene Entsalzungsanlagen auf einen Salzgehalt (ca. 0,5 g/l) bringen, den zumindest Tomaten ertragen. Aber bereits nach zwei Anbaujahren sind zehn Brachjahre erforderlich, damit wenigstens die Salzanreicherung vom Regen ausgespült werden kann. Aber der **Preis des entsalzten Wasser**, z.Z. ca. **DM 3,30/m³**, wird diesen ökologischen Irrsinn im Zeitalter des Treibhauseffektes bald beenden helfen.

Tomatenanbau

Der einzige nennenswerte Erwerbsanbau ist heute die Tomatenproduktion. Die Engländer begannen bereits im Jahre 1885 mit dem Tomatenanbau auf Gran Canaria im Gemeindegebiet von Telde. Mit Bananen, Tomaten und Frühkartoffeln beluden sie ihre Kohlenversorgungsschiffe, damit diese nicht leer zurückfahren mußten. Auf Fuerteventura machte Matias López Hernández 1901 in Antigua den ersten Anbauversuch, der aber wegen mangelnder Verkehrsverbindungen sofort wieder aufgegeben wurde. Im Jahre **1927** begann die Firma Betancor y Suárez mit dem **Tomatenanbau** in dem relativ wasserreichen Gebiet von Tiscamanita und Antigua. Am 19. März **1928** konnte man in der Tageszeitung La Provincia lesen, daß der Tomatenanbau völlig von dem Import von Samen, Pestiziden, Chemiedünger, Verpackungsmaterial sowie der Bewässerungspumpen abhängig sei. Außerdem wurden die Steuern, die die Inselregierung und die Gemeindeverwaltungen sowohl für diese Importe, als auch für die Tomatenexporte erhoben, beklagt. Die **Krise** des gesamten Anbaues würde komplettiert durch die ständigen Steigerungen der Frachtraten durch die englischen Frachtschiffbetriebe und den norwegischen Reeder Fred Olsen.

Die schlechte Situation der Tomatenbauern würde für Fuerteventura noch um den Zwischentransport nach Las Palmas de Gran Canaria, mit der Notwendigkeit der Umladung, erweitert. Nur ein Jahr später kam aber dann die Weltwirtschaftskrise, bald gefolgt von dem spanischen Bürgerkrieg und dem Zweiten Weltkrieg. Somit kam die Exportlandwirtschaft weitgehend zum Erliegen, und erst **nach dem Zweiten Weltkrieg** wurde der **Tomatenanbau wiederbegonnen**.

Tab. 9: Entwicklung der Tomatenproduktion auf Fuerteventura

Jahr	1950	1960	1970	1980	1991
Tonnen	2.500	5.697	8.213	11.000	11.507

Erntete man im Jahre 1960 noch 18.000 kg/ha, so **verdreifachte sich der Ertrag bis 1989** auf 55.000 kg/ha. Diese "grüne" Chemierevolution war nur durch Einführung folgender Errungenschaften möglich:
- Unkrautentfernung mit Herbiziden
- mehrmalige Bodendesinfizierung mit einem Mittel gegen Nematoden
- häufige Insektizidspritzungen
- mehrfache Fungizidgaben
- **Gesamtpestizidmenge: 6,8 mg/kg Tomaten**
- **Überdüngung: 300 g Dünger/kg Tomaten**
- Tropfbewässerung

So nimmt es nicht wunder, daß Alejandro González Morales in seiner Doktorarbeit über die Landwirtschaft seiner Heimatinsel veröffentlicht, daß dort die **Tomaten 9.500 mg Nitrat/kg** enthalten. Die Weltgesundheitsorganisation empfiehlt als Duldbare Tägliche Aufnahmemenge (DTA) 5 mg $NaNO_3$ pro kg Körpergewicht. Diese **DTA** hat ein 80 kg schwerer Mensch bereits überschritten, wenn er nur **50 g Fuerteventura-Tomaten** ißt.

Einerseits bedingt durch die hohen Produktionskosten und andererseits durch die Abwanderung der Arbeitskräfte in den Dienstleistungsbereich ist das Ende des Tomatenanbaus auf Fuerteventura absehbar. Anfang 1975 ging bereits die Tomatenexportfirma Hijos de Diego de Betancort S.A., erfolglose Nachfahren des Eroberers der Insel, bankrott. So verwundert es auch nicht, daß 1991 die Stellen von zwei Landwirtschaftsberatern gestrichen wurden.

Viehzucht

Gadifer de la Salle, der Eroberer der Insel, beschrieb **1403 Fuerteventura** als eine Insel **voller Ziegen**. Er meinte, daß man jährlich 30.000 Tiere schlachten könnte, ohne den Bestand zu verringern. Andererseits betonte er, daß das Land mit Bäumen und Sträuchern bedeckt war. Da die Ureinwohner keinen Landbau betrieben und es mehrere ganzjährige Bäche und viele Quellen gab, reichte die Weidefläche aus, und da die Erosion wegen des dichten Bestandes mit Wolfsmilchgewächsen und anderem Buschwerk keine Angriffsfläche hatte, **verursachten die Majos keine ökologischen Schäden**.

Für den Getreideanbau entfernten die Neusiedler sofort alle störenden mehrjährigen Sträucher. Auch die Hirten eliminierten die von ihren Tieren verschmähten Gewächse. Und der Wald war auch bald aufgebraucht, so daß die "neue Zivilisation" zur Unfruchtbarmachung und **Verwüstung immer größerer Landstriche** führte.

Die Tierhaltung wird bis zum heutigen Tag aus Gründen der Steuereinsparung unterdeklariert, so kann die folgende Tabelle nur einen ungefähren Anhalt geben.

Tab. 10: Entwicklung der Tierhaltung auf Fuerteventura

	1776	1802	1860	1972	1982	1991
Pferde	97	300	104	25	9	-
Dromedare	2.052	2.216	632	-	20	-
Esel	882	1.462	674	823	197	160
Rinder	3.438	5.443	1.488	1.372	181	500
Ziegen	39.707	25.613	9.594	17.979	31.967	32.000
Schafe	9.666	17.927	7.957	1.861	1.449	2.040
Schweine	310	1.282	96	1.320	804	678
Hühner	-	-	-	-	-	34.200
Kaninchen	-	-	-	-	-	2.886

Nach einer Schätzung der Inselregierung von Fuerteventura gibt es zur Zeit mindestens **70.000 Ziegen auf der Insel**. Der internationale Kongreß über Ziegenhaltung in Trockengebieten, der 1987 in Puerto del Rosario stattfand, stellte fest, daß in extremen Trockengebieten wie Fuerteventura nur drei Ziegen pro Quadratkilometer weiden können, ohne die Vegetation zum Verschwinden zu bringen, die Erosion zu fördern und die endgültige Desertifikation herbeizuführen. Damit besteht zur Zeit bei einem **Ziegenbestand von 42 pro Quadratkilometer** eine **14fache Überweidung** der Insel. Damit übertrifft Fuerteventura Drittweltländer wie die Kapverdischen Inseln (18 Ziegen/km²) mit einer mehr als doppelt so hohen Dichte. Fuerteventura sollte sich um die Eintragung in das Guinness-Buch der Rekorde bewerben, da es selbst die Ziegendichte von Pakistan (40/km²) in den Schatten stellt.

Der deutsche Botaniker Günther Kunkel beschreibt die **Endphase des Verwüstungsprozesses** durch die Viehzüchter: "Diese Tiere (Ziegen), häufig ohne Hirten, stellen eine große Gefahr für die Ökologie der Insel dar ... die dringende Notwendigkeit des Schutzes der einheimischen Vegetation erscheint uns eine einsehbare Forderung ... weil die Überweidung schuld daran ist, daß jedes Jahr die freßbaren Arten weniger werden, bereits an der Grenze der Ausrottung ... während die von den Ziegen gemiedenen Pflanzen sich jedes Jahr mehr ausdehnen." Für den Fall, daß die Ziegenzucht trotzdem fortgesetzt werden sollte, stellte er schon 1975 folgende Mindestforderungen: "Da die gesamte Insel seit geraumer Zeit überweidet wurde ... sollten die Inselregierung und die Gemeindeverwaltungen Mindestnormen für die Beweidung anordnen:

✤ Die Beweidung ist streng zu kontrollieren.

✤ Den Weidegebieten sind Ruhezeiten zu gewähren, damit die Pflanzen sich erholen können.

✤ Gewisse Zonen sind von der Weide auszuschließen, damit die Bildung von Samen gewährleistet ist.

✤ Die Verdrängung der einheimischen Pflanzen durch eingeschleppte Futterpflanzen ist zu vermeiden."

Außerdem wies der Beauftragte der Naturschutzbehörde darauf hin, daß in den letzten Jahren die Überweidung dadurch verschlimmert werde, daß große Geländeflächen für touristische Urbanisationen verkauft werden und die Ziegenzahl keinesfalls abnehme.

Die Ziegenzüchter sehen dies ebenso, beschweren sich aber über den Verlust eines Teils ihres Weidegebietes: "**Vor den Deutschen war hier alles voller Hirten** ... hier wuchsen unsere Eltern und Großeltern auf, und wir haben keinen Meter Platz, um tot hinzufallen" (Veröffentlichung der Inselverwaltung von Fuerteventura, 1987).

Auch wirtschaftlich ist die Ziegenhaltung längst ein Verlustgeschäft. **1983** machte die **Käsefabrik** Fuerteventuras, "Queserías de Fuertevenura", in Puerto del Rosario **bankrott** und blieb den Viehzüchtern DM 1,6 Mio. schuldig. Daraufhin gewährte die spanische Regierung einen Kredit von DM 1 Mio. und eine weitere Subvention von DM 500.000, um den Viehzüchtern den Bau einer Käsefabrik in Tuineje zu ermöglichen.

Zwei Mitarbeiter der Landwirtschaftsforschungsstelle auf Teneriffa haben ermittelt, daß **eine Ziege** auf Fuerteventura **im Tagesdurchschnitt 1,5 l Milch** gibt, aus dem man 300 g Käse herstellen kann. Allerdings reicht die ruinierte Vegetation der Insel nicht, um die Ziegen zu ernähren, so daß **pro Ziege und Tag 1,5 kg Mais und Trockenfutter** zugefüttert werden müssen. Somit wird das fünffache Gewicht des auf der Insel hergestellten Käses an Importfutter zu Dumpingpreisen aus Drittweltländern eingeführt. Es wäre also wesentlich umweltschonender, den auf der Insel benötigten Käse einzuführen, zumal die Wissenschaftler bereits im Jahre 1983 ein negatives Geschäftsergebnis für den Viehhalter ausrechneten: "Die Einnahmen des Hirten decken lediglich die Ausgaben." Sie beklagen, daß das Kilo Mais 65 Pfennig kostet. Mais, der zu so niedrigem Preis zu haben ist, führt in seinem Anbauland nochmals zu ökologischen Schäden, in Drittweltländern auch zur Verschärfung des Hungers.

Die **Ziegenhaltung auf Fuerteventura ist außerdem eine Tierquälerei**, da die nicht artgerechte Ernährung mit einem hohen Anteil an Trockenfutter **zu Krankheiten und verfrühtem Tod** führt. Der schlechte Gesundheitszustand der Ziegen auf Fuerteventura ist daran zu erkennen, daß ihre **Milchleistung deutlich unter dem weltweiten Durchschnitt** (2,5-5 l pro Tag) liegt. Die kanarische Regionalregierung gewährt neben den Subventionen noch eine jährliche Zahlung von DM 16 pro Ziege, aber nur, wenn sie Junge geworfen hat und die Herde über zehn Köpfe zählt. Damit **stimuliert die Regierung** eine Wirtschaftsform, die zur weiteren **Verwüstung der Insel** führt.

Den **ökologischen Todesstoß** bekam aber Fuerteventura 1991 von dem Regionalentwicklungsfond der EG (Feder) versetzt. Die **EG zahlt** insgesamt DM 24,7 Mio. für die **Wiederbelebung der Ziegenhaltung** auf der Insel, dies ist das 2,7fache des Wertes der 70.000 Ziegen, da der Verkaufspreis einer Ziege DM 130 beträgt. **Jede Ziege**, die Sie auf Fuerteventura sehen, **hat den Steuerzahler in der EG**, und damit Sie, nur im Jahre 1991 - Nachforderungen sind bereits erhoben - **DM 353 gekostet.**

Felipe Diaz Reyes, ein Absolvent einer Industrieingenieurausbildung, hat im Juni 1991 sein Projekt für den Fortschritt der Viehzucht auf Fuerteventura vorgestellt: 1.) Eine Viehfutterfabrik für Ziegen, Schafe und

Rinder mit einer täglichen Kapazität von 72.000 kg. 2.) Eine weitere Fabrik für Schweinefutter mit einer Kapazität von 48.000 kg pro Tag und einer angeschlossenen Schweinemastfabrik mit 400 Zuchtsauen.

Dieses **absolut antiökologische Projekt** wird von Spitzenpolitikern unterstützt, obwohl es auf dem Import von jährlich 43.800 t Futter aus Drittweltländern beruht. Es bedeutet mithin eine Verschärfung des Welthungerproblems.

Fischfang

Bis zum Jahre 1940 war die Küstenfischerei Fuerteventuras den Möglichkeiten des Ökosystems angepaßt. **Von 1940 bis 1986 steigerte sich der Fischfang mit dem Faktor 180** und erreichte eine absolute biologische Grenze. Innerhalb von nur zwei Jahren reduzierte sich dann bis 1988 die Fangmenge wegen **Erschöpfung der Fischgründe** auf weniger als ein Zehntel. So schloß auch die einzige Fischfabrik der Insel im Jahre 1988. Nach Miguel Pizarro, Autor des Buches "Fische Fuerteventuras", begann vor kurzer Zeit die große **Ausrottung der Fische**. Der Korrespondent der Tageszeitung *canarias 7* muß regelmäßig Artikel mit alarmierenden Überschriften bringen wie: "Illegale Fischfangmethoden während der Abwesenheit des Patrouillenbootes", "Erhöhung der Anzeigen wegen illegalen Fischfangs um 85% im letzten Jahr" oder "Babymuscheln auf der Speisekarte - **Ausrottung der Muschelbestände Fuerteventuras.**"

Tab. 11: Entwicklung des Fischfangs auf Fuerteventura

	1860	1940	1965	1982	1986	1988
Fang in t	4,6	83	1.925	11.450	14.920	1.139
Anteil am Fang der Kan. Inseln	0,3%	0,3%	1,6%	4,8%	6,1%	0,6%

Hauptfaktoren des Raubbaus waren die Schleppnetze und die Trommelreusen aus Maschendraht. In den Schleppnetzen gehen große Massen zu kleiner Fische mit, die anschließend tot ins Meer zurückgeworfen werden. Die Trommelreusen werden erst schädlich im Kontext eines bereits gestörten Sozialkodexes: Statt sie mit Bojen zu markieren, bis man sie einholt, werden sie nur verankert aus dem Mißtrauen, daß ein anderer den Fang einholen könnte. Da sie dabei oft nicht wiedergefunden werden, bleiben sie als **unkontrollierte Fischfallen** auf dem Grund liegen, in denen unabschätzbare Mengen von Fischen sinn- und nutzlos verenden, bis sie nach Jahren endlich verrosten.

Solche **Ressourcenzerstörung** mußte die Berufsbranche, solange sie gezwungen war, aus eigener Kraft in ihrem begrenzten Revier zu überleben, durch angemessene und respektierte Konventionen vermeiden. Erst die **Nach-uns-die-Sintflut-Mentalität** des Subventions- und Importzeitalters läßt solche kontraproduktiven Methoden zur Regel werden.

José Santana Ascanio berichtet, daß die gesamte Küste von Fuerteventura von einem Kranz von Reusen umgeben ist und daß ihn die Fischer in Giniginamar daran gehindert hätten, von verendenden Fischweibchen am Strand geborene Jungfische ins Wasser zu werfen. Eine sinnlose Mordlust, die die **Grundlage des eigenen Lebensunterhalts zerstört** (*canarias 7*, 25.7.1991).

Bei diesem prekären Zustand des Fischereigewerbes plant die Regionalregierung in einem Schlag den Bau von drei neuen Fischereischutzhäfen in Cotillo, Ajuy und La Lajita. Der Leiter der zuständigen Küstenbehörde, José Fernández, lehnt diese Projekte zum Glück ab. Er meint kurz und bündig, daß diese Vorhaben überflüssig seien und nur dazu dienten, die **Küstenlinie zuzubetonieren**.

Der Meeresbiologe José Antonio Pereiro hält die von der EG vorgesehene 40%ige Reduzierung der Fischfangflotte für notwendig, um nicht in kurzer Zeit die Küstengewässer total leerzufischen. Leider ist dieser Zustand auf Fuerteventura bereits erreicht, wie aus den jüngsten Zahlen des zuständigen kanarischen Ministeriums hervorgeht. So sank das Fangergebnis der Küstenfischerei von 1989 auf 1990 von 38,5 auf 14,4 t Fische. Der Fang an Schalentieren und Muscheln ging in nur einem Jahr von 23,5 t auf 1,5 t auf ein Zwanzigstel zurück. Neueste Spezialität auf den Speisekarten: Babymuscheln. **Tragen Sie zur Erhaltung der wunderbaren Artenvielfalt dieser Küsten bei, indem Sie die angebotenen Muschel- und Schalentiergerichte boykottieren!** Erfreuen Sie sich lieber beim Tauchen oder während der Glasbodenschiffahrt an der einzigartigen Tierwelt der Küstengewässer (☞ Das Land, Fauna).

Die einzige Fischzuchtfabrik Fuerteventuras, Canamar S.A. in Matas Blancas (Jandía), steht schon seit November 1991 vor dem Bankrott. Ihr Chef, Miguel Pizzaro, hatte einen öffentlichen Hungerstreik angekündigt, wenn ihm die kanarische Regierung keinen direkten Zuschuß innerhalb von zehn Tagen bewilligte. Außerdem drohte er damit, die vorhandenen 50 t Zuchtfische ins Meer zu werfen, die dort keinerlei Chance zum Überleben und zur Vermehrung hätten.

Wald auf der Wüsteninsel der Kanaren?
Die Kapläne der Eroberer der Insel betonten in ihrem Bericht aus dem Jahre 1403, daß Gadifer de la Salle seine Befestigungsanlage **nahe eines Waldes** und eines ganzjährigen Baches bauen ließ. Im Jahre 1737 beschrieb Pedro Agustin del Castillo die Halbinsel Jandía: "In der zehn Meilen langen Dehesa de Jandía gibt es Ländereien von seltener Frische, **voll grüner, laubreicher Wälder**, von verschiedenen Bächen durchrieselt." Sabin Berthelos sah Mitte des 19. Jahrhunderts im Tal von Rio de las Palmas noch große **Baumheidestämme** wachsen. Der deutsche Botaniker Carl Bolle erzählte 1893 von imposanten Stämmen absterbender **Waldbäume**. In der aktuellen Botanik-Checkliste werden für Fuerteventura noch 25 Pflanzenarten des Lorbeerwaldes, darunter vier Farne und sechs Bäume gemeldet.

Mit Hilfe von Bergsteigern konnten in den letzten Jahren, von unzugänglichen Standorten, Herbarbelege von **Zeugenbäumchen** wie *Laurus azorica*, *Heberdenia excelsa*, *Apollonias barbujano*, *Visnea mocanera*, *Ilex canariensis* und *Myrica faya* erklettert werden. Überzeugende Beweise, daß die geschichtlichen Dokumente korrekt sind und sich in den letzten 600 Jahren ein **beispielloser anthropogener Desertifikationsprozeß** abgespielt hat.
☞ Das Land, Flora.

Heute resümiert der kanarische Botaniker Arnoldo Santos Guerra: "**Die Waldmassen**, die mit Sicherheit auf **Fuerteventura** existiert haben, sind **vollständig verschwunden**." Wie dies geschehen ist, illustriert Carl Bolle: "Dreifach verwüstet: durch die Vulcane, durch Ziegen und durch den Menschen. Letzterer, insbesondere der civilisierte, dürfte am schonungslosesten vorgegangen sein. Wo aber der Zahn der Ziege, deren Herden das Land erfüllten, junges Holz abnagen durfte, da konnte nicht baumlose Wüstenei allein vorgewaltet haben."

Am 28.6.1882 forderte der Abgeordnete Fuerteventuras, Pedro Bravo de Laguna, in der Nationalversammlung Geldmittel für die Wiederaufforstung seiner Insel. Der Großgrundbesitzer und Schriftsteller Antonio Maria Manrique y Saavedra **forderte am 27.11.1903** unter dem Pseudonym "Dr. Oscar Strand" in der Tageszeitung "La Opinión" **gesetzlichen Schutz des Baumbestandes auf Fuerteventura**. Sein Appell "Ein Land, welches keine Gesetze hat, um Verstöße, Vergehen und Verbrechen gegen den Baumbestand zu ahnden, wird niemals ein wirkliches Zivilisationsniveau erreichen", blieb ungehört.

Der Reisebericht von Juan Maluquer y Viladot aus dem Jahre 1906 klagte an: "Fuerteventura hat mir einen schmerzlichen Eindruck hinterlassen ... dort gibt es keine Bäume ... dort lassen viele ihre Ziegen und Dromedare weiden wo sie wollen, bis in den Privatbesitz ... in La Oliva versuchte ein Privatmann eine stattliche Kiefernpflanzung anzulegen ... als die **Kiefern** bereits ein gutes Stück gewachsen waren, wurden sie alle in einer Nacht **herausgerissen** und in korrekter Symmetrie hingelegt ... die Pflanzung hätte den Hirten das Weiden verunmöglicht ... so **siegten die, die das Ödland dem Wald vorziehen.**"

In der Zwischenzeit wurde häufig die Aufforstung der Insel gefordert:

• 1925 von dem Geologen und Regierungsberater Lucas Fernández Navarro,

• 1947 von dem Wirtschaftswissenschaftler Francisco Alonso Luengo,

• 1984 von dem Professor für Agrargeographie Wladimiro Rodríguez Brito und

• 1990 von dem Botaniker Francisco Galván Fernández,

aber bis zum heutigen Tag hält **Fuerteventura** einen absoluten **Rekord: keinen Quadratmeter Waldfläche.**

Im Haushaltsplan der kanarischen Regionalregierung ist für Fuerteventura im Jahre 1992 keine Pesete für Wiederaufforstung vorgesehen. Im Jahre 1990 hat die Forst- und Naturschutzbehörde (Icona) keine Pesete für die Wiederherstellung der kanarischen Wälder ausgegeben. Nur der **EG-Regionalfonds** (Feder) sieht in seinem "Plan Agrohidrológico de Fuerteventura" DM 2,4 Mio. **für Wiederaufforstung** vor, dies sind aber nur **0,9% der Gesamtmittel.** Damit können 60 Arbeiter ein Jahr bezahlt werden, aber die Kosten für Baumbeschaffung, Bewässerung, Transport etc. fallen ja auch an.

Im Jahre 1991 wurden pro Majorero DM 6.670 auf Fuerteventura investiert, allerdings nur DM 60 davon für den Versuch, den ehemaligen Wald wiederherzustellen. Von diesen Mitteln stammen allein DM 5.650 pro Majorero aus EG-Steuergeldern, und sie werden zum großen Teil für nutzlose Maßnahmen, wie für die Förderung der Viehzucht, vergeudet. Die Aufforstungsmaßnahme ist außerdem noch nicht beschlossene Sache, da die Planungen ein Jahr Verspätung aufweisen. Sie verkommt zur reinen Imagepflege, denn am 3.8.1991 war zu lesen: "**Die Palmen der Insel sterben an Wassermangel.**" Tero Brito, Korrespondent von *canarias 7*, faßt zusammen: "Der Raubbau am Grundwasser ... die Überweidung ... die Beschleunigung des Verwüstungsprozesses, bedingt durch die stürmische Entwicklung der letzten Jahre hat das zerbrechliche Ökosystem Fuerteventuras in ein Stadium der Schädigung gebracht, daß selbst Palmen und

Tamarisken sich weigern zu wachsen." Nun nach 110 Jahren Aufrufen zur Aufforstung **ganze 0,9% der EG-Mittel** und 0% der regionalen Eigeninvestitionen dafür **zur Verfügung zu stellen, heißt keinen Wald wollen.**

Schlimmer noch, der Wiederaufforstungsversuch gerät zum grotesken Schildbürgerstreich, da im Naturschutzgebiet von Betancuria, wo wiederaufgeforstet werden soll, gleichzeitig ein Jagdschutzgebiet eingerichtet wurde. Hier gibt es mittlerweile über 100.000 Kaninchen und die zwei Dutzend Pflanztüten in der "Aula de la Naturaleza" müssen durch in die Erde eingegrabenen Maschendraht gegen diese Plage geschützt werden. Der Senator Gerardo Mesa Noda meint zu dieser Burleske: "Als ob man im Kaninchenstall Bäume pflanzen will."

Industrie und Handwerk

In der zweiten Hälfte des 19. Jahrhunderts hielt auf Fuerteventura das "Industriezeitalter" mit der Errichtung von Kalkbrennöfen (☞ Ort für Ort, Puerto del Rosario) seinen Einzug. Aus einem Brief des Handelsherren und Bürgermeisters Ramon Castañeyra aus dem Jahre 1885 geht hervor, daß Steinkohle aus Cádiz zum Brennen des Kalks eingeführt wurde und daß die Kohle pro Gewichtseinheit dreimal soviel kostete, wie der Kalk.

Ein ruinöses Geschäft, wenn man noch die Arbeitskraft berücksichtigt, die damals aber so gut wie nichts wert war. Aber die billigen Kalk- und Zementimporte zwangen bald zur Aufgabe dieses Versuches.

Fuerteventura ist als Industriestandort absolut ungeeignet, da es an folgenden Voraussetzungen fehlt:
* Rohstoffe aller Art,
* Energie,
* Süßwasser für Produktion und Kühlung,
* Ausgebildetes Bedienungspersonal, Reparaturfachkräfte, geeignetes Verwaltungs- und Managementpersonal,
* Infrastruktur.

Da bislang Wind- und Sonnenenergie auf der Insel nicht genutzt werden, ist **Fuerteventura total abhängig von Erdölimporten.** Jeder Liter Wasser, der auf Fuerteventura aus der Leitung rinnt, hat trotz seines Restsalzgehaltes eine erhebliche Energiemenge zu seiner Entsalzung verschlungen.

Infolge der fehlenden Voraussetzungen machte die Käsefabrik "Quese-rías de Fuerteventura S.A." im Jahre 1985 bankrott und blieb den Ziegen-haltern 100 Millionen Peseten schuldig. Auch die neue Käsefabrik bei Gran Tarajal schreibt nach einer Studie der Kanarischen Sparkasse rote Zahlen. Die einzige Fischfabrik der Insel "Industrias de la Pesca Canarias S.A." schloß vor wenigen Jahren wegen Unrentabilität.

Außer den Meerwasserentsalzungsanlagen und dem Elektrizitätswerk sind an Industrie nur die Hohlblockstein- und Betonfertigteilwerke sowie Sand- und Kiesabbau, dieser oft in Naturschutzgebieten, zu nennen. Im Jahre 1989 gab es 55 Betriebe mit 320 Arbeitern, im Jahre 1990 nur noch 31 Betriebe mit 97 Beschäftigten, einschließlich der Direktoren und Teil-zeitarbeiter. Dies bedeutet einen spektakulären Rückgang um 70% aller Beschäftigten des Sektors in nur einem Jahr.

Importfirmen wie Jürgen Flick (Mercedes Benz), Walther Sauermann (BMW) und Siemens sorgen für die Bereitstellung von deutschen Quali-tätsindustrieprodukten.

Das Handwerk hat durch die touristische Bautätigkeit einen enormen Aufschwung genommen. Auch die Motorisierung hat in den letzten beiden Jahrzehnten eine stürmische Entwicklung genommen, so daß es zehn Tankstellen und 47 Autowerkstätten gibt. Das **Bauhandwerk** hat in den letzten Jahren **einen Höhenflug** gemacht, der aber durch Überangebot an touristischen Unterkünften die **Gefahr des steilen Absturzes** herbei-geführt hat. Die Caja Insular de Ahorros de Canarias hat in einer Studie ermittelt, daß seit 1986 mindestens **6.000** arbeitslose **Jugendliche aus Galicien**, Andalusien und den Kanarischen Inseln als **Bauarbeiter nach Fuerteventura angeworben** wurden.

Die Zeitschrift *Cambio 16* berichtet hierüber: Alles spielt sich im il-legalen Bereich ab. Bei Arbeitsantritt müssen die Arbeiter statt ihres Ar-beitsvertrages ihr Kündigungsschreiben unterzeichnen. Somit verzichten sie auf alle Rechte aus dem Arbeitsverhältnis, der Arbeitstag hat normal 12 bis 14 Stunden und die Unterkünfte sind menschenunwürdig. Demje-nigen, der unzufrieden ist, wird ohne zu zögern sein Kündigungsschreiben präsentiert, und er findet auf der gesamten Insel keine Arbeit mehr, da die illegalen Bauunternehmen eine schwarze Liste führen ...

Mittlerweile sind 54 Prozent der Berufstätigen Fuerteventuras Einwan-derer. Dies führt zu Fremdenfeindlichkeit ähnlich wie in Deutschland, da für die ungeschulten Majoreros in der Regel nur noch die schlechtesten Arbeitsplätze übrigbleiben. Außerdem gäbe es auf der Insel überhaupt keine Arbeitslosigkeit, wenn es nur ein Drittel weniger Fremde gäbe.

Raúl Miranda, Abgeordneter des Inselparlaments, wirft führenden Politikern Fuerteventuras Rechtsextremismus und Rassismus, schlimmer als ihn der französische Rechtsaußen Jean Marie Le Pen ausübe, vor (*Cambio 16*; 29.5.1989).

Was wird nun erst geschehen, da seit dem 1.1.1992 der freie Personenverkehr im EG-Bereich auch für Fuerteventura in Kraft getreten ist und zum ersten Mal für qualifizierte Führungsposten geeignete Bewerber zur Verfügung stehen?

Dienstleistungsbereich und Tourismus

Der englische Reiseführer A. Samler Brown aus dem Jahre 1903 offeriert als einzige Unterkunft auf der Insel: "Ein wenig empfehlenswertes Gasthaus mit vier Betten in Puerto de Cabras." Im Wirtschaftsentwicklungsplan von 1964 wurde hervorgehoben, daß es noch überhaupt keinen Tourismus auf Fuerteventura gab. Für Geschäftsreisende gab es eine Pension mit 29 Betten in Puerto del Rosario und sechs Gästehäuser, die über die Insel verteilt waren.

Uwe Riedel beschreibt die Gründe des ab 1966 auf der Insel ausbrechenden Baubooms: "Erstaunlich ist die Tatsache, daß auf Fuerteventura, der Insel, die bisher kaum von Fremden aufgesucht wurde, eine Vielzahl größerer Siedlungskomplexe entsteht. Es sind zwei Faktoren, die diesen Umstand bedingen: auf den beiden Hauptinseln stiegen die Bodenpreise in den Fremdenverkehrssiedlungen - wie z.B. in Maspalomas - innerhalb der letzten fünf Jahre um rund das Zehnfache an. Um konkurrenzfähig zu bleiben, ergab sich für neue Projekte nur die Möglichkeit, weiter in die Peripherie abzuwandern. Geschäftstüchtige Unternehmer erkannten zudem, daß **der Wunsch** der Ausländer **nach Sonne und Badestränden in idealer Weise auf Fuerteventura erfüllt** werden kann. So entstehen gerade entlang der weitläufigsten Strände, bei Corralejo im Norden und auf der Halbinsel Jandía im Süden der Insel, Fremdenverkehrssiedlungen."

Diese Siedlungen gerieten häufig zu Bauruinen. Die Geografía de Canarias zählt für Fuerteventura allein 14 nicht fertiggestellte Siedlungen auf: La Pared, Matas Blancas, Marabú, Risco de Paso, Los Verdes, Rosa de la Monja, El Cangrejo, Caleta Fustes, Tebeto, Esquinzo, Los Lagos und drei weitere bei Tarajalejo. Uwe Riedel analysiert die Gründe des Scheiterns: "An dem Beispiel der Ferienhaussiedlungen ... auf Fuerteventura lassen sich die Probleme aufzeigen, die auftauchen, wenn derartige

Siedlungen in größerer Entfernung von einem Ort - also in siedlungsfreiem Gelände - entstehen. Hier wurden von deutschen Bauherren ... Bungalow-siedlungen mit Mietferienhäusern errichtet.

Inzwischen mußten diese Projekte jedoch wieder aufgegeben werden: Zum einen rentiert sich die Inbetriebnahme der eigenen Stromanlage nicht, wenn nicht alle Häuser belegt sind, zum anderen ist eine Belieferung der Siedlungen mit Nahrungsmitteln zu schwierig und ein Transport der Mieter zum nächsten Hotel zu weit und umständlich. Es fand sich kein Reiseunternehmen bereit, diese Ferienhauskolonien in sein Reiseprogramm aufzunehmen; eine private Vermietung ist bei der ungünstigen Lage ausgeschlossen. Diese Schwierigkeiten hätten durchaus vorausgesehen werden müssen."

Uwe Riedel gibt in seiner Doktorarbeit "Der Fremdenverkehr auf den Kanarischen Inseln" die Beschwerden der Großgrundbesitzer der Jandía-Halbinsel, der Familie Winter-Althaus (☞ Ort für Ort, Pájara), aus dem Jahre 1968 wieder: "Die nach Jandía führenden Straßen sowie die Wege auf dieser Halbinsel sind extrem schlecht: Von Tuineje aus führen nur noch einfache Pisten nach Jandía. Der Weg wird dabei teilweise nur durch Fahrspuren gekennzeichnet; auf der Halbinsel selbst kommt es ständig zu Verwehungen des Dünensandes. Obwohl die **Playa de Sotavento de Jandía das touristisch interessanteste Gebiet des Archipels** werden könnte, scheinen die Zentralbehörden nicht an einer Entwicklung interessiert zu sein: Sie verlangen von den Anliegern auf Jandía eine Selbstkostenbeteiligung von 12 Millionen Peseten (etwa DM 700.000), um dann innerhalb von 10 Jahren eine Straße zu erbauen. Eine Lösung des Verkehrsproblems könnte ein Flugplatz auf der Halbinsel Jandía bieten, der auf eine Rollbahnlänge von 3.200 m ausbaufähig wäre. Doch ein Verbot der Behörden verhindert die Benutzung dieses Flugplatzes, obwohl er zur Notlandestation deklariert worden ist. **Die Inselbehörden wollen den Fremdenzustrom in die Inselhauptstadt lenken**, weshalb auch der Parador in deren unmittelbarer Nähe errichtet worden ist."

Der Tourismusspezialist Uwe Riedel kennt sich freilich nicht mit den Tricks von Immobilienspekulanten aus. So bekam auf El Hierro Herr Fiesening eine vom Staat finanzierte Erschließungsstraße zu seinen Ländereien durch die geniale Schenkung eines Bauplatzes für den Parador Nacional in der abgelegenen Bucht "Las Playas". Luis Fernández Fúster schildert in seiner "Geografía general del turismo de masas" den mißglückten Versuch Gustav Winters, die Infrastruktur für seine Tourismusprojekte vom spanischen Staat geschenkt zu bekommen: "Damals bot (Herr Winter) der Dirección General del Turismo Gelände für den Bau

141

eines Parador Nacional ... an. Der Herzog de Luna war an Winters Angebot interessiert und Winter empfing den Beauftragen des Herzogs in der Festung von Cofete, die die gleichnamige Bucht im Norden der Halbinsel Jandía beherrscht. Die Unterredungen führten zu keinem praktischen Resultat." Manchmal ist es intelligenter, etwas zu verschenken, als es verkaufen zu wollen ...

Im Jahre 1966 wurde der Parador Nacional an der Playa Blanca bei Puerto del Rosario begonnen und mit 100 Betten 1968 geöffnet.

Auf der Halbinsel Jandía nahm 1966 das unter deutscher Leitung stehende Hotel "Casa Atlántica" seinen Betrieb auf. Das zehnstöckige Hochhaushotel "Jandía Playa" wurde ebenfalls dort 1968 von einem deutschen Hotelier fertiggestellt. In Corralejo wurde 1967 als erste Anlage "Apartamentos Hoplaco" eingeweiht. Der Tourismusmulti TUI baute Anfang der siebziger Jahre, rechtzeitig vor Einführung der Naturschutzgesetzgebung, direkt in den Dünen von Corralejo das Fünfsternehotel "Tres Islas" und das Dreisternehotel "Iberotel Oliva Beach". Dafür kann TUI seinen Gästen den auch hier schon zum **Luxus** gewordenen Vorzug **der** "**splendid isolation**" anbieten.

Der Tourismus entwickelte sich aufgrund der fehlenden Infrastruktur nur langsam. Als dann 1980 eine gute Auslastung des Bettenangebots erreicht war, verdoppelte man dies in nur fünf Jahren. Danach wurde die Bettenzahl nochmals in nur fünf Jahren (1986-1990) vervierfacht, mit den Worten des Abgeordneten des Inselparlaments Guillermo Sánchez Velházquez: "Eine Explosion".

Tab. 12: Tourismusentwicklung auf Fuerteventura

	Touristen	Betten	Aufent-haltstage	Übernach-tungen	Auslastung
1967	1.105	136	14	15.470	31%
1975	21.000	2.713	14	294.000	30%
1980	136.000	5.545	12	1.632.000	81%
1985	247.000	10.472	11	2.717.000	71%
1990	375.728	41.830	8	3.005.824	20%
1991	536.573	60.000	11	5.902.303	27%

Das "centro de investigación económica y social de la caja insular de ahorros de gran canaria" faßt die touristische Entwicklung in einer Studie aus dem Jahre 1989 zusammen:

"a) Der größte Teil der im Bau befindlichen oder in den Jahren 87 und 88 fertiggestellten Betten waren Apartmentbetten. So ist der Anteil der Hotelbetten am Gesamtangebot von einem Drittel (vor 1987) auf ein Zwölftel zurückgegangen. In fast gleicher Relation ging die Qualität des Angebotes zurück.

b) Man hat zumindest kurzfristig das Gleichgewicht zwischen Angebot und Nachfrage zerstört. Das **Überangebot hat zu einer Preissenkung geführt**, hauptsächlich im Apartment- und Ferienhausangebot.

c) Man hat das touristische Angebot der Insel zerstört, sowohl durch die Qualitätsverminderung und die Massenware der Baulichkeiten, als auch durch die negativen Einflüsse auf die Umwelt."

Die vorgenannte Studie diente als Arbeitspapier für die Tagung "Jornadas sobre Políticas Turísticas en Fuerteventura", die vom 13.-17.2.1989 den Entscheidungsträgern einen Anstoß zur Änderung des eigensinnigen, planlosen und die Insel schädigenden Vorgehens geben sollte.

Der Bürgermeister von La Oliva, Domingo González Arroyo, bezeichnete die wissenschaftliche Studie als "das **Schwarzbuch über Fuerteventura**". Er insistierte darauf, daß nur in seiner Gemeinde 250.000 Touristenbetten zu bauen seien und die Politiker von Gran Canaria und Teneriffa Steuergelder für die Anlage von Kunststränden verschleudern würden. **Wenn** überhaupt **Touristenunterkünfte** in Zukunft gebaut würden, **dann** in der naturstrandreichsten Insel, eben **auf Fuerteventura**.

Die sechs Bürgermeister der Insel haben Mitte der 80er Jahre insgesamt **690.000 Tourismusbetten für Fuerteventura** in den Bebauungsplänen **gefordert**. Am 18.3.1991 wurde von der Inselregierung erklärt, daß die **Gesamtbettenzahl** der Insel anhand der Bebauungspläne **auf 230.000 reduziert** sei. Gleichzeitig wurde der Inselentwicklungsplan bis 1999 vorgestellt. Der "Plan Insular de Ordenación de Fuerteventura (PIOF)" sieht vor, von den 230.000 bis zum Jahr 2.000 nur maximal 65.800 zu realisieren. Der leitende Architekt des PIOF, Ricard Pié, betonte aber, daß **der Plan die gemeindliche Hoheit in Bebauungsfragen nicht antasten würde**.

Tab. 13: Genehmigte Touristenbetten der Gemeinden Fuerteventuras

La Oliva	78.116	Antigua	35.666
Pájara	72.680	Puerto del Rosario	16.948
Tuineje	41.619		

Damit haben die Bürgermeister im legalen Genehmigungsverfahren bereits die langfristig als Obergrenze angesetzten 230.000 Betten um 15.000 überzogen. Sollte diese genehmigte Bettenkapazität tatsächlich gebaut werden, käme somit nochmal mehr als das Vierfache des derzeit bereits nur zu einem Fünftel zu füllenden Bettenangebots hinzu.

Eloy Martín Franco, der Verantwortliche für die Inselentwicklungspläne der Provinz Gran Canaria, drückt die Vorgänge der letzten Jahre so aus: "**Was sich entwickelt hat, ist die Bautätigkeit, nicht der Tourismus.**" Deshalb fassen es auch alle im Tourismus Tätigen als Verhöhnung auf, daß für die Kanaren 1990 vom Tourismusressort der Autonomen Regierung ein neuer Besucherrekord gemeldet wurde.

Die auf 27% abgesunkene Bettenbelegung ist ruinös. Auf den kanarischen Inseln gibt es überdies noch ungefähr 150.000 illegale Touristenbetten. Der Vertreter des Tourismuspatronats der Insel mußte zugeben, daß ihm noch nicht einmal bekannt sei, wieviele Hotels es auf der Insel gibt, von der **Bettenzahl** ganz zu schweigen - diese **wird** einschließlich der illegalen Unterkünfte **auf 60-65.000 Betten geschätzt**. So betont der Architekt der Inselregierung: "**Das touristische Bauwesen ist der Erdölschatz der Insel.**" Und der Generaldirektor für öffentliches Bauwesen der kanarischen Regierung sekundiert: "Man kann von Fuerteventura nicht das Opfer verlangen, sein Bettenangebot zu begrenzen, ohne daß es für den Rest des Archipels eine Einschränkung desselben gibt."

Carmelo Domínguez Hormiga, der Verfasser der Tourismusstudie über Fuerteventura, analysiert die Gründe und Schäden der Bauspekulation für die Insel: "**Die Gemeindeverwaltungen** ... insbesondere Pájara, Antigua und La Oliva **praktizieren eine Rivalität, was die Zahl der Tourismusbetten betrifft.** Die Baugesellschaften nutzen diese Rivalität aus, um die günstigsten Bedingungen bei der Zuteilung von Bauland zu erhalten und Begünstigung bei der Auslegung von Baubestimmungen. Warum ist die Spekulation negativ für die Wirtschaft der Insel?

1) Sie schafft keinen Wohlstand, sie fügt dem ursprünglichen Gut keinen Wert hinzu. Sie erfordert keine in anderen Sektoren produzierten Güter und absorbiert keine Arbeitskraft. Sie formt nicht um und befriedigt keine Bedürfnisse.

2) Sie lenkt Geldmittel um, die die herstellende Wirtschaft bereichern könnte und lenkt die Sparrücklagen von produktiven Sektoren mit hoher Wertschaffung in den Immobiliensektor um.

3) Sie zieht internationales Schwarzgeld an, welches wieder verschwindet, nachdem es mit hohem Gewinn gewaschen ist. Sie destabilisiert den Bodenpreis und schafft große Unsicherheit und verursacht den Ruin vieler kleiner Sparer.

4) Sie steigert den Nettopreis des touristischen Angebots künstlich und macht es so weniger konkurrenzfähig.
5) Sie ist bestimmend für die Konzentration des Bodeneigentums und reproduziert sich selbst und akkumuliert (in den Händen weniger).
6) Sie treibt den Sozialwohnungspreis und die Lebenshaltungskosten auf der Insel hoch."

Bei der derzeitigen Auslastung von ca. 20% könnten also fünfmal soviel Touristen auf Fuerteventura untergebracht werden oder vier von fünf Betten sind überflüssig. Antonio Machado Carrillo, der Verfasser des Vorwortes dieses ReiseHandbuches und ehemalige Berater für den Bereich Ökologie des kanarischen Ministerpräsidenten, hat in seiner Studie "Ecología, Medio Ambiente y Desarrollo Turístico en Canarias" die ökologische Belastbarkeit der Insel festgelegt. Seine Grenzwerte betragen: ein Touristenbett pro zwei Einwohner oder 20 Touristenbetten pro Quadratkilometer, dabei soll jeweils die zuerst erreichte Grenze gültig sein. Somit gibt es **auf Fuerteventura aus ökologischer Sicht bereits 21.800 Betten zuviel,** allerdings fehlt auch eine ähnliche Menge an Sozialwohnungen, die für die Majoreros fast unerschwinglich geworden sind.

Das Badeparadies Fuerteventura ist traditionsgemäß ein bevorzugtes Reiseziel deutschsprachiger Touristen.

Tab. 14: Herkunftsland der Touristen Fuerteventuras 1989

Deutschland	60%	Schweiz	4%
Spanien	13%	Österreich	2%
England	12%	Rest	4%
Skandinavien	5%		

Der Hotelierverband der Provinz Gran Canaria glaubt nicht an das Ende der Tourismuskrise, die 1989 begann, da dem Anstieg der Gesamtzahl der Touristen im Jahre 1991 ein **Rückgang der Aufenthaltsdauer** und ein **Preisverfall** gegenüberstünden. Außerdem sei der Anstieg der Touristenzahlen nur dem Bürgerkrieg in Jugoslawien und dem Golfkrieg zu verdanken gewesen. Juan Francisco García, der Generaldirektor der kanarischen Sparkassen sieht ein langsames Wachstum des Tourismus, welches eine 1%ige Steigerung des Bruttosozialproduktes des Dienstleistungsbereiches bringen könnte. Die einheimische Bevölkerung könnte damit ihren Konsum etwas steigern, was aber schwerlich den **Rückgang der Ausgabefreudigkeit der Touristen** wettmachen würde. José Moriana, der Präsident des kanarischen Hotelierverbandes, der 6.000 Unternehmer mit

45.000 Angestellten repräsentiert, die 60% des Bruttosozialproduktes des Archipels erwirtschaften, fordert von der Regionalregierung Soforthilfe. Der Wirtschaftszweig leide unter einem Schuldendruck von DM 1,2 Mrd. und benötige als Hilfe für die Abzahlung der bis 20%igen Kreditzinsen sofort eine halbe Milliarde DM verlorene Subventionen.

Der TUI Repräsentant Hans Gmelin **kündigt** für die Wintersaison einen **Anstieg von 40%** Buchungen für Fuerteventura **an**. Dieser Prognose widerspricht Werner Binder, der Vertreter von LTU, Jahn Reisen und Airtours, heftig. Er ist der Meinung, daß die Unternehmer nichts aus der Tourismuskrise gelernt haben, und da es in dieser Hochsaison keine Sonderangebote gäbe, mit **dem Jahreswechsel eine erstmalige Verringerung der Besucherzahlen** der Insel die Folge des unangepaßten Verhaltens des Tourismussektors wäre.

Im Dezember 1991 hat der kanarische Tourismusminister Miguel Zerolo eine Einsicht gewonnen, die schon jahrelang die Spatzen von den Dächern pfiffen: "Der für diese Wintersaison erwartete Urlauberzustrom allein kann die Krise nicht lösen, in der der kanarische Tourismus steckt." Er hoffe, daß die steigenden Urlauberzahlen dazu beitragen werden, die **Hotelpreise** etwas **anzuheben**, was im Moment die dringendste Notwendigkeit sei. Beispielsweise könnten **bessere Einnahmen für die Hoteliers** erzielt werden, **wenn die Reiseveranstalter ihre Gewinnspanne verringerten oder die Flugtarife senkten**, was gleichbleibende Preise für den Gast, aber bessere Renditen für den Hotelier bedeuten würde. Daß der Tourismusminister ein Traumtänzer ist, zeigt das Werbeangebot von TUI: "Eine Woche Unterkunft und Flug für DM 596. Tip: Pauschalangebot buchen, denn Einzelreisenden werden Mondpreise abverlangt!"

Der Tourismusminister fordert weiter: "**Das Touristische Angebot bremsen**." Mit dieser Forderung versucht er nur zu verschleiern, daß er seit Jahren **nicht fähig ist, ein Bauverbot durchzusetzen**. Daraus sollte der Gast die Schlußfolgerung ziehen, bei seinem Reisebüro nur Sonderangebote zu akzeptieren. Dank der ungebremsten Bauwut der Majoreros kann der Besucher heute zwischen vielen günstigen Angeboten auswählen.

Infrastruktur

Wasser

Im Jahre **1403** rühmten die normannischen Eroberer den Wasserreichtum Fuerteventuras: Die Quellen seien so stark, daß sie Bäche bildeten und **an vier oder fünf Bächen** könnte man **mit dem Wasser derselben Mühlen betreiben**. Der Rio de las Palmas sei so reißend gewesen, daß sie sich beim Durchwaten gegenseitig festhalten mußten. Pedro Agustín del Castillo hebt im Jahre **1737** die vielen **Bachläufe der Halbinsel Jandía** und die beiden Bäche im Betancuriamassiv hervor. Noch im Jahre 1860 stammten immerhin 4% des Wassers auf der Insel aus Quellen.

Tab. 15: Herkunft des verbrauchten Wassers auf Fuerteventura (in m³)

	Quellen/Bäche Stauseen	Brunnen/Galerien Zisternen	Entsalzungs- u. Kläranlagen	insgesamt
1860	303.133	6.828.420	-	7.131.552
1960	500.000	4.000.000	-	4.500.000
1970	50.000	8.050.000	-	8.100.000
1989	-	3.363.000	2.537.000	5.900.000

Standen **1860** noch **1.800 l Wasser pro Tag und Person** für jeden Majorero zur Verfügung, so reduzierte sich diese Wassermenge bis **1989** auf nur noch **400 l pro Tag und Person**. Berücksichtigt man noch die 8.373 ständig anwesenden Touristen, so verbleiben 354 l pro Tag und Majorero oder ca. ein Sechstel der Wassermenge von vor 130 Jahren. Wie kam es zu diesem Rückschritt?

Bis Anfang des 20. Jahrhunderts beschränkte sich die Wassergewinnung auf wenige Meter tiefe Brunnen, deren Wasser durch Tierkraft mit Schöpfrädern ("Norias") gefördert wurde. Durch die Einführung von Windrädern ("Aeromotor de Chicago") ab 1910 wurde die Förderhöhe und damit die Brunnentiefe erweitert, außerdem drehten sich diese Windräder ohne Pause Tag und Nacht. Durch die rasch einsetzende **Grundwasserabsenkung** wurden bald Motorpumpen notwendig, um die ständig in größere Tiefen gebohrten Brunnen erneut trockenpumpen zu können.

Der blinde Fortschrittsglaube und das **Vertrauen auf die Unerschöpflichkeit der Naturressourcen** findet ihren genialsten Vertreter in dem Bergwerksingenieur Horacio Bentabol. Dieser "Fachmann" verkündete nach einem 25tägigen Aufenthalt im März 1914, daß das Wasser des Atlasgebirges untermeerisch bis nach Fuerteventura gelange und man es nur anzubohren und zu fördern brauche und damit die gesamte Insel innerhalb von zehn Tagen in einen blühenden Garten verwandeln würde.

Erstaunlicherweise mußte trotz dieser Prophezeiung der Senator Izquierdo Vélez am 22. Juni desselben Jahres die umgehende **Trinkwasserversorgung Fuerteventuras per Tankschiffen** aus Teneriffa und Gran Canaria beantragen, damit die Einwohner nicht verdursten mußten.

Obwohl bereits 1925 der Geologe Lucas Fernández Navarro am Beispiel Fuerteventuras den **Zusammenhang zwischen Waldvernichtung und Wassermangel** folgendermaßen erklärte: "Die Gier und die Dummheit verhalfen zu den prekären Bedingungen, indem man die Bäume niedermachte und die Hänge entblößte ... mit den Wäldern verschwanden die ganzjährigen Bäche und die Quellen", setzte man weiter auf die technische Lösung.

Die wenigen unter dem Franco-Regime gebauten **Talsperren ließ man** in wenigen Jahren total **verlanden**. Zwischen 1973 und 1980 kam es zum Offenbarungseid der Wassersucher auf der Insel: Man verdreieinhalbfachte die Gesamtbrunnentiefe auf der Insel von 14 km auf 51,5 km bei 2.238 Brunnen und mußte gleichzeitig eine **Abnahme der Wasserförderung um 38%** hinnehmen. Und dies, obwohl man in der Nähe von 120 Brunnen sogenannte "Erdstauseen" gebaut hatte, die das Auffüllen des Grundwasserspiegels mit Regenwasser fördern sollten. Durch die unkontrollierte Überausbeutung des Grundwasserreservoirs und dessen Auffüllen durch nachdrückendes Meerwasser lag der Chlorionengehalt zwischen 1 und 10 g pro Liter Brunnenwasser. Nachdem die WHO im Jahre 1963 den Gehalt an Chlorionen im Trinkwasser auf 0,6 g/l, die spanische Regierung 1967 sogar auf 0,35 g/l festgelegt hatte, gab es **auf ganz Fuerteventura kein zum menschlichen Genuß geeignetes Wasser** mehr. So war man gezwungen, aus Meerwasser bzw. dem Brackwasser der Brunnen mittels Erdöl Süßwasser zu destillieren. Die **erste Meerwasserentsalzungsanlage** wurde am **15.9.1970** in Puerto del Rosario mit einer Kapazität von 1.000 m³ pro Tag in Dienst gestellt.

Tab. 16: Verwendungszweck des Wassers auf Fuerteventura

	Landwirtschaft	Haushalte/Industrie	Tourismus
1960	89,1%	10,9%	-
1980	81,0%	13,0%	6,0%
1989	59,6%	28,1%	12,3%

Ein Majorero verbraucht durchschnittlich 114 l Wasser pro Tag, ein Tourist 237 l Wasser pro Tag.

Bis 1989 waren auf der Insel Entsalzungsanlagen mit einem Gesamtvolumen von 18.000 m³ pro Tag installiert. Im Jahre 1991 wurden nun in Puerto del Rosario, in Corralejo, in Gran Tarajal und in Morro Jable je eine weitere Anlage mit einer Kapazität von insgesamt 7.600 m³ pro Tag gebaut. **Für jeden Kubikmeter entsalztes Wasser** sind im günstigsten Fall **6 Kilowattstunden Strom** notwendig. Aber ohne diese technische Lösung wäre Fuerteventura nicht bewohnbar! Im Haushaltsplan der kanarischen Regierung sind im Falle Fuerteventuras bereits 19 % der Investitionen für die Wassergewinnung reserviert.

José Juan Herrera Velásquez, Präsident der Inselregierung (Cabildo Insular) und der Wassergesellschaft (Consorcio de Aguas) trug am 26.9. 1991 dem kanarischen Ministerpräsidenten die Schwierigkeiten der Wasserversorgung und die Schuldenlast von 425 Millionen Peseten des Wasserkonsortiums vor. Jerónimo Saavedra schlug ihm daraufhin die **Privatisierung der Wassergesellschaft** vor, damit es zu **kostendeckenden Preisen** für das kostbare Naß auf der Insel käme.

Ildefonso Chacón, Vorsitzender der rechten Inselpartei IF-AIC und für Wasser zuständiger langjähriger Minister der kanarischen Regierung, beweist seine Ahnungslosigkeit und Unfähigkeit mit seiner Wahlwerbung: **"Das Wasser wird aufhören, ein Problem für die Kanaren zu sein."** Zu diesem Sohn der Wüsteninsel hat sich der Treibhauseffekt und die auf wenige Jahrzehnte berechnete Endlichkeit der Erdölvorräte noch nicht herumgesprochen.

Energiesektor
Zur Zeit sind Erdölprodukte der einzige Energielieferant Fuerteventuras. Carlos Gonzáles Lázaro, der Generaldirektor der kanarischen Regierung für Energiepolitik, hat im Februar 1991 ein Energiesparprogramm vorgestellt, welches die jährliche Einsparung von 277.300 t Erdölprodukten vorsieht. Dies sind 8,6 % des Gesamtverbrauches des Archipels. Obwohl Industrie hier kaum vorhanden und wegen des optimalen Klimas rund ums Jahr keine Heizung erforderlich ist, **übersteigt der Erdölverbrauch** wegen der Meerwasserentsalzung sogar den **Pro-Kopf-Verbrauch Deutschlands**.

Tab. 17: Erdölverbrauch je Einwohner 1989 in kg

USA	2.881	Spanien	1.044
Deutschland	1.645	Fuerteventura	1.754

Eine Flasche **Butangas** kostet gerade DM 10, dies ist der **weltweit niedrigste Preis**. Auch die Kraftstoffpreise sind auf den Kanarischen Inseln erheblich niedriger als in Festlandspanien, somit besteht **keinerlei Anreiz zur Energieeinsparung**.

Tab. 18: Treibstoffpreise auf den Kanaren und in Festlandspanien in pts./l

	Superbenzin	Normalbenzin	Bleifrei	Diesel
Kanaran	61,4	58,4	59,4	46,6
Spanien	90,1	86,7	87,8	69,7

Elektrizität

Der Telegrafenbeamte von Puerto Cabras war gleichzeitig Mühlenbesitzer und stellte das Dieselaggregat seiner Gofiomühle, welches 32 PS aufwies, ab 1931 zur öffentlichen Straßenbeleuchtung der Hauptstadt, allerdings nur bis Mitternacht, zur Verfügung. Im Jahre 1937 ließ der Bäcker von Gran Tarajal in ähnlicher Weise in seinem Wohnort das Licht angehen.

In dem Regionalentwicklungsplan von **1964** ist nachzulesen, daß die **Stromversorgung auf Fuerteventura noch nicht existierte**. Es gab 1961 öffentliche Beleuchtung nur in den vier Orten: Puerto del Rosario, Gran Tarajal, Antigua und Betancuria, und zwar nur zwischen 18:30 und 0:30. Insgesamt waren Dieselaggregate mit einer Kapazität von 0,14 MW in Betrieb. In diesem Plan war der Bau einer weiteren Anlage in Puerto del Rosario mit einer Potenz von 0,16 MW vorgesehen.

Im Jahre 1971 wurde im zweiten Entwicklungsplan schließlich eine Potenz von 2 MW zur Installation vorgesehen. Die staatliche Strommonopolfirma Unión Eléctrica de Canarias S.A., Nachfolgerin der nordamerikanischen Firma Union Electric CO (Unelco), übernahm 1972 die Stromversorgung der Insel. Das **E-Werk** Las Salinas in Puerto del Rosario hatte 1980 eine **Kapazität** von 15 MW, die bis heute auf **30 MW** verdoppelt wurde. Um Spitzenbelastungen abzudecken, ist das Stromversorgungsnetz mittels eines untermeerischen Kabels mit dem E-Werk Punta Grande in Arrecife (Lanzarote) verbunden, welches mit 104,3 MW Überkapazitäten aufweist. In nur 29 Jahren ist **auf** den Inseln Lanzarote und **Fuerteventura die Entwicklung vom Mittelalter zur Neuzeit im Zeitraffersystem** abgelaufen. Dies ist am leichtesten am Stromverbrauch abzulesen, der sich seit 1961 um das 2.386fache gesteigert hat.

Tab. 19: Stromverbrauch auf Lanzarote und Fuerteventura in Kilowattstunden (kWh)

	1961	1972	1981	1990
kWh	86.000	559.000	63.927.000	435.171.000
kWh/Einwohner	1,6	10	786	3.817

Der totale **Wandel von** der ausschließlichen **Agrargesellschaft zur Dienstleistungsmonokultur** in nur einer Generation ist hier bilderbuchhaft dokumentiert. Somit ist der Stromverbrauch pro Einwohner auf Fuerteventura höher als in Festlandspanien.

Tab. 20: Vergleich des Stromverbrauches in kWh/Einwohner/Jahr

Spanien	Fuerteventura	Deutschland
2.563	3.817	6.000

Energieträger
Holz: Vom 15. Jahrhundert bis zur zweiten Hälfte des 19. Jahrhunderts waren Bäume und verholzende Büsche die einzige Energiequelle für Kochen, Tonbrennen, Kalkbrennen etc., somit war das Schicksal des Waldes besiedelt.

Kohle: Seit die englischen Kaufleute ab 1854 Steinkohle nach Gran Canaria importierten, diente auch auf Fuerteventura diese fossile Energiequelle zur Entwicklung einer bescheidenen Industrie.

In der Nähe der Häfen Puerto de la Peña und Cotillo, wo auch Kalk ansteht, baute man Kalkbrennöfen. Im Jahre 1880 wurden für Puerto de Cabras stolz vier "Kalkfabriken" genannt. Die in der Nähe des Hafens von Puerto del Rosario erhaltenen Brennöfen sollen restauriert und zur Besichtigung freigegeben werden (☞ Reise-Infos von A bis Z, Ausflugsattraktionen, Architektonische Attraktionen).

Erdgas: Das kanarische Industrieministerium versuchte im Juli 1991, nachdem die Planungen hinsichtlich der mittelfristigen Energiequellen auf Erdöl und Kohle festgelegt sind, das Ruder herumzureißen und hat einen Plan veröffentlicht, der das Erdgas als Energieversorgung der Zukunft vorsieht. Dies geschah kurze Zeit, nachdem das Projekt der Erdgaspipeline von Algerien durch die Meerenge von Gibraltar nach Festlandspanien bekannt wurde. Für diese umweltfreundliche Alternative bestehen allerdings kaum Chancen, da das Transportproblem immer noch als ungelöst gelten muß.

Erdölprodukte: Durch den Bau- und Tourismusboom explodierte der Energiekonsum seit 1973 auf das Viereinhalbfache. Die durchschnittliche Zuwachsrate in den letzten zwei Jahrzehnten betrug 21% pro Jahr.

Tab. 21: Verbrauch an Erdölprodukten auf Fuerteventura in t

1973	1983	1989
14.712	47.485	66.126

Der kanarische Minister für Industrie und Energie warnt: "Die kanarische Regierung befürchtet keinen Zusammenbruch der Energieversorgung, doch wird sie angesichts der brutalen Erhöhung des Energieverbrauchs die Hände nicht in den Schoß legen."

Die jährliche Steigerungsrate des Energiekonsums beträgt weiterhin um 10%. Und die Regierung legt die Hände in den Schoß angesichts des Geschäftsgebarens des Strommonopolisten Unelco, der 1990 einen Nettogewinn von DM 75 Millionen eingestrichen hatte und gleichzeitig Schlagzeilen machte, wie: "Unelco ist die größte Dreckschleuder der Kanaren."
Regelmäßig werden die Höchstwerte an Schwefeldioxid und Ruß überboten. Da aber die Höchststrafe nur DM 7.500 beträgt, ist es billiger diese zu zahlen, als eine Entschwefelungsanlage zu bauen.

Alternative Energien
Seine Majestät König Juan Carlos I. erklärte bereits im August 1981 vor der UN-Konferenz in Nairobi über erneuerbare Energien: "Die erneuerbaren Energien haben Eigenschaften, die sie besonders attraktiv machen."
Die Maximen des Königs werden in der fernen Region gering geachtet. Die kanarische Regierung betont in ihrem Energieplan, daß die alternativen Energien auch langfristig bestenfalls 2% des Bedarfs decken können.

Solarenergie: Am Flughafen El Matorral ist die Globalstrahlung doppelt so hoch wie die in Braunlage/Deutschland. Pro Quadratmeter ist dort mit 1.760 kWh zu rechnen. Außer in einigen kleinen Anlagen zur Warmwasserbereitung wird diese saubere Energie nicht genutzt.

Windenergie: Die Windenergienutzung hat auf Fuerteventura eine lange Tradition, schon im 16. Jahrhundert wurden die ersten Getreidewindmühlen gebaut. Ende des 18. Jahrhunderts begann man auch mit einfachen Windmühlen, Wasser aus Brunnen zu fördern. Eine Technik, die ab 1910 durch die Einführung der Windturbine "Aeromotor de Chicago" verbessert wurde. Noch heute bevölkern Dutzende Getreidewindmühlen und Hunderte Aeromotore die Landschaft der Insel

Gerardo Mesa Noda, der damalige Inselpräsident, hat bereits 1985 eine Windkarte der Insel erstellen lassen, aus der hervorgeht, daß **Fuerteventura ein Starkwindgebiet** ist, wo es im Jahresdurchschnitt **30% mehr Wind gibt als in den Windparks Californiens.** Der Regionalförderungsfonds der EG (Feder) hat in seinem Programm Valoren einen **Windpark** mit einer Potenz **von 10 MW** für Fuerteventura mit 35% bezuschußt. Dänische Spezialisten haben auf insgesamt 815.000 m² Fläche die besten Standorte für die 50 Windgeneratoren des Typs ACSA-25/200 kW der Firma "Estas Wind Systems A/S" auf der Halbinsel Jandía ausgemacht. **Das größte Windkraftwerk des kanarischen Archipels soll** bei einer 51%igen Ausbeute der Windkraft 45 Mio. kWh pro Jahr liefern und somit **10% des derzeitigen Strombedarfs des Stromverbundes Fuerteventura/Lanzarote abgasfrei erzeugen.**

Obwohl damit 4.000 t Erdöl im Jahr eingespart werden können, ist ein Teil der Umweltschutzgruppen der Insel gegen dieses Projekt, da es im Naturschutzgebiet Jandía liegt. Die ersten fünf der insgesamt 50 Windmühlen wurden im November 1991 gegenüber der Einfahrt zum Hotel Gorriones errichtet. Den Großauftrag führt die Firma Aerogeneradores Canarios S.A., ein Lizenznehmer des dänischen Herstellers aus.

Verkehr

Straßenverkehr

Der englische Reisende A. Brown fand 1903 die einzige Straße der Insel, die seit 1860 von Puerto de Cabras über Antigua nach Tuineje (33 km) geplant war, im Bau vor. Nur die ersten 10 km bis Tesjuates waren fertiggestellt, das Teilstück bis Antigua kurz vor der Beendigung, und das Teilstück Antigua-Tuineje war noch ein Saumpfad, wie alle anderen Dorfverbindungswege der Insel.

Mittlerweile sind **die Straßenverhältnisse** nach einer Studie der Regionalbehörde **die besten des gesamten kanarischen Archipels.**

Tab. 22: Straßennetz Fuerteventuras in km

	1963	1974	1988
Asphaltstraßen	95	114	423
Erdstraßen			665

Auf 37 Einwohner kommt ein Kilometer Straße, im Vergleich dazu kommt in Deutschland ein Kilometer auf 623 Einwohner! In Deutschland, das ja ein gutes Straßennetz hat, kommt auf 2,6 km² Fläche ein Kilometer Straße, auf Fuerteventura dagegen auf nur 1,5 km² Fläche.

In den sechziger Jahren gab es eine eindeutige Benachteiligung der Insel im regionalen Bereich, was Infrastruktur betraf. So beschwert sich Frau Winter-Althaus im Jahre 1969, daß das touristisch interessanteste Gebiet des gesamten Archipels, die Playa de Sotavento de Jandía, von den Behörden benachteiligt würde. Sie unterstreicht diesen Mißstand: "Die nach Jandía führenden Straßen sowie die Wege auf dieser Halbinsel sind extrem schlecht: Von Tuineje aus führen nur noch einfache Pisten nach Jandía. Der Weg wird dabei teilweise nur durch Fahrspuren gekennzeichnet; auf der Halbinsel selbst kommt es ständig zu Verwehungen des Dünensandes."

Die Banco Bilbao unterstrich 1973 in einer Studie, daß **die touristische Entwicklung Fuerteventuras vom Ausbau des Straßennetzes abhängig** sei. Die Benachteiligung rief bei den Majoreros ein schweres Trauma hervor, welches auch heute noch nicht kompensiert scheint.

Seit 1987 stellt die Insel den für den Straßenbau zuständigen kanarischen Minister, der genau weiß, wofür er gewählt wird. Im Jahre 1969 kam noch auf zehn Majoreros ein Auto, 1988 kam bereits auf 2,3 Insulaner ein Auto. Zur selben Zeit mußten sich die Bundesbürger mit einer Kfz-Dichte von 2,4 pro Einwohner zufriedengeben. Im Jahr 1987 legte sich jeder 17. Majorero ein fabrikneues Gefährt zu, dasselbe war nur jedem 21. Bundesbürger möglich.

So wundert es nicht, daß die letzten 182 Einwohner von Betancuria auf dieser flachsten Insel des Archipels den **ersten Straßentunnel der Insel** nach Antigua fordern. Oder daß der Senator Gerardo Mesa Noda eine **Autobahn auf einer neuen Trasse ohne Dorfberührung von Corralejo bis zur Punta de Jandía** fordert. Nach den Plänen dieses Politikers könnte man, mit einem entsprechenden Auto versehen, die Insel in nur einer Stunde der Länge nach durchqueren - welch Fortschritt!

So konnte Ildefonso Chacón, der aus Fuerteventura stammende Verkehrsminister der Kanaren für die Pläne seines politischen Gegners im November 1991 die Lorbeeren einheimsen, indem er seiner Insel ein Straßenbaugroßprogramm bescherte. Unter anderem kündigte er eine **neue Schnellstraße, eine der besten der Welt**, durch den Naturpark "Dünen von Corralejo" an, welche insgesamt als Aussichtsplattform dienen soll. In den nächsten fünf Jahren werden für den Straßenbau auf Fuerteventura aus

Regionalmitteln DM 1.667 pro Majorero aufgewendet. Die deutschen Bundesländer geben im gleichen Zeitraum nur DM 705 pro Bürger aus. Über alle Parteigrenzen sind sich also die Majoreros einig, **mehr Straßenbau bringt mehr Tourismus und dieser wiederum mehr Wohlstand.**

Schiffsverkehr

Die normannischen Eroberer benutzten Puerto de la Peña und Corralejo als Häfen. Die Sklavenraubzüge zur afrikanischen Küste nahmen im 15. und 16. Jahrhundert von Pozo Negro ihren Ausgang.

Der Hafen Puerto de Cabras ist schon in der Karte von Gabriel de Valsecha aus dem Jahre 1439 enthalten. Als Ausfuhrhafen mit Festungsturm ab dem 18. Jahrhundert sind noch Cotillo (Puerto de Tostón) und Caleta de Fustes zu nennen. Morro Jable hieß früher Puerto de la Cebada (Gerstenhafen), da auch von hier Getreide exportiert wurde. Als Fischereihäfen bzw. werden immer noch die Buchten von Las Playitas, La Lajita, Tarajalejo, Giniginamar, Pozo Negro, Puerto Lajas und Puertito de los Molinos genutzt.

Die "Compañía de Vapores Interinsulares Canarias", eine 100%ige Tochtergesellschaft der englischen Reederei "Elder & Dempster", begann im August 1888 den Postschiffverkehr einschließlich Personen- und Frachtverkehr zwischen den Inseln. Es waren zwei kleine Dampfschiffe von je 674 BRT.

Im Jahre 1911 wurde von derselben Reederei die für den interinsulären Verkehr bestimmte Flotte auf drei Einheiten von 1.000 BRT und drei Schiffe von ca. 500 BRT ausgedehnt. Eines der kleineren, 574 BRT groß und 51 m lang, wurde auf den Namen "Fuerteventura" getauft. Es gab 50 Personen Platz und war 56 Jahre ununterbrochen im Einsatz, bis es 1967 zum Verschrotten verkauft wurde.

Anfangs gab es ein bis zwei "Expeditionen" pro Monat, ab 1911 immerhin sechs pro Monat. Im Jahre 1930 wurde die Tochterfirma der Reederei "Elder & Dempster" von der staatlichen spanischen Schiffahrtslinie "Trasmediterránea" aufgekauft, welche auch heute noch überwiegend den interinsulären Verkehr durchführt.

Der englische Reisende A. Brown berichtet, daß es auf der gesamten Insel keine Hafenanlage gab. Die Mole des Hafens von Puerto del Rosario war im Bau, die Reisenden wurden aber noch per Ruderboot an Land gebracht. Mittlerweile hat sich auf dem Gebiet des Hafenbaus einiges getan, die derzeitigen Hafenanlagen sind die folgenden:

Puerto del Rosario: Die gegenwärtige Mole von 300 m Länge soll bis Ende 1993 mit einem Kostenaufwand von 9 Millionen DM um 100 m verlängert werden. Ob allerdings mit der Hafenerweiterung die organisatorische Unfähigkeit behoben wird, die zu über einmonatigen Zwischenlagerzeiten im Hafen von Las Palmas führen, bleibt abzuwarten. Ein Passagierterminal ist gerade fertiggestellt worden. Das Passagieraufkommen der staatlichen Fährlinie (Trasmediterránea) mit den Nachbarinseln Gran Canaria und Lanzarote nimmt kontinuierlich zu (☞ Reise-Infos von A bis Z, Verkehrsverbindungen; Bootsausflüge). Das Frachtvolumen steigert sich kräftig. Dafür ist nach der Schließung der einzigen Fischfabrik der Insel der Fischfang bedeutungslos geworden.

Tab. 23: Entwicklung des Hafens von Puerto del Rosario

	1958	1973	1983	1988
Fracht in t	74.529	90.012	258.132	489.000
Passagiere	9.855	16.433	28.164	108.000
Fischfang in t	310	750	12.500	12

Gran Tarajal: Die Mole ist nach der Erweiterung 216 m lang und wird heute so gut wie gar nicht mehr genutzt. Die 600 m² große Lagerhalle diente zur Verschiffung der Tomatenernte. Im Jahre 1973 wurden noch 26.989 t umgeschlagen, dieses Volumen verringerte sich bis 1983 auf 6.351 t. Seit 1988 werden alle Tomaten nach Puerto del Rosario gebracht, somit hat der Hafen zur Zeit keinerlei Funktion.

Puerto de Morro Jable: Der Yachthafen des Touristenzentrums wurde am 1.1.1986 eingeweiht und ist somit der jüngste der Insel. Die 125 m lange Mole ergibt insgesamt 60.000 m² Liegefläche. Der Hafen wird auch von den wenigen Fischern genutzt. Seit Juni 1987 gibt es auch eine Jetfoil-Schnellbootverbindung nach Las Palmas de Gran Canaria. Da der Jetfoil von der Staatslinie Trasmediterránea betrieben wird, wird die unrentable Linie aufrechterhalten (☞ Reise-Infos von A bis Z, Verkehrsverbindungen; Bootsausflüge). Bei einer Kapazität von 294 Fahrgästen verkehrt das Schnellboot dreimal wöchentlich. Im Jahre 1989 beförderte es 30.752 Personen, was einer Auslastung von 19% entspricht. Auch 1990 fuhren nur 41.929 Benutzer mit dem 80 km/h schnellen Gefährt. Somit war immerhin jeder vierte Platz besetzt.

Puerto de Corralejo: Der Hafen besitzt eine 280 m lange Mole und wurde am 31.12.1982 in Dienst gestellt. Seine Funktionen sind Yachthafen, Ausflugsverkehr, Fischereihafen und Fährhafen nach Playa Blanca/

Lanzarote. Die Schiffahrtslinie Corralejo/Fuerteventura - Playa Blanca/ Lanzarote war in den Jahren 1989 und 1990 **Schauplatz eines erbittert geführten "Fährkrieges"**. Eine ministerielle Verordnung vom 16.5.1986 hatte den Schiffsliniendienst zwischen den Inseln spanischen Schiffahrtslinien vorbehalten wollen. Die Benutzervereinigung sah darin einen Verstoß gegen den Artikel 18 der spanischen Verfassung und ließ ein Rechtsgutachten anfertigen und klagte gegen die Verordnung.

"Im Juli 1989 hat die Ferry "Betancuria" endlich den Fährdienst aufnehmen können, nachdem der Eigner, die Reederei Fred Olsen, monatelang auf die Genehmigung gewartet hatte" (Wochenspiegel). Mitte September 1989 griff dann noch die Staatslinie Trasmediterránea mit dem Schnellboot "Tiburón" (Hai) in den Verdrängungswettbewerb mit den beiden Schiffen der Alisur S.A. "Arosa III" und "Yaiza" ein. Somit war die Linie Playa Blanca (Lanzarote) - Corralejo (Fuerteventura), die nur 15 km beträgt, von vier Schiffen mit 13 täglichen Hin- und Rückfahrten, die am stärksten umkämpfte Strecke der Kanarischen Inseln.

Dem Ausflugsverkehr zwischen den beiden Inseln wurden pro Tag also in beiden Richtungen je 3.924 Passagierplätze angeboten, wobei das tatsächliche Fahrgastaufkommen ca. 12% des Angebots betrug. Im Sommer 1990 wurden das Schnellboot "Tiburón" und die "Arosa III" der Alisur S.A. wegen Unrentabilität aus dem ruinösen Wettbewerb herausgezogen. Nun findet die **Entscheidungsschlacht zwischen der "Yaiza" der Alisur S.A. und der "Betancuria" des** norwegischen Reeders Fred Olsen statt. Jedes dieser beiden Schiffe bietet bei drei täglichen Überfahrten pro Jahr 876.000 Fahrgastplätze an, und die amtliche Passagierzahl beträgt nur 176.000, also ist die **angebotene Kapazität nur zu 10% ausgelastet**. Oder: Jedes der beiden Schiffe könnte allein fünfmal soviel Personen pro Jahr befördern. Nachzutragen bleibt an dieser Stelle, daß die **Staatslinie "Compañía Trasmediterránea S.A." wegen illegaler Wettbewerbsmethoden** am 10.4.1991 mit einer Strafe von pts. 100.000 belegt wurde.

Ausflüge nach der Insel Lobos unternehmen das Boot "Poseidon" und das Glasbodenboot "Majorero" (Fahrpläne ☞ Reise-Infos von A bis Z, Bootsausflüge).

Caleta de Fustes: Yachthafen bei der Urbanización Castillo de Fustes (☞ Reise-Infos von A bis Z, Bootsausflüge).

Neubauprojekte in Cotillo, Puerto de la Peña und La Lajita: Obwohl auf Fuerteventura die Fischerei wegen Überausbeutung der Fischgründe keine Zukunft hat (☞ Landwirtschaft und Fischfang), ist für 1992 der Bau der drei vorstehend genannten "Fischereihäfen" geplant. Der jetzt als

Yachthafen genutzte Hafen von Morro Jable wurde im Jahre 1978 auch als Fischereihafen genehmigt, ein üblicher Etikettenschwindel, da Yachthäfen keine öffentlichen Gelder erhalten.

Flugverkehr
Seit 1940 sind nicht weniger als vier Flugplätze gebaut worden.

Aerodromo de Jandía: Nach Pedro Costa Morata wurde dieses Flugfeld in der Nähe der Punta de Jandía um das Jahr 1940 herum von deutschen Geheimdienstlern erbaut. Nach Uwe Riedel bemerkte Frau Winter-Althaus im Jahre 1969 zu diesem Flugplatz: "Eine Lösung des Verkehrsproblems könnte ein Flugplatz auf der Halbinsel bieten, der auf eine Rollbahnlänge von 3.200 m ausbaufähig wäre. Doch ein Verbot der Behörden verhindert die Benutzung dieses Flugplatzes, obwohl er zur Notlandestation deklariert worden ist." Der Engländer Austin Baillon berichtet in der Island Gazette, Dezember 1990: "Der Stacheldrahtverhau wurde wenige Jahre nach Kriegsende von spanischen Pionieren unter dem Befehl eines mir befreundeten Offiziers entfernt. Er drückte seine Überraschung aus, in diesem Gebiet ein Flugfeld vorzufinden. ... Die geheime Rollbahn am Südende der Jandía Halbinsel scheint von dreimotorigen Junkers-Flugzeugen benutzt worden zu sein."

Flughafen Tefia: Im Jahre 1947 wurde im Llano de la Laguna, nahe der Siedlung Las Parcelas, der erste Flughafen der Insel, eine einfache Erdpiste erbaut.

Flughafen Los Estancos: Der zwischen Puerto del Rosario und Tetir, beim Weiler Los Estancos gelegene Flughafen wurde zwischen 1952 und 1969 benutzt.

Flughafen El Matorral: Die 2.400 m lange und 30 m breite Start- und Landebahn ist für alle Flugzeugtypen zugelassen und wurde 1969 eingeweiht. Am 23.12.1986 wurde hier der 500.000ste und am 28.11.1990 der 1.000.000ste Urlaubsgast begrüßt. Es waren beide Male deutsche Touristinnen, die jeweils mit einem Hapag Lloyd-Flug angereist waren.

Tab. 24: Entwicklung des Fluggastaufkommens auf Fuerteventura

	1958	1968	1974	1988	1989	1990
Passagiere	6.197	35.000	155.000	838.000	979.770	1.119.770

Man hofft, im Jahr 2006 auf 4 Millionen Fluggäste pro Jahr zu kommen und investiert für den Bau eines neuen Passagierterminals und eine Vergrößerung der Flugzeugparkfläche in den nächsten Jahren DM 120 Millionen.

Ökologie

Fuerteventura als Paradebeispiel anthropogener Desertifikation
Gadifer de La Salle, der französische Eroberer der Insel, beschreibt **1403** die **Wälder** der Insel, ihre **Wasserläufe** und **Quellen** (☞ Landwirtschaft und Fischfang, Wald auf der Wüsteninsel der Kanaren?).

Heute, **nach 600 Jahren Herrschaft einer "überlegenen Zivilisation"**, ist bereits das Übergangsstadium zwischen Halbwüste und Wüste erreicht. Nach den Desertifikationskriterien der World Meteorological Organization handelt es sich im Falle von Fuerteventura um eine **Halbwüste**, wobei die Reste von Buschwerk stärkstens von Viehverbiß betroffen sind. Dabei beträgt die **potentielle Verdunstung** das **Zehnfache der** jährlichen **Niederschläge**. Und relativ geringe Niederschläge von 91 l/m² in den drei Tagen vom 4.-7.12.1991 führten zum Zusammenbruch der gesamten Infrastruktur.

"Überschwemmungen auf der gesamten Insel, öffentliche Straßenbeleuchtung, Strommasten, Bäume, Wasserleitungen, und ganze Straßenstücke weggespült. **Mehr als tausend Ziegen** ins Meer gespült oder in Stauseen **ertrunken** (*canarias 7*, 6.-13.12.1991). So wird der Regen zur zerstörerischen Kraft: fast die gesamte Niederschlagsmenge fließt ungehindert ab, schwemmt dabei den Boden und verwittertes Gesteinsmaterial aller Größenordnungen ab. Die lehmigen Feinerdeanteile werden ins Meer gespült, welches sich rund um die Insel wie Milchkaffee färbt. Geröll und Sande lagern sich in den Ebenen ab. Wie kam es nun dazu, daß der Majorero seine Umwelt so veränderte, daß ihm **der Regen zum Fluch gerät**?

ab 1403: • **Kahlschlag** des Waldes ohne Wiederaufforstung in den Lorbeer- und Baumheidewäldern, z.B. der Jandía-Halbinsel, der Gebiete Pájara, des Betancuriamassivs, des Vallebrón-Hochtals etc., wo **Ökologen, wie Günther Kunkel**, heute noch Zeugenpflanzen vorfinden. Das Dorf Tefia heißt berberisch "Wald";

• Holzbedarf für Bau von Häusern, Kirchen, Booten, Windmühlen etc.;

• Bedarf an Brennholz, insbesondere für Töpferei- und Kalk-brennöfen;

• Holzexport nach Lanzarote und Brennholzversorgung der Schiffe, bezeugt von George Glas für das Jahr 1764;

• flächiges Entfernen des Buschwerks in den Ebenen zur Anlage von Getreidefeldern;

• Zerstörung des Buschwerks durch Hirten auch in steilsten Hängen zur Förderung von einjährigen Futterpflanzen. **Bei Cofete** auf der Jandía-Halbinsel kann man die **ehemalige Buschvegetation**, die dort die Erosion hervorragend bremst, noch heute sehen;

• **unkontrollierte Weide von** ca. **70.000 Ziegen über sechs Jahrhunderte** auf der gesamten Insel, damit **Weltmeister-schaft in Ziegenhaltung pro Oberfläche** (☞ Landwirt-schaft und Fischfang, Viehzucht);

• Einschleppen der Kaninchen als Jagdwild durch den Insel-fürsten Diego García im 15. Jahrhundert. Die Kaninchenplage verschärft die Überweidungsproblematik, und die Kaninchen-bauten stellen eine ausgezeichnete Angriffsfläche für die Was-sererosion dar.

1900: • Durch die Einführung des "Aeromotor de Chicago" wurde die Grundlage zur Überausbeutung der Grundwasserreserven gelegt. Der Grundwasserspiegel der Insel ist heute so stark ab-gesenkt, daß nur **16** der ungefähr **3.000 Tiefbrunnen** ohne Entsalzung für den Gebrauch **als Trinkwasser geeignet** sind (Geografía de Canarias).

1906: • Die **Hirten** der Gemeinde La Oliva wehrten sich entschie-den gegen den Versuch, ihr Weidegebiet durch Wiederauf-forstung einzuengen, indem sie in einer Nacht eine bereits angewachsene **Kiefernaufforstung zerstörten** (☞ Landwirt-schaft und Fischfang, Wald auf der Wüsteninsel der Kana-ren?).

1965: • Die von einem Rückwanderer aus der Kolonie Spanisch-Sa-hara eingeschleppten **Wüstenhörnchen** (*Atlantoxerus getulus*), die sich mittlerweile zu einer Kolonie von **einigen hundert-tausend Exemplaren** vermehrt haben und kräftig an dem dürf-tigen Pflanzenkleid der Insel zehren.

ab 1968: • Zunehmende **Versiegelung großer Flächen** der Inselober-fläche durch Asphalt und Beton bzw. Erdverdichtung durch Erdstraßenbau. Z.B. gibt es allein fünf Rollbahnen für Flug-zeuge auf der Insel.

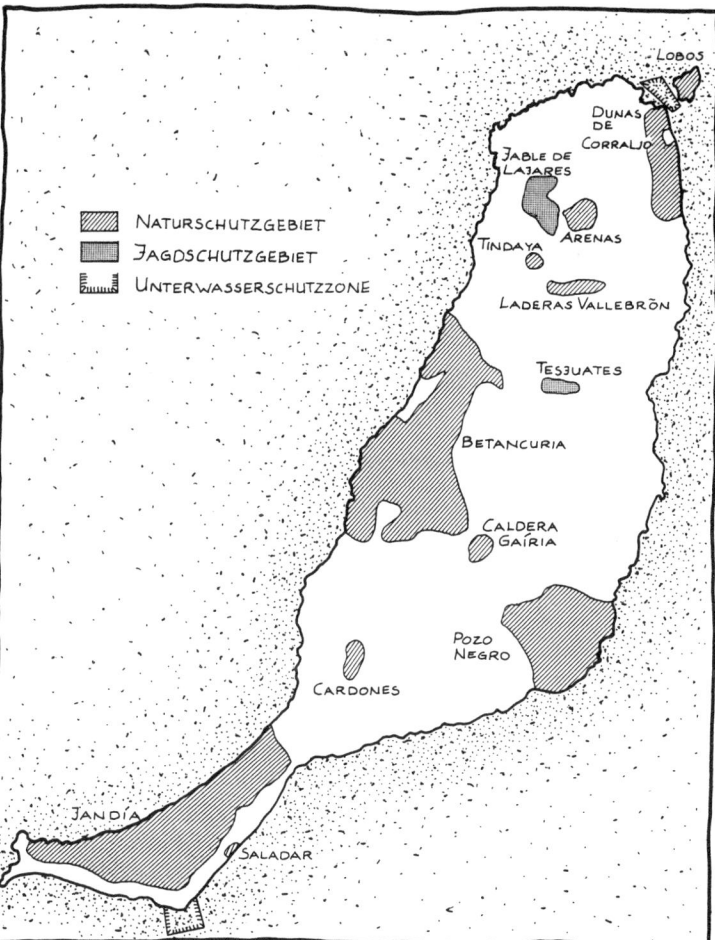

Naturschutzgebiete

seit 1975: ◆ Zerstörung großer Oberflächen der Insel durch militärische Übungen abseits der Straßen, insbesondere im Truppenübungsgelände Pájara (47 Millionen Quadratmeter).

Eine derart **rigorose Entwaldung und Entbuschung**, auch von der sekundär sich einstellenden Vegetationsdecke, muß im subtropischen Klima mit langen Trockenperioden und heftigen kurzzeitigen Regenfällen schwere Störungen des Wasserhaushaltes und eine erhebliche Verschlechterung der Böden nach sich ziehen. Die ohnedies nur noch spärliche Humusdecke wird bald ganz abgetragen. Der nur noch von kümmerlichem Pflanzenwuchs bedeckte Boden trocknet leichter aus und wird von den, nicht mehr von der Vegetation gebremsten, Regengüssen abgespült, bis häufig der nackte Fels zutage tritt. Ansatzstellen für die Erosion bieten nicht zuletzt auch die von Ziegen in steilste Hänge getretenen Pfade, die oft so festgetreten sind, daß kaum noch Pflanzen nachwachsen können. Sekundär wird die Erosion des Bodens verstärkt

◆ durch die Gewohnheit der **Ziegen**, die **Pflanzen mitsamt der Wurzeln auszurupfen**,

◆ durch fehlende Durchwurzelung der Böden, da die einjährigen Pflanzen nur kurze Zeit des Jahres überstehen,

◆ durch Abbau von Sand, Kalkstein, Bruchsteinen sowie Lavagranulat an den verschiedensten Stellen der Insel,

◆ durch das Anlegen und spätere Aufgeben von Terrassen und Überflutungsfeldern ("Gavias"),

◆ durch das Anlegen von Erdstraßen,

◆ durch angelagerte Schwemmböden, die der weiteren Wind- und Wassererosion leichter zugänglich sind,

◆ durch fehlende Vegetation und daraus resultierendem verstärkten Wind, was wieder die Winderosion fördert,

◆ durch häufige Erdrutsche bei den hier typischen kurzen Starkregenfällen,

◆ durch Ziegenbeweidung der Getreidefelder nach der Ernte,

◆ durch Ausreißen der Getreidehalme anstelle des Mähens,

◆ durch Trockenrisse bis 30 cm Breite und 1 m Tiefe in der Trockenzeit, die dann der Wind- und Wassererosion ideale Angriffspunkte bieten (Constantino Criado).

Der Tomatenanbau als einzige Form des **Bewässerungsanbaus**, abgesehen von kleinen Flächen Luzerne, **ruiniert den** schon alkalireichen **Boden** durch Bewässerung mit stark salzhaltigem Brunnenwasser **endgültig**. Nach zwei Jahren Tomatenanbau können so auf den Plantagenböden für einige Jahre nur noch salzliebende Pflanzen (☞ Das Land, Flora) gedeihen. Die Plantagenböden müssen bis zu zehn Jahren ausruhen, um dem Regen Zeit zu geben, das Salz auszuwaschen. Beschleunigt wird dieser Versalzungsprozeß noch durch die hohen Mineraldüngergaben (☞ Landwirtschaft und Fischfang, Tomatenanbau).

Doch immerhin ist auch auf den **Kanaren das Umweltbewußtsein** so gestiegen, daß gerade die Behörde, die an der Umsetzung von möglichst viel Subventionen in Beton und Asphalt und der Beschäftigung einer größtmöglichen Zahl von Personen im Bausektor interessiert ist (das regionale Bau-, Wohnungs- und Wasserministerium), schon ab und an die Kritiker ihrer Wachstumspolitik mit ganzseitigen Zeitungsanzeigen beschwichigen muß. So bekundete am 17. Februar 1991 **der aus Puerto del Rosario stammende kanarische Bauminister,** der seiner Heimatgemeinde einen Bauhaushaltsposten in dreifacher Höhe des Kanarendurchschnitts für 1992 zugeschanzt hat und auf die größte Straßendichte pro Einwohnerzahl auf seiner Insel stolz sein kann, seine **tiefe Sorge um die kanarische Umwelt** und sein bedingungsloses Engagement für ihre Erhaltung, freilich unter der Bedingung, daß ... Doch lesen Sie die **Quadratur des Kreises** im Originalton: "... Schönheit, wilde Naturlandschaft, Paradies ... Friede des Geistes, Herzlichkeit, Behaglichkeit, der Wohlstand, der einen freundlichen Empfang beschert, offene Weiten, Ruhe, Harmonie ... Werte, die man zur Zeit mit der größten Mißachtung massakriert. Werte, die beerdigt werden unter Beton, Eisen, Hetze. ... Wir sind in einer Phase der Aggression, die man dringend an der Wurzel kappen muß ...

Die Kanaren dürfen nicht blockiert werden, es ist nötig, vorwärts zu schreiten, aber wir müssen vorsichtig sein in unserem Vorgehen. Wohlgemerkt, vorsichtig, nicht langsam. Wir benötigen Bauvorhaben, aber es ist wichtig, sich bewußt zu sein, daß **jede Bauarbeit ein Angriff gegen die Umwelt ist,** und logischerweise ist es von elementarer Wichtigkeit, Formeln anzuwenden, die den Schaden mildern. **Die Zerstörung der Kanaren zu kappen,** ist Aufgabe aller. ... Man muß Ziele der Erhaltung und Wiederherstellung abstecken. **Aber niemand soll das mit Stillegen verwechseln.**"

Wie man sieht, sind die Begriffe "Umwelt", "Ökologie" und Naturschutz" in Spanien und auf den Kanaren oft nur inhaltslose Sprachhülsen, mit denen Spitzenpolitiker ihre Reden schmücken, weil es gerade opportun erscheint.

Das ZDF brachte im Oktober 1991 den Dokumentarbericht "Die Wüste rückt nach Europa vor, ein spanisches Drama." Trotzdem sind im

Haushalt 1991 nur ca. 0,5% für Wiederaufforstung und Bremsung des Verwüstungsvorganges vorgesehen. Die Prioritäten der Politiker für den Straßenbau sprechen für sich, denn hierfür werden sie schließlich gewählt.

Eine einsame und rühmliche Ausnahme stellt hier **Antonio Machado Carrillo**, der Verfasser des Vorwortes dieses Buches, dar. Als **Vertreter von Westeuropa im Rat der Internationalen Union für Umweltschutz** kämpft er darum, ein Programm gegen die weitere Degradierung Fuerteventuras durchzusetzen, in welchem auch ein Wiederaufforstungsprojekt enthalten sein soll.

Das Kapitel *Ökologie* in den Kanaren-ReiseHandbüchern von Adam Reifenberger ist ein neuartiger Einstieg zum Verständnis dieser wertvollen Öko-Systeme. Die *Öko-Tips* sind für jeden Touristen praktische Urlaubshilfe.

Dr. W. Michael Iwand,
Ressortleiter für Umwelt im Vorstand
der TUI - Touristik Union International

Brauchtum

Erzählformen

Ein auf dieser Insel in einzigartiger Weise lebendig gebliebenes Element der Volkskultur stellen die **Hexengeschichten** dar. Sie sind die bereits zur literarischen Form geronnenen Phantasien, die sich die Majoreros über die Fähigkeiten und Möglichkeiten jener Frauen machten, die, wie sie glaubten, einen Pakt mit übernatürlichen Mächten hätten. Daß es die Mächte der Finsternis sein sollten, sagt psychologisch etwas über die Einschätzung der Frau im Machismo und kulturhistorisch etwas über die Wertschätzung der Christen für die heidnischen Religionen, in denen oft Frauen die Funktion der Seherin/Priesterin/Schamanin hatten, wie es auch in manchen sekundären Texten über die Ureinwohner Fuerteventuras durchschimmert.

Die übernatürlichen Begabungen der majorerischen Hexen beschränken sich allerdings entsprechend den ärmlichen und eingeschränkten Verhältnissen der Insel auf ein recht bescheidenes Repertoire: Sie können sich überall hin "beamen", ohne Besen sogar, aber dafür müssen sie sich die Gelenke einreiben mit einer Salbe aus Hirn vom Esel, Samen vom Mann und Blut von der Frau. Ganz ausnahmsweise und als Schabernack können sie auch einen ahnungslosen Mann mit auf einen Beam-Trip nehmen. Oder jemandem sein Kamel aus dem Stall und auf die Montaña de Tindaya zaubern. Vor allem aber pflegen sie ihren Verlobten oder Männern in ein Tier verwandelt zu begegnen: als widerspenstige Ziege, die sich nicht melken läßt, als störrischer Esel, der auf dem nächtlichen Weg zu einem Fest unterwegs aufgegriffen, sich weigert, den unrechtmäßigen Reiter zum Tanz zu tragen.

Diese Parabeln zeigen nur allzu deutlich, wer oder was die Hexen waren: Frauen, die ihren Männern nicht gefügig waren und etwas konnten, was diese nicht konnten. Wie könnte sich der Machismo besser porträtieren?

Daß allerdings immer wieder versucht wird, wie allen Aberglauben, so auch den Hexenglauben auf das Kulturgepäck der Berbersklaven - oder gar der vorspanischen berberischen Ureinwohner - zurückzuführen, ist eine durchsichtige Projektion: Schließlich sind weder bei den islamischen noch bei den präislamischen Berbern Hexen verbrannt worden, sondern im christlichen Europa, und das Mutterland dieses kollektiven Wahns war Spanien. Die geographische Herkunft des Hexenspuks steht also außer Zweifel.

165

Einen reichen Schatz der ungeschriebenen - bzw. erst in jüngster Zeit für aufschreibenswürdig gehaltenen - Volksliteratur bilden auch die **Weissageregeln** und **Wetterprophezeiungen**.

Die Weissageregeln sind ganz kurzgefaßte Maximen wie "Milch verschütten bedeutet Unglück" oder "Wenn die Möwen landeinwärts fliegen, bedeutet das Regen". Das Wort für "bedeuten" - "aberruntar" - ist eine gallicisch-portugiesische Dialektform des gemeinspanischen "barruntar". Die Spruchweisheiten heißen daher "**aberruntes**".

Unter diesen Voraussageregeln gibt es beliebig viele magische Festlegungen wie die Begegnung mit einer schwarzen Katze - eine internationale Figur - oder das Auftauchen von zwei Pfarrern gleichzeitig, das rauhe See befürchten läßt, oder, noch schlimmer, drei Pfarrern (was mindestens Unglück oder gar Todesfall nach sich zieht). Wenn man einen Behördengang vorhat und begegnet einer Frau, geht es schief aus. Als Rationalist ist man vielleicht versucht, den gemeinsamen Nenner von schwarzen Katzen, Pfarrern (das ginge ja noch) und auch noch Frauen herauszufinden. Die Vergeblichkeit solcher Bemühungen liegt eben am konventionellen Charakter dieser Zuordnungen.

Auch selten vorkommende Vögel, wie der Graureiher, werden ebenso für diese Prognose herangezogen wie der allgegenwärtige Raubwürger, der, je nachdem, ob er rechts oder links singt, Glück oder Unglück ansagt - eine Überzeugung, die bis zu den Etruskern zurückreicht. Und da neue Situationen auch neue Lösungen erfordern, brauchte die so oft durch Emigration zerrissenen Familien auch eine Auskunft, wann sie Nachricht von ihren Söhnen, Brüdern oder Männern bekämen: dafür mußte der Raubwürger anhaltend vor der Haustür singen.

Neben diesen magischen Festlegungen gibt es natürlich auch Hunderte von lang- oder kurzfristigen Wetterprognosen aus dem Verhalten von Tieren, Pflanzen und Elementen, die als Auswertung jahrhundertelanger Erfahrungen zu verstehen sind: Wenn die Ameisen die Vorräte aus dem Bau ins Freie tragen, steht Trockenheit bevor, wenn sie den Bau mit Pflanzenmaterial abdichten, Regen.

Eine Mischung von Erfahrungen und magischer Festlegung sind die als "**cabañuelas**" bekannten langfristigen Wetterprognosen aus Klimakonstellationen ganz bestimmter Tage des Heiligenkalenders. Wie ernst sie geglaubt wurden, zeigt die köstliche Geschichte der List ein paar armer Teufel von Halbpächtern: Am 17. November ließ man die Kamele im Freien schlafen, um morgens auf ihrem Fell zu spüren, ob es getaut hatte. Wenn ja, würde es einen guten Regenwinter geben, wenn nicht, ein

166

Dürrejahr. Drei reiche Damen machten von dieser Prognose abhängig, ob sie an ihre Halbpächter Saatgut ausgaben oder nicht. Als die - früher aufgestandenen - Halbpächter das Fell der Kamele morgens trocken fanden, befeuchteten sie sie aus dem Eimer mit dem kostbaren Naß, damit sie, wenn doch das Säen dieses Jahr schon keinen Zweck hatte, wenigstens das ausgehändigte Saatgetreide für ihren täglichen "gofio" hätten.

Diese Geschichte beleuchtet nicht nur die Prognosetechnik und ihre allgemeine Akzeptanz, sondern vor allem die jahrhundertelange soziale Not und die ständige Abhängigkeit des Ackerbauern von dem unberechenbaren subtropischen Klima.

Daneben gibt es Scheinprognosen nach dem Prinzip des Eselschwanzbarometers: Wenn um ein Haus die Tauben zunehmen, geht es mit den Leuten bergauf (und umgekehrt). Tatsächlich mußte man, um Tauben zu füttern, Getreide übrig haben ...

Trachten

Die sichtbaren und ästhetisch ansprechenden Äußerungen der Volkskultur wie **Volkstanz** und **Trachten** sind auf Fuerteventura kaum noch in der Kontinuität echter Tradition zu greifen. Sie sind bereits aus nostalgischer Rückbesinnung auf die nur noch aus Dokumenten bekannte Schönheit traditioneller Ausdrucksformen rekonstruiert.

Für die **Trachten** verbürgt diese desillusionierende Erkenntnis gerade der engagierte Erforscher des Brauchtums der Insel, Francisco Navarro Artiles, der am 22.11.1991 wegen seiner kulturellen Verdienste um die Insel in die Königliche Akademie der Schönen Künste aufgenommen wurde. "Die Trachten", sagte er in einem Interview zwei Tage vor diesem Ereignis, "sind das Werk von Nestor de la Torre." Dieser von Jugendstil und Symbolismus beeinflußte grancanarische Maler entwickelte in seiner Spätphase im Zuge der unter Franco angesagten Förderung der Volkskultur ebenso einen künstlichen kanarischen Baustil wie relativ frei nachempfundene Lokaltrachten, die die bäuerliche Realität idealisierten und verfehlten. "Stellen Sie sich vor", illustrierte Francisco Navarro schmunzelnd, "wie eine Bäuerin mit einem solchen spitzen Hut bei unserem Wind hier auf die Straße gehen soll, ohne daß er ihr wegfliegt. Diese Hüte hat Nestor in seinem Häuschen, hübsch windgeschützt, sich ausgedacht."

Es gibt zweifellos den breitkrempigen Hut, aber der mußte fest auf dem Kopf sitzen. Es gab auch sicher die mehrfach übereinandergetragenen Röcke, deren obersten, schönsten die Frauen sich von hinten über den Kopf zogen, unterm Hut befestigt, so daß er sie rundum vor Sonne ebenso wie vor Wind und Kälte schützte, wie die dem Wüstenklima angepaßte Kleidung der nordafrikanischen Nomadenvölker. Ein erstaunliches Detail dieser totalen Sonnenschutzkleidung, das sich der Folkloredesigner in seinem geschützten Häuschen nicht hätte ausdenken können, sind die halben Handstulpen, die am Handgelenk befestigt, die Handaußenfläche vor der Sonne schützen, ohne die Geschicklichkeit der Finger einzuschränken.

Doch die Majoreros sind nicht allein mit ihrer abgerissenen und wieder aufgenommenen Tradition: Auf allen Kanaren hatten auch und gerade die armen Tagelöhner - die keine eigenen Schafe oder Maulbeerbäume hatten - längst billiger englisches Baumwollzeug erwerben können als gediegene einheimische Wollwebware. Die Oberschicht hatte ohnehin immer Eile, auswärtige Modetrends zu assimilieren. So war, als die Volkskundler erstmals ihren Blick rückwärts wandten, die bodenständige Tracht nur noch in Aquarellen und Stichen europäischer Reisender zu finden. Von diesen Dokumenten inspiriert, wurde sie dann rekreiert.

Dabei haben sich die Tanzgruppen verschiedener Ortschaften durchaus individualisierende Varianten einfallen lassen, die sich zum Teil auch an die auf den Nachbarinseln adoptierten Modelle anlehnen.

Volkstanz

Heute pflegen ein gutes halbes Dutzend sehr engagierte Nachwuchsgruppen die **Volkstanztradition** der Insel, unter Einschluß des Repertoires der Nachbarinseln. Selbst diejenigen, die keine Tanzgruppe zusammenbekommen konnten, interpretieren als Musikantenteam mit den traditionellen Instrumenten - Guitarre, "**timple**" (ein der Ukulele ähnliches bodenständiges Instrument mit vier oder fünf Saiten), Schellentrommel, Tamburin, "**bandurria**" (lautenähnlich) - die stets zu Liedern mit instrumentaler Begleitung vorgetragenen Tänze.

Diese Gruppen werden gefördert von den Lokalbehörden und motiviert durch ein jährliches Folkloretreffen im Rahmen einer "Semana cultural" (Kulturwoche) im November. Doch spürt man dabei, daß der Funke nicht mehr auf die zuschauende Bevölkerung überspringt. Die überwiegend jugendlichen Mitglieder (zwischen zwölf und zwanzig) führen ihre lang eingeübten Künste artig vor wie bei einem Benefiz- oder Schulabschlußfest, doch das Volk bleibt bei dieser Volksmusik im Zuschauerparterre.

Daher ist es verständlich, daß die Gruppen manchmal Schwierigkeiten haben, insbesondere für ihre Tänzerteams ausreichend männliche Partner zu finden: Offenbar bringt diese Freizeittätigkeit den Jungen ab einem gewissen Alter kein Sozialprestige mehr ein.

Den führenden Platz unter den Volkstänzen Fuerteventuras nimmt die **Seguidilla** ein. Dieser in die Renaissance zurückreichende Tanz wird hier in einer sehr bewegten Variante vorgetragen, nämlich als Kreistanz, bei dem sich die Paare ständig neu kombinieren.

Eine sehr eigentümliche Tanztradition bewahrte sich die Insel im **Sorondongo**, einem Reigentanz, der nur in La Oliva überlebt hatte und dort nur von Frauen vorgetragen wurde. Als Reigenspiel kleiner Mädchen war er auf den Inseln allgemein als ein soziales Integrationsritual, bei dem die Solotänzerin in der Mitte des Kreises immer wieder in diesen zurücktrat, wenn sich eine andere aus dem Kreis löste, um sie abzulösen, verbreitet.

Als Weihnachtstanz war er in Andalusien bekannt, als Paarkreistanz in Asturien. Die heute auf den Kanaren populärste Form ist allerdings eine Neuschöpfung des Dirigenten einer lanzarotenischen Folkloregruppe, der Ende der 50er Jahre mit ihrer Erstaufführung dem Generalkommandanten García Escámez für seine Unterstützung der Volksmusik dankte.

Auf Fuerteventura werden natürlich auch die großen Genres des kanarischen Volkstanzes gepflegt: die **Isa** mit ihrem behäbig-schunkeligen Dreivierteltakt, aber ihren verteufelt komplizierten Schrittmustern (33 verschiedene Schrittfolgen, wenn sie völlig gemeistert wird), deren bekanntestes Liedmotiv die "Farola del mar" ist; die ruhig-gemessene **Folía**, bei der die im Viereck angeordneten Tänzerpaare sich diagonal rekombinieren; oder die melancholische **Malagueña** und vor allem die hier noch mehr als auf den anderen Inseln beliebte **Polka**.

Liedgut

Zu ganz wenigen Anlässen wird Volksmusik noch in ihrem authentischen Kontext aus religiös-sozialer Motivation, nicht aus kulturell-ästhetischem Engagement, ausgeübt. Ein weihnachtliches Sing- und Tanzspiel um die Krippe hat in Antigua, Tiscamanita und Pájara Tradition unter dem Namen "**Rancho de Pascua**". Musikalisch getragen wird es von dem "rancho", einer Musikantengruppe, deren Instrumente aus Guitarren, Timple, Kastagnetten, Schellentrommeln und Tamburin, eventuell auch einer Bandurria bestehen.

Dieselben "ranchos" pflegen - heute nur noch in Antigua und Tiscamanita - ein seltsames und nur noch auf den Ostkanaren in kleinstem Rahmen überlebendes Ritual: das **Seelensingen** ("**Rancho de Animas**"). Ursprünglich um die Kosten des Begräbnisses für arme Gemeindemitglieder aufzubringen, heute auch für andere wohltätige Zwecke, wird eine Nacht hindurch in einem Privathaus gesungen: Für immer neue Beiträge in den Sammelteller werden immer neue alte Lieder intoniert, auch variiert. Der Improvisation bleibt in diesem spontan organisierten Rahmen der breite Spielraum, der der Volkskunst ihre Lebendigkeit und Offenheit für die Integration neuer Ideen und neuer Träger verleiht.

Die Gesellschaft, die sich da zum Spenden und Zuhören einfindet, ist irgendwie mit dem von der Benefizveranstaltung Bedachten verbunden. Der Rahmen ist also gleichzeitig intim und dennoch offen für jeden, der sich dazu rechnen will - eine typische Geselligkeitsform für die überaus tolerante und flexible kanarische Dorfgemeinschaft.

Da diese privat organisierten Zusammenkünfte immer seltener stattfinden und das Liedgut zunehmend droht, in Vergessenheit zu geraten, veranstalten Kulturfördervereinigungen wie "Culturalcampo" mit Unterstützung der Behörden alljährlich im Dezember kurz vor Weihnachten, das auch hier ein Kristallisationspunkt der Liedkultur ist, ein Volksliedertreffen in Antigua - eine Erweiterung des traditionellen Volksliedersingens am letzten Wochenende vor Weihnachten in der Kirche.

Den umfangreichsten Liederschatz bilden die "**romances**", die die Majoreros früher vor allem bei der Getreideernte sangen, eine Arbeit, die hier sehr langwierig und mühselig war, da das Getreide nicht geschnitten, sondern Halm für Halm in gemeinschaftlichem Einsatz aller Dorfbewohner reihum bei jedem Nachbarn ausgerissen wurde. Besonders talentierte Vorsänger brauchten sogar nicht mitzurupfen, sondern waren freigestellt, um musikalisch die Helfer bei Stimmung zu halten, hatten sie doch den qualifizierten Teil des Gesangs zu leisten: den fortlaufenden Text auswendig zu wissen, während die Erntehelfer nur jeweils nach einem neuen Verspaar den Kehrreim anstimmten. Die "romances" sind nämlich erzählende Lieder, also **Balladen**, die in mündlicher Tradition, die bei einigen Themen letztlich ins Mittelalter zurückreicht, in der Familie weitergegeben wurden. Auf Fuerteventura wurden sie, da sie hauptsächlich Arbeitsgesänge waren, ohne Instrumentalbegleitung vorgetragen.

Die Themen reichen von der Rolandsage, also der Zeit Karls des Großen, bis zum Untergang der Titanic, von langatmigen Märtyrerlegenden bis zu kurzen, humoristischen Fabeln. Die Überlieferung stützte sich z.T. auch auf schriftliche Zwischenglieder. So verkauften die Blinden anläßlich der religiösen Feste von Haus zu Haus gehend Textblätter von Romances, die im 18. Jahrhundert erstmals schriftlich festgehalten worden waren. Diese Textblätter wurden den Sammlern dieses alten Liedgutes noch in den späten 80er Jahren, wenn auch der schieren Auflösung nahe,

von den Besitzern, den alten "romanceros", vorgelegt. Dennoch beherrschen auch die besten dieser alten Balladenkenner von den wirklich epi-
schen Texten nur noch bestimmte Teile auswendig.

Da von den 270 auf Fuerteventura aufgenommenen Texten 185 von
über 60 Jahre alte Personen beigesteuert wurden und die Tradition eigentlich nur von einer einzigen Frau mittleren Alters, Ana Guerra Gutiérrez
aus Villaverde, in die nächste Generation hinübergerettet wird, ist abzu-
sehen, daß gerade die interessantesten Balladentexte aus dem lebendigen
Liedgut verschwinden und nur noch in den Sammlungen ein Archivdasein
führen. Eine Chance, bei Folkloretreffen weitergereicht zu werden, haben
so eingängige, heitere Kurzballaden wie die Tierfabel von Katz und Maus
oder Floh und Laus, die heiraten wollten. Aber wer wird die 1124 Verse
der Rolandsage übernehmen wollen, von der selbst die besten der alten
"romanceros" nur noch den zwanzigsten Teil in Versen beherrschen?

Während somit die im Aussterben begriffenen "Ranchos de Animas"
und das Weihnachtssingspiel die einzigen Überbleibsel der aus dem reli-
giös-sozialen Anlaß geborenen Volksmusik sind, hat die Teilnahme der
Folkloregruppen an den religiösen Festen den Charakter der Darbietung
einer, sei es hobbymäßig, sei es professionell, spezialisierten Equipe. Das
Publikum ist von den Darbietern ebenso getrennt wie bei einer Theater-
oder Konzertveranstaltung, die Volkskunst keine Sache des Volkes mehr.

Die religiösen Feste werden aber fast immer wahrgenommen, um eine
Darbietung dieser alten Kulturformen sozusagen als eine der Opfergaben
der Madonna oder dem Heiligen zu Füßen zu legen. Beim Fest der Virgen
de la Peña wird diese Funktion dadurch unterstrichen, daß die Folkloregruppen während der Darbringung der Gebinde an die Jungfrau aufspie-
len. Auch der "Rancho de Animas" von Tiscamanita steuert seine Künste
zu der neuerdings im August als große Kirmes nachgefeierten Fiesta von
San Marco bei. So leisten sie als Gruppe ihren gesellschaftlichen Beitrag
zum Gemeinschaftsprojekt der Fiesta, ebenso wie die Aussteller von
Handwerkskunst und die Ringmannschaften oder die Spezialisten im altka-
narischen Stockfechten.

Lucha canaria

Wenn Messe, Prozession und Darbringung der Opfergaben vorbei sind,
dann ist es irgendwie Zeit für die sportlichen Darbietungen: keine Fiesta
auf Fuerteventura ohne ein "Lucha"-Treffen.

Die "**lucha canaria**" wird wie viele kanarische Bräuche gern auf die
Ureinwohner zurückgeführt. Mangels jeglichen Anhalts in den frühen

Quellen bleibt dies jedoch eine romantische Spekulation. Enge Parallelen in aktuellen Ringkampfformen reichen von der isländischen "Glima" (bei der die Eingangsposition dieselbe ist) über das irische "Backwrestling" nach Süden bis zum oberen Nil, im Westen bis Brasilien, im Osten bis Japan. Mit dem schweizerischen "Schwingen" hat die "lucha canaria" so große Ähnlichkeit, daß man sich 1972 zu einem kanarisch-schweizerischen Wettbewerb traf, bei dem die Canarios gut abgeschnitten haben.

Eine Mannschaft besteht aus elf Ringern, eine Mannschaftsbegegnung aus elf Treffen, so daß jeder Kämpfer ein Mal gegen einen Gegner anzutreten hätte. Eine Mannschaft kann jedoch einen Sieger bis zu drei weiteren Malen in den "terrero" schicken. Jeder Kampf besteht aus drei Runden. Wer zweimal den Gegner geworfen hat, ist Sieger und bringt seiner Mannschaft zwei Punkte. Eine Runde darf zwei, mit Verlängerung drei Minuten dauern; häufig entscheidet sich die Situation schneller.

Der Kampfplatz ("terrero" = von der gestampften Erde) hat einen Innenkreis von 9 m Durchmesser, den der Sieger nicht überschritten haben darf, und nochmal einen 1 m breiten Außenring, außerhalb dessen der Wurf ungültig ist. Der Erdplatz ist meist mit Sand oder Sägespänen gepuffert.

Jedes Dorf hat seinen Ringplatz. Fast jede Gemeinde ist durch eine Mannschaft vertreten (nur Betancuria fällt wegen Überalterung, wie sich leicht erraten läßt, aus). Der wahrscheinlich älteste der gegenwärtigen Ortsvereine ist der von Antigua. Zur Zeit seiner Entstehung wurden noch keine Gründungsdaten aufgeschrieben. Der Verein der Hauptstadt, C.L. Rosario, reicht bis 1963 zurück, als er, noch unter dem Namen eines berühmten Ringers jener Epoche, als "Calero Fajardo" gegründet wurde.

Ebenso alt ist der von Villaverde, der sich jüngst mit dem von Los Lajares zur "Union Norte" zusammengeschlossen hat. Der nächste in der Altersrangfolge ist der "C.L. Maxorata", der den Süden des oft als "Majorata" bezeichneten Hauptteils der Insel vertritt: Tuineje, Gran Tarajal und den kleinen Fischerort Tarajalejo, von dessen Amateuren - damals waren alle noch Amateure - er 1970 unter dem Namen ihres Dorfes ins Leben gerufen wurde.

Ein Jahr später entstand der von Tetir. Der jüngste heißt "Cañada del Rio", obwohl er eigentlich aus den Ortsvereinen Pájara und Las Lajitas gebildet wurde. Die Unión Jandía zog sich von den Fusionsverhandlungen zurück. Sie vertritt etwas andere Interessen, da sie sich nicht auf ein Hinterland gewachsener Dörfer stützen kann, dafür aber auf um so solidere Finanzen. Bezeichnenderweise gehörte der erste bei Dopingkontrollen überführte kanarische Ringkämpfer dem "Jandía" an.

Denn der bodenständige Sport, der einst auf schlichtem Erdplatz mit selbstgenähten "bregas" (wie die speziellen Schwinghosen heißen) von den stämmigen Bauernburschen nach Feierabend gepflegt wurde, ist in den letzten zwei Jahrzehnten zum Kommerz geworden: Wie beim Fußball "kaufen" sich finanzstarke Vereine der Zentralinseln für Millionen Peseten die erfolgreichen Ringer - "pollo" (= "Hähnchen") genannt - bei den Ortsvereinen der ländlichen Provinz ein, die immer wieder die Naturtalente nachliefern. Neuerdings werden vom Cabildo und der Gemeinde Puerto del Rosario Ringschulen in verschiedenen Dörfern gegründet, um den Nachwuchs auf breiterer Basis zu fördern.

Juego del palo

Noch kein Kommerz und Massensport, da nur von wenigen Liebhabern gepflegt, ist das kanarische Stockfechten, "**juego del palo**". Es ist ursprünglich eine unter Hirten - die ja von Berufs wegen stets mit einem Stock ausgerüstet sind - entwickelte Kampfart zur Austragung ihrer Privatfehden, die jedoch zu einem Spiel mit festen Regeln geronnen ist. Seine Ausübung blieb freilich auf einige Hirtenfamilien beschränkt.

Doch seit vier Jahren hat diese - natürlich auch als ureinwohnerverdächtig geltende - Kampfsportart den Rang eines Unterrichtsfaches an der Universität Las Palmas. Dozent ist ein Hirte aus Valsequillo (Gran Canaria). Noch genügt ein zweistündiges Seminar pro Woche, um dem Andrang an Diplomanwärtern gerecht zu werden. Doch da es schon jetzt einen in den Medien ausgetragenen Streit um die zu unterrichtende Disziplin gibt - die vier Inseln Teneriffa, Gran Canaria, Fuerteventura und Lanzarote haben mindestens vier verschiedene Spielarten entwickelt - schreckt man vor der Errichtung eines Lehrstuhls bislang zurück; dies könnte zu streng fachlichen Auseinandersetzungen mit unerwünschten Folgen führen.

Kunsthandwerk

Als Folklore werden heute von den Einheimischen wie von den Fremden auch die einst so nützlichen **Handwerke** wie Töpferei oder Korbflechten empfunden. Deshalb finden auch sie in der Regel ihren Platz bei den größeren Festen in Form von Ausstellungen. Sie sind für die Canarios heute allgemein eine der Formen rückwärtsgewandter Identitätssuche.

Doch da andererseits die Einheimischen selbst den tönernen "tofio" (Melkgefäß mit Ausgußtülle) durch den Zink- und später den Plastikeimer ersetzt haben, die Tasche aus Palmblattgeflecht durch die Plastiktüte aus dcm Supermercado und den gestickten Leinenrock durch Kunstfaserglamour zu Kaufhauspreisen, konnten diese Handwerkstechniken nur dank der neu geschaffenen Nachfrage des touristischen Souvenirbedarfs überleben.

Ohne diesen gesicherten Absatzmarkt hätte auch die renommierte Josefa Acosta das umständliche Brennen in ihrem Holzofen im Obertal von Valle Sta. Inés längst aufgegeben. Aber da ihr Können mittlerweile sogar als eine Art von Arbeitsplatzsicherung auf dem Lande gefragt ist, erteilt sie jetzt auch Kurse, die vom "Colectivo Mafasca" in Antigua organisiert werden, ebenso wie der Korbflechter Ravelo aus Vega de Rio Palmas dort seine Techniken an junge Leute weitergibt.

Ein schon länger auf kommerzieller Basis funktionierender Betrieb auf diesem Sektor ist das Stickerei-Zentrum mit Andenkenverkauf in Lajares. Die allen Kanarischen Inseln gemeinsamen, wahrscheinlich hauptsächlich mit den portugiesischen Siedlerfrauen hierhergekommenen Techniken der Richelieu-, Hoch- und Durchbruchstickerei und der vom Klöppeln abgeleiteten Rosettenspitzenherstellung werden hier sowohl weitergegeben als auch vermarktet.

Auch ein Spezialhandwerk von marginaler Bedeutung wie die Herstellung von Pfeifenköpfen aus Bimsstuff hat den Anschluß an den Andenkenmarkt gefunden: Lorenzo Aquiliano nutzt den Fotohalt an den Mühlen von Lajares, um seine bescheidene Produktion direkt an den Mann zu bringen.

Daß heute von den Kunsthandwerksfördervereinigungen auch fremde, neue Techniken wie Makramé ins Programm aufgenommen werden, ist ein Indikator für den Prozeß der Verstädterung: Man betreibt auch hier schon Kunsthandwerk als Freizeitgestaltung, ganz wie an der Volkshochschule. "Universidad popular" heißen denn auch in Gran Tarajal und Puerto del Rosario die Freizeitzentren mit einer Palette von Kunsthandwerkskursen, die arbeitslose Jugendliche an einige zumindest Heimarbeit sichernde Hobbys heranführen wollen.

Wenn sie dann im Rahmen eines Heiligenfestes durch eine Art Bazar eine gewisse Bestätigung finden, hat die religiös motivierte Fiesta einmal mehr ihren profanen Sinn erfüllt: ein Ereignis sozialer Integration zu sein.

Fiestas

Fiesta - das ist das Dorffest, die Kirmes, die - genau wie Kirmes ursprünglich Kirchmeß' hieß - einen religiösen Anlaß als Kern und Ausgangspunkt hat.

Seit auf den Kanaren christliche Feste gefeiert werden, geht es dabei bald nach der Messe laut, ausgelassen und fröhlich zu, oft schon während der Prozession. Zum Beispiel wird heute noch in vielen Fällen das Feuerwerk zu Ehren der Madonna oder des Heiligen abgefeuert, während sie oder er von dem schweren Prozessionsschrein aus zusehen und zuhören kann.

Im 18. Jahrhundert wurde sogar die Fronleichnamsprozession von Umzügen so grotesker Masken begleitet, daß der Bischof sich genötigt fühlte, alle Vergnügungen zu diesem Fest in Bausch und Bogen zu verbieten. Etwas veredelt - im buchstäblichen Sinne, weil von einer adligen Dame eingeführt, - schlich sich dann die Sinnenlust über die Straßenteppiche wieder ein, die allerdings auf Fuerteventura angesichts des Mangels an buntem Pflanzenmaterial in dieser schon vorgerückten Jahreszeit keine Tradition hatten, bis man auf synthetisch gefärbte Materialien auszuweichen lernte.

Im Gegensatz zur Geistlichkeit sah das Volk keinen Widerspruch zwischen hingebungsvoller Frömmigkeit und der in jeder Beziehung ekstatischen Entlastung für Leib und Seele von der sorgenvollen Plackerei des Alltags: Dies schloß den trancefördernden, weil bis zur Erschöpfung betriebenen Tanz ebenso ein wie anzügliche Lieder, die sicher nicht platonisch gemeint waren, oder das gemeinsame Essen in Form der bis in die Gegenwart reichenden Sitte der offenen Tür; wer an diesen Tagen ins Haus kommt, wird zumindest mit Gebäck und Wein bewirtet. Das ist natürlich nur noch möglich, wo die Dorfgemeinschaft unter sich bleibt. Doch selbst bei jeder Fiesta spielt sich, wenngleich inzwischen kommerzialisiert, noch ein Rest dieses gemeinschaftlichen Essens ab in dem geselligen und zum Treffen von Bekannten genutzten Gedränge vor den Ventorrillos - Ständen mit Getränken und traditionellen Imbissen (hier "armaderos" genannt) wie majorerischem Ziegenkäse, Runzelkartoffeln, Ziegenfleisch.

Obwohl die Fiesta grundsätzlich die Entfaltung von vergänglichem Prunk, individuellem und kollektivem Aufwand, Überfluß, Verschwendung einschließt - wurzelnd in der Grundidee, der Gottheit einen Teil der Lebensgüter als Opfer zurückzugeben -, wurde sie oft gerade in schlimmsten Zeiten geboren: Aus dem Gelübde, für Bewahrung vor der Epidemie oder für die Vermittlung von Regen dem Heiligen ein jährliches Fest zu widmen, entstanden zum Beispiel die San-Roque-Feste. Der Charakter eines Opfers oder Tributs wird hier ganz deutlich. Dieses Gelübde wurde dann in guten Jahren aus Freude, in schlechten erst recht als erneutes Erflehen von Hilfe erfüllt.

Auf ein Gelübde als Dank für Errettung aus ganz besonderer Not geht die spektakulärste Fiesta Fuerteventuras zurück: die **"Fiesta Jurada de Tamacite"**, das Gelöbnisfest zur Erinnerung an den Sieg über die englischen Piraten bei Tamacite am 13. Oktober 1740 (☞ Die Geschichte). An diesem Tag wird alljährlich in der Ebene 2 km südlich von Tuineje, an der Montaña de Tamacite, die "Schlacht" der knüppelbewehrten Bauern gegen die hochgerüsteten Piraten, samt der Phalanx der Dromedare und sogar der Landung der Engländer bei Gran Tarajal reinszeniert.

Der Sieg wurde damals und wird immer noch dem Schutzpatron der Gemeinde, San Miguel, zugeschrieben, der als Erzengel für einen solchen Sieg über das Böse auch im höchsten Maße zuständig ist, zumal er in diesem Falle ein ganz persönliches Interesse daran gehabt haben muß, hatten doch die vandalisierenden Anglikaner dem San Miguel in der Dorfkirche einen Arm abgebrochen.

Wie diese Siegesfeier dem heiligen Michael gewidmet wurde, so wurden auf dieser Insel, wo Sein oder Nichtsein wie nirgends sonst auf den Kanaren vom Regen abhing, auch verschiedenen Heiligen jährliche Regenbittfeiern gelobt, wenn sie sich in dieser Angelegenheit wirksam eingeschaltet hatten.

So wird z.B. der sonst als Pestschutzheilige angerufene **San Roque** von Valles de Ortega am ersten Märzsonntag um Regen gebeten - den letzten möglichen Regen des Jahres, der nur noch dem Viehfutter, kaum noch der Saat aufhelfen kann.

In Aguas de Bueyes wird zu ähnlichem Termin, am 28. Februar, die **Virgen de Guadalupe** in Erinnerung an ein Regenwunder auf die Anhöhe "Vista de las Casillas" getragen, damit sie San Roque, dessen Kapelle von hier aus zu sehen ist, grüßen und die Weiden segnen möge. So werden in ganz spiritueller Weise Mutter- und Vatergottheit in ihrer fruchtbaren Gemeinsamkeit bemüht, um die Fortsetzung des Lebens zu sichern. Ähnlich wird in Triquivijate San Isidro zusammen mit seiner Frau, Sta. María de la Cabeza, verehrt. Das Landvolk hängt nach zwei Jahrtausenden Christentum noch immer an seinem Götterpaar.

Auch in Tetir wird eine **"Fiesta del Agua"**, ein Regenbittfest, hier mit einem ganz besonderen Ritual, gefeiert. Am 30. November wird **San Andrés** aus der Kirche auf die Anhöhe "La Cruz" hinaufgetragen. Wenn es bis zu diesem Tag noch nicht zu regnen begonnen hat, dann findet eine rituelle Diskussion statt, ob man ihn in den Barranco stürzen soll, weil er seine Schutzfunktion als Regenheiliger nicht wahrgenommen hat. Am Ende der Debatte bekommt er noch einmal eine Frist gesetzt und wird in die Kirche zurückgebracht, in der Hoffnung, daß er nach dieser Drohung seine Vermittleraufgabe endlich ernst nimmt.

Auch das Fest des **heiligen Diego** (13. November) wurde als Dank für das Einschreiten des wundertätigen Franziskanermönchs bei einer anhaltenden Dürre gestiftet.

Zu der theologisch etwas wild anmutenden Situation, daß ganz verschiedene Heilige für Wasser zuständig sind, ist es interessant zu lesen, daß bei einer Dürrekatastrophe im Jahre 1609 der Inselrat das Los entscheiden ließ, welcher Heilige als Retter der Landwirtschaft eingeschaltet werden sollte: aus 80 in den Lostopf geworfenen Heiligennamen ging damals San Andrés als berufener Delegierter hervor. Ebenso per Los entschieden wurden der dritte Vermittler neben der Virgen de la Peña und dem heiligen Sebastian anläßlich einer Epidemie 1655 und der Zuständige für die Niederschlagung der Heuschreckenplage von 1691.

Auch das Ereignis, mit dem Fuerteventura sozusagen in die europäische Geschichte eingetreten ist, wurde einem Heiligen gutgeschrieben, der, obwohl der Sache nach damit nicht befaßt, sich als dienstältester Heiliger der Insel für dieses Ehrenamt anbot: Am 14. Juli, dem Tag des **San Buenaventura**, Schirmherr der ersten franziskanischen Klostergründung der Insel und der Kanaren überhaupt, feiert Fuerteventura und insbesondere das Ex-Hauptstadt-Dorf Betancuria die **Eroberung der Insel** durch den Normannen Jean de Béthencourt für die spanische Krone. In feierlicher Prozession wird der prekäre Überrest der Fahne der Conquista, welcher das ganze Jahr über, in einem Replikat dieser Fahne eingeschlagen und geschützt, im Museo de Arte Sacro schlummert, durchs Dorf getragen und dem Publikum präsentiert. Das Pikante daran ist freilich, daß hier Spanier, die ja nach der kurzen normannischen Herrschaft von knapp zwei Jahrzehnten den überwiegenden Teil der Einwanderer stellten, sich mit der Fahne eines normannischen Krautjunkers identifizieren.

In jüngerer Zeit allerdings ist das Selbstverständnis der Inselgesellschaft kein einheitliches mehr. Dadurch, daß die Fremdenlegion durch ihre plakative Teilnahme an dieser Conquista-Gedenkfeier mit ihrer Militärkapelle den kolonialistischen Charakter dieses Festes sauber herausarbeitet, opponiert der entgegengesetzte Flügel der Majoreros, die Asamblea Majorera (☞ Die Geschichte), die seit 1977 den Präsidenten stellt, um so heftiger gegen diese Verherrlichung der Kolonisierung der zuvor von Berbern besiedelten Inseln. Dabei identifizieren sie sich selbst, nun ihrerseits ahistorisch, aus dem Gefühl allgemeiner Unterdrückung durch die Zentralregierung, mit den damals von den Spaniern in den Staub getretenen Eingeborenen.

In dieser gespannten Atmosphäre sorgte, wie so oft, die Legion für den deftigen Politskandal: Der wegen Majestätsbeleidigung auf das Kommando der Legion "straf"versetzte Milans de Bosch, Neffe des gleichnamigen Putschgenerals von 1981, stieß den antikolonialistisch plädierenden Cabildopräsidenten und Parteivorsitzenden der Asamblea Majorera, Gerardo Mesa Noda, von der Rednertribüne. Dieses "Attentat" auf den Lokalpolitiker brachte dem Inselpräsidenten einen publizistischen Trumpf gegen die Legion ein.

Doch angesichts dieses politischen Sprengstoffs wurde im Jahr 1984 auf Beschluß des Kirchenrats der religiöse Akt der Prozession zu Ehren San Buenaventuras vom zivilen Festakt um die Fahne des Normannen und dem Streit um die Frage, wer wessen Unterdrückung feiern soll, getrennt.

Das mit der größten religiösen Inbrunst gefeierte Fest der Insel ist zweifellos die Pilgerfahrt zur **Virgen de la Peña** in Vega de Rio Palmas am dritten Septemberwochenende. Noch immer werden von vielen, gerade auch jungen Leuten anläßlich dieses Festes große Strecken zu Fuß zurückgelegt. Hauptsächlich von La Antigua aus brechen die Pilgergruppen gemeinsam auf.

Nachdem sich die Wallfahrer nach Messe und Prozession an den Ventorrillos gestärkt und alle Bekannten begrüßt haben, finden die repräsentativen Veranstaltungen statt: Stockfechten und kanarischer Ringkampf, die Parade der Prunkwagen der verschiedenen Orte - heute unentbehrlich erachtetes Requisit jeder renommierten Fiesta auf den Kanaren -, die Darbietung der Folkloregruppen und die Darbringung der Opfergebinde an die Jungfrau, abends Tanz mit Life-Band und um Mitternacht das große Feuerwerk.

Während dieses Fest, bei dem die auswärtigen Pilger wieder nach Hause müssen, auf sein Wochenende beschränkt bleibt, dehnen sich die Dorfheiligenfeste zumindest der bedeutenderen Ortschaften in der Regel zu einer Festwoche mit breitgefächertem Kultur- und Sportprogramm aus. Jedem Dorf stehen von Gesetzes wegen zwei lokale Feiertage als zusätzliche arbeitsfreie Tage zu. So suchen sich alle Gemeinden zwei Heilige aus, deren Festtag dann lokaler Feiertag wird.

Allerdings wurde für einige Heilige, deren Tag nach dem Kirchenkalender in den für Tanzfeste nicht geschätzten Winter fällt, einfach ein Ersatztermin im Hochsommer, vorzugsweise im allgemeinen Urlaubsmonat August, festgelegt, damit möglichst viele möglichst viel davon haben.

So wird **San José** (kirchlich am 19. März) in Tesejerague am ersten Augustsonntag richtig nachgefeiert oder **San Marcos** in Tiscamanita am 25. April kirchlich und am dritten Augustsonntag noch einmal als Volksfest. Auch in Triquivijate ist man nicht damit zufrieden, **San Isidro**, den Schutzherrn der Landwirtschaft, an dessen eigentlichem Tag, dem 15. Mai, zu feiern. Die Kirmes für San Isidro wird am zweiten Augustsonntag nachgeholt.

Vielleicht fällt dem aufmerksamen Leser auf, daß bei der Wahl der Termine eine gewisse Umsicht und Absicht der Entzerrung obwaltet. Nach demselben Prinzip, daß möglichst viele möglichst viel davon haben.

Auch wenn dasselbe Marienfest in zwei benachbarten Gemeinden gefeiert wird, entscheidet man sich für Entzerrung: In La Oliva feiert man das eigene **Rosenkranzfest** zwei Wochen später als die Hauptstadt, weil sonst das Dorffest unter dem Konkurrenzdruck der potenteren Veranstaltungen der Hauptstadt absterben würde. Seit man Autos hat, ist man sich schuldig, dorthin zu fahren, wo am meisten los ist.

San Roque in Valles de Ortega wird gleich dreimal gefeiert: einmal für den Regen am ersten Märzsonntag, doch in einer Jahreszeit, wo man sich noch Regen wünscht, hat man keine Lust auf Tanz im Freien. Da kommt es zupaß, daß sein Kalendertag der 16. August ist, wo man ihn mit allen "heißen" Vergnügungen nachfeiern kann. Ein dritter Termin wird den Pilgern eingeräumt, die ihn in Erfüllung eines historischen Gelübdes am letzten Septembersonntag besuchen.

Ebenso wird auch die **Virgen de la Peña** dreimal gefeiert: am 5. August für die Dorfgemeinschaft von Vega de Rio Palmas, am dritten Samstag im September für die Pilger von der ganzen Insel und am 18. Dezember nur religiös.

Am weitesten von seinem religiösen Ursprung und Termin hat sich jedoch gerade hier der **Karneval** entfernt. Da die Zentralinseln Gran Canaria und Teneriffa mit ihren bombastischen Karnevalsveranstaltungen zu dem traditionellen Termin alle schau- und feierlustigen Majoreros, vor allem alte Emigranten, an sich fesseln, blieb Fuerteventura, um überhaupt einen eigenen Karneval auf die Beine zu bringen, nichts anderes übrig, als in die Fastenzeit auszuweichen. In Puerto del Rosario hat der Karneval sowohl den Wagenumzug als auch die Maskenbälle übernommen, deren originellster die **Verbena de las Sábanas** ist, bei der sich Männer als Frauen verkleiden.

Bei der beschriebenen Entzerrung können sich auch noch weitere Dorffeste verschieben. Der folgende Festkalender ist daher als Anhalt zu benutzen und von Fall zu Fall mit den immer großzügig ausgehängten Programmplakaten zu vergleichen.

Um den Tanzabend mitzubekommen, braucht man das Abendessen nicht ausfallen zu lassen: Es geht nie vor 23:00 los. Die Folkloregruppen schließen sich in der Regel der mittags nach einer Messe stattfindenden Prozession an oder beginnen nach der Siesta, um dann abends das Podium für die Band zu räumen.

Doch gleichgültig, wann man in eine der Fiestas auf der Insel hineinstolpert, man wird immer die beglückende Beobachtung und Erfahrung der fließend-offenen und jeden einbeziehenden kanarischen Festgeselligkeit machen.

Festkalender

Januar   **6.**: Reyes (Dreikönig) in Tindaya (mit Dreikönigsumzug)
14.: Fray Andresito in Ampuyenta
21.: Sta. Inés in Valle Sta. Inés (nur religiös)

Februar   **2.**: Candelaria in Gran Tarajal und La Oliva
28.: "Fiesta del Agua" in Agua de Bueyes (Nuestra Señora de Guadalupe)

März   **1.**: Santo Angel in Casillas del Angel
mit wechselndem Datum: Carnaval; Schwerpunkt in Puerto del Rosario
1. Märzsonntag: "Fiesta del Agua" in Valles de Ortega (San Roque)
19.: San José in Tesejerague (religiös)

April   **1. Sonntag nach Ostern**: San Vicente Ferrer in Villaverde
25.: San Marcos in Tiscamanita

Mai   **4.**: Sta. Mónica in Tefia
8.: Sagrado Corazón de Jesús in Gran Tarajal
13.: Nuestra Señora de Fátima in La Lajita und La Asomada
2. Maisonntag: Sagrado Corazón de María in Tarajalejo
15.: San Isidro in Triquivijate

23.: Sta. Rita in Los Estancos (gefeiert am nächstliegenden Sonntag)

letzter Maisonntag: Nuestra Señora de la Caridad del Cobre in Los Alares

29.: Día de la Artesanía in La Antigua (mit zweiwöchiger Ausstellung und Folkloretreffen)

Juni **13.**: San Antonio in Los Lajares und Toto

3. Junisonntag: Nuestra Señora de la Salud in Tuineje

24.: San Juán in Ajuy, Morro Jable, El Matorral, Tiscamanita, Vallebrón

29.: San Pedro in Guisguey und Las Playitas

Juli **2.**: Nuestra Señora de Regla in Pájara

1. Julisonntag: Sagrado Corazón de Jesús in Puerto del Rosario (Barrio Fabelo)

14.: San Buenaventura in Betancuria

16.: Nuestra Señora del Carmen in Puerto del Rosario, Corralejo, Morro Jable, Caleta de Fustes, Las Salinas (südlich Caleta de Fustes) und Giniginamar

26.: Sta. Ana in Casillas del Angel

letzter Julisonntag: San Benito in La Pared

August **1. Augustsonntag**: San José in Tesejerague

4.: Sto. Domingo in Tetir

5.: Virgen de la Peña in Vega de Rio Palmas

Sonntag vor dem 15.: San Martín in El Roque

2. Augustsonntag: Nuestra Señora del Socorro in La Matilla und San Isidro in Triquivijate

15.: Nuestra Señora de Regla in Pájara, Nuestra Señora de la Concepción in Llanos de la Concepción und Nuestra Señora de la Caridad in Tindaya

16.: San Roque in Valles de Ortega

Sonntag nach dem 15.: Nuestra Señora del Buen Viaje in El Cotillo

3. Augustsonntag: San Marcos in Tiscamanita

24.: San Bartolomé in Valle Sta. Inés (mit Pilgern von der ganzen Insel)

28.: San Agustín in Tefia

letzter Augustsonntag: Nuestra Señora del Tanquito in Cardón

September   **1. Septembersonntag**: San Roque in Villaverde
8.: Nuestra Señora de la Antigua im gleichnamigen Ort
Sonntag nach dem 8.: Nuestra Señora de Guadalupe in Agua de Bueyes
3. Septemberwochenende: Virgen de la Peña als inselweites Pilgerfest
3. Septembersonntag: Nuestra Señora de los Dolores y San Miguel in La Caldereta
24.: Nuestra Señora de la Merced in El Time
letzter Septembersonntag: Fiesta de los Peregrinos (San Roque) in Valles de Ortega
29.: San Miguel in Tuineje und Morro Jable

Oktober   **7.**: Nuestra Señora del Rosario in Puerto del Rosario
12.: Nuestra Señora del Pino in Puerto Lajas
12.: Nuestra Señora del Pilar in Caleta de Fustes
13.: Fiesta Jurada de Tamacite in Tuineje (mit großer Inszenierung der Landung in Gran Tarajal und der Schlacht bei Tamacite)
19.: San Pedro de Alcántara in Ampuyenta
3. Oktobersonntag: Nuestra Señora del Rosario in La Oliva

November   **13.**: San Diego de Alcalá in Gran Tarajal
Sonntag nach dem 13.: San Diego de Alcalá in Betancuria (nur religiös)
27.: La Milagrosa in Los Lajares
30.: San Andrés in Tetir ("Fiesta del Agua")

Dezember   **1. Dezembersonntag**: San Andrés in Las Parcelas
3.: San Francisco Javier in Las Pocetas (La Antigua)
8.: Inmaculada in Betancuria (großes Patroziniumsfest) und La Lajita Purisima in Tiscamanita
18.: Virgen de la Peña in Vega de Rio Palmas (nur religiös)
24.: Christmette mit Krippensingspiel in La Antigua und Tiscamanita.

Majorerische Küche

Wer das Kapitel Geschichte gelesen hat, wird sich leicht denken können, daß eine Insel, auf der die Armen oft "gofio" aus wilden Samen aßen und die Reichen meist auswärts residierten, nicht gerade eine raffinierte bodenständige Küche entwickelt hat.

Da Fuerteventura in erster Linie Getreideanbau hatte, war "gofio", Mehl aus vorab geröstetem Getreide, das Grundnahrungsmittel. Er hatte den Vorzug, daß man ihn recht universell aus den verschiedenen Getreidearten oder auch unter Zumischung von allen möglichen Hülsenfrüchten oder gar aus den eben erwähnten Samen der wildwachsenden Mittagsblumengewächse zubereiten konnte.

Dieses auf dem ganzen kanarischen Archipel verbreitete und je nach Anbauschwerpunkt auf den einzelnen Inseln verschieden zusammengesetzte Röstmehl ersetzte bis vor kurzem hier traditionell das - als Luxus den Feiertagen vorbehaltene - Brot in der täglichen Nahrung. Man nimmt allgemein an, daß es die von den unbeweibt hier hängengebliebenen Söldnern und Siedlern der ersten Stunde geheirateten einheimischen Berberfrauen waren, die diese Ernährungsweise durchgesetzt haben.

"Gofio" in einheimischen Gaststätten zu servieren, ist immer noch üblich, bei Fremden freilich nur auf ausdrücklichen Wunsch, da erfahrungsgemäß nicht alle Verständnis für das Andicken von Suppe entwickeln oder Geschmack daran finden, immer einen Bissen von der mit Wasser und Salz angekneteten Masse abzubrechen, die sich zugleich krümelig und teigig anfühlt und doch eine durch den Röstprozeß schon vollständig aufgeschlossene und leicht verdauliche Form von vollwertigem - nicht ausgemahlenem - Getreide darstellt. Daß es so fein wird, liegt am vorherigen Rösten.

Da man hier während der langen Trockenzeit kein frisches Gemüse ziehen konnte, war die geschmacklich und gesundheitlich wichtigste Ergänzung zu den Grundnahrungsmitteln der Knoblauch. Darum ist auf Fuerteventura mit noch größerer Berechtigung als auf den übrigen Kanaren der "mojo" (die Tunke) das A und O der Küche und fast jeden Essens. Zu Fisch und Fleisch wie zum gekneteten "gofio" gegessen, macht er alles pikant.

Daß er heute überwiegend zu den fast als Inbegriff kanarischer Küche geltenden "papas arrugadas" (Runzelpellkartoffeln) gereicht wird, ist - im Vergleich zu Fritten - natürlich sehr urig, auch sehr bekömmlich und schmackhaft, nur - pardon - nicht typisch für die Insel, auf der der Anbau von Kartoffeln nur in ganz wenigen, wasserbegünstigten Gebieten möglich

war (Kartoffeln machten von der Gesamtproduktion agrarischer Nahrungs-
mittel im vergangenen Jahrhundert hier nur 1,5% aus, während sie auf den
westlicheren Inseln Hauptkohlenhydratlieferanten waren). Doch da keine
Aussicht bestand, auswärtige Besucher an "gofio" als Hauptbeilage zu ge-
wöhnen, beeilte man sich in der Ära des Tourismus und mittlerweile fast
100%igen Nahrungsmittelimports, auf das dem Europäer näherstehende
Grundnahrungsmittel der westlichen Nachbarinsel umzusteigen, und man
rechnet es sich jetzt gerade in gepflegten einheimischen Restaurants zur
Ehre an, die als so schlechthin kanarisch geltenden "papas arrugadas" an-
zubieten.

Deshalb gibt es auch keinen Grund zur Enttäuschung, wenn man sie in
richtig ländlichen Gastwirtschaften einfach gekocht bekommt, wie sie die
Einheimischen für sich selbst zubereiten - von deutschen Salzkartoffeln
dadurch unterschieden, daß sie ganz oder höchstens halbiert gegart werden
und daher, abgesehen von ihrer sympathischen Konsistenz, den Geschmack nicht verlieren.

Die richtige Landgaststätte ist und hat vieles nicht, was der Tourist er-
wartet und wird deshalb kaum von ihm angesteuert: sie liegt nicht am
Meer, hat auch keine Sonnenterrasse (weil Einheimische für die Mit-
tagspause den erquickenden Schatten suchen); sie bietet keine Fischspezia-
litäten, die hier überhaupt erst mit den Fremden zu Ansehen gelangten.
Früher zogen die Bewohner nur in Zeiten größter Not aus dem
Landesinneren zur Küste, um sich von Meeresfrüchten zu ernähren, wie
aus den Lageberichten der Dürrekatastrophen hervorgeht, und die Fischer
galten als arm. Erst die Tourismusära hat eine solche Nachfrage nach
Fisch geschaffen, daß heute die Fischbestände um Fuerteventura so
dezimiert sind (☞ Das Land, Fauna), daß der überwiegende Teil des
hier konsumierten Fisches eingeführt werden muß. Das Fischgericht, das
als Inbegriff des Urlaubs auf Inseln gilt, ist also auf Fuerteventura in
keiner Hinsicht besonders inseltypisch.

Was wirklich Volksnahrung war und immer noch, trotz Gefriertruhe,
Kühlwagen und Kühlcontainer, auf dem Lande geschätzt, verarbeitet und
angeboten wird, ist der getrocknete oder gesalzene Fisch ("jarea" oder
"pescado salado").

Aber in solche Gaststätten, die Salzfisch und Kartoffeln als Tagesmenü
anbieten, verschlägt es den Fremden normalerweise aus einem noch
näherliegenden Grunde nicht: außer Meeresblick, Freisitzterrasse und
Meeresfrüchten fehlt ihnen auch die "gemütliche" Ausstattung. Die Ge-
mütlichkeit dieser der Kühle halber sehr hohen Räume mit dem immer

offenen Lkw-Garagentor und den zweckmäßigen Holztischen ohne Tischdecken besteht zum Beispiel darin, daß die Wirtin Josefina in der Casa Pérez in Valles de Ortega bei sinkender Nacht an der Theke lehnt und strickt, während ihr Mann Angel mit einer "Parranda" den Takt klatscht: eine spontane Musikantentruppe aus Dorfleuten, die mehr durch ihre Fröhlichkeit als durch musikalisches Talent oder geübte Koordination legitimiert ist. Während die üppige Dorfschöne zu einem Tänzchen vom Barhocker gleitet, walzt Frau Wirtin, die durch ihre Erscheinung die Qualität ihres Angebots glaubwürdig macht, in die Küche, um den "mojo" zu zaubern: Das wichtigste Geheimnis des Mojo besteht darin, daß er eben ohne Rezept gestampft und gerührt wird und so jedes Mal ein wenig anders ausfällt, wie jedes anständige Handwerksprodukt. Man sollte sich an seine Dosierung stets vorsichtig herantasten.

Noch ein letzter Tip beim Einkehren: Lokale mit Billardtischen werden von der gehobenen Schicht der majorerischen Gesellschaft frequentiert und bringen dieses Sozialprestige in der Regel durch entsprechenden Preisaufschlag zum Ausdruck.

Da man Ihnen aber selbst in den einheimischsten Kneipen heute kaum noch wagen wird, Linsengerichte, Bohneneintöpfe oder Kichererbsenkuchen vorzusetzen, seien hier noch einige Rezepte mitgegeben, die wirklich von alten majorerischen Wirtinnen stammen und durch die Schlichtheit ihrer Zutaten verraten, daß sie von den normalen Bewohnern einer armen Insel, die gezwungen waren, sich mit Bordmitteln zu behelfen, entwickelt worden sind. Trotzdem schmecken sie nicht ärmlich, sondern "Qué rico!", wie auf Spanisch ein gutes Essen gelobt wird.

Rezepte zum Nachkochen

Potaje villero
(Die "Villa" oder Stadt, das war die alte Hauptstadt Betancuria; also: Hauptstadteintopf - aus Trockenkochbohnen und Salzfisch!)
½ kg Trockenkochbohnen (das majorerische Originalrezept sieht die hier unter dem Namen "judías" im Handel erhältliche Sorte vor), 2 Zwiebeln, 2 Nelken, 1 Möhre, 1 Bund Petersilie, ⅓ Tasse Öl, 2 Zehen Knoblauch, ½ kg Salzfisch (auch mit frischem möglich, dann mit Salz abschmecken), ½ kg Kartoffeln, 1 Bund Mangold.
Am Abend vorher die Trockenkochbohnen und den Salzfisch getrennt wässern, morgens abtropfen lassen. Bohnen nochmals gut durchspülen und

dann in 2 l Wasser zum Kochen bringen. Die eine der Zwiebeln mit Nelken und Möhrenstiften spicken und mitkochen. Wenn die Bohnen weich werden, in der Pfanne Knoblauchzehen und fein gehackte Petersilie in Öl anbräunen und das Ganze den Bohnen zugeben. Dann den abgetropften und in grobe Stücke zerteilten Fisch zugeben, die halbierten Kartoffeln und den feingehackten Mangold zufügen und das Ganze nochmals ca. 1 Stunde auf kleinem Feuer kochen lassen. Eintopf etwas ruhen lassen.

In der Zwischenzeit Brot vom Vortag in der Pfanne anrösten und zum Essen servieren.

Puré de chicharos majoreros

("Chicharo" hieß hier ursprünglich die Saatplatterbse, eine früher auf den Kanaren im kleinen Maßstab für den lokalen Bedarf angebaute Leguminose. Da ihr Anbau mittlerweile ganz aus der Mode gekommen ist, ist der Name hier übergegangen auf die Kichererbsen, die sie kulinarisch ebenbürtig vertreten.)

1 Tasse geschälte Kichererbsen (garkochen und ausknipsen wie Mandeln), 125 g Rohschinken, 150 g gewürfeltes Kürbisfleisch, 1 kleine Zwiebel, 2 Eßl. Butter, ½ Teel. Salz, 3 Tassen Gemüsebrühe (falls nicht vorhanden, dem Wasser Brühwürfel zufügen.)

Am Abend zuvor die Kichererbsen waschen und einweichen. Morgens ihnen die Brühe oder entsprechende Menge Wasser zufügen, gewürfelten Schinken zugeben und Kichererbsen garkochen; dann die gewürfelte Zwiebel und das Kürbisfleisch zugeben; wenn der Kürbis weich ist, Butter und Salz zufügen und im Mixer pürieren und, noch warm, zu geröstetem Brot servieren.

Lentejas a la Antigua (Linsen nach Antigua-Art)

500 g Linsen, 2 l Fleischbrühe (oder Wasser mit zugesetztem Brühwürfel), 3 Zwiebeln, 1 Bd. Petersilie, 1 Lorbeerblatt, 2 Messerspitzen gemahlenen Pfeffer, 1 dl Öl, 2 Eigelb, 1 Eßl. Essig, 1 Teel. Salz.

Die am Vorabend eingeweichten Linsen abtropfen lassen und in der Brühe unter Zufügung von Salz garen. Derweilen in einer Pfanne die gewürfelten Zwiebeln, gehackte Petersilie mit Lorbeerblatt und Pfeffer in Öl anbraten und dann den kochenden Linsen zugeben. Gemeinsam noch 20 Min. auf kleiner Flamme weiterkochen lassen, 10 Min. ziehen lassen; Eigelb und Essig gut miteinander verquirlen und unterziehen.

Sie können das Linsengericht mit geröstetem Brot reichen (bzw. falls Sie sich einen Beutel "gofio" auf Fuerteventura besorgt haben, ein paar Kugeln mit etwas von der Brühe ankneten und ihre Tischgenossen auf "gofio" testen).

Wenn Sie sich einen Mörser als praktisches Andenken mitnehmen, können Sie auch die bescheidenen Gaumenfreuden der Franziskanermönche nachvollziehen:

Potaje franciscano
400 g Kichererbsen, 1 Knoblauchzehe, 1 dl Öl, 2 Tomaten, 4 Scheiben Weißbrot vom Vortag, 2 Eigelb.

Die am Vorabend eingeweichten Kichererbsen abtropfen und unter Zufügen von 1,5 l Gemüsebrühe garkochen. Inzwischen gehackten Knoblauch und geschnittene Tomaten in einer Pfanne anbraten und den fast garen Kichererbsen zufügen. Während sie zu Ende kochen, in der Pfanne Brotscheiben und Eigelb sauber nebeneinandergesetzt kurz anbraten und dann im Mörser zerkrümeln. Dieser Masse dann die gargekochten Kichererbsen zufügen, und nach 10 Min. Ziehen servieren.

Mojo Josefina
(Bitte das oben über den Mojo Gesagte bedenken und die Mengenangaben nur als Anhalt für den vorsichtigen Anfang betrachten. Die Relationen werden sich mit der Zeit ändern. Mit dem Mörser ist es echt kanarisch, aber mit dem Mixer geht es auch.)

Mit dem scharfen Paprika steht und fällt der rote Mojo. Die kleinen, spitzen roten Schoten sind von so unterschiedlicher Schärfe, daß die Mengenangabe nur Sinn hat, wenn man sich über die Sorte einig ist. Beginnen Sie vorsichtshalber erst einmal mit ¼ Schote der im Handel getrocknet erhältlichen. Vorsicht: Je kleiner die Schoten, desto schärfer. In diesem Sinne also: ¼ Paprikaschote, 2 Zehen Knoblauch, ½ Teel. Kreuzkümmel und 1 Teel. Salz im Mörser zerstampfen; 1 Scheibe Brot vom Vortag sich in Öl vollsaugen lassen und mit zerstampfen, dann Öl und Essig im Verhältnis 2 (Eßl. Öl) : 1 (Eßl. Essig) zugeben, bis die gewünschte Milde erreicht ist. Es kann auch statt puren Essigs halb Wasser, halb Essig verwendet werden.

Cazuela de Pescado (Fischtopf)
Für 4 Pers. 4 große Scheiben (ca. 150-200 g) Fisch, 1 kg Kartoffeln, 1 große Zwiebel, 1 Tomate, 1 grüne Paprikaschote, 4 Zehen Knoblauch, ½ Teel. gemahlener Paprika, 1 Tasse Öl, 1 Bd. Petersilie, 1 Briefchen Safran, 6 Körner schwarzer Pfeffer (evtl. 1 Lorbeerblatt).

In die Kasserolle Öl, geschnittene Tomate, gewürfelte Zwiebel und gewürfelten Paprika geben, alles zusammen gut anschmoren. Dann die gehackten Knoblauchzehen, Petersilie, den Gewürzpaprika und den vorher auf dem Topfdeckel angewärmten Safran zugeben, evtl. ein Lorbeerblatt;

die in ½ cm dicke Scheiben geschnittenen Kartoffeln daraufgeben; nochmals unter Umrühren etwas dünsten lassen, mit Wasser ablöschen. Nach der halben Garzeit der Kartoffeln rohen Fisch zufügen, mitgaren lassen. Wenn Fisch und Kartoffeln gar sind, vom Feuer nehmen, ziehen lassen und währenddessen mit etwas von der Brühe eine etwa brötchengroße Gofiokugel ankneten, die dazugereicht wird, zum Brechen wie Brot.

Gallina del cura (Pfarrers Huhn - nicht irgendjemandes! Aus La Oliva)
1 Huhn von ca. 1,5 kg, 200 g in feine Scheiben geschnittener Speck, 2 Eigelb, Zucker und Zimt, ½ Teel. gemahlener Pfeffer, 1 große Zwiebel, gespickt mit 2 Nelken und 1 Lorbeerblatt. Gemüsebrühe.
    Huhn ausnehmen und gut mit Gemüsebrühe bedeckt, unter Zufügen von mit Nelken und Lorbeerblatt gespickter Zwiebel (halbiert), Pfeffer und 2 Teel. Salz garkochen. Sorgfältig in die Speckscheiben eingewickelt in Bräter (Römertopf) geben. Die erste Viertelstunde bei kleiner, dann bei mittlerer Hitze braten lassen. Nach 40 Min. die Speckscheiben beiseiteklappen. Wenn das Huhn dann goldbraun wird, mit dem geschlagenen Eigelb bestreichen, noch etwas anziehen lassen, dann mit Zucker und Zimt überstreuen, noch einmal für wenige Minuten im Ofen lassen und dann auf eine Platte mit Sellerieblättern oder Brunnenkresse geben. (Das ist die Originalgarnitur, die auf Fuerteventura zusammenzubekommen ein Glücksfall war und deshalb ein echt klerikales Privileg. Sie können sie mit jedem anderen Luxusblattgrün vertauschen.)

Cabrillas con almendras
(Diese subtropische Barschart des Schelfbereichs, die schon Unamunos Lob gefunden hat und hochgeschätzt wird, können Sie freilich nur hier vor Ort ausprobieren - oder zu Hause durch eine andere Barschart ersetzen. Die Cabrilla ist ein zierlicher Fisch, in der Regel wird man einen pro Person rechnen.)
1 Zwiebel, 2 Zehen Knoblauch, Safran, 1 Bd. Petersilie, 1 Glas Weißwein und pro Fisch 30 g geschälte und gehackte Mandeln (besser: im Mörser zerstampft), ½ Tasse Öl.
    Cabrillas ausnehmen und in hinreichend großer Pfanne in gut erhitztem Öl anbraten, in Kasserolle geben. In derselben Pfanne in Ringe geschnittene Zwiebeln und gehackten Knoblauch anbraten, zu den Cabrillas in die Kasserolle geben. Safran (wie immer vorher angewärmt), Petersilie (gehackt) und Wein zugeben, ½ Tasse Wasser zufügen und die feinzerstoßenen Mandeln darübergeben. Kurz aufkochen lassen.
    Als Beilage zu diesem Gericht eignen sich z.B. ganze gegarte Kartoffeln sehr gut.

Mit Hülsenfrüchten wurden auf Fuerteventura sogar Süßspeisen und Kuchen zubereitet:

Biscochón majorero de garbanzos (Kichererbsen-Napfkuchen) und dazu **Zitronencreme**
Zitronencreme: ¾ l Wasser, 2 Eßl. Maizena, 1 Tasse Zucker, 2 Eigelb, Saft von 3 Zitronen und von 1 davon den Schalenabrieb.

Maizena mit der Hälfte des Zuckers verrühren, mit wenig Wasser anrühren, dann in das übrige, auf kleiner Flamme gerade warm werdende Wasser einrühren und zu geschmeidiger Creme aufkochen. Vom Feuer nehmen. Dann den restlichen Zucker und die gut verquirlten Eigelbe unterrühren und nochmals auf kleiner Flamme aufkochen. Jetzt Zitronensaft und -schalenabrieb unter immer weiterem Rühren zugeben, bis die Creme schön sämig wird.

Von dieser Creme brauchen Sie eine halbe Tasse bereits zur Zubereitung des Napfkuchens, den Rest dann zum "Stippen".

Napfkuchen mit Kichererbsen: ½ kg Kichererbsen, 6 Eigelb, 4 Eiweiß, 2 Tassen Zucker, ¼ Teel. Zimt, ½ Tasse Zitronencreme, 4 Eßl. Semmelbrösel; Puderzucker und Zimt zum Bestäuben.

Kichererbsen am Vorabend einweichen. Am nächsten Morgen weich kochen und aus der Schale knipsen, auf Tuch trocknen lassen, dann zu Brei zerstampfen. Die Eigelbe mit Zucker und Zimt schlagen; wenn sie sämig sind, der Breimasse zufügen, dann die Zitronencreme vorsichtig unterziehen. Eiweiß schlagen und unterheben. Die gut homogenisierte Masse in gefettete Napfkuchenform geben und bei mäßiger Hitze ca. 1 Stunde im Ofen backen.

Nach dem Abkühlen stürzen und dann mit Puderzucker und Zimt bestreuen.

Biscochón calabacero (Kürbisnapfkuchen)
Ca. ¾ kg Kürbis (nach Schälen sollen 625 g Fruchtfleisch übrigbleiben) 1½ Tassen Zucker, 4 Tassen Wasser, 2 Tassen Milch, ½ Tasse Mehl, 4 Eier, 1 Btl. Vanillezucker, 2 Teel. Salz, 2 Eßl. Butter.

½ Tasse des Zuckers auf mäßiger Flamme schmelzen lassen, um damit die Backform auszukaramelisieren. Den Kürbis derweilen in 4 Tassen Wasser mit 1 Teel. Salz garen, abtropfen lassen, zerstampfen oder pürieren. Mehl, restlichen Zucker (1 Tasse), 1 Teel. Salz und Vanillezucker unter langsamem Zugeben der Milch verrühren, die Eier zugeben, in die Sturzform gießen und diese für 2 Stunden im Wasserbad in den Backofen geben, bei ca. 90-100°C.

Dulce del Rey
(Königsdessert; das war die Nachspeise, die sich eine Dame aus Puerto del Rosario für die Bewirtung des Königs Alfonso XIII. ausdachte, als er 1906 die Insel besuchte. Sie hatte allerdings eine Helferin, denn trotz der einfachen Zutaten ist die Zubereitung etwas kompliziert. Sie brauchen also vier Hände.)

8 Eier, ½ Pfd. Zucker, 1 Eßl. Milch, 1 Eßl. Wasser, 1 Prise Salz, 150 g geschälte und gehackte Mandeln.

Zucker in drei Teile teilen: 1 Eßl. für die Eicreme, 3 Eßl. zum Karamelisieren und den Rest zum Schlagen der Meringenmasse. Dann sehr sorgfältig die 8 Eigelb vom Eiweiß trennen. Eiweiß mit dem Eßl. Wasser und der Prise Salz zu Eischnee schlagen. Wenn er aufgeht, langsam den Zucker zufügen, bis eine Meringenmasse entsteht. Inzwischen karamelisiert die andere Person 3 Eßl. des Zuckers; wenn er karamelbraun ist, der Meringenmasse unterziehen, Tropfen für Tropfen, ohne mit Schlagen aufzuhören, bis der Eischnee gleichmäßig karamelfarben angehaucht ist. Dann wird er in eine Glasschüssel gekippt. In einem Topf die 8 Eigelb mit der Milch und 1 Eßl. Zucker verrühren und im Wasserbad unter ständigem Rühren zu Creme andicken. Mit dieser Masse die Meringenmasse in der Glasschüssel überziehen und die feingehackten Mandeln darüberstreuen. Diese Süßspeise sollte nicht zu lange stehen, bis sie serviert wird.

Hätten Sie gedacht, daß man ausgerechnet in Tuineje Milchreis veredelt?

Arroz con leche Tuineje
3 Eßl. Reis, 1½ Tassen Milch, 3 Eßl. Zucker, 1 Eigelb, Schalenabrieb einer Zitrone.

Reis waschen und 1 Stunde in der Milch weichen lassen. Auf kleinem Feuer unter Zufügen des Schalenabriebs der Zitrone kochen. Wenn er gar ist, Zucker unterrühren und noch einmal kurz aufkochen lassen, dann vom Feuer nehmen und das Eigelb zufügen. Lauwarm servieren.

Fuerteventura - Ort für Ort

Gemeinde Puerto del Rosario

(= Hafen der Rosenkranzmadonna, bis 1956 **Puerto de Cabras** = Ziegenhafen). Der Ankerplatz Puerto de Cabras ist bereits in der Karte des Venezianers Giacomo Giroldi aus dem Jahre 1426 verzeichnet. Es war für Jahrhunderte der Platz, wo vorbeifahrende Schiffe sich mit Ziegenfleisch und Ziegenkäse verproviantierten. Die nahegelegene Schlucht Rio de Cabras (Ziegenbach) wurde wegen ihres damals ganzjährigen Wasserlaufs als Ziegentränke benutzt, so daß die Schiffe sich immer ohne Zeitverlust mit Proviant und Wasser versorgen konnten. Da von hier aber keine sonstigen Waren im- oder exportiert wurden, wurden bis Ende des 18. Jahrhunderts noch nicht einmal Lagerschuppen angelegt.

Die heutige Hauptstadt entwickelte sich zuerst als Hafen, dann erst in zweiter Linie als Siedlung. Ihre Bedeutung als Hafen setzte sich gegen erhebliche Widerstände durch, vor allem seitens des erzkonservativen Inselrates, der noch im 18. Jahrhundert, als der Schwerpunkt der landwirtschaftlichen Tätigkeiten sich längst in den Nordosten der Insel verlagert hatte, die alten Zeiten festzuschreiben suchte, in denen Tostón, Puerto de la Peña, der zur alten Hauptstadt gehörige Hafen (der aber von See und von Land aus schwierig zu erreichen war) und Caleta de Fustes die einzigen exportberechtigten Häfen waren.

Im Auf und Ab des Verordnungskrieges obsiegten zuletzt die Kapitalinteressen der Coroneles von La Oliva, die erstens steuerfrei, also in einem nicht vom Inselrat kontrollierten Hafen, und zweitens so nah und sicher wie möglich ihre Ware einschiffen wollten. So entwickelte sich im "Ziegenhafen" schließlich so viel Waren- und Seefahrerverkehr, daß eine resolute Frau aus Tetir hier im Jahre 1795 eine Schenke zu eröffnen für lohnend hielt. Dies war das erste dauerhaft bewohnte Gebäude von Puerto Cabras.

Im Zuge des Sodaexports (☞ Die Geschichte) entwickelte sich der Hafen so sprunghaft, daß schon elf Jahre später, am 7. März 1806, eine eigene Pfarrei hier konstituiert wurde. Bezeichnenderweise bestand die Pfarrkirche der Virgen del Rosario damals nur aus einem Lagerhaus, das der 1805 aus Kastilien zugezogene Sodaexportkaufmann Velázquez großzügig für den frommen Zweck gestiftet hatte - sichtbares Zeichen für die Eile des Aufbruchs in ein neues Wirtschaftszeitalter, in das man nur noch einen Teil des kulturellen Gepäcks mit hinübernahm.

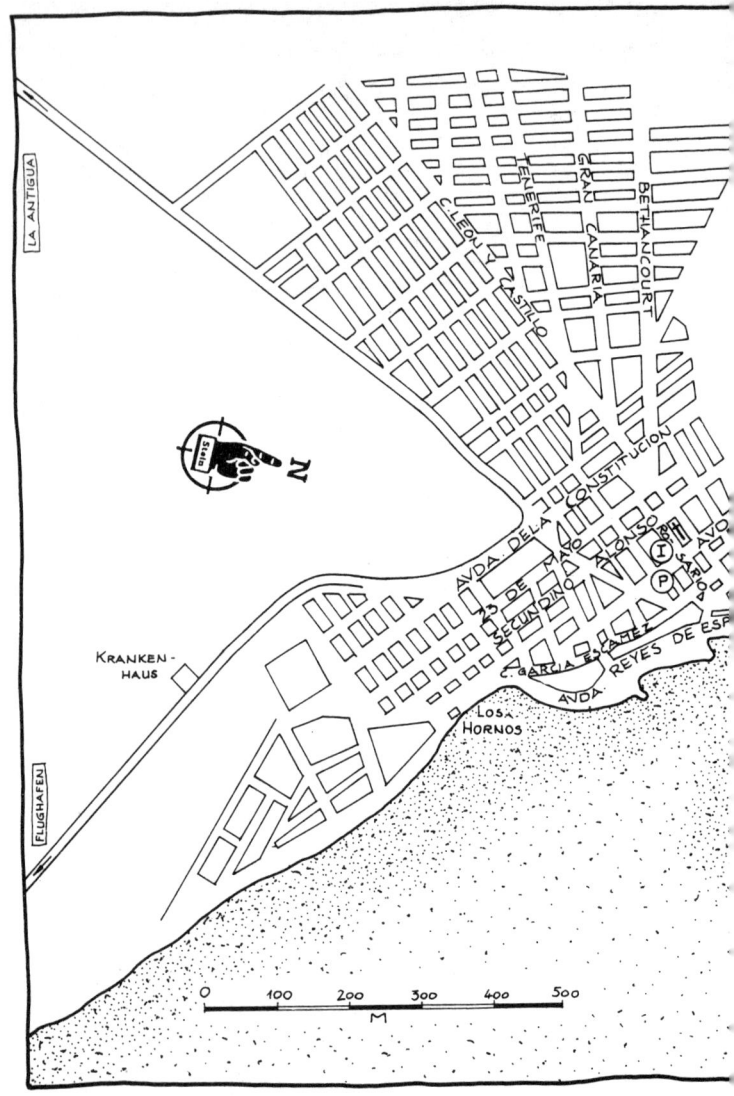

Puerto del Rosario

Barbara Heikoff
Rheinstr. 163
45219 Essen
Germany

CORRALEJO

LEGIONS
KASERNE

MAYO

DOMINGUEZ

PEÑA

C. JUAN DE AUSTRIA

C. DE JUAN DE LA

JUAN XXIII

ALFONSO XIII

C. DIAZ

C/ ALMIRANTE TRAYTER
LALLERMANO

MEERWASSER
ENTSALZUNGSANLAGE

E-WERK

Ⓘ INFORMATION - PATRONATO DEL TURISIMO

Ⓟ POST - TELEGRAFENAMT

Just in dieser Aufbauphase kam der entstehenden Siedlung der städteplanerische Sachverstand eines Engländers zugute. **James Miller**, hier Diego genannt, hatte sich 1806 als Exportkaufmann hier niedergelassen und beeindruckte durch sein eigenes gediegenes Wohnhaus die aufstrebenden einheimischen Handelsfamilien so, daß 1808 der Bürgermeister den von dem engagierten Neubürger vorgelegten Entwurf eines **Stadtplans** akzeptierte. So wurde Puerto Cabras zur einzigen planmäßig und rational angelegten Siedlung der Insel.

Aber bereits **1835** gelang es den 500 Einwohnern des Ziegenhafens, durch Abtrennung von der Gemeinde Tetir, **Gemeindestatus** zu erlangen.

Die Ausfuhr von Soda im ersten Drittel des 19. Jahrhunderts verlieh dem Hafen seinen entscheidenden Aufschwung. Daß dieser nicht allzu stürmisch ausfiel, dafür sorgte die gerade von ihm lebende Bürokratie selbst, wie man schmunzelnd einem Reisebericht des späten 19. Jahrhunderts entnehmen kann. Der Hafeninspektor ließ ein Handelsschiff eine Nacht länger auf die Abfertigung warten, um die Wichtigkeit seines englischen Besuches und damit seine eigene zu unterstreichen. Er hatte noch nicht gemerkt, daß er nicht mehr wie seine Vorgänger bis vor einem halben Jahrhundert den Auftrag seitens des in Betancuria residierenden Cabildos hatte, den Aufstieg der Hafenstadt eifersüchtig niederzuhalten und durch Schikanen zu bremsen.

Nach der um Jahrhunderte retardierten Entmachtung des alten Verwaltungshauptstädtchens waren zwar erst die Agrarzentren des Binnenlandes, La Antigua - wenn auch nur für ein Jahr: 1834-1835 - und La Oliva, Sitz des Wirtschaftsimperiums der Coroneles, auf diesen ihnen eigentlich viel früher zugewachsenen Rang nachgerückt. **1860** erkannte dann die Administration die nicht mehr ignorierbare Verlagerung des wirtschaftlichen Schwerpunktes vom Ackerbau zum Handel, vom Binnenland zur Küste an und beschloß daher den Umzug an die plötzlich produktiv gewordene Küste. Nur ein halbes Jahrhundert nach seiner Entstehung als Siedlung hatte es der alte "Ziegenhafen" durch seine Funktion als Hafen für Sodaexporte ("puerto de la barilla") zur Würde des **Verwaltungszentrums** bringen können.

In der zweiten Hälfte des 19. Jahrhunderts brachte der Import englischer Steinkohle als billiger Energieträger auf die entwaldeten Ostinseln dem Gewerbegebiet Puerto de Cabras einen neuen wirtschaftlichen Impuls hinzu: Mit dieser im Hafen angelieferten Energie wurde es plötzlich interessant, die bislang für den Eigenbedarf über die ganze Insel verstreut und für den Export auf die Nachbarinseln in geringer Zahl an der Westküste

funktionierenden **Kalkbrennöfen** in größerer Zahl in der unmittelbaren Nähe des Hafens zu errichten. Diese gestuften Türme sieht man noch heute an der Küste um den Hafen.

Um die Jahrhundertwende versuchten Geschäftsleute der Hafenstadt unter Führung ihres langjährigen Bürgermeisters **Ramón F. Castañeyra (1875-1901)** die wirtschaftliche Basis des Handels- und Verwaltungszentrums durch Erschließung des Hinterlands für einen modernen Bewässerungsackerbau zu verbreitern. Angesichts der zunehmend ins Blickfeld rückenden technischen Möglichkeiten wollte man auch auf Fuerteventura nicht mehr länger abseits stehen bei der so vielversprechenden Entwicklung, die der Exportanbau mit Bewässerung auf den Zentral- und Westinseln nahm. Man gründete 1899 eine **Aktiengesellschaft** mit dem programmatischen Namen "La Esperanza" zur Erschließung von Grundwasser mittels Bohrungen und Bau eines gemauerten Kanals zu den Anbauflächen um die Hauptstadt.

Aber die Investitionen amortisierten sich nicht. Die Kapitalkraft der einheimischen Geschäftsleute war ohnehin so limitiert, daß das Gesellschaftskapital zu 75 % von auf Gran Canaria residierenden Investoren mit Großgrundbesitz auf Fuerteventura aufgebracht wurde, allen voran die immer und überall führende Familie der Manrique de Laras.

Da angesichts der lächerlich geringen Ausbeute der Bohrungen - etwa die doppelte Durchflußmenge einer bundesdeutschen Dusche - und der unsinnigen Entfernungen von der Förderstelle zur Anbaufläche die Wasserverkäufe die Infrastruktur- und Förderkosten auf weite Sicht nicht zu decken, geschweige denn je zu rentabilisieren vermochten, wurde die Gesellschaft und damit das Ehrgeizprojekt eines Ackerbaugürtels um die Hauptstadt **nach zehn Jahren liquidiert**.

Der Philosoph **Miguel de Unamuno** (1864-1936) verbrachte 1924 seine viermonatige Verbannung in der Pension "Fuerteventura" in Puerto de Cabras.

Im Jahre **1930** wurden die Nachbargemeinden **Tetir und Casillas del Angel eingemeindet**. Doch dauerte es noch fast ein Jahrhundert seit der Hafen zum Verwaltungszentrum geworden war, bis man sich am **16.3. 1956** auch noch von der im Namen festgeschriebenen bescheidenen Vergangenheit distanzierte, indem man die **Rosenkranzmadonna der Pfarrkirche zur Namenspatronin der Stadt** machte.

Als im Jahre **1975 König Hassan II. von Marokko** mit 350.000 arbeitslosen Marokkanern den "**Grünen Marsch**" in die damalige Kolonie "Spanisch-Sahara" antrat, lag die Legion bereits in Stellung, um die gehaßten "Moros" niederzumachen oder wenigstens in die Flucht zu schlagen. Dies schien für die **Legion** eine einmalige Gelegenheit, das 1926 bei Gefechten in Nordafrika eingebüßte Auge ihres Gründers, des Obersten José Millan Astray, eines Kampfgenossen Francos, nach 50 Jahren zu rächen. Zum Glück machte die Geschichte der Legion einen Strich durch ihren Racheplan. Der sterbenskranke Diktator **Francisco Franco Bahamonde** (1892-20.11.1975) konnte nämlich nicht mehr den Einsatzbefehl durchsetzen, und so wurde die **Räumung der Kolonie zum 28.2.1976** vereinbart.

Da Fuerteventura als am dünnsten besiedelte Insel der Kanaren der Zentralregierung dafür prädestiniert schien, hatte Puerto del Rosario ab **1.12.1975** die Invasion des "**Tercio III. de la Legión Don Juan de Austria**" mit 4.500 Mann geballter Aggression zu erdulden. Die friedliebenden Majoreros standen und stehen der langen Liste der Gewaltverbrechen der Legion (☞ Die Geschichte) hilf- und fassungslos gegenüber. Das spanische Verteidigungsministerium konnte sich bislang weder zur Auflösung noch zur Verlegung dieser "Verlobten des Todes", wie sie sich selbst nennen, entschließen.

Über die menschenverachtenden "Ausbildungsmethoden" der Legion wurde schon viel berichtet. Nun gelang aber im Juli 1991 dem ersten Legionär die Flucht. Daraufhin hat der Soldatenverteidiger die Mehrzahl der **Offiziere** der Legion **wegen Folterung angezeigt**. Eine vorgesehene Verlegung der Legion nach Festlandspanien (Ronda) hat dort bereits heftige Demonstrationen der Bevölkerung ausgelöst. Nun plant man jedoch, die 1.300 in Puerto del Rosario verbleibenden "Caballeros Legionarios" in eine auf viele Standorte verteilte schnelle Eingreiftruppe zu integrieren.

Anläßlich der letzten versuchten Flugzeugentführung durch Legionäre im August 1991 verlangte der Senator Gerardo Mesa Noda zum wiederholten Male den Abzug dieser "Elitetruppe". So steht nun der kämpferische Antimilitarist Gerardo Mesa nach 16jährigem Kampf gegen den Pfahl im Fleisch der friedlichen Inseln, kurz vor seinem Ziel. Der spanische Verteidigungsminister Julián García Vargas wollte sich in seiner parlamentarischen Antwort freilich noch nicht auf ein Datum für die Integration der Legion in die Einsatztruppe festlegen. Gerardo Mesa Noda hat einen Verwendungszweck für das Kasernengelände der Legion: Hier soll der Stadtpark von Puerto del Rosario entstehen.

Eustaquio Santana Gil, sozialistischer **Bürgermeister von Puerto del Rosario**, beklagt sich bitter über seinen Parteigenossen, den Ministerpräsidenten Felipe González: "Die Entkolonisierung der Sahara hat zwischen 1975 und 1976 die Bevölkerung Puerto del Rosarios fast verdoppelt, und seither verschlimmerten sich die Infrastrukturdefizite ständig, ohne daß die

Idyllisches Fleckchen bei Casa los Molinos ☞

Zentralregierung Investitionshilfen gewährt hätte." Für die Ära nach dem Abzug der Legion sieht er die **Umwandlung des** abrißreifen **Amüsierviertels der Legion** an der Playa Blanca **in ein Tourismuszentrum** vor. Nicht genug damit, in Puerto Lajas soll eine weitere touristische Siedlung entstehen. Warum sollte man dem bereits bestehenden Bettenberg nicht weitere Halden hinzufügen?

Bislang hat Puerto del Rosario die Funktion der Schlafstadt mit relativ niedrigen Mieten für die Beschäftigten der Tourismuszentren Corralejo, Parque Holandés, Caleta de Fustes und Nuevo Horizonte. Auch die Verwaltungskonzentration bot mit einer Arbeitsweise, die einen ineffektiven Wasserkopf hervorbrachte, eine Vielzahl von Arbeitsplätzen. In einer Studie hat die Banco de Crédito Local im Dezember 1991 festgestellt, daß die Personalausgaben der Gebietskörperschaften der kanarischen Inseln 25% über dem spanischen Durchschnitt liegen. So wundert es nicht, daß **die Gemeinde** Puerto del Rosario im September 1991 insgesamt **80 Angestellte freisetzen mußte.**

Auch die Infrastruktur, wie Krankenhaus, Wasserentsalzungsanlage, Elektrizitätswerk, Hafen und Flughafen bietet reichlich Beschäftigung. Freilich sind nicht alle Arbeitnehmer finanziell so gut gestellt, wie der Flughafenfeuerwehrmann Eugenio Cabrera Montelongo, der als Abgeordneter des kanarischen Parlaments seinen Dienst als Feuerwehrmann weiter versieht und auch sein Gehalt bezieht. Für die Teilnahme an den Sitzungen auf Teneriffa bzw. auf Gran Canaria erhält er als **Spitzenverdiener der Regionalkammer** pro Monat DM 13.800 steuerfreie Aufwandsentschädigung. Ob dies damit zusammenhängt, daß die EG den Kanarischen Archipel mit Subventionen überschüttet (☞ Die Wirtschaft)?

Auf jeden Fall wird in den nächsten Jahren der Bausektor durch die Erweiterung des Hafens und des Flughafens sowie umfangreichen Sozialwohnungsbau und zwei touristische Siedlungen in Puerto del Rosario einige Konjunkturimpulse erhalten. Allein die Sonderzuweisung des **Regionalministers für Bauwesen, Ildefonso Chacón Negrín,** in Puerto del Rosario beheimatet, beträgt für seinen Wohnort im Jahre 1992 dreimal soviel wie der Kanarendurchschnitt. Man will doch wieder gewählt werden. Aus demselben Grund macht z.Z. auch der Inselpräsident eine Runde über die Insel, um Subventionsschecks persönlich auszuhändigen.

Von den 4.531 Arbeitnehmern der Gemeinde sind 10% Bauhandwerker, je 2% Fischer und Viehzüchter. Der große Rest von 85% arbeitet im Dienstleistungsbereich. Die Arbeitslosenquote beträgt 14%.

Allein in den letzten 20 Jahren verdreifachte die Inselhauptstadt ihre Einwohnerzahl und hat damit die höchste Wachstumsrate aller Gemeinden des Archipels. Von 1930 bis 1990 hat sich die Bevölkerung des Gemeindegebiets sogar versiebzehnfacht.

Doch die Dörfer der Gemeinde Puerto del Rosario haben nur noch geringe Bedeutung, da der einzige Lebensunterhalt die Ziegenhaltung ist. Sie besitzen heute eigentlich nur noch die Funktion des Schlafortes für die dort billig wohnenden Pendler. Die in der Nähe des Flughafens und des Truppenübungsplatzes der Legion gelegene Siedlung Matorral (= Buschwerk) beherbergt heute mit 763 Bewohnern neunmal soviel Menschen wie 1950. Dagegen schrumpften die Weiler Guisguey und Puerto Lajas (= Hafen der Felsplatten) in der gleichen Zeit um über 90%.

Östlich von Puerto del Rosario, an der Strecke ins Landesinnere nach Tetir, trifft man 4 km außerhalb der Stadt auf die Rollbahnen des alten Flughafens, die zusehends von der kümmerlichen Steppenvegetation zurückerobert werden.

Wenn man auf dieser schnurgeraden Schnellstrecke bei km 6 die Kurve kriegt, kann man mit einem kleinen Abstecher das Dörfchen **El Time** aufsuchen. Sein Name ist vorspanisch bzw. berberisch und besagt, hier wie auf El Hierro oder La Palma "Felsklippe, Steilabsturz", denn es liegt am Rand eines der wenigen tief eingeschnittenen Barrancos (ca. 150 m Höhenunterschied), der in seinem Oberlauf nicht umsonst den Namen Valhondo (tiefes Tal) trägt.

Das Kapellchen aus dem frühen 18. Jahrhundert ist **Nuestra Señora de la Merced** geweiht. Der rotbraune Behaustein, aus dem Portal und Glockenwand gearbeitet sind, putzt die bescheidene Fassade heraus, polychrome Dekoration den bescheidenen rustikalen Barockaltar.

Wo sich aus der Ebene die flachen, rundlichen, über zwei Millionen Jahre alten Schlackenvulkane - nördlich der Straße Temejereque und Piedara Sal, südlich Caldereta und Montaña San Andrés - erheben, liegt **Tetir**. Der schmucke Ort war bis 1930 Gemeindesitz. Noch immer hat es einen etwas urbaneren Charakter als die übrigen Orte im Landesinneren.

Die **Kirche des Sto. Domingo de Guzmán** liegt zentral an der Plaza, und die auf Fuerteventura fast immer neben der Kirche errichtete Schule hat hier sogar einen an die Kirche angebauten Raum eingenommen. Den Schlüssel zur Besichtigung der Kirche erhält man im Haus Nr. 32 oder im Lebensmittelladen unmittelbar daneben.

Die 1745 geweihte Kirche wurde 1777 selbständige Pfarrkirche. Das Datum 1883 bezieht sich nur auf die Fertigstellung des Turms. Beim Eintreten fällt ein Gemälde der Madonna im Rosenkranz an der gegenüberliegenden Wand ins Auge. Es stellt die Muttergottes, vom hl. Dominikus, dem Namenspatron, und dem hl. Franziskus angebetet, dar. Dieses Ordensgründerpaar findet sich immer wieder auf Fuerteventura zusammen, da die beiden Orden die aktivsten auf den Kanaren waren. Eine der Inschriften im Bild enthält die Jahreszahl 1518, aber die Form der Darstellung datiert das Werk eher ins 17. Jahrhundert. Es ist umgeben von 15 Medaillons mit den Mysterien des Rosenkranzes, die wesentlich nachlässiger ausgeführt sind als das Zentralgemälde.

Der Hauptaltar verrät in seinem rustikalen Barockdekor mit einigen Elementen den lateinamerikanischen Einfluß, besonders bei dem Vogel mit der Frucht im Schnabel.

Dem Rosenkranzgemälde gegenüber hängt ein restauriertes Gemälde des Jüngsten Gerichts, dessen Maler urkundlich festgehalten, aber selbst regional nicht von Bedeutung ist (Ende 18. Jh.). Es kann an Qualität nicht mit den Realisationen dieses Motivs in Agua de Bueyes, Oliva und Ampuyenta verglichen werden.

Eine beachtenswerte Skulptur des 17. Jahrhunderts ist der 90 cm hohe hl. Andreas in der linken Nische des Seitenaltars der Dolorosa (Mutter der Schmerzen).

Eine auf der Insel seltene Form der Kirchenmalerei stellen die Fresken dar, die in Resten unter dem späteren Verputz freigelegt worden sind: Pflanzenmotive und ein Heiliger mit Lilie und Buch, der vermutlich den Namenspatron als Büßer dargestellt.

Der Ort **La Matilla** verrät schon in seinem Namen ("Das Sträuchlein") den ökologisch trostlosen Zustand seiner Umgebung. Er liegt zwischen den höchsten Bergen des Nordens, der Muda (689 m) und dem Aceitunal (686 m), beides Eckpfeiler einer der scharf herauspräparierten Ost-West-Rippen der Insel, Erosionsruinen des tertiären Basaltschildes. Doch je steiler die Hänge, desto grimmiger wütet nach ihrer Entblößung durch Überweidung die Erosion. Die tief zerrunsten Glacis (Schuttschleppen) der Berge um La Matilla gelten als Paradebeispiel der Bodenzerstörung auf Fuerteventura.

Um die Muda entbrannte im Jahr 1991 einer der seltenen offenen politischen Kämpfe auf der Insel. Als das Verteidigungsministerium den Berg für eine Anlage zur Luft- und Seeüberwachung requirierte, entfachte die Asamblea Majorera, die führende Partei der Insel (☞ Die Geschichte), allen voran ihr Chef und Senator, Gerardo Mesa Noda, tatkräftig von

zahlreichen Friedensgruppen unterstützt, eine bisher nicht dagewesene Kampagne gegen diese weitere Materialisierung der Militärpräsenz auf der Insel. Obwohl Antenne und Transformator zweifellos von allem, was bisher die Zentralregierung ihrer traditionellen Verbannungsinsel an militärischen Lasten aufgebürdet hatte, das glimpflichste war - verglichen mit den Attentaten der Fremdenlegion auf den Bürgerfrieden, den 47 km² Truppenübungsgelände, den alljährlichen Manövern - brachte doch dieser Tropfen das Faß zum Überlaufen.

Eine mit südländischer Phantasie und Beredsamkeit vorgetragene Parolenschlacht ziert noch immer alle besprühbaren Flächen entlang der Straßen der Insel: "Die Muda weint", "Helft der Muda", "Wenn die Muda sprechen könnte" - der Tenor ist unverkennbar der einer machtlosen Ausgeliefertheit an die Willkür der Zentralregierung. Immerhin gipfelte der gewaltlose Widerstand in einem Sitzstreik, bei dem der Senator persönlich teilnahm und unsanft von der Polizei vom Platz getragen wurde. Vom Innenminister, der gerade durch sein Gesetz zur Abschaffung des richterlichen Beschlusses für polizeiliche Wohnungsdurchsuchungen und anderer Garantien für den Bürger gegenüber dem Staat bekannt geworden war, wurde er dafür mit dem sarkastischen Kommentar gerügt, Sitzstreiks gehörten nicht zu den Aufgaben eines Senators. Die Militäranlage jedoch blieb - wieder war in La Matilla ein Stück Boden erodiert, der dünne Boden der Demokratie.

Für einen Pendlervorort zu weit von der Hauptstadt entfernt, hat La Matilla ziemlich unter der Landflucht gelitten und wirkt heute, wie die meisten dieser ländlichen Streusiedlungen, die kein richtiges Dorfzentrum bilden, wie ausgestorben. Das **Kirchlein Nuestra Señora del Socorro** liegt ziemlich isoliert abseits der Straße. Es wurde Anfang des 18. Jahrhunderts erbaut.

Der reich dekorierte Barockaltar integriert naive Gemälde in Tempera auf Holz, die die verehrtesten Madonnenfiguren der Insel und des Archipels darstellen: besonders hervorgehoben die Virgen de la Peña, ziemlich getreu so wiedergegeben, wie man sie heute noch in ihrer Kirche in Vega de Rio Palmas sehen kann, von zwei sie anbetenden Engeln flankiert.

Darunter befindet sich eine kleine Komposition, die die Legende ihrer Auffindung darstellt. Einen gleichwertigen Ehrenplatz im entgegengesetzten Altarflügel bekam die in demselben volkstümlich naiven Stil dargestellte Virgen de Candelaria, die Patronin des Archipels war, bis Gran Canaria sich trotzig unter dem Schutzmantel der Virgen del Pino von ihr emanzipierte. Ein Überbleibsel und Zeuge der religiösen Hierarchie aus der Zeit vor dem Ost-West-Konflikt, der den Archipel in zwei Provinzen gespalten hat.

Die Figur der Namensheiligen im Zentrum des Altars ist mutmaßlich zeitgleich mit dem Altar (1781). Ihr fehlt die sonst für Ntra. Sra. del Socorro kennzeichnende Waffe gegen den Teufel.

An der Straßenverzweigung nach Süden fahrend, gelangt man zu dem Dorf **Tefia**, dem die Maurensklaven angesichts der Vegetation im 17. Jahrhundert den berberischen Namen "tefeit" (= Wald) gegeben haben.

In diesem Dorf entsteht zur Zeit ein "Poblado artesanal", ein mit EG-Geldern gefördertes Museumsdorf für die Wiedererweckung des Kunsthandwerks.

Das Dörfchen liegt am Fuß einer Bergkette, die von dem pyramidenförmigen Pico de la Fortaleza (597 m NN) im Süden bis zum Aceitunal (686 m NN) im Norden reicht. In der sich über die Ebene ausdehnen Streusiedlung fallen zwischen den weißen Flachdachhäusern der Betonbauära besonders viele bereits zu Ruinen verfallene alte Bauernhäuser auf, deren vergilbender und abbröckelnder Kalkputz und die darunter zutagetretenden Kalksandsteinblöcke sie der Umgebung so gleichfarbig machen, daß man den Eindruck gewinnt, daß sie langsam zu dem zurückkehren, aus dem sie gemacht wurden.

Das Kirchlein ist mit einer langen Stichstraße fast parallel zur Durchgangsstraße zu erreichen. Unterwegs nimmt man am besten am Haus Nr. 42 den Schlüssel mit.

Das **San Agustín** geweihte **Kirchlein** wurde 1713 gegründet. Doch erst 1773 wurde es mit der weißen Zinnenmauer umgeben, die es mit Ampuyenta, Agua de Bueyes, Triquivijate und Tiscamanita gemeinsam hat. 1789 wurde der Hauptaltarraum vergrößert und mit einer Hängezwickelkuppel über dem Längsschiff erhöht - eine damals in der kanarischen Kirchenarchitektur noch ganz neue Lösung, die besonders in einer so kleinen Landgemeinde erstaunlich ist.

Das Altarbild des Jüngsten Gerichts ist der Komposition nach eine naive Kopie des Wandgemäldes von Antigua, wie jenes ohne die sonst überall auf Fuerteventura hinzugefügte Hölle.

Der Namensheilige ist durch eine barocke Skulptur vertreten, kehrt aber auch in der Szenerie des Jüngsten Gerichts wieder.

Neben der Kirche befindet sich das andere wichtige Zentrum des Gemeindelebens, die Arena für den kanarischen Ringkampf.

Zwischen Tefia und Las Parcelas wurde 1947 der erste Flughafen der Insel eröffnet. Ebenfalls in den vierziger Jahren dieses Jahrhunderts ließ Franco im Barranco de los Molinos einen Stausee mit einem Fassungsvermögen von über 1 Mio. m³ Wasser bauen. Zum ersten Mal in den fünfzig

Jahren seines Bestehens erreichte er im Dezember 1991 fast sein maximales Volumen. Ein Jahrhundertregen, der am Flughafen vom 4.-7.12.1991 immerhin 91 Liter pro Quadratmeter brachte, machte dieses Naturschauspiel möglich. Auf die Landwirtschaft hat dieses Wassergeschenk des Himmels keinen Einfluß mehr, da heute nur noch 40 Personen hier wohnen. Dies sind nur 30 Prozent der Einwohner von 1950, wobei die elf arbeitenden Einwohner auch noch als Pendler anderswo ihren Lebensunterhalt verdienen. Das gesamte Gebiet südlich der Straße Tefia - Puerto de los Molinos gehört zum Naturschutzpark Betancuria.

Die in den 40er Jahren vom Franco-Regime gestiftete Neusiedlerkolonie, die nach dem damaligen Generalkommandanten der Kanaren offiziell **Colonía García Escámez** benannt wurde, heißt bei den Bewohnern und auf dem Straßenschild (Abzweigung 1,5 km südlich von Tefia) **Las Parcelas**. Von hier aus führt die asphaltierte Straße noch bis zur Mündung des Barranco de los Molinos. In dessen Unterlauf liegt der für die Bewässerung jener Neusiedlerparzellen gebaute Stausee, der aber eine salzige Quelle auf seinem Grund hat und deshalb nie für Bewässerung genutzt werden konnte (☞ Die Geschichte). Diese salzhaltige Quelle bringt aber im Bachbett selbst eine sattgrüne salzliebende Vegetation hervor, der Stausee selbst begünstigt an seinen sumpfigen Rändern dichtes Tamariskengebüsch, das wiederum vielen Singvögeln, aber auch Wasservögeln Schutz bietet (☞ Das Land, Fauna). Der Stausee selbst ist nur mit einer Erdstraße, abzweigend 2,5 km nach der Abzweigung "Las Parcelas", zu erreichen.
An der Mündung des Barrancos bildete sich eine kleine Lagune brackigen Wassers, zu der nicht nur rückstauendes Meerwasser, sondern auch das brackige Rinnsal des Barranco de los Molinos selbst beiträgt und hier ein sattgrünes Gebüsch von *Suaeda vera* hervorzaubert. Die wenigen verlassenen Häuser der früheren Fischersiedlung "El Puertito" oder "Puerto de los Molinos" ducken sich unter den Felsen, etwas überhöht über dem Bachbett, das zwar selten, aber dann mächtig Wasser führt. Sie werden jetzt noch von den Besitzern als Wochenend- und Sommerhäuschen genutzt.

Wieder zur Hauptstraße zurück und weiter in südlicher Richtung fahrend, stößt man auf die Ost-West-Verbindung Puerto del Rosario - Betancuria. In der Nähe dieser Einmündung liegt der heute verlassene Weiler **El Almácigo**. Seinen Namen hat er von dem "Mastixbaum" (*Pistacia atlantica*), der 1926 zuletzt noch bei Betancuria gesehen wurde, heute nur noch als Busch in den Felsüberhängen des Jandía-Kammes überlebt.

3 km westlich liegt **Llanos de la Concepción** (= Die Ebenen der unbefleckten Empfängnis), so benannt nach der Patronin der Kapelle des Dorfes. Hier gibt es besonders viele typische Bestandteile eines alten Dorfes zu besichtigen: Lehmdachhäuser, zwei Windmühlen, Kalkbrennofen und Getreidespeicher ("Pajero").

Ein weiteres Dorf im Hinterland der Hauptstadt, bereits in der zentralen Längssenke gelegen, ist **Ampuyenta**. Das unmittelbar an der Straße liegende und mit seinen dunkelrot gegen weiß abgesetzten Giebelfassaden ins Auge springende Gebäude ist als **Hospital von Ampuyenta** bekannt, obwohl es nie als Hospital gedient hat. Im Jahre 1864 hinterließ der Arzt Tomás Mena y Mesa testamentarisch eine Stiftung für den Bau eines Hospitals in Ampuyenta. Doch erst gegen Ende des Jahrhunderts wurde auf Betreiben des Bürgermeisters von Casillas del Angel der Bau in Angriff genommen.
Den Plan hatte ein Architekt der historisierenden Schule entworfen. Er war für damalige Verhältnisse und seine Bestimmung (ein 12-Betten-Haus) ein erstaunlich funktionaler Bau (heute würde man sagen: im Pavillonsystem) und außerdem in der technischen Ausführung revolutionär für die örtlichen Verhältnisse: der erste Bau, der mit Mörtel vermauert wurde (statt mit Erde), mit Ziegelstein gemauert und mit Flachziegeln aus Frankreich, anstelle der - auch nur bei den besseren Häusern - bislang verwendeten Mönch- und Nonne-Ziegel.
Wie viele gemeinnützige Projekte hier scheiterte es an der konzertierten Verantwortungslosigkeit von Bauunternehmer und Behörden und nicht zuletzt am Widerstand der mit einem eigenen Hospital konkurrierenden Hauptstadt, so daß dieser Bau nie seiner Bestimmung zugeführt wurde. Heute dient er der Kirche als Versammlungsraum und für die Abhaltung von Jugendeinkehrwochen.
Direkt dahinter liegt die Kirche **San Pedro de Alcántara**. Den Schlüssel verwaltet ein Ehepaar, das in dem alten Ziegeldachhaus unterhalb der Kirche (mit Straßenlaterne und zwei schönen Araucarien) wohnt.
Man betritt die Kirche am besten durch den großzügigen Vorhof, den die weiße zinnenbewehrte Mauer abgrenzt: Architektonisch eine Reminiszenz der arabischen Festungsbauten Spaniens und religiös ein Ausdruck des Prinzips der doppelten Abschottung des Sakralraums, das den Berberkulturen Nordafrikas eigen ist.
Beim Eintreten gewinnt man den Eindruck, die Kirche sei zu klein geraten für die Fülle an Gemälden, die sie beherbergt. Die Holzdecke - dem schmalen Schiff reichte die einfache Satteldachkonstruktion - ist durch rhombenverzierte Bindebalken verspannt und bunt bemalt.

Der Hauptaltarraum ist gegenüber dem Längsschiff etwas verbreitert. Dies gab die Möglichkeit, durch zwei schmale Fensterchen in dem Vorsprung der Wand Tageslicht in den Altarraum einfallen zu lassen. Der Altar (1782) verbindet die gedrehte Säule des Frühbarock (17. Jh.) mit Rokokodekoration, die die Gemälde umrahmt: die Calvarienszene oben im Zentrum, flankiert vom hl. Augustin und vom hl. Hieronymus, und unten die Rosenkranzmadonna und die hl. Theresa, die in der Art der Darstellung die Hand des Malers der großen Wandserie verraten.

Die Illusionsmalerei im Hauptaltarraum täuscht die für barocke Architektur typischen Nischen mit ihren Standbildern und andere dekorative barocke Architekturelemente vor. Man vermutet, daß sie von demselben Juan de Miranda stammt, der den Flügelaltar in La Oliva gemalt hat.

Im Längsschiff geben sieben der großen Wandgemälde Szenen aus dem Leben des Namenspatrons und Franziskanerheiligen San Pedro de Alcántara wieder: Das erste Bild rechts die Selbstkasteiung im kalten Bad mit Dornen, das zweite und dritte die Erbauung einer Kirche, erst durch Engel, dann durch Handwerker in der Tracht des 18. Jahrhunderts; das erste Gemälde links zeigt San Pedro schwebend über einem Fluß, das zweite auf dem Totenbett, das dritte seine mystische Begegnung mit der hl. Theresa, beide um die Madonna schwebend. Das vierte endlich stellt das Jüngste Gericht dar, in dem San Pedro de Alcántar wiederkehrt als Mittler, der den Seelen aus dem Fegefeuer hilft (unten links).

Die als wichtigste Mittlerin im Zentrum stehende Madonna ist eine der schönsten Mariendarstellungen der Insel. Die unterste Ebene, die der Hölle, steht im Verdacht, später hinzugefügt worden zu sein. Diese meisterhafte Ausführung des auf Fuerteventura insgesamt elfmal wiederkehrenden Motivs des Jüngsten Gerichts hatte über ein Jahrzehnt zusammengerollt auf dem feuchten Boden der Sakristei zugebracht.

Der Meister dieser Serie großer Wandgemälde mit den Namensheiligen der Kirche ist mutmaßlich derselbe, dem das Jüngste Gericht von La Oliva, die Bilder des Marienlebens in Betancuria und vier der Wandgemälde von Sta. Inés zu verdanken sind. Obwohl im 18. Jahrhundert gemalt, erinnern einige Darstellungselemente (die üppige Vegetation und phantastische Architektur im Hintergrund) an die italienische Frührenaissance, das Intérieur um das Sterbebett des Heiligen dagegen an flämische Malerei. Diese Wandbilder und die Gemälde des Hauptaltars stellen die wertvollsten sakralen Malereien der Insel dar. Doch selbst die schlecht beleuchtete Portalwand trägt noch Gemälde (Petrus als Papst, hl. Franziskus und hl. Dominikus - Stifter der aktivsten Orden der Insel - um das Rosettenfenster). Auch die Kanzel ist reicher als in anderen Kirchen bemalt: mit den zwölf Aposteln in je einer eigenen Kassette.

Malerische Windmühle bei Tefia ☞

Casillas del Angel

Nichts verrät in der regellos über die weite Ebene verteilten Streusiedlung, daß sie bis 1930 Gemeindesitz war, außer vielleicht der **Pfarrkirche Sta. Ana**, die sich durch ihre auf der Insel einzigartige Fassade hervorhebt. Sie liegt etwas abseits der Durchgangsstraße. Den Schlüssel verwalten die Bewohner des Hauses Nr. 20 A, links vor der Kirche.

Die schmale, ganz aus dunklem Behaustein gearbeitete Fassade geht unmittelbar in die Glockenwand über. Dies verleiht dem 1781 vollendeten Barockkirchlein eine für seine Stilepoche befremdliche Wuchtigkeit.

Zeitlos ist die einfache oktogonale Mudéjarkuppel über dem Hauptaltarraum. Der spätbarocke Altar beherbergt in der Zentralnische eine hl. Anna mit der jungen Maria aus kastilischer Werkstatt des 17. Jahrhunderts. Spätbarock ist auch das Rosenkranzgemälde aus dem 18. Jh., das wieder die Gründer der beiden dominierenden Orden der Kanaren, den hl. Franziskus und links den hl. Dominikus mit seinem Wahrzeichen, dem Hund mit der Fackel, zu Füßen der Rosenkranzmadonna zeigt. Das Gemälde des Jüngsten Gerichts ist hier rustikaler, aber besser erhalten als seine künstlerisch wertvolleren Pendants auf der Insel. Hier ist besonders gut zu erkennen, daß die Ebene der Hölle nachträglich hinzugefügt wurde unter Übermalung eines Teils des Fegefeuers.

Die Kassetten der Kanzel zeigen die vier Evangelisten und Kirchenväter.

Gemeinde La Oliva

Der Name weist auf früheres Vorkommen des wilden Olivenbaums (*Olea europaea*) hin. Der Gemeindesitz La Oliva liegt in einer großen Ebene zwischen dem gleichnamigen Vulkankegel von 325 m Höhe und dem schlicht nach seinem Nutzwert benannten Vulkankegel Arena (420 m), dem jüngsten Ausbruch der Insel, dessen schwarze Eingeweide, von Baggern aufgerissen, in über hundert Meter hohen Anstichen freiliegen.

Im Rücken das Junglavafeld ("malpaís" = schlechtes Land) von La Arena, weiter nach Norden das von Bayuyo, das von Ostküste bis Westküste den Norden der Insel einnimmt bzw. ihn überhaupt als Landfläche geschaffen hat, vor sich die weiten kultivierbaren Ebenen, blickt La Oliva auf die größte Gesamtoberfläche aller Gemeinden der Insel. Doch über ein Viertel davon ist als "malpaís" lediglich bedingt für Weide nutzbar, unwirtlich und weitgehend unbesiedelt.

Dennoch hat La Oliva sich durch den wirtschaftlichen Expansionismus der Militäroberbefehlshaber, die hier ab 1708 ihre Residenz hatten und ihren Familienbesitz unermüdlich vergrößerten, aber auch seine Nutzung intensivierten, zum zweiten großen Agrarzentrum nach Antigua entwickelt.

Politisch konnte es der südlichen Rivalin sogar den Rang ablaufen, was sich darin ausdrückte, daß es schon ein halbes Jahrhundert eher (1711) eine eigene Pfarrstelle durchsetzte. Und während die von der Konstitutionalversammlung beschlossene Erhebung der Pfarreien zu selbständigen Gemeinden im Jahre 1811 für alle übrigen Gemeinden der Insel mit der Rückkehr der Bourbonen 1815 für zwei Jahrzehnte auf Eis gelegt wurde, konnte sich La Oliva aufgrund der hervorragenden Beziehungen des reaktionären Obristen zur Monarchie diesen neuen Handlungsspielraum erhalten und Antigua den Hauptstadtrang, den ihm das neue liberale Regime 1835 mit Jahrhunderten Verspätung zugesprochen hatte, schon nach einem Jahr 1836 wieder abjagen.

Diese wirtschaftliche und politische Stoßkraft drückte sich schon früh in der **Pfarrkirche Nuestra Señora de Candelaria** aus, die bezeichnenderweise die einzige dreischiffige der alten Kirchen neben der von Betancuria ist. Sie beeindruckt vor allem durch den Kontrast des dunklen Turmes aus Haustein, in seiner wuchtigen Art eher an andalusische Wachttürme erinnernd als an einen eleganten Glockenturm, gegen das strahlende Weiß der dreigiebeligen Fassade. Die unabhängige Eindachung der drei Schiffe weicht von der ursprünglichen gemeinsamen Eindachung im andalusischen Mudéjar bereits ab. Die Renaissance-Elemente (Hauptportal, Säulen) lassen auf eine Erbauungszeit im späten 17. Jahrhundert schließen.

Der Hauptaltar hat von einem Rokokoaltar des späten 18. Jahrhunderts die lediglich in neue Rahmen gefaßten Gemälde bewahrt: Sie täuschen mit Illusionsmalerei meisterhaft nachgeahmte Altarnischen vor. Im oberen Teil erscheint die Kalvariengruppe, unten Josef und Johannes der Täufer. Dem Autor, einem spätbarocken Maler aus Gran Canaria, der in Spanien gelernt hat, schreibt man auch die Illusionsmalerei im Altarraum von Ampuyenta zu.

Das Gemälde des Jüngsten Gerichts - 1732 vom Sohn des Gründers der Casa de los Coroneles (s.u.) gestiftet -, wandfüllend mit 4 x 3 m, ist trotz seines 14jährigen Exils auf dem feuchten Boden in den leuchtenden Farben gut erhalten. Zentralgestalt ist der Erzengel Michael, flankiert von der Mittlerin Maria. Nachweislich ist hier die unterste Ebene der Hölle nachträglich dem unteren Teil des Fegefeuers übermalt worden.

213   *Kleine Bucht von Corralejo* ☞

Südlich der Kirche am Sozialwohnungsblock vorbei dorfauswärts gehend, findet man, verborgen hinter einem modernen Haus (mit den Hausnummern 4 und 58), die **Casa del Capellan**, also offensichtlich das ehemalige Pfarrhaus. Es ist ein verfallendes einstöckiges Haus mit Walmdach aus Lehm, das mit seinem gelblichen Kalksandstein der Umgebung so gleichfarbig ist wie alle verfallenden alten Häuser hier, so daß man dieses Kleinod leicht übersehen kann. Es überrascht durch ein Portal, dessen Rahmen aus Kalksandstein behauen und mit kreuzförmigen, abstrakt pflanzlichen Motiven reich dekoriert ist, ebenso wie der Rahmen des Fensters, dessen Steinmetzarbeiten an bolivianische Kunst erinnern: eines der zahlreichen Zeugnisse des wirtschaftlichen und kulturellen Austauschs der Kanaren mit Lateinamerika durch die Rückkehr von Emigranten.

Ein wenig außerhalb des Ortes, in südöstlicher Richtung, liegt das berühmteste Bauwerk von La Oliva: die **Casa de los Coroneles**. Von der Familie Cabrera Béthencourt (die nicht umsonst im zweiten Namen die Abstammung vom Eroberer der Insel verrät) in der zweiten Hälfte des 17. Jahrhunderts erbaut, stellt es die Macht der militärischen Oberbefehlshaber der Insel dar, die in Anbetracht der ständigen Abwesenheit des feudalen Landesherrn ab 1630 die eigentlichen Machthaber der Insel, praktisch Gouverneure, waren. Dieser Gutsherrenhof mit Wehrcharakter ist der größte Landsitz auf den Kanaren überhaupt, und wurde von einem Besucher im Jahre 1788 als das "beste Haus der Insel" eingestuft und stand in keinem Verhältnis zur Bedeutung des Ortes, der damals ganze 50 Häuser hatte.

Die Fassade wird symmetrisch von fast kubischen Turmkörpern flankiert, die von Zinnen gekrönt sind - ein architektonisches Privileg, das man nur mit ausdrücklicher Lizenz des Landesfürsten in Anspruch nehmen durfte, wie eine schriftliche Genehmigung des Marquis aus dem Jahre 1643 betont (sonst ist dies nur noch an der Casa Manrique de Lara, volkstümlich auch "Casa del Inglés", an der Straße Richtung Corralejo zu beobachten).

In der Portalwand aus dunklem Behaustein prangt über dem feinen Kragsims das Wappen der Cabreras. Die gediegene Holzarbeit des Portals wird noch übertroffen durch die barocken Schnitzarbeiten an den offenen Holzbalkonen, die in ursprünglich ebenfalls symmetrischer Verteilung zu vier und vier die lange Fensterfront der Fassade schmückten. Die oft kolportierte Zahl von 365 Fensteröffnungen, die das Gebäude haben soll, ist eine Legende, die vielleicht zu verstehen ist aus der Perspektive eines des Lesens, Schreibens und Rechnens unkundigen Bauern, der von der Größe und dem Reichtum der Residenz seines Grundherrn geblendet war, oder des Ziegenhirten, der, wie Ethnologen versichern, seine Tiere nicht zählt, sondern an Gestalt und Farbvariationen des Fells kennt - eine Wahrnehmungsfähigkeit, die exaktes Zählen überflüssig macht. Daß die Metapher des einfachen Mannes "soviel das Jahr Tage hat" jedoch im Digitalzeitalter von des Schreibens Kundigen als bierernste Auskunft weitergereicht wird, gehört zur neuen Folklore der Tourismusliteratur. Man kann sich übrigens, auch wenn man nicht die Intuition eines Ziegenhirten hat, auf den zweiten Blick von einer anderen Kuriosität dieser Fensterserie überzeugen: Die Motive an den Brüstungen der Holzbalkone sind tatsächlich ein jedes von allen anderen verschieden, wie die Steinmetzarbeiten an romanischen Kapitellen die Einzigartigkeiten jedes Werkstücks wahren.

Das hier so rare und deshalb in jedem Falle Rang und Kaufkraft signalisierende Holz dominiert auch im Innenhof: Der Arkadenumgang des ersten Stockwerks wurde nachträglich auf doppelt so weit gespannte Flachbogen im Parterre abgestützt, die gleichfalls aus kunstvoll bearbeitetem Holz bestehen. Gegenüber dem Haupteingang führt ein Dreipaßbogen ins Treppenhaus, das oben durch einen Flachbogen mit vorspringenden Kapitellen an den Rahmenpfeilern in die Galerie mündet.

Wie es sich für einen Repräsentanten der weltlichen Macht gehört, demonstrierte der militärische Oberbefehlshaber seine unmittelbare Beziehung zum transzendenten Ursprung dieser Macht durch eine eigene Hauskapelle. Alle möglichen Wirtschaftsräume in das Geviert integrierend und weitläufige Gesindebehausungen und landwirtschaftliche Gebäude angliedernd, bildete das Anwesen ein in sich geschlossenes kleines Imperium, Abbild der fast unumschränkten Macht über den begrenzten Raum der Insel. Mit dem Ende des Feudalregimes funktionslos geworden, ist es seit Jahrzehnten dem Verfall preisgegeben.

Die kurze Glanzzeit La Olivas als administrative Hauptstadt der Insel (1835-1860) begann paradoxerweise mit der politischen Entmachtung der Feudalherren und ihrer Inselgouverneure im Jahre 1835, bis der Aufstieg der Hafenstadt Puerto del Rosario auch dieser letzten Huldigung an die feudale Vergangenheit im Jahre 1860 ein Ende setzte und La Oliva endgültig in ländliche Bedeutungslosigkeit zurücksank.

Doch vor rund zwei Jahrzehnten gab eine neue wirtschaftliche Entwicklung nicht dem Ort, wohl aber der Gemeinde einen Teil ihrer Bedeutung zurück, jedoch in dem schwindelerregenden Auseinanderklaffen von Entwicklung, Kapital- und Bevölkerungskonzentration an der Küste und ländlicher Verschlafenheit - oder günstigstenfalls Schlafvorstadtfunktion - für die historisch gewachsenen Orte im Landesinneren.

Ein Sinnbild dieses Schicksals des Ortes ist das oben wegen seiner Zinnen erwähnte Haus der Manrique de Laras an der Ausfallstraße nach Corralejo. Sein heutiger Besitzer, der Conde de La Vega Grande, Großverdiener am touristischen Aufstieg der Costa Canaria auf Gran Canaria, dem eine Restaurierung nicht schwergefallen wäre, hat ganz im Gegenteil alle wertvollen Kiefernholzteile für eine Wiederverwendung in Neubauten im Süden Gran Canarias herausreißen lassen.

Die Gemeinde La Oliva hatte 1950 nur 1.964 Einwohner. Durch den Tourismusboom hat sich die Einwohnerzahl bis 1990 mehr als verdreifacht. Aber bereits 1986 wohnten 56,5% der Bevölkerung in Corralejo; dies bedeutet für das ehemalige Fischerdorf eine Verzehnfachung seiner Bevölkerung seit 1940.

Caldereta, das einzige Bauerndorf der Gemeinde, wird nur noch von 35 meist älteren Hirten und Bauern bewohnt. Seit 1950 haben vier von fünf Einwohnern den Weiler verlassen. Die Gemeinde hat eine Bevölkerungsdichte von 16 Einwohnern pro km^2.

Sechs von zehn Einwohnern sind Analphabeten oder ohne Schulabschluß. Daraus erklärt sich auch der Zuzug von 28% der Bewohner in den letzten Jahren, weil im Tourismus ein auf der Insel nicht zu deckender Bedarf an qualifizierten Arbeitskräften bestand. Dem stehen 17,5% Arbeitslose gegenüber, die sich hauptsächlich aus der unterqualifizierten einheimischen Bevölkerung rekrutieren. Nur 109 der von außerhalb Zugewanderten sind Ausländer, davon 89 EG-Bürger.

Im Jahre 1983 erhielt La Oliva den Preis für das gepflegteste Dorf Spaniens. Dies verwundert sehr, da die Casa del Capellán am Einstürzen ist und auch die Casa de los Coroneles sich im baufälligen Zustand befindet. Die 90 (neunzig!) Eigentümer der Casa de los Coroneles fordern immerhin DM 5,5 Mio., die kanarische Regierung will aber nur DM 1,5 Mio. zahlen. So zieht sich die Enteignung in die Länge, und das größte Gutshaus der Kanaren fällt langsam in sich zusammen. Dabei dürfte es in La Oliva an Geld nicht fehlen, da das Gemeindeamt zusätzlich zu den auf dem Archipel üblichen Gebühren eine Sonderabgabe für Baulizenzen in Höhe von 7% des Kostenvoranschlages erhebt!

Kanarenweit bekannt ist der langjährige Bürgermeister von La Oliva, Domingo González Arroyo. Wegen seines überheblichen Benehmens wird er von seinen Mitbürgern Marquis ("Marqués") genannt. Sein Auftreten in Verbindung mit nicht allzu freundlichen Bemerkungen über Frauen brachte ihm seitens des kanarischen Frauenverbandes den Titel "Estropajo 1990" ("Scheuerschwamm 1990") ein.

Die Tourismusstudie (Carmelo Domínguez Hormiga) lastet ihm an, Verfehlungen in Verbindung mit der Wasserversorgung, der Bauplanung und des Naturschutzes begangen zu haben.

Außerdem wird ihm zum Vorwurf gemacht, daß er zuläßt, daß 868 öffentlich geförderte Sozialwohnungen in Corralejo an Touristen vermietet werden, obwohl große Wohnungsnot besteht, und daß er 1975 die Straße durch das Dünengebiet ohne Genehmigung bauen ließ.

Corralejo

(= die Stallungen). Dieser Ankerplatz diente im 17. Jahrhundert als Schmuggelhafen. Hier wurden alle Geschäfte zwischen Lanzarote und Fuerteventura abgewickelt, für die keine Abgaben gezahlt werden sollten. Die Inselregierung sprach im Jahre 1609 in ihren Beschlüssen bezüglich Corralejo von illegalem Ziegenexport, Export von geraubtem Getreide und Strafen für erwischte Täter. Im Jahre 1744 mußte der Bischof der kanarischen Inseln, Juan Francisco Guillén, hier zwei Nächte unter freiem Himmel verbringen, bis er nach Lanzarote übergesetzt wurde. Es gab damals noch nicht einmal eine Hütte in der Gegend.

Der Statistiker Olive berichtet, daß es im Jahre 1860 immerhin schon 15 Häuser gab, die von 45 Personen bewohnt wurden. Noch 1950 hatte das Fischerdorf Corralejo nur 191 Bewohner. Im Jahre 1990 wohnten hier 3.516 Einwohner, die fast ausschließlich im Dienstleistungsbereich und Baugewerbe tätig waren.

Die Tourismusära begann in Corralejo 1967 mit der Apartmentanlage "Hoplaco". Zwanzig Jahre später gab es im November 1987 immer noch nur bescheidene 3.521 Tourismusbetten. Den Grund für diesen langsamen Start berichtete Uwe Riedel bereits 1969: "So wurde der Fremdenverkehrssiedlung "Corralejo" auf Fuerteventura der Kredit wieder gestrichen, da eine Trinkwasserversorgung nicht gewährleistet ist: alle Brunnen in der Umgebung liefern nur salzhaltiges Wasser. Daß trotzdem die Anlage erstellt wird, ist ein Zeichen für die Spekulationsfreude einiger Unternehmer: in diesem Falle hofft man, daß dann, wenn in der Inselhauptstadt Puerto del Rosario eine Meerwasseraufbereitungsanlage installiert sein wird, auch eine Rohrleitung bis in den äußersten NE [= Nordosten] der Insel gebaut wird."

Der "Marqués" hat die Hoffnungen Wirklichkeit werden lassen. Im Januar 1991 waren bereits 16.975 Unterkunftsplätze fertiggestellt. Die Bautätigkeit, offensichtlich auch im Naturschutzgebiet, hält an. Es gibt auch

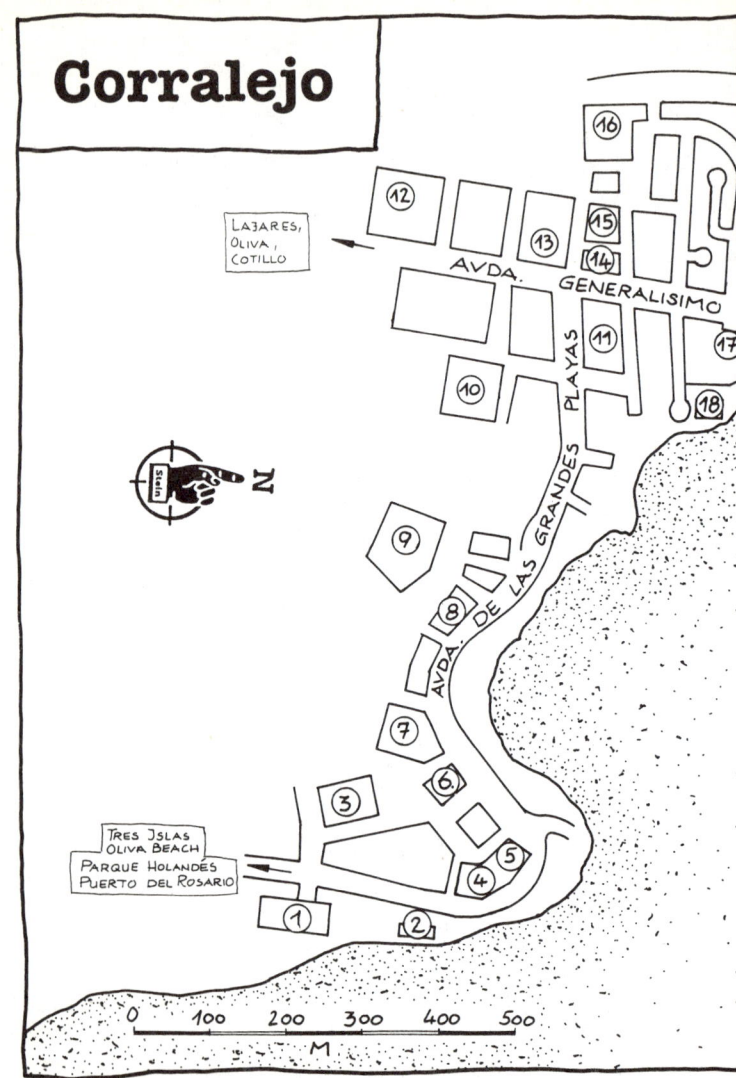

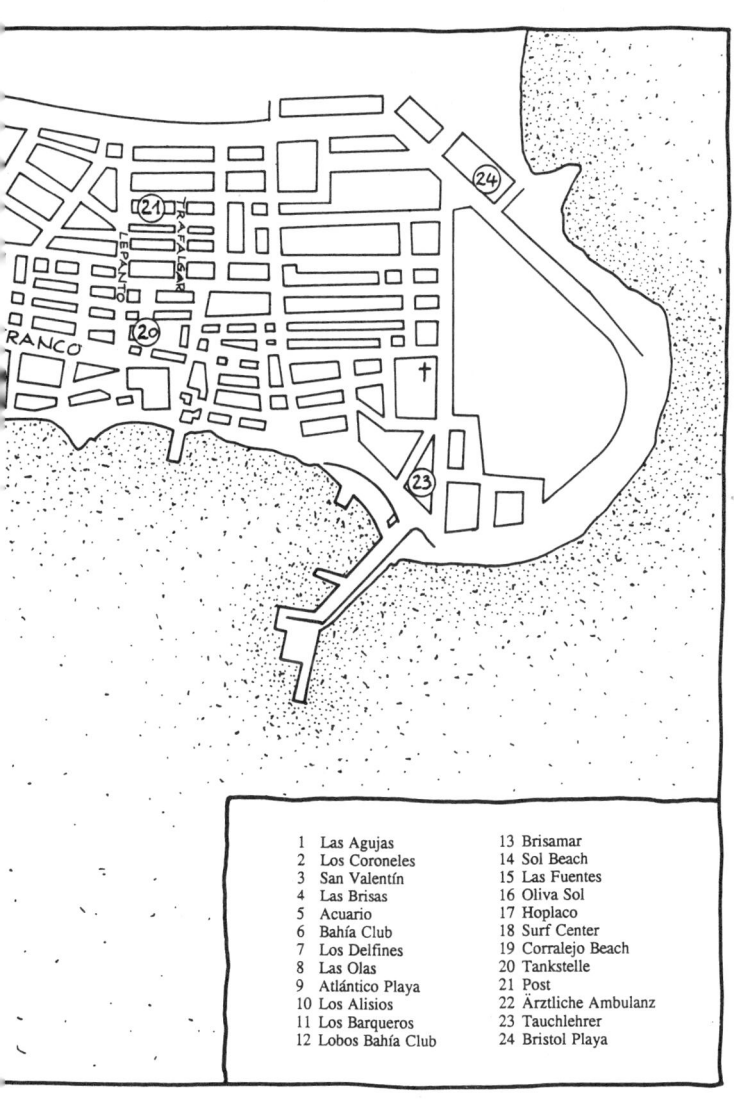

mindestens zwei genehmigte Golfplatzprojekte. Corralejo ist **Wassersportzentrum** mit Yachthafen, Tauch- und Surfschule. Wer sich die faszinierende Unterwasserwelt des Meeresschutzparks "El Rio" zwischen Corralejo und Lobos ohne zu tauchen "live" ansehen möchte, der hat die Gelegenheit, an Ausflügen des Glasbodenbootes "Majorero" teilzunehmen.

Tägliche Überfahrten nach Lanzarote bieten die ·Autofähren "Yaiza" und "Betancuria" an. Tagesausflüge nach der Insel Lobos unternimmt das Boot "Poseidon" (☞ Reise-Infos von A bis Z, Ausflugsattraktionen, Bootsausflüge).

Die **Insel Lobos** = Insel der Mönchsrobben (*Monachus monachus*) steht seit dem 15.10.1982 unter Naturschutz. Vor ungefähr einem Jahrhundert wurden die letzten von einheimischen Robbenschlägern getötet (Juan José Baccallado et al.). Da die Insel für den motorisierten Verkehr gesperrt ist, ist sie ein vorzügliches Wandergebiet (☞ Wanderung Nr. 7). Im Wanderteil ist die Insel ausführlich beschrieben. Anzumerken bleibt, daß Lobos, obwohl Naturschutzgebiet, für einige Tage im Jahr als Truppenübungsplatz von der Legion benutzt wird. An diesen Tagen gibt es keinen Ausflugsverkehr.

Aber auch auf Lobos hält der Fortschritt Einzug: Die Firma Geafond, der 99,3% der Insel gehören, hat ein neues Restaurant gebaut, welches wegen fehlender Lizenz allerdings nicht eröffnet ist. Dies macht es nun Antonio Hernández Páez, der hier seit 1967 in improvisierten Strandhütten den Tagesbesuchern Stärkung und bei Bedarf auch Unterkunft anbietet, zunehmend schwieriger, sein Gewohnheitsrecht zu verteidigen.

Die Umweltschutzorganisationen haben in einem gemeinsamen Manifest die Durchsetzung des Naturschutzes für die Insel gefordert.

Die ganze Küste südlich von Corralejo ist ein **Windsurfparadies** mit Spots verschiedenster Schwierigkeitsgrade. Für **Taucher** bietet die 30 m tiefe Meeresstraße zwischen Corralejo und Lobos eine große Vielfalt von Biotopen. Da diese Verbindung der beiden Inseln während der Eiszeiten über dem Meeresspiegel lag, bildeten sich auf und neben Lavaformationen der jungen Eruptionen von Lobos und Bayuyo auch Sedimentformationen aus Kalksanden, die durch obermeerische und später untermeerische Erosion spektakuläre Formen - Höhlen, Tunnel, Überhänge - bekommen hat, die dank der Vielgestaltigkeit der Oberflächenformen und der unterschiedlichen Zusammensetzung - basaltische Laven und Kalksandsedimente - sehr unterschiedliche Nischen bieten, für die senegalensische Auster ebenso wie für den Antillenseeigel, für Korallenstöcke (*Lophogorgia*-Arten) ebenso wie für Schwämme (*Spongionella*).

222

Farbenfroher Inselfriedhof

Strand bei Casa los Molinos

Die **Dünen von Corralejo** bieten die Möglichkeit zu ausgedehnten Strandwanderungen über die weiten geriffelten Sandflächen am Küstensaum und das wellige Hinterland der schon von differenziertem Bewuchs strukturierten Dünenlandschaft. Der Sand besteht nicht, wie manchmal behauptet, aus Anwehungen der Sahara (☞ Das Land, Geologische Formen), sondern aus den von der Brandung auf dem felsigen Untergrund der Abrasionplattform zertrümmerten Panzern von Schalentieren, Skeletten von Foraminiferen und Rotalgen, die der Wind jeweils beim Zurückweichen des Meeres landwärts trägt. Je weiter landeinwärts der Sand reicht, desto mehr wird er von Pflanzen befestigt.

In Meeresnähe, in den noch sehr unstabilen Sanden, deren Wandergeschwindigkeit auf etwa 4 m pro Jahr veranschlagt wird, dominieren die Dünenwolfsmilch (*Euphorbia paralias*) mit ihren zeilig den ganzen Stil hoch angeordneten, nadelförmigen Blättern, zwei Zyperngrasarten, die für einen Kreuzblütler erstaunlich sukkulente *Cakile maritima*, zwei Sode-Arten mit zylindrischen (*Suaeda vera*) bzw. tropfenförmigen (*Suaeda vermiculata*) Blättchen und der den Dünen ideal adaptierte sparrige Strauch *Traganum moquinii* mit den eher tetraeder- oder pyramidenförmigen Blättchen. Er fängt sich den Sand sogar ein, so daß er dazu neigt, um sich herum Dünen zu bilden.

Ornithologisch Interessierte können das Glück haben, das Sandflughuhn oder die leider sehr selten gewordenen inselspezifischen Unterarten der Kragentrappe, des Rennvogels oder des Triels zu sehen.

Faszinierend ist die Vorstellung, daß sich solche Dünen, wie sie sich hier aktuell noch bilden und bewegen, in der Ost-West-Senke um Lajares, teilweise begraben unter den Laven des Bayuyo, zumindest durch sie vom Meereswind abgeschnitten, in mehreren Generationen finden, immer wieder unterbrochen durch Befestigungsprozesse und Bodenbildung durch Anschwemmung von Abtragungsmaterial aus dem Inselinneren. Ihre Abfolge ist in den ansonsten wenig begrüßenswerten Sandabbaugruben um **Los Lajares** schön zu beobachten, erkennbar an den farblich wechselnden Horizonten: die dunkleren stellen die Phasen der Bodenbildung in regenreicheren, wärmeren Klimaphasen dar. In trockeneren Etappen mit kühlerem Klima und Meeresspiegelsenkung (durch Poleisbindung) konnte dann der Wind neue Dünen anwehen.

Los Lajares bietet an seiner südlichen Ausfahrt das malerische Nebeneinander oder Tête-à-Tête der beiden Grundtypen der **Windmühle**, beide durch Restauration vor dem Verfall gerettet.

"Molino" wird hier der Rundbau mit dem kegelförmigen Dach genannt, wie man ihn im Prinzip aus der Mancha kennt, jedoch mit etwas ausgestellten Wänden leicht kegelstumpfförmig und das Dach etwas asymmetrisch, da auf einer Seite gewalmt. Das Dach ist mitsamt der daraus hervorragenden Achse des Windrads aus Holz und mittels einer ebenfalls aus einem langen Balken bestehenden, bis auf den Boden herabreichenden Deichsel auf einer hölzernen Kreisschiene oben auf dem Mauerkranz, die für diesen Zweck gut mit Tierfett geschmiert wurde, drehbar. Dieser Drehmechanismus ermöglichte, durch exakte Justierung auf die jeweilige Windrichtung, die Windkraft optimal auszunutzen. Die vertikale Drehung der Flügel wurde dann durch ein Zahnrad auf die horizontale Drehbewegung des Mühlsteins übertragen.

Hier und nur hier auf Fuerteventura unterscheidet man mit der weiblichen Bezeichnung "**molina**" den anderen Windmühlentypus, der im 18. Jahrhundert von einem genialen Mühlenbauer namens Ortega auf La Palma erfunden und dann außer auf seiner Heimatinsel auch bald auf den Nachbarinseln Hierro, Gomera, Teneriffa und schließlich auch auf der Getreideinsel Fuerteventura gebaut wurde. Das Holzgestell ist übrigens ein schiefer Quader, der sich ebenfalls je nach der Windrichtung auf Kreissegmentschienen in der Plattform des in diesem Modell flacheren Mühlengebäudes drehen läßt. Diese Ortega-Mühlen brachten gegenüber den traditionellen kastilischen Mühlen erhebliche technische Verbesserungen und eine höhere Mahlleistung. Da die Flügel dieses Mühlentypus in der durchentwickelten Form nicht mehr mit gewachstem Tuch, sondern mit hölzernen Schaufeln bespannt wurden, die den Windimpuls aufnahmen, waren sie gegen Böen noch anfälliger und mußten daher von einem Tag und Nacht anwesenden Müller bewacht werden, der daher seine Schlafstatt in dem Sockelgebäude hatte.

El Cotillo

Was man dem Fischerdörfchen und touristischen Mauerblümchen heute nicht mehr auf den ersten Blick ansieht, ist seine frühere Bedeutung als Hafen (☞ Die Geschichte). Sie kann am besten daran abgelesen werden, daß es neben Caleta de Fustes der einzige Hafen war, der durch einen Festungsturm geschützt wurde. Wie das Pendant der Ostküste 1743 erbaut und mit zwei Kanonen und einer Besatzung von vier nicht besoldeten - und daher meistens von ihrer Landwirtschaft absorbierten - Milizionären und ihrem Chef bestückt, hat er glücklicherweise keine Gelegenheit mehr gehabt, seine militärische Wirksamkeit unter Beweis zu stellen, da die Blütezeit der Seeräuber damals schon passé war. Der Schutz, der jedoch weiterhin von dem interinsulären Seehandel angesichts der rudimentären

225   *Die berühmte Casa de los Coroneles in La Oliva* ☞

Seefahrtstechniken der damaligen Zeit im allgemeinen und der kanarischen Marineros im besonderen benötigt wurde, bestand in der Fürsprache "Unserer Lieben Frau der guten Reise" (= **Nuestra Señora del Buen Viaje**), die in der Kirche figürlich mit dem Reisestab in der Hand dargestellt ist (nicht mit dem Schiff in der Hand, wie sonst üblich und für einen Hafen zu erwarten). Die alte Kirche wurde allerdings nach dem Bau einer größeren, moderneren abgerissen.

Ende des Jahres 1991 sollte mit dem Bau eines Hafens in Cotillo begonnen werden.

Nach Süden blickend, sieht man den Rundturm der **Festung Tostón**, der gleichzeitig mit seinem Pendant von Caleta de Fustes im Jahre 1743 von dem Festungsbauingenieur Claudio de Lisle erbaut wurde.

Wenn man entlang der niedrigen Steilküstet bis zur Playa del Aljibe de la Cueva ("Strand der Zisterne in der Höhle") weitergeh, so findet man einen akzeptablen Badestrand vor und trifft auch den weißlichen Horizont der Agglomeratbank wieder an, den man am ☞ **Puerto de la Peña** so eindrucksvoll beobachten kann. Er verläuft auf 15 m Meereshöhe und enthält Versteinerungen von Schnecken, Muscheln und Austern des unteren Pliozän (5 Mio. Jahre v.u.Z.). Überlagert ist er von einer Basaltschicht.

Mit einem Spaziergang oder Abstecher von 4 km in nördlicher Richtung auf einer unbefestigten Erdstraße, vorbei an der Urbanización "Los Lagos", erreicht man den Leuchtturm der Nordwestecke Fuerteventuras, **Faro de Tostón**, der auf zwei ältere Vorgänger zurückblicken kann. Er liegt auf einer sandigen Landzunge, von der aus man nach Osten über die Caleta del Marajo (Bucht des Hais) hinweg einen Blick auf das Lavafeld des Bayuyo hat und nach Süden über die kleinere Bucht Caleta de Aduana ("Zollbucht") - in Erinnerung an die Zeit, als die interinsulären Exportgeschäfte den "Fünften" für den Landesherrn zu umgehen suchten.

Das Dörfchen **Villaverde** (= kanarischer Familienname) ist das Zentrum der Lavagranulatfelder ("Enarenado"), die Franco Mitte des zwanzigsten Jahrhunderts hier anlegen ließ. Die Agavenpflanzversuche auf diesen Feldern waren aus mehreren Gründen ein Fehlschlag (☞ Die Geschichte). Heute dient der Ort als billige Wohnstätte für Pendler in das Tourismuszentrum Corralejo.

Beim Dörfchen Villaverde hat man in dem aus vorzeitlichen Dünen bestehenden Boden eine erst als Wohnung, dann als Bestattungsplatz genutzte Höhle ausgegraben (☞ Die Ureinwohner, Nr. 12 auf der Karte vorspanischer Fundstätten). Noch erstaunlicher ist es, daß der ganze

Küstensaum der Bayuyolaven von Resten von Hütten, Gräbern und anderen Besiedlungszeugnissen aus vorspanischer Zeit markiert ist (nur ausgewählte Beispiele sind die Fundstätten 1 bis 11 auf der Karte).

Auch im Umkreis von La Oliva hat man zahlreiche Zeugnisse der ☞ Ureinwohner gefunden: in einer Höhle im Malpaís de la Arena (15) die Mann und Weib darstellenden Einzelidole und am Lomo de la Virgen (17), dem unauffälligen flachen Plateau westlich des Dorfes, den kleinen Idolfries, die Pedro Carreño Fuentes gefunden und im Museo de Betancuria ausgestellt hat.

Das Dörfchen **Vallebrón** liegt auf 300 m Meereshöhe im Oberlauf des gleichnamigen Barrancos. Mit dem Namen Vallebrón verbinden die Bauern ebenso wie die Botaniker alle Zuversicht auf Wachstum, alle sehnsuchtsvollen Erinnerungen an Reste einheimischer Flora und an Gedeihen in liebevoll gepflegten Terrassengärtchen. Es liegt in einem Gebiet, das zwischen 200 und 300 mm durchschnittliche Jahresniederschläge empfängt, Werte die ansonsten nur noch im Massiv von Betancuria erreicht werden und für die Verhältnisse dieser ariden Insel eine privilegierte Klimalage bedeuten.

Maulbeerbäume, die noch nicht verheizt wurden, schmücken mit ihrem hellgrünen und dunkelgrünen Laub das Bachbett (das dunklere Laub kennzeichnet paradoxerweise *Morus alba*, das hellere *Morus nigra*, denn die Namensgebung richtet sich nach der Farbe der reifen Früchte). Die wohlbestellten Terrassenäckerchen sind vom Kohl gesäumt. Die Feigenbäume machen hier noch einen gepflegten Eindruck. Die Johannisbrotbäume finden sich hier so verwöhnt, daß sie zu mächtigen Kugelbäumen wurden. Die Häuser drängen sich hier aufgrund des beschränkteren Raumes enger um die Kirche, die ein gutes Stück oberhalb der Durchgangsstraße liegt.

Das im frühen 18. Jahrhundert erbaute Kirchlein, **Johannes dem Täufer** geweiht, überrascht durch eine Portalwand aus hellem Kalksandstein mit einem Kassettenfries entlang der Türfüllung, der ebenso an frühere Stilepochen denken läßt wie die dunkle Reliefplatte mit den zwei stilisierten Tieren. Sie könnte aus einem früheren Bauwerk stammen und wiederverwendet worden sein. Bemerkenswert im Inneren ist der ländlich bunte Barockaltar mit zwei Gemäldetafeln, die die Ordensgründer St. Dominikus - mit Rosenkranz und Kirche - und den Heiligen Franziskus darstellen.

Da die Landwirtschaft unrentabel geworden ist, verkaufen die Brunnenbesitzer des Dorfes ihr Wasser an das Wasserkonsortium (CAAF). 1988 wurden 219.000 m³ zu einem Preis von pts. 112/m³ verrechnet. Diese Wassermenge könnte eine Fläche von 88 ha oder 50% der derzeit bewässerten Anbaufläche der Insel mit Wasser versorgen.

Tindaya

Das Dorf trägt den Namen des auffälligen Berges, an dessen Fuß es liegt (☞ Wanderung Nr. 8). Der Trachytstock, den die Geologen als eine nicht bis an die Oberfläche gedrungene Intrusion, also einen unter anderen Schichten erstarrten Magmapfropf interpretieren, trotzt durch seine Härte der Verwitterung. Seine steil zu dem etwas gestutzten Gipfel emporführenden Grate haben wohl den Ureinwohnern diesen Berg als einen Ort besonderer Nähe zur Gottheit erscheinen lassen. Denn um seinen Gipfel herum fanden sich über 100 in den Fels geklopfte und geschliffene Fußumrisse, stark schematisiert zu Trapezen mit Zehenstrichen, weit abstrahiert von der konkreten Form eines Fußes, als handle es sich um die Wiederholung eines uralten Zeichens oder Rituals. Die Besonderheit des Gesteins, den Blick zum ehrfurchtgebietenden Feuerberg Teneriffas, dem Teide, sah man als Motive, diesen Berg für einen Kultplatz zu erwählen.

Einen Rest vorspanischer Religionspraktiken will man darin sehen, daß in diesem Dorf - allerdings nicht nur in diesem - bis weit in die Neuzeit hinein magische Handlungen aus dem Repertoire des Aberglaubens lebendig waren. Die Spuren davon haben sich mit dem Auto, dem Kühlschrank und dem Penicillin verloren.

Doch daß das **Kirchlein der Virgen de la Caridad** ab und an wegen seiner Gemälde aufgesucht wird, ist der Schlüsselverwalterin im Haus gegenüber (Hausnummern 2 und 29) vertraut und entlockt ihr ein stolzes Lächeln. Der reich dekorierte rustikale Barockaltar integriert zwei Gemälde in Tempera auf Leinen, die durch Klaffen und Verziehen der Holzplatten, auf denen sie befestigt sind, schon stark gelitten haben: rechts die Virgen del Carmen und links die Rosenkranzmadonna. Ebenfalls barock ist die Skulptur der Caridad. Aber zwei noch beachtenswertere Gemälde beherbergt die Kirche. Sie können anhand der Ausführung der Gesichter, des Hintergrunds und der Monumentalität derselben Meisterhand, die die große Serie des San Pedro de Alcántara in Ampuyenta geschaffen hat, zugeschrieben werden: Josefs Traum und eine Madonna der Unbefleckten Empfängnis, die in der Sakristei noch ihrer Restauration harrt.

Zwischen El Cotillo und Tindaya liegen zwei aufgegebene touristische Siedlungen an der Playa Tebeto und an der Caleta Bonanza.

Gegen die schwarze Kulisse der steilen Flanken des Lapillivulkans **Montaña Quemada** hebt sich weithin sichtbar das **Denkmal Unamunos** ab, dessen Podest sich beidseits in die stilisierte Zinnenmauer fortsetzt, die auf Fuerteventura Zierelement sakraler und privilegierter Gebäude ist. Die Statue ist ein Werk des kanarischen Bildhauers Borges.

Der **Rektor der Universität Salamanca**, Schriftsteller und Philosoph Unamuno war einer der wenigen Denker, die der dumpfen Intelligenzfeindlichkeit des Putschregimes von Primo de Rivera Widerspruch entgegensetzten. Er wurde dafür **1924** auf diese Insel verbannt. Die **vier Monate seines Exils**, das auf Einschreiten der französischen Regierung hin aufgehoben wurde, genügten ihm, um die Insel in sehr spiritueller Weise liebzugewinnen und dies in Gedichten und Prosa festzuhalten, in denen das erwachende Selbstbewußtsein der Majoreros heute die Identität der Insel so treffend erfaßt findet, wie dies nur aus der Perspektive des von außen Kommenden möglich ist.

Das Denkmal wurde 1970 aufgestellt, konnte aber erst 1980 eingeweiht werden. Obwohl es nicht gerade ausgesprochen wird, darf man annehmen, daß dieser Aufschub auf den Widerstand des Francoregimes gegen die Ehrung eines rebellischen Geistes und die Selbstzensur der damals kulturell Bemühten zurückzuführen ist.

Als jüngster Ort der Gemeinde La Oliva entsteht seit 1973 südlich der **Montaña Roja**, an der Grenze zur Gemeinde Puerto del Rosario, auf 10 Mio. m² der **Parque Holandés**, der über einen Yachthafen mit 325 Liegeplätzen, Golfplatz sowie Selbstversorgung mit Gemüse verfügen soll. Bei Fertigstellung im Jahre 1997 soll er über 20.000 Plätze anbieten. Direkt benachbart baut seit 1988 der Schweizer Unternehmer Werner Bleiken die **Urbanización Puerto Ventura**, ebenfalls mit Yachthafen, die im ersten Bauabschnitt bis 1992 auf 250.000 m² noch einmal 7.000 Betten vorsieht.

Gemeinde Antigua

Wahrzeichen des Dorfes ist die **Pfarrkirche**, deren Namenspatronin, **die Virgen de La Antigua,** dem Dorf seinen Namen gegeben hat. Die Gründer dieses Dorfes müssen demnach Andalusier gewesen sein, die sich dem Schutz der in der sevillanischen Kirche Sta. María de La Antigua verehrten Muttergottes unterstellten.

Im spanischen Volkskatholizismus ist eben die Gestalt der Muttergottes in so viele an konkrete Wunder gebundene Einzelgestalten aufgelöst, daß die Marienanrufung der Heimatgemeinde, in der Regel unter getreuer Wahrung ihrer Darstellungsform, in die neugegründete Siedlungsgemeinschaft mitgenommen wurde; daher gibt es die zahlreichen auf spanische oder auch lateinamerikanische Marienkulte bezogenen Madonnen auf den Kanaren.

Die einschiffige Kirche gewinnt Gliederung durch die Absetzung und Überhöhung des Presbyteriums, durch den mit rotbraunem Behaustein abgesetzten, in weißer Kuppel endenden Glockenturm und die Strebepfeiler, die das Presbyterium mit dem Hauptschiff verbinden.

Im Innern ist vor allem die Mudéjar-Decke mit dem kunstvollen Leistennetzwerk über dem Hauptaltarraum beachtenswert. Dagegen stellt der Altar einen der ersten Versuche eines klassizistischen Altars dar, bei dem der heimische Kalksandstein in Anlehnung an auswärtige Vorbilder durch Bemalung den kostbareren Marmor vortäuschen soll.

Während der heutige Kirchenbau 1785 vollendet wurde, stammt die Figur der Virgen de la Antigua im Hauptaltar jedenfalls mindestens aus dem frühen 17. Jahrhundert, denn schon im Jahre 1626 wurde vom Inselrat eine Regenbittnovene mit Prozession dieser Marienfigur angeordnet. Im Seitenaltar wird die Virgen del Carmen verehrt. Im Götterhimmel der katholischen Christen ist kleinliche Eifersucht unbekannt.

Das Gemälde des Jüngsten Gerichts ist, neben dem von Tefia, das einzige Fuerteventuras zu diesem Thema ohne Hinzufügung der Hölle, ohne die man bei den übrigen neun Wandgemälden der Insel zur christlichen Jenseitsmythologie nicht auszukommen glaubte.

Antigua ist ein typisches Dorf geblieben. Man kann es als **Brauchtumszentrum** der Insel bezeichnen. Hier gibt es Folkloregruppen, sowie das **Kollektiv Mafasca**, welches sich der Pflege des Kunsthandwerks widmet (☞ Reise-Infos von A bis Z, Kunsthandwerk). Die letzte der drei Windmühlen war 1950 noch in Betrieb. Es wurde auch Geld lockergemacht, um die Windmühlen zu renovieren und sie so vor dem Verfall zu schützen. Bei der an der Hauptstraße gelegenen Mühle hat der **Künstler César Manrique** ein gelungenes Großrestaurant geschaffen. Gleich nebenan entsteht mit EG-Geldern ein **Museumsdorf (Pueblo Majorero)**. Auf dem Dorfplatz steht das Käsedenkmal.

Von 1950 bis 1990 hat sich die Einwohnerzahl auf 2.749 Personen veranderthalbfacht. In Ackerbau und Viehzucht sind immerhin noch 19% aller Arbeitenden tätig, im Bauhandwerk 23% und im Dienstleistungsbereich 58%. Ein Drittel der Arbeitnehmer sind Pendler in andere Gemeinden. Von den über Zehnjährigen sind 52,4% entweder Analphabeten oder ohne Schulabschluß; diese stellen auch den größten Anteil der 16%igen Arbeitslosenrate. Jeder dritte Arbeitslose sucht noch seinen ersten Arbeitsplatz. Der Bürgermeister von Antigua, Juan Evora Cabrera, hat große Pläne: Er plant, eine Hotelfachschule zu eröffnen. Gleichzeitig beschwert er sich aber auch über den Widerwillen der Jugendlichen, einen Berufsgrundbildungskurs des Arbeitsamtes zu besuchen oder gar abzuschließen.

Obwohl das Gemeindeamt noch nicht einmal einen teilzeitbeschäftigten Bauingenieur angestellt hat, hat es zwischen 1988 und 1991 allein Lizenzen für 8.000 Tourismusbetten vergeben.

Caleta de Fustes ist eines der drei Tourismuszentren der Insel mit 11.000 Betten. Es ist ausgestattet mit Yachthafen, Tauch- und Surfschule. Der Strand liegt geschützt und ist kindergeeignet. Im Weiler **Las Salinas** werden die Salzsalinen mit EG-Zuschüssen als Freilichtmuseum hergerichtet.

Im Fischerdörfchen **Pozo Negro** wird täglich frischer Fisch gefangen und in zwei Gaststätten angeboten. In der Nähe, an der Abzweigung der neuen Straße nach Gran Tarajal, liegt das Versuchsgut der Inselregierung (**Finca experimental del Cabildo Insular**). Hier befaßt man sich mit Wiederaufforstung und Tierexperimenten. Die durchschnittliche Milchleistung der Ziegen der Insel liegt nach einer Untersuchung der Universität La Laguna bei nur 1,5 l pro Tier und Tag (☞ Die Wirtschaft). Große Verblüffung rief die Meldung hervor, daß die Züchtung einer Ziege gelungen sei, die 8 l pro Tag gibt. Als das Versuchsgut am 13.11.1990 meldete, daß der von der Superziege geborene **Ziegenbock** - einmalig auf der Welt - **einen Liter Milch pro Tag** geben würde, war es um den Ruf dieser Einrichtung geschehen, da dieser Erfolg nicht am 1. April veröffentlicht wurde.

Der im Abstand von zwei Kilometern an Antigua anschließende südliche Nachbarort **Valles de Ortega** fällt durch seine Windmühle auf.

Die zwischen **Valles de Ortega** und **Casilla de Morales** gelegene Kapelle **San Roque** wurde 1732 von einer der wohlhabenden Familien der Insel, den Goias, für die geistliche Betreuung von damals ganzen 25 Familien in beiden Orten zusammen gestiftet. Daß sie San Roque, dem Pestheiligen, geweiht wurde, hatte seinen Grund in einer noch frischen Erinnerung an eine Epidemie, die um 1721 den ganzen Archipel erfaßte und deren Beschreibung nicht ausschließt, daß es sich tatsächlich um die Pest gehandelt hat.

In **Triquivijate** liegt das kulturelle Zentrum des Dorfes, das aus dem alten Kirchlein und der modernen Schule sowie einem erhöhten und eingefaßten Platz mit Pavillon für Feste besteht, abseits der Straße und in dem Ortsteil, in dem viele der alten Kalksandsteinhäuser, schon ohne ihr Lehmdach, langsam verfallen. Den Schlüssel für die Besichtigung der Kirche erbittet man bei Nenita, die in einer Ecke des großen alten Hauses jenseits des Platzes wohnt (Eingang vom Hof her).

Das Kirchlein **San Isidro** wurde 1715 geweiht. Der Glockenturm wurde erst 1753 fertig. Die arabisch inspirierte Zinnenmauer verbindet es mit Ampuyenta, Agua de Bueyes, Tiscamanita und Tefia.

San Isidro ist der Schutzpatron der Ackerbauern. Er wird hier zusammen mit seiner - ebenfalls heiligen - Gattin und einem Kind dargestellt, das hier den Vater, der sonst selbst als Pflüger ("labrador", wie sein rituelles Attribut heißt) auftritt, in seiner symbolischen Tätigkeit ablöst. Hier ist im Gewande einer Heiligenlegende die Dualität des Götterpaares, das die Fruchtbarkeit von Mensch, Tier und Erde gewährleistet und deshalb im ländlichen Katholizismus zwei Jahrtausende Christianisierung überlebt hat, konsequent zur Dreiheit der Fortsetzung des Lebens komplettiert, ganz wie im Krippenkult. Wie sollte ein Schutzpatron der Landwirtschaft nicht Frau und Kind gehabt haben?

Die zwei Ölgemälde im Altaraufsatz stellen Johannes den Täufer und Josef dar. Sie stammen aus dem 18. Jahrhundert, sind aber stilistisch keiner der sonstigen Kirchenmalereien der Insel zuzuordnen.

Das Dörfchen **Agua de Bueyes** wurde, wie sein Name ("Rinderwasser") besagt, in einem einstmals wasserreichen Tälchen in einem Ausläufer des Westgebirges angelegt. Der verschlafene, nach Ziegen und - dank Importfutter - auch wieder vereinzelt nach Kühen duftende Ort hat nur eine Bar, die der Einfachheit halber auch Agua de Bueyes heißt und in der man vormittags und abends ab 18:00 ("mas o menos", ohne Gewähr) den Kirchenschlüssel bekommen kann.

An der Stelle, an der 1642 eine wohlhabende Witwe eine erste bescheidene Kapelle mit Lehmdach und Boden aus gestampfter Erde für die Verehrung der **Virgen de Guadalupe** gründete, steht heute ein von der inseltypischen, arabischen Festungsmauern nachempfundenen Zinnenmauer umgebenes Barockkirchlein aus dem 18. Jahrhundert (1718-1773).

Unter der niedrigen, einfachen, aber bunt bemalten Kassettendecke überrascht der der Dachhöhe entsprechend nur eineinhalbstöckige Altaraufsatz mit reicher Pflanzenornamentik. Er wurde vergoldet von demselben einheimischen Kirchenmaler, der die beiden Gemälde oben - rechts der hl. Hieronymus, links der hl. Ignatius von Loyola - gemalt hat. Von ihm stammt auch das Jüngste Gericht in der Kirche von Tetir.

Das Gemälde gegenüber dem seitlichen Eingang, das die Anbetung der Heiligen Drei Könige darstellt, und das an der gegenüberliegenden Wand beim Altar hängende, das die Namenspatronin, die Virgen de Guadalupe, zum Gegenstand hat, werden von den Kunsthistorikern ebenfalls dem Meister der großen Serie des San Pedro de Alcántara in Ampuyenta zugeschrieben.

236

Die Skulptur der Virgen de Guadalupe im Hauptaltar stammt aus der Werkstatt eines mexikanischen Bildhauers des 18. Jahrhunderts oder lehnt sich zumindest sehr eng an dessen Vorbild an.

Das Jüngste Gericht dieses Kirchleins ist die bewegteste der auf Fuerteventura existierenden elf Versionen dieser Monumentalszene.

Betancuria

Vom normannischen Conquistador Jean de Béthencourt 1405 gegründet, wurde Betancuria die erste Hauptstadt der Insel und blieb es de jure auch bis 1835. Aber die aus vielleicht strategischen Gründen, vielleicht auch der günstigen Wasserversorgung wegen in diesem engen Tal gegründete Siedlung geriet bald ins wirtschaftliche Abseits, da sie sich als wenig entwicklungsfähig erwies. Die extensive Bewirtschaftung mit Winterregenanbau von Getreide und Weidewirtschaft mit jahreszeitlichem Ortswechsel der Herden erforderte Flächen, die bei zunehmender Bevölkerung das enge Tal nicht zu bieten vermochte.

Mit der Ausweitung des Ackerbaus, die dank des Imports von Sklaven, Transport- und Arbeitstieren aus Nordafrika möglich wurde, drängte die wirtschaftliche Initiative in die Ebenen der zentralen Längssenke. So wuchsen die Orte Antigua, Tuineje, Tetir, La Oliva, und die Hauptstadt in den Bergen wurde an den Rand des wirtschaftlichen Geschehens gedrängt.

Allerdings war noch die kirchliche Zentralisierung in Betancuria durch das Kloster und die einzige Pfarrkirche gegeben und seit 1515 sogar durch Monopolisierung der nunmehr zwei der Insel zugestandenen Pfarrstellen festgezurrt worden. Auch tagte hier grundsätzlich der Inselrat, der aus vier vom Landesherrn ernannten "Regidores" bestand: zwei aus Betancuria, zwei aus dem "anderen Tal", wie man Valle de Sta. Inés damals nannte. Diese aus den wenigen alteingesessenen Familien hervorgehenden Regidores sahen schon zu Anfang des 16. Jahrhunderts, wie sie in der vergreisenden Hauptstadt zusehends unter sich blieben. Diese Entwicklung versuchten sie auf dem Verordnungswege zu stoppen. 1631 verpflichteten sie die Bürger bei Androhung von 15 Jahren Kerkerstrafe, wie früher in den Sommermonaten Juli bis Oktober, während deren auf ihren Getreidefeldern in der Längssenke nichts zu tun war, in der Hauptstadt zu leben und ihre in letzter Zeit verfallenden Häuser wieder instandzusetzen. Mit derselben Strafe wurden Händler belegt, die anderswo als in der Hauptstadt Ware verkauften und sogar Einwohner anderer Dörfer, die ihnen ein Ladenlokal zur Verfügung stellen würden.

Dieser groteske Versuch der führenden Familien von Betancuria, den politisch-wirtschaftlichen Zustand der ersten zwei Jahrhunderte ihrer Herrschaft per Dekret festzuschreiben, ist die typische Reaktion spanischer Obrigkeit auf vom Wirtschaftsprozeß selbst erzwungene Verschiebungen der Machtverhältnisse. Das Prinzip, Initiative zugunsten künstlicher Erhaltung ökonomisch unhaltbar gewordener Positionen zu bestrafen, ist der rote Faden, der von der Inquisition bis zum Mando económico der Franco-Ära (☞ Die Geschichte) die Wirtschaftspolitik in Spanien allgemein und auf den Kanaren im besonderen durchzieht und die Entwicklung so gebremst hat, daß diese Inseln ebenso wie einige Regionen des Festlands noch immer Urlaubsparadiese sind.

Konnten die Regierenden auch, wie zu erwarten, den Exodus der Regierten aus dem zu eng gewordenen Hauptstädtchen nicht verhindern, so gelang es ihnen doch, die kirchlichen Funktionen noch fast ein Jahrhundert lang und die administrative Hoheit noch über zwei Jahrhunderte lang an sich zu binden. Erst 1711 gelang es Pájara und La Oliva, selbständige Pfarreien zu werden. Und die 1811 von der Verfassunggebenden Versammlung von Cadiz verabschiedete Neuordnung, die alle Pfarreien - inzwischen acht - zu Gemeinden machte, wurde erst 1835 politisch durchgesetzt. Als im selben Jahr dann das schon lange mit Betancuria rivalisierende Antigua den Hauptstadtrang zugesprochen bekam, um ihn allerdings schon nach einem Jahr, 1836, an La Oliva abgeben zu müssen, da versank das entmachtete historische Zentrum in seinen ländlichen Dornröschenschlaf, aus dem es heute nur noch für ein paar Stunden am Tag in seiner Funktion als Museum der gotischen Gründerzeit erwacht. Zu seiner Aufwertung verfiel man auf die Idee einer Städtepartnerschaft mit dem Heimatort ihres Gründers und Namensgebers Béthencourt, dem Dörfchen Grainville-La-Teinturière in der Normandie.

Wo die Kirche **Sta. María de Betancuria** heute steht, stand 1405 bis 1410 eine provisorische kleine Kapelle. Ab 1410 wurde unter Leitung eines normannischen Steinmetz- und Maurermeisters mit dem Namen Jean die erste gotische Kirche des Archipels gebaut. Diese fiel, wie alle bedeutenden alten Gebäude, der Brandschatzung der Stadt beim Angriff des algerischen Hauptmanns Jabán (1593) zum Opfer.

Von dieser wahrscheinlich einschiffigen Kirche ist nur noch wenig in den Neubau des 17. Jahrhunderts eingegangen: ein Spitzbogen im Innern des Turms, die Spitzbogen vor dem Hauptaltar und den Seitenaltären und ein Eselsjochbogen am Durchgang zur Sakristei rechts vom Hauptaltar. Für die Steinmetzarbeit an den Spitzbögen der Seitenschiffe liegt eine Abrechnung aus dem Jahre 1533 vor. In der Rhythmisierung von Pfeiler und

Bogenlaibung durch Kannelierung und Rundstabdekor will man auch die Hand des Baumeisters der Kathedrale von Las Palmas erkennen, der hier um 1550 gearbeitet hat.

Der im 17. Jahrhundert entstandene dreischiffige Bau folgt in seiner Raumgliederung und seiner Eindachung dem Mudéjar-Stil, einer unter dem Einfluß arabischer Bauhandwerker im Spätmittelalter in Südspanien und Portugal entwickelten Bauweise, die in ihrer Beschränkung der Steinmetzarbeit auf tragende Teile den begrenzten Mitteln ländlicher Bauvorhaben entgegenkam und damit zur dominierenden Stilrichtung auf dem überwiegend von Andalusien her besiedelten Kanarischen Archipel wurde. Bis in den späten Barock hinein bestimmt sie die Grundkonzeption aller Sakralbauten und läßt den großen Stilströmungen von der Gotik über die Renaissance bis zum Barock jeweils nur im dekorativen Bereich einen begrenzten Spielraum.

Dem Mudéjar-Stil entsprechen hier die Raumaufteilung, die Holzdecken (Trogdecke über dem Längsschiff, Achteckskonzeption über dem Altarraum) und auch der kleine Balkon an der Stirnseite des Hauptaltarraums. Doch nahm man, zweifellos in Erinnerung an die zerstörte Vorläuferin, auch gotische Elemente wieder auf: Der gotische Rundstabdekor erscheint am Portal des linken Seitenschiffs und an zwei Rundbogenfenstern im Presbyterium. Das erste Turmstockwerk, in dem der Taufstein steht, hat ein achtteiliges Klostergewölbe, dessen wuchtige Rippen in einem achteckigen Schlußstein zusammenlaufen.

In den Fensteröffnungen der Sakristei und des Turms spielte man noch Ende des 17. Jahrhunderts (1691 von Pedro Parraga fertiggestellt) das südiberisch-maurische Dekormotiv des Eselsjochbogens durch. In dem von außen zugänglichen Raum unter dem Hauptaltar führt eine Spitzbogenpforte zu einer Sargkammer. Der Sarg wurde damals in der Gemeinde ausgeliehen, womit sich bereits als reiche Gemeinde distinguierte, denn in ärmeren Gemeinden wurde der Tote, sobald er steif war, auf ein Dromedar gebunden zum Friedhof transportiert.

Das Portal des rechten Seitenschiffes verrät bereits die zeitgemäßeren Gestaltungsprinzipien der Spätrenaissance. Im gesprengten Portalgiebel sind die Wappen der Béthencourts und der Stadt angebracht.

Am Übergang von Renaissance zu Barock steht der manieristische Altar des linken Seitenschiffs (Ende 17. Jh.). Einziger gemauerter Altar mit Vergoldung, ist er auch in seiner Konzeption durchaus eigenwillig. Die geometrischen Muster der Predella sind südamerikanisch inspiriert. In der Zentralnische ist eine frühbarocke Skulptur der Inmaculada Concepción (Unbefleckten Empfängnis), mit stilistischen Elementen der Spätrenaissance.

Der erstaunliche Vorgang, daß die von dem normannischen Eroberer und Gründer der Kirche Sta. María de Betancuria mitgebrachte spätgotische Alabastermadonna, heute nicht in dieser historischen Mutterpfarrkirche residiert, sondern in ☞ Vega de Rio Palmas, während die Inmaculada Concepción offensichtlich erst in der Spätphase der Renaissance in Sta. María de Betancuria inthronisiert wurde, bestätigt die moderne Version der Geschichte jener ältesten Marienfigur der Insel. Sie muß anläßlich des Einfalls der maurischen Söldnerhorden im Jahre 1593 von frommen Verehrern in einem möglicherweise inoffiziellen Versteck verborgen worden sein.

Beim Wiederaufbau der Kirche im frühen 17. Jahrhundert rückte dann die stattliche Renaissanceskulptur der Jungfrau von der Unbefleckten Empfängnis an die Stelle der kleinen gotischen Figur aus der Normandie, der ja nach südländischem Verständnis des Katholizismus sowieso immer etwas gefehlt hatte: die "Anrufung" wie die mit einer festgelegten ikonographischen Darstellungsform verbundene Kompetenzzuweisung im Spanischen heißt.

Die vom offiziellen Klerus entthronte "kleine" Madonna, die dem Repräsentationsstil des 17. Jahrhunderts so gar nicht mehr entsprach, wurde dann offensichtlich von der Volksfrömmigkeit im buchstäblichen oder übertragenen Sinn wiederentdeckt.

Und wie so oft auf den Kanaren die Identifikationsfigur des gläubigen Fußvolks, der Hirten und Armen, durch ein Regenwunder die Position der Inselschutzpatronin eroberte, so begann auch die Jungfrau vom Felsen ihre offizielle Karriere nach ihrem Auftauchen aus der Versenkung mit einer Regenbittprozession. Doch ihr Platz in der Hauptpfarrkirche war und blieb besetzt, so daß sie in der dem Ort ihrer Wiederfindung am nächsten liegenden Dorfkirche verblieb.

Der barocke Hauptaltar wurde 1684 von einem Holzschnitzer gearbeitet, der sich durch den vier Jahre zuvor vollendeten Altar der Santiago-Kirche in Realejo Alto (Teneriffa) einen Namen gemacht hatte. Von dort wurde auch laut Abrechnungen das Holz importiert. Für die Vergoldung war erst drei Jahrzehnte später wieder Geld da (1718). Überquellender Fruchtdekor flankiert den Giebel. In der Zentralnische die Muttergottes auf dem Halbmond, Symbol des Sieges des Christentums über die Heiden. In der Predella Gemälde der vier Evangelisten und Kirchenväter, im Sockel naive Pflanzen und Tiermalerei.

Die Figur im rechten Seitenaltar stellt den hl. Buenaventura im Bischofsornat dar. Schutzpatron des Franziskanerklosters, wurde er auch Schirmherr der Insel.

Am entgegengesetzten, rückwärtigen Ende der Kirche gliedern sich den Schiffen drei durch unabhängige Eindachung abgesetzte Baukörper an. Den mittleren bildet der Chor mit seinem geschnitzten Chorgestühl, abgetrennt vom Raum der Gläubigen durch eine bunt bemalte dreibogige Chorwand. Die Balustradengalerie, die eine ehemalige Empore vermuten läßt, ist, wie man aus Resten von Tragelementen in der Wand schließt, tatsächlich Teil einer ehemals durchgängigen Empore.

Der Bauteil links davon mit seiner in einem Leistennetzwerk mit Abhängling kulminierenden Kassettendecke beherbergt ein wandfüllendes Gemälde des Jüngsten Gerichts. Diese Szene ist eins der beliebtesten Motive der sakralen Malerei auf der Insel (insgesamt elfmal vertreten), die den ausgepreßten Pächtern und Tagelöhnern im Diesseits keine Gerechtigkeit zuteil werden ließ. Darunter vollendet die sitzende Figur des gedemütigten Christus - paradoxerweise in der spanischen Ikonographie "Große Macht Gottes" genannt - die Lektion der Göttlichkeit der Demut.

Im Altar hinten links an der Seitenschiffwand birgt die rechte Nische eine der ältesten Heiligenfiguren der Insel: die hl. Katharina, aus einer ehemaligen gleichnamigen Kapelle auf den Llanos de Sta. Catalina nordwestlich des Städtchens hierher geborgen.

In der Sakristei vorne links ist außer der kunstvoll bemalten Mudéjar-Decke die Serie von Wandgemälden zum Marienleben sehenswert, die aus insgesamt zwölf Szenen besteht, von denen aber eine Vierergruppe im Museo Sacro hängt; ebenso bemerkenswert ist die große allegorische Darstellung der Kirche als Schiff.

Der Altar im rechten Seitenschiff hinten rechts beherbergt eine Skulptur des gegeißelten Christus, die eine Kopie des berühmten Werkes von Roldán in der San-Juan-Kirche von Orotava auf Teneriffa ist.

Wie die Sakralkunst, so orientierte sich auch die Bürgerarchitektur am Vorbild der reicheren Westinseln: Die Häuser der führenden alten Familien, die sich um die Plaza neben der Kirche gruppieren, sind, im Gegensatz zur bodenständigen Landarchitektur Fuerteventuras, zweistöckig und mit Holzbalkonen geschmückt, die auf der im 17. Jahrhundert schon waldarmen Insel Reichtum demonstrierten. Ebenso unterschieden die Ziegeldächer die Bewohner dieser Häuser vom einfachen Volk, das unter Lehmdächern hauste.

Demgegenüber ist der im Talgrund liegende Teil des Städtchens, durch den heute die Durchgangsstraße verläuft, obwohl er der Stadtteil der einfacheren Siedler war, von größerem historischen Interesse, da er noch einige gotische Elemente an den einstöckigen Bürgerhäusern aufweist, die

dank ihrer Steinbauweise der Brandschatzung durch die algerischen Söldner entgingen. Das Haus Nr. 15 hat ein Portal mit Quadersteinrahmen und
Steinmetzarbeit am Fenstersims. Daneben das "Centro Insular de Artesanía" hat ebenfalls Quadersteinrahmen um Tür und Fenster. Und die Bar
Vicente, Haus Nr. 2, zeigt am Portal den maurisch beeinflußten Eselsjochbogen der südiberischen Spätgotik.

In dem gediegensten der zweistöckigen Patrizierhäuser westlich der
Kirche, das durch die Quadersteinrahmen der vier Türen auffällt, deren
Reihe durch die Außentreppe zum Balkon unterbrochen wird, befindet sich
das Museo de Arte Sacro (= Museum für Kirchenkunst). Der erste Raum
gibt einen Überblick über alle Kirchen und Kapellen der Insel mit zum
Teil schon wieder historischen Fotos (wie im Falle der jetzt abgerissenen
alten Kirche von Cotillo).

Im zweiten Raum sind eine flämische Piedad und eine alte Holzskulp-
tur des hl. Petrus aus Tiscamanita erwähnenswert. Der dritte Saal beherbergt vier Szenen des Marienlebens aus der Sakristei, eine Serie, die dem
Meister zugeschrieben wird, der auch die Wandserie von San Pedro de
Alcántara in Ampuyenta angefertigt hat.

Im vierten Raum wird neben Zeremonialgegenständen und Gewändern
die Fahne der Conquista aufbewahrt, genauer gesagt: ein in die Nachbil-
dung eingelassener Rest von wenigen Quadratdezimetern, der nur ganz
vorsichtig jedes Jahr ein Mal am Tag des hl. Buenaventura, dem 14. Juli,
zur Prozession aus seinem Schrein geholt wird, da er am Zerfallen ist. So
bewahrt man hier, wenn es schon an einer zeitgenössischen Chronik der
Conquista mangelt, wenigstens ein materielles Zeugnis davon auf, an dem
symbolisch die Legitimation der Herrschaft festgemacht wird.

Die Öffnungszeiten des Museums alternieren mit denen der Kirche, da
beide von derselben einheimischen Führerin betreut werden: Werktags
öffnet sie das Museum ab 9:30 bis 16:30 immer zur halben Stunde und die
Kirche ab 10:00 bis 16:00 immer zur vollen Stunde, samstags nur vormittags, und sonntags hat sie frei.

Dem Besucher, aber auch Wind und Wetter, stets offen ist die 300 m
östlich vom Ortskern taleinwärts gelegene Ruine der Kirche des ehemaligen Franziskanerklosters, das San Buenaventura geweiht war. Sie ist
nicht, wie ihre 1414 erbaute Vorläuferin, ein Opfer brandschatzender
Mauren geworden, sondern schlicht und einfach eines der Vernachlässi-
gung nach Schließung der Klöster per Staatsdekret im Jahre 1836. Auf den
Kanaren zog die Säkularisierung für die Klosterarchitektur fast überall
Folgen nach sich, die nur als purer Kulturvandalismus bezeichnet werden

können. Wie bei der Pfarrkirche hat auch bei der Franziskanerkirche der Wiederaufbau des 17. Jahrhunderts einige gotische Elemente integriert: Neben zeitgemäßen Rundbogen erinnern noch ein Spitzbogen mit kannelierten Pfeilern und ein Eselsjochbogen an die gotische Vorläuferin, ebenso wie der Rundstabdekor an den Pfeilern. Typisch für die Bettelorden ist der Vierungsgrundriß, der durch Ansetzen von Sakristeiräumen an die Kreuzarme überformt wurde. Das Kloster selbst fiel nach der Vertreibung der Mönche völlig zusammen.

Der Ruine gegenüber liegt an der Talflanke das zweischiffige Kirchlein San Diego de Alcalá. San Diego ist die am stärksten verehrte männliche Heiligengestalt der Insel. Als Laienbruder zu der 1414 hier gegründeten Ordensgemeinschaft der Franziskaner gestoßen, soll er von 1445 bis 1450 in einer Höhle ein so heiliges Leben geführt haben, daß er zahlreiche Wunder wirkte. Noch bis in jüngste Zeit warfen Bauern Staub aus dieser Höhle auf ihren Acker, damit er Frucht bringe, oder mit der gleichen Logik auf den Leib der gebärenden Frau. Um ebendiese Höhle herum wurde das ihm geweihte Kirchlein gebaut.

Dieses Kirchlein des **San Diego de Alcalá** ist von einer niedrigen, zinnenbekrönten Mauer umgeben, der zum architektonischen Schmuckelement fortentwickelten Nachahmung arabischer Festungsbauten Südspaniens. Gotisch sind noch das linke Pförtchen mit seinem Spitzbogen und der wuchtige vorgesetzte Strebepfeiler, der es von dem Rundbogenportal mit Renaissance-Säulen trennt, welches zum Hauptraum und damit der Höhle des Heiligen führt. Der Bogen vor dem Hauptaltar ruht auf gedrehten Säulen, deren unteres Drittel zwiebelförmig ist, einem im Kolonialbarock Lateinamerikas häufiges Formelement, das auch am Portal und Hauptbogen der Kirche von Vega de Rio Palmas wiederkehrt.

Da der gesamte Ortskern Betancurias als "Conjunto histórico artístico" unter Denkmalschutz gestellt wurde, sollen die Stromleitungen unterirdisch verlegt werden und der Asphaltbelag der Straßen durch Pflaster ersetzt werden.

Dafür hält man einen Tunnel nach Antigua für dringend nötig. Sehr unhistorisch, aber eben nicht in der Denkmalschutzzone. Andererseits sieht die Gemeindeverwaltung ruhig zu, daß die Kapelle des San Diego durch ein offenes Fenster mit Müll und Tierkadavern gefüllt wird, und läßt die Behausteine der Ruine des Franziskanerklosters mit Zementverputz verschandeln (*canarias 7*, 9.3.1991.).

Dafür wurde César Manrique mit der künstlerischen Leitung des Aussichtsrestaurants "Mirador de Morro Velosa" betraut.

Betancuria ist der Einwohnerzahl nach die kleinste Gemeinde der Insel. Im Jahre 1990 wohnten auf den 114 km² Gemeindegebiet nur noch 606 Bürger, dies sind 20% weniger als 1950. Davon sind noch 33 EG-Bürger, die in der Ferienhaussiedlung Aguas Verdes bei Valle Santa Inés wohnen. Die Bevölkerung ist stark überaltert: 18,1 % sind über 65 Jahre alt. Doch selbst hier ernährt die Landwirtschaft und die Viehzucht nur noch jeden dritten Berufstätigen.

Vega de Rio Palmas

Nuestra Señora de la Peña, die älteste und am meisten verehrte Marienfigur der Insel, residiert in diesem kleinen einschiffigen Kirchlein. Seine Erbauung läßt sich nur bis 1666 zurückverfolgen: In jenem Jahr wurde nach den Bauabrechnungen der Kirche das Presbyterium neu aufgebaut. Da die Fassade nicht mehr genannt wird, muß das Renaissance-Portal älter sein. Bemerkenswert an diesem Portal ist die zwiebelförmige Basis der Säulen; diese Basis kehrt am Bogen zum Hauptaltar im Innern der Kirche wieder, wo sie aber gemäß dem Formenkanon des Barock sich oberhalb als gedrehte Säule fortsetzt, wie auch in San Diego de Alcalá in Betancuria, während die das Portal flankierenden Säulen die strenge Kannelierung der Renaissance aufweisen und sich auch damit älter als das Kircheninnere erweisen.

Wie alle alten kanarischen Landkirchen hat sie die für die Mudéjar-Bauweise typischen Holzdecken, eine Trogdecke über dem Längsschiff und eine achtteilige, reich mit Leistennetzwerk und Pflanzenmotiven verzierte Decke über dem Hauptaltarraum.

Der 1769 mit der Vergoldung vollendete Hauptaltar ist ein Gemäldealtar mit chinoisen Dekormotiven um die Gemälde herum und einem Medaillongiebel. Die Taufe Jesu, oben im Zentrum, ist von Engeln flankiert, die seitlichen Bilder setzen die Heiligen Petrus und Paulus vor einen Hintergrund von Illusionsmalerei, so daß sie wie in eine Altarnische eingelassen erscheinen. Unten links die Jungfrau der Apokalypse und rechts Josefs Traum huldigen als Marienmotive der in der prächtig umrahmten Zentralnische fast versinkenden 23 cm kleinen Skulptur der Virgen de la Peña. Diese Alabasterstatuette der sitzenden Madonna mit Kind auf den Knien weist durch ihren Stil auf die französische Spätgotik hin. Dazu paßt auch, daß in ihren Mantelfalten noch ganz schwache Reste einer ursprünglichen Bemalung feststellbar sind. Man nimmt daher an, daß sie die von dem normannischen Eroberer Béthencourt mitgebrachte Marienfigur ist, der er die erste Kirche Sta. María de Betancuria geweiht hatte.

Haus bei Playa de Esquinzo - Zuckerguß oder Sahne?

Typischer Holzbalkon an der Casa de los Coroneles

Da einerseits diese Kirche bei dem Verwüstungsfeldzug Jabáns im Jahre 1593 zerstört wurde und andererseits der Kult dieser Marienfigur nicht vor 1638 dokumentiert ist, die Legende jedoch von ihrer wundersamen Auffindung in dem Engpaß des Tals von Rio de las Palmas, eben der "Peña", erzählt, muß man annehmen, daß sie damals beim Angriff der Mauren so gut versteckt wurde, daß man sie erst im frühen 17. Jahrhundert in "wundersamer Weise" wiederfand.

Die Legende besagt, daß sie just in dem Engpaß, an dem heute die Staumauer für die Talsperre von Rio Palmas errichtet ist, in einer Höhle im Felsen gefunden wurde, bzw. wie die ausführlichere Version präzisiert, aus einer im Fels verborgenen Höhlung herausgehauen werden mußte, auf die der von übernatürlicher Erleuchtung informierte San Diego de Alcalá die mit Hacken den Fels abklopfenden Landleute hingewiesen hatte.

Um alle bedeutenden Heiligen der frühesten Kulte um diese hochverehrte Madonnengestalt zu vereinigen, mußte es der hl. Torcaz, ein gelehrter und auch wundertätiger Franziskanermönch, Zeitgenosse und Ordensbruder des hl. Diego, gewesen sein, der die Lichterscheinung und himmlische Musik in dieser Schluchtenge als Anzeichen für die im Fels verborgene Erscheinung gedeutet hatte. Die Verbindung dieser beiden Franziskanerheiligen, die um die Mitte des 15. Jahrhunderts in Betancuria gelebt hatten, mit der Wiederauffindung der beim Überfall von 1593 versteckten Madonnenfigur ist mit dem Privileg aller Mythen, der Zeitlosigkeit, gut zu erklären.

Der erste offiziell dokumentierte Akt der Virgen de la Peña war eine Regenbittprozession, in der sie neben anderen Heiligenfiguren der Insel um Vermittlung angerufen wurde. Erst 1675 wurde sie offiziell zur Schutzpatronin der Insel erhoben. Die Legende ihrer Auffindung ist auf einem Ölgemälde an der Kirchenwand bildlich dargestellt.

Außer ihr wird in der Kirche noch der hl. Lorenz verehrt, dessen Martyrium - die Verbrennung auf einem Rost - durch den kleinen Grillrost, den er in der Hand hält, versinnbildlicht ist. Sein Altar an der linken Wand ist schlichte Volkskunst: die Fruchtdekoration wirkt, unbekümmert um Proportionen, ebenso naiv wie die Darstellung des Heiligen.

Ebenso volkstümlich ist der Kult der im gegenüberliegenden Altar der hl. Cäcilia mitverehrten hl. Lucia, deren Zuständigkeit für Augenleiden aus der Deutung ihres Namen (Luz = Licht = Augenlicht) hergeleitet ist.

Vega de Rio Palmas bietet noch am meisten von allen Dörfern der Insel das Bild einer gepflegten Agrarlandschaft. Doch wird auch hier schon mit hochgepumptem Wasser gearbeitet, da der Bach, der dem Ort den Namen gegeben hat, längst nicht mehr ganzjährig fließt.

246

Der Bau des **Stausees "Presa de las Peñitas"** ging in den dreißiger Jahren nur langsam vorwärts, da das Wasser für das Anmischen des Mörtels rar war. Als er dann 1942 fertiggestellt war, verlandete das Wasserbecken durch die großen Erdmassen, die das Regenwasser mit sich führte, in wenigen Jahren.

Die Gemeindeverwaltung verlangt nun von der kanarischen Regionalregierung das Ausbaggern der Erdfüllung des Stausees. Dieser Antrag ist aber aussichtslos, da man für dasselbe Geld mehrere neue Stauwehre bauen könnte.

Valle Sta. Inés

war eine der frühesten Siedlungsgründungen nach Betancuria. Von den vier Inselratsherren wurden zwei in Betancuria und zwei in Valle Sta. Inés ausgelost.

Die Stiftung der frühesten Kapelle an dieser Stelle geht auf Inés Peraza zurück (1589), die mit der Widmung an ihre Namenspatronin dem Ort ihren Namen gab. Der heutige Bau wurde ab 1669 dokumentiert. Er ist dem San Bartolomé geweiht. Sakristei und Turm stammen erst aus dem 18. Jahrhundert.

Den Schlüssel zur Besichtigung des vor allem wegen seiner Gemälde sehenswerten Innenraums holt man sich in der Bar Padilla ab. Es ist ein gewaltiger Schlüssel für eine so kleine Kirche, der schwerste Kirchenschlüssel der ganzen Insel. Der Wirt überreicht ihn freundlich, meint allerdings: "Sind die nicht ein bißchen zu alt, um in einem Buch erwähnt zu werden?"

Im bunt bemalten Barockaltar steht die Figur des Schutzpatrons, des **San Bartolomé**.

Beachtenswert sind vor allem die fünf Gemälde mit aufgemaltem Scheinrahmen an der rechten Kirchenwand: Taufe Christi, Taufe der Eingeborenen, Erscheinung der Rosenkranzmadonna, St. Petrus und St. Paulus. Alle monumental und in der Ausführung an die Serie des San Pedro de Alcántara in Ampuyenta erinnernd, stammen sie möglicherweise aus der Hand desselben Meisters.

Nicht zu dieser Reihe gehören der hl. Antonius von Padua, die Himmelfahrt Mariens, das Abendmahl und die Pietá. Das Jüngste Gericht ist das bewegendste der elf Gemälde zu diesem Thema auf Fuerteventura; es stammt aus dem 19. Jahrhundert.

Die acht Kassetten der Kanzel stellen die vier Evangelisten und vier Kirchenväter dar.

Puerto de la Peña

Puerto de la Peña war, ob man es glaubt oder nicht, der Hafen der alten Hauptstadt Betancuria. Der Transport nahm natürlich den direkten Weg durch die Schluchtenge des Barranco de las Peñitas, die heute von der gleichnamigen Talsperre eingenommen wird (☞ Wanderungen Nr. 1 und 2) und damals von einem gut befestigten Saumpfad durchquert wurde, der bis hinaus zur Barrancomündung führte. Da an der Westküste das Einschiffen nie leicht war, verlud man die Waren nicht direkt an der Barrancomündung, sondern zog die ruhigere nächste Bucht in nördlicher Richtung, die Caleta Negra vor, an der man heute noch Reste der Verladevorrichtung sehen kann.

Doch mit dem wirtschaftlichen Abstieg ☞ Betancurias, dem Aufstieg La Olivas und Antiguas, die über Cotillo bzw. Caleta de Fustes verschifften und ab 1800 unaufhaltsamen Aufstieg von Puerto Cabras zu "El Puerto" (= dem Hafen schlechthin), versank der Puerto de la Peña in solche Bedeutungslosigkeit, daß die wenigen verbleibenden Einwohner harte Kämpfe kostete, ihre Trinkwasserversorgung gegen den Zugriff der weiter oben im Tal expandierenden Tomatenplantagen zu verteidigen und beim Anschluß ans Stromnetz nicht einfach vergessen zu werden. Eduardo Morales Darias, von seinen 86 Jahren etwas gebeugt, erzählt voll Stolz und Empörung, wie viele Eingaben er bei Politikern aller von ihm durchlebten Couleurs machen mußte, aber "Kämpfen ist das, was den Verstand schärft" resümiert er selbstbewußt die Erfahrungen seines Lebens.

Am Puerto de la Peña liegt die **geologische Vergangenheit** der Insel wie ein aufgeschlagenes Bilderbuch vor Augen, in dem Sie mühelos blättern können, wenn Sie an dem Felssporn, der die Bucht rechts begrenzt, entlang und auf dem breiten, gepflasterten Weg hinaufgehen.

Auf Meeresniveau stehen die aufgekippten Schichten des **kreidezeitlichen Meeresbodens** an: grünliche und dunkelgraue, geschieferte und vertikal oder fast vertikal aufgekippte Schichtpakete von Tonschiefern und Sandsteinen, etwas landeinwärts auch weißliche kalk- und quarzhaltige Tiefwassersedimente, die mit dunkelgrünen Tonschieferbändern abwechseln. Diese Meeresbodensedimente aus der Kreidezeit, deren Anstehen auf einer Vulkaninsel enorme Hebungsprozesse voraussetzt, werden vielfach durchzogen und verdrängt von magmatischen Gesteinsgängen unterschiedlicher Neigung. (☞ Das Land, Entstehung des Archipels).

Diese insgesamt überwiegend vertikale Textur wird nun auf einer Höhe von ca. 14 m ganz exakt horizontal gekappt von der hellen Bank eines **Agglomerats** mit calzitischer Grundmasse, in die Gerölle aus Fragmenten des etwa zeitgleichen Basaltflusses eingebacken sind, welcher diese **Strandplattform** teilweise überlagerte. Diese trotz dunkler Einschlüsse insgesamt weißliche Sedimentbank läuft als helles Band von hier kilometerweit nach Süden wie nach Norden an der Westküste entlang. Bei Cotillo zum Beispiel trifft man sie wieder an. Sie zieht sich, wie Barrancoaufschlüsse zeigen, einige hundert Meter landeinwärts und stellt Flachwasserablagerungen auf der damaligen Abrasionsplattform bei wesentlich weiter zurückgestutzter Küstenlinie dar. Die Versteinerungen von Schalentieren datieren dieses **Küstenagglomerat** auf ca. **5 Mio. Jahre** vor unserer Zeit.

Über diesem Agglomerat haben sich dann küstenwärts mächtige homogene Kalksandsteinschichten aus den damaligen **Dünen** gebildet. Durch leichte Hebungen und Senkungen der Insel und/oder des Meeresspiegels wurden diese zu **Kalksandstein** verfestigten Dünen wieder überlagert von Strandagglomeraten aus weißlichen Flachwassersedimenten mit darin eingebackenen Geröllen aller damals auf der Insel vorkommenden Gesteinsarten, die vom Süßwasser als Geröll oder wenig gerundetes Geschiebe küstenwärts transportiert worden waren. Diese Strandagglomerate sind in vier unterschiedlich dicken Schichten in die rein cremefarbenen Kalkarenite der fossilen Dünen zwischengebettet. Sie erinnern an den echten Turrón oder das weiße südfranzösische Nougat und faszinieren durch die bunte Vielfalt ihrer Einschlüsse.

Die homogenen Kalkarenite zeigen dagegen an der dem Meereswind und Gischtstaub ausgesetzten Front eine skurrile Oberflächenauflösung durch Salzwassereinwirkung, die regellos wabenförmig ist und dennoch wie ein organisch gewachsenes Flamboyantmaßwerk anmutet. Der chemische Vorgang der Anlösung des Gesteins ist als **Taffonisierung** bekannt.

Gemeinde Tuineje

In der Gemeinde Tuineje residiert die Gemeindeverwaltung in einem **Dorf** mit **488 Einwohnern**, während das Hafenstädtchen **Gran Tarajal**, **mit 3.648 Einwohnern** zweitgrößter Ort der Insel, sich mit einer Außenstelle begnügen muß, in der stundenweise ein Sozialarbeiter ansprechbar ist und die Grundsteuer entrichtet werden kann. Dafür hat es aber zwei Grundschulen, davon eine mit Internat für die Kinder von abgelegenen Gehöften und Weilern, eine weiterführende Schule, eine Berufsschule und zusätzlich eine Art Volkshochschule für Freizeitgestaltung und Erwachsenenbildung (vorwiegend Pflege alter Kunsthandwerkstechniken). Es verfügt über ärztliche Ambulanz, zwei Apotheken, Dentallabor, Fachgeschäfte, Markthalle.

Dieses groteske Ungleichgewicht ist der drastischste Fall der auf den Kanaren nicht seltenen Verwaltungsanachronismen, die sich daraus ergeben, daß alte Privilegien der überall unaufhaltsamen Verschiebung des wirtschaftlichen Schwerpunkts vom Landesinneren zur Küste nicht weichen wollen und vergreisend ihre Zeit überleben.

Der **Hafen Gran Tarajal** hat seine Entwicklung als Exporthafen begonnen, als Ende vergangenen Jahrhunderts einige Agrar- und Handelsunternehmer wie Matias López und die Brüder Velázquez von der Gemeinde Tuineje dort öffentlichen Grund für die Errichtung von Lagerhallen geschenkt bekamen und Matias López als sichtbares Denkmal seines Beitrags zur Entwicklung die **Hafenkapelle** stiftete (**1897**). Er hatte in 25 Jahren Kuba-Emigration das notwendige Kapital angesammelt, um in seiner Heimat nun größere landwirtschaftliche Investitionen zu tätigen. Er begann **mit dem Import der Windpumpen aus Chicago**, die die für den labilen Grundwasserhaushalt der Insel langfristig so verhängnisvollen Tiefbrunnenbohrungen in großem Maßstab möglich machten. Mit dem Anbau von Luzerne als Preßfutter und ihrem Export nach Gran Canaria schufen sie sich die Voraussetzungen, um **Ende der 20er Jahre auch ins Tomatengeschäft einzusteigen**. Die ersten Anbauflächen größeren Ausmaßes entstanden zwischen Tiscamanita und Antigua. Damit wurde Gran Tarajal zum Tomatenhafen.

Noch immer werden die **Tomaten** des ganzen Südens **in die Verpackungshallen Gran Tarajals** angeliefert, aber **anschließend** werden sie **mit dem Lastwagen nach Puerto del Rosario** transportiert, um dort eingeschifft zu werden. Der Hafen hat also seine Glanzzeit auch schon wieder hinter sich. Nur in geringem Umfang wird er noch als Fischereihafen genutzt (im Jahre 1988 landeten 30 Fischer 480 t Fisch an).

Aber der bescheidene urbane Komplex, den er geschaffen hat, ist weiterhin wirtschaftliches Zentrum des Südens und, verglichen mit den so ausgestorben wirkenden Orten des Landesinneren, von pulsierendem Leben erfüllt.

Der Gemeindeamtssitz Tuineje hat demgegenüber nur seine sehenswerte alte Kirche vorzuweisen, mit der die stolze Erinnerung an den **Sieg der Bauernwehr** über eine hochgerüstete englische Hundertschaft **im Jahre 1740** verbunden ist (☞ Die Geschichte).
Den Schlüssel erhält man im Haus gegenüber der Kirche, das durch eine schwarze Marmorgedenktafel an eine wohltätige Nonne hervorgehoben ist.

Schwarzer Sandstrand am Puerto de la Peña ☞

Die Fassade der **Pfarrkirche San Miguel Arcángel** überrascht mit einem auf den Kanaren einzigartigen architektonischen Element: der zweigiebeligen, weißgetünchten Front, der eine dunkle Behausteinverblendung vorgesetzt ist, die die beiden Schiffe sozusagen in der Mitte verklammert, wie anderwärts Strebepfeiler, und die eine Kalvarienkreuzgruppe trägt, die sonst einen gesonderten Platz an einer eher außerhalb liegenden Kalvarienmauer einnimmt. Den zweischiffigen Grundriß teilt der Bau mit vielen Mudéjar-Kirchen. Er wurde 1790 vollendet. Gotisch sind noch die Spitzbogen vor dem Hauptaltar und im - etwas kürzeren - Seitenschiff.

Der Namenspatron, der Erzengel Michael, erscheint als Skulptur im Zentrum des Rokokoaltars, oberhalb flankiert von den beiden anderen Erzengeln, Gabriel und Rafael, diese als Gemälde. Links vom hl. Michael residiert die unentbehrliche mütterliche Schirmherrin des Dorfes, die **Virgen de la Salud**. In der Attika des Hauptaltars befindet sich eine frühbarocke Skulptur des hl. Petrus im päpstlichen Ornat. Die verspielte Rokokodekoration des Altars - in je ganz individueller Haltung Säulen balancierende Engel - bezieht auch lateinamerikanisch inspirierte Elemente mit ein, wie den Vogel mit der Frucht im Schnabel, der paarig das oberste Band flankiert.

Die acht Kassetten der Kanzel sind mit den traditionellen vier Aposteln und Kirchenvätern geschmückt. Ganz einmalig und dokumentarisch ist dagegen das Gemälde am Altarsockel, das die Verteidigung des Dorfes gegen den englischen Überfall im Jahre 1740 darstellt, bei dem Kamele eine Barrikade und sozusagen die berittene Staffel bildeten. Interessant ist die im Vergleich zu heute wesentlich baumreichere Umgebung des Dorfes, die am Rande dieses historischen Dokuments bezeugt ist. Außerdem läßt das Gemälde erkennen, daß die Kirche von Tuineje damals ebenfalls von einer Zinnenmauer umgeben war, wie heute noch Agua de Bueyes, Ampuyenta, Tiscamanita, Triquivijate und Tefia. Hinten im Kirchenschiff findet man rechts die hl. Rita, links die Dolorosa, die selten fehlt, da sie die wichtigste Identifikationsfigur der Karfreitagsprozession ist.

Die Gemeinde Tuineje hat seit 1950 ihre Einwohnerzahl auf 7.553 mehr als verdoppelt. Dies ergibt, auf die 288 Quadratkilometer verteilt, eine Dichte von 26 Einwohnern pro km². Hier haben sich 48 Ausländer niedergelassen, davon 22 Skandinavier und 15 EG-Bürger. Insgesamt sind nur 8,2 % der Einwohner in den letzten Jahren zugezogen. Jeder dritte Arbeitnehmer pendelt zur Abeitsstelle auf der Jandía-Halbinsel. Den Hauptanteil der 17 % Arbeitslosen stellen die 61 % der Bevölkerung, die keinen Schulabschluß aufzuweisen haben. Je 24 % der Berufstätigen arbeiten in der Landwirtschaft und im Bauhandwerk, die restlichen 52 % im Dienstleistungsgewerbe.

Die 1983 gebaute **Käsefabrik Maxorata**, an der Hauptstraße nach Gran Tarajal gelegen, hat wegen Überproduktion wirtschaftliche Probleme. Als typisches Mitbringsel kann man hier direkt einen Käse erstehen.

Gran Tarajal verdankt, nach der Verlagerung der Hafenfunktion nach Puerto del Rosario, heute den Anstieg seiner Einwohnerzahl dem Bauboom. Hier sind mehrere Baubetriebe und eine Betonfertigteile- und Hohlblockfabrik ansässig. Außerdem dient der Ort als Servicezentrum und Schlafstadt der in den Tourismuszentren von Jandía Arbeitenden.

Das **Fischerdorf Las Playitas** hat wenige Unterkünfte und eine Ferienhaussiedlung von Schweden, die hier überwintern. Ein Reinigungsgroßunternehmen bedient sich der hier wohnenden weiblichen Arbeitskräfte, um für die Sauberkeit in den Siedlungen der Jandía-Halbinsel zu sorgen. Der in der Nähe an der **"Punta Entallada"** gelegene **Leuchtturm** weist den Schiffen ihren nächtlichen Weg.

Wenige Kilometer nordöstlich von Las Playitas liegt an der Mündung der Schlucht von **Jacomar** eine Neubausiedlung. Hier haben sich Majoreros eine Sommer- und Wochenendhaussiedlung gebaut. Da diese ohne Baugenehmigung und sowohl in der Küstenzone als auch im **Naturschutzgebiet "Pozo Negro"** geschah, werden diese Gebäude, die ein stattliches Dorf bildeten, nun im Auftrag der Küstenbehörde abgerissen. Der Chef der Küstenbehörde, José Fernández, betont, daß es wesentlich leichter sei, illegale Privatbauten niederzureißen, als illegale touristische Siedlungen. Diese hätten nämlich fast immer eine gemeindliche Genehmigung, auch wenn diese wiederum ohne Beachtung der geltenden Gesetze erteilt worden sei. Außerdem könnten sich touristische Promotoren immer die besten Anwälte leisten und damit vor Gericht hohe Entschädigungszahlungen erwirken. Deshalb seien **touristische Anlagen, die gegen den Naturschutz oder das Küstengesetz verstoßen, vor dem Abriß sicher**.

Der Bürgermeister von Tuineje, Francisco de León, **ist** in dieser Hinsicht **ein Vorbild**: Er schaffte es, daß der Gemeinderat einstimmig die Anzahl der vorgesehenen touristischen Betten der Gemeinde von 176.000 auf 18.700 senkte. Francisco de León meint zu dem Streit über die Bettenvermehrung zwischen seinen Kollegen: **"Man muß die Insel als ganzes sehen und nicht als Pfründe der Gemeindeämter."** So gibt es im gesamten Gemeindegebiet erst 1.258 Fremdenbetten. Diese sind überwiegend in dem Fischerdorf Tarajalejo gelegen, wo dem Hotel Tofio - einzigartig auf der Insel - eine Reitschule angeschlossen ist.

In dem **Fischerdörfchen Giniginamar** befindet sich eine Feriensiedlung seit 20 Jahren in der Entstehungsphase; sie wird hauptsächlich von Österreichern bewohnt. An der Erschließungsstraße fällt ein drei Meter hoher Strauch mit großen Blättern auf, der so dicht steht, daß man meinen könnte, daß er angepflanzt sei. Es handelt sich um ein aus Marokko über Gran Canaria eingeschlepptes **Seidenpflanzengewächs**, *Calotropis procera*, dem offensichtlich das Wüstenklima zusagt.

Das Dörfchen **El Cardón** (= die Säulenwolfsmilch, *Euphorbia Canariensis*) liegt am Fuß der **Montaña Cardónes** (**691 m NN**), die wegen ihrer Reliktvegetation unter Naturschutz gestellt wurde. Hier ist auch der Kunsthandwerker Tomás Cabrera ansässig.

In dem Weiler **Tesejerague** fand im Jahre 1991 die Kulturwoche der Insel statt, die mit Hunderten von Plakaten auf der gesamten Insel angekündigt war. Ein Schlaglicht auf die Interessenlage wirft die Teilnehmerzahl an den verschiedenen Veranstaltungen: zum Ökologievortrag kamen zehn Jugendliche, zum Folkloreabend, bei dem 120 Teilnehmer von sechs Folkloregruppen auftraten, ca. 40 Besucher, aber die Abschlußtanzfete mit moderner Band lockte mindestens 2.000 Festgäste an.

Tiscamanita

Die **Kapelle des Evangelisten Markus** ist von der für die Ostinseln typischen weißen Zinnenmauer umgeben, die im kleinen die arabische Festungsarchitektur Südspaniens nachahmt. Der Bau ist auf 1699 datiert, die volkstümlich ausgeführte Figur des Namensheiligen wird auf Anfang des 18. Jahrhunderts geschätzt. Der barocke Hauptaltar ist leider weiß übergestrichen, der hl. Augustinus zu oft restauriert. Nur der Seitenaltar des hl. Dominikus zeigt noch Reste von buntem Barockdekor.

Um den Schlüssel zur Besichtigung zu erbitten, muß man an der Bar Tio Pepe von der Hauptstraße nach Westen abbiegen (also entgegengesetzte Richtung zur Kirche), davon die zweite Querstraße links nehmen und am zweiten Haus klopfen. Die ungewöhnliche Entfernung des Schlüsselbewahrers von der Kirche spricht dafür, daß kein großer Bedarf mehr danach besteht.

Hier gibt es auch noch viele typische Lehmhäuser und zwei Windmühlen zu sehen. Östlich liegt der auffällige **Kraterkegel Caldera de Gairía**.

Dem **"Vater der Inselregierungen"**, **Manuel Velázquez Cabrera** (☞ Die Geschichte), wurde in seinem Heimatort Tiscamanita 1991 ein Denkmal gesetzt.

Gemeinde Pájara

Die Gemeinde Pájara (= andalusisches Dialektwort für **Rebhuhn**) umfaßt eine Fläche von 394 km² und beherbergte 1990 über dreimal soviel Bewohner wie 1950 und sogar fünfeinhalbmal soviel wie 1910.

Große Flächen, wie der Zentral- und Nordteil der Jandía-Halbinsel sowie das 47 Mio. m² große Truppenübungsgelände der Legion (das gesamte Gebiet meerwärts der Straße La Pared - Puerto de la Peña) sind total unbewohnt. So beträgt die Bevölkerungsdichte nur 14 Einwohner pro Quadratkilometer. 58,3 % der 5.547 Einwohner sind in den letzten Jahren zugewandert. Von den Zuwanderern sind 98 Ausländer und hiervon 89 EG-Bürger. Wegen des Arbeitskräftebedarfs der Touristikunternehmen gibt es nur 4,6 % Arbeitslose, obwohl 63 % ohne Schulabschluß sind. So sind auch 74 % der Berufstätigen im Dienstleistungsgewerbe, 14 % im Bauhandwerk, 8 % in Landwirtschaft und Viehzucht sowie 4 % in der Fischerei beschäftigt.

Die **Pfarrkirche Nuestra Señora de Regla** (eine nach der kubanischen Stadt Regla benannte Marienfigur) ist bekannt geworden durch die aztekisch anmutenden Motive der Steinmetzarbeiten am Portal, die man für eine der durchaus häufigen kulturellen Rückwirkungen der Kontakte der Canarios mit den lateinamerikanischen Kolonien hielt. Allerdings konnte ein Kunsthistoriker zeigen, daß diese Motive - Köpfe mit Federschmuck, Schlangen, geometrische Sonnenmuster - in einer um 1700 erschienenen italienischen Anleitungsschrift mit dem Titel "Nova Iconologia" als den europäischen Kunstkonventionen integrierte Formen verbreitet wurden.

In diese Zeit weist auch die manieristische Gesamtkonzeption des Portals: Mit den in die Pfeiler eingelassenen Halbsäulen und dem gesprengten Giebel zeigt es die auf den Kanaren am häufigsten aufgegriffenen Merkmale dieser hier freilich mit Verspätung einsetzenden Übergangsphase zwischen Renaissance und Barock.

Die Erbauungszeit insgesamt ist nicht gesichert: Ein Balken im Presbyterium trägt, als frühesten Hinweis, die Jahreszahl 1687. Doch erst Anfang des 18. Jahrhunderts wurde das rechte Schiff angefügt, da sich die Gemeinde zu dieser Zeit vergrößert hatte. Dennoch sind im Innern noch Elemente der Blütezeit der "Gotik der Katholischen Könige" (spanische Spätgotik) zu beobachten, wie die Spitzbogen vor dem Hauptaltar und Seitenaltar mit Rundstabdekor und Säulen, die auf sechseckigem Pfeiler aufruhen. Auch am Glockenturm führt ein gotisches Pförtchen zu einem Kreuzgewölbe, dessen restliche Rippen auf fünf verschiedenen Kapitellen ruhen.

Die einfachen Mudéjar-Holzdecken sind mit den typischen, in Rhombennetzwerk aufgelösten Jochbalken verspannt und mit wenig Renaissancedekor belebt. Nur die Eckverstrebungen über dem Hauptaltar sind mit bunt bemalten Schnitzereien bereichert.

Die barocken Altäre sind nach einer Inschrift am Hauptaltar 1785 übergeben worden. Der des rechten Seitenschiffes zeichnet sich durch chinoise Rocaillen am Giebelteil aus. Der Hauptaltar zeigt in seiner rechten unteren Nische eine der eigenwilligsten ikonographischen Interpretationen der kanarischen Volkskunst: Der triumphierende Christus, der mit dem linken Fuß auf dem Kopf der Schlange steht, mit dem rechten auf einem Schädel, vereint damit die Attribute des Auferstandenen (Triumph über den Tod) mit denen des Erlösers (Triumph über die Sünde). Die Figur der Namenspatronin in der Zentralnische ist jedoch nicht der Volkskunst zuzurechnen, wahrscheinlich nicht einmal kanarischer Provenienz: Sie ähnelt so verblüffend der Virgen de Guadalupe in Agua de Bueyes, die man mexikanischer Bildhauerwerkstatt zuschreibt, daß es recht wahrscheinlich wird, daß dieser in Kuba beheimatete Marienkult - Nuestra Señora de Regla ist Schutzpatronin von Havanna und einer gleichnamigen Provinzstadt - von einem wohlhabend aus Kuba zurückgekehrten Emigranten eingeführt wurde, der auch gleich die Figur mitbrachte oder auf seine Kosten in seiner Emigrationsheimat orderte. Sie wird auf spätes 17. Jahrhundert datiert. Der rechte Altar ist der Dolorosa gewidmet. An der rechten Wand hängt ein Gemälde des Jüngsten Gerichts mit einem prächtigen Erzengel Michael im Zentrum. Öffnungszeiten: 11:00 bis 13:00 und 17:00 bis 19:00.

Auf dem Platz vor der Kirche ist eine alte "**Noria**" montiert, ein Wasserschöpfrad, wie es vor der Zeit der amerikanischen Windradmotoren üblich war: das Dromedar ging im Kreis und drehte das Horizontalrad, das seine Bewegung in die des vertikal angebrachten Schöpfrades übersetzte.

An dem Haus auf der gegenüberliegenden Seite der Durchgangsstraße sind Portal- und Fensterrahmen aus Quadern des hellen Kalksandsteins ein Hinweis, daß es sich um ein altes Bürgerhaus handelt. An der Ausfahrt Richtung Betancuria sieht man gleich links hinter dem Kirchplatz noch ein gut erhaltenes Lehmdach und am Ortsrand Häuser mit dem typischen kleinen Holzbalkon, der an den bescheidenen Bauernhäusern der Insel immer nur einen Platz findet: an dem kleinen, mit einem zweiten Stock über das übrige, langgestreckte einstöckige Gebäude überhöhten zentralen Wohnteil, der mit einem Walmdach gedeckt ist. Diesen Bauplan erkennt man auch in den verfallenden, gelblichbraunen Bauernhäusern, die in den gleichfarbigen Ebenen der Insel zwischen den neuen weißen Flachdachhäusern kaum auffallen.

Die reiche Tourismusgemeinde Pájara war 1990 plötzlich in Zahlungs-schwierigkeiten geraten. Seit Dezember 1991 plant der **Club Mediter-ranée**, zu dessen Aktionären der französische Staat sowie bedeutende deutsche Reiseunternehmen gehören, an den Traumstränden Jandías eine neue Großanlage. Im ersten Bauabschnitt sollen 3.000 Betten mit einem Großgolfplatz von 2 Mio. m² entstehen. Dieses Projekt wird als die Rettung für die stark angeschlagene Gemeinde Pájara angesehen, die in den Tourismusboomjahren über ihren Verhältnissen lebte und sich zum Bei-spiel den Luxus eines Süßwasserschwimmbades - des einzigen der Insel - in dem 700-Seelen-Dorf Pájara leistete. Allein im Jahre 1990 mußte das Gemeindeamt 11 Millionen DM Bankkredite aufnehmen und dies zu einem Zinssatz von 20%! Dies bedeutet eine Neuverschuldung von DM 2.000 pro Einwohner, für die DM 400 Zinsen pro Einwohner im Jahr fällig wer-den.

Die Touristikkrise brach 1989 den Wachstumsfetischismus der Ge-meindeväter, und so versiegte die Haupteinnahmequelle: die Gebühren aus Baulizenzen. Die bisherige gute Finanzlage wandelte sich schlagartig in eine Katastrophe um, da die bislang fehlende Infrastruktur im Haushalts-plan der Gemeinde festgeschrieben war. Da aber in Zukunft mit gemeind-lichen Aufwendungen in Höhe von DM 42.000 pro neuem Touristenbett an Infrastrukturmaßnahmen zu rechnen ist (Domínguez Hormiga), wird Pájara nunmehr in einen Teufelskreis der Überschuldung geraten. Der Bauwahn und Wachstumsaberglauben der kanarischen Politiker zeigt sich bis auf höchster Ebene. So berichtet der Wochenspiegel am 20.12.1991 im Zusammenhang mit dem "Club Mediterranée Projekt": "Der kanarische Regierungschef Jerónimo Saavedra gibt sein Okay, bevor die Kommission für Urbanismus und Umwelt bei der kanarischen Regierung ihre Bedenken anmeldet."

Der sozialistische Gemeinderat von Pájara, Rafael Perdomo Betancor, klagt über die regierende Fraktion: "Pájara scheint ein privater Interessen-verband zu sein." Die Autoren der Fortschreibung des Inselentwicklungs-plans urteilen über das Verhalten des Gemeindeamtes Pájara: "All dies führte automatisch zu einem Überangebot an Bauland auf dem touristi-schen Markt, das in Verbindung mit der hohen durchschnittlichen Bebau-ungsdichte den Prozeß der Spekulation ohne reale Basis förderte."

Gab es im Mai 1986 noch insgesamt nur 5.318 Fremdenbetten, so ver-zweieinhalbfachten sich diese bis Januar 1991 auf 13.077. Dieses Konzept des Massentourismus widerspricht eindeutig dem Konzept des "Qualitäts-tourismus" bzw. des Luxustourismus auf Fünfsterneniveau. Beide Kon-zepte sind weder vermischbar noch in räumlicher Nähe nebeneinander zu realisieren.

Im Gebiet zwischen **Pájara** und **Toto** fallen die noch gepflegten "Gavias" (Bewässerungsfelder) und die satt dunkelgrünen Johannisbrotbäume (Algarrobos) auf, die sowohl trockenheitsresistent sind als auch Viehfutter liefern und daher ein dankbarer Baum für die aride Insel sind.

Das aus dem späten 18. Jahrhundert stammende **Kirchlein des Dörfchens Toto** ist dem **heiligen Antonius von Padua** gewidmet. Mit seinen üblichen Abzeichen, der Lilie und dem Jesuskind auf dem Arm, flankiert er zusammen mit seinem Ordensbruder, dem hl. Diego von Alcalá, den Hauptaltar. Da die Franziskaner die älteste Ordensgründung auf der Insel ins Leben gerufen hatten, stellten sich die Gemeinden häufig unter den Schutz von Franziskanerheiligen.

An den Berghängen zwischen **Toto** und **Tuineje** ziehen sich die ehemaligen **Anbauterrassen** weit die Berghänge hinauf. Auf der Insel, die von allen Kanaren die größte kultivierbare Oberfläche und unermeßlich weite, bequem bestellbare Ebenen hat und dabei am dünnsten von allen besiedelt war, fanden sich Menschen gezwungen, ihr Brot in so titanischer Anstrengung dem Berg abzuringen, weil die großen, fruchtbaren Ebenen in der Hand einiger weniger Großgrundbesitzer waren.

Auf dem Weg nach Jandía kommt man als letztem Dorf vor dem Istmus de la Pared durch **La Lajita** (= die kleine Steinplatte). Das Fischerdorf dient heute als Billigwohngebiet für die Beschäftigten der Dienstleistungsbetriebe von Jandía.

Rechts neben der Durchgangsstraße liegt der Minizoo Oasis de los Camellos mit Dromedarkarawane. Vom Aussichtsrestaurant "Cuesta de la Pared" kann man einen großen Teil des **27 km langen Strandparadieses der Halbinsel Jandía** überblicken.

Die im Eroberungsbericht der Kapläne Béthancourts erwähnte Mauer, die an der engsten Stelle (**Istmo de la Pared = Landenge der Mauer**) die Jandía-Halbinsel vom Rest der Insel Fuerteventura trennte, ist im Jahre 1983 leider von einem Bauunternehmer zerstört worden. Das **archäologische Monument** war diesem Majorero gerade gut genug, sich billig mit Bruchsteinen für Bauarbeiten zu versorgen (Diario de Avisos). Reste des nördlichen Teils der Mauer sind immer noch zu sehen. In **Matas Blancas** kann man die Fischzuchtanstalt Canamar S.A. besichtigen (☞ Die Wirtschaft).

Hier zweigt nach rechts die Straße nach Pájara ab. Nach 5 km kommt man zu der touristischen Siedlung La Pared, wo in Ermangelung von touristischer Nachfrage Arbeitnehmer der nahen Tourismuszentren billig wohnen.

Nun folgen die touristischen Siedlungen wie an einer Perlenschnur auf-gereiht von **Cañada del Rio** über **Costa Calma**, **Playa Barca**, **Risco del Paso**, **Esquinzo**, **Butihondo**, **Club Aldiana**, **Playa de Butihondo**, **Playa del Matorral** (auch Casas del Matorral, Playa Jandía, Solana Matorral oder Playa del Saladar genannt) bis hin nach **Morro Jable** (= **Sandhü-gel**). Fast in jeder Urbanización gibt es ein vollständiges Wassersportan-gebot (☞ Reise-Infos von A bis Z, Sport). Der Yachthafen von Morro Jable bietet auch Bootsausflüge und Fährverkehr mit Gran Canaria (☞ Reise-Infos von A bis Z, Verkehrsverbindungen; Bootsausflüge). Die Jandía-Halbinsel bietet einige lohnende Wandertouren (☞ Wande-rungen Nr. 9-12). An der Playa Matorral entsteht ein neuer Leuchtturm. Auf der Jandía-Halbinsel entsteht der **größte Windenergiepark des Archipels** (☞ Die Wirtschaft).

Das Jandíamassiv ist der höchste Gebirgszug der Insel, der **Pico de la Zarza** (= Brombeerspitze) ist mit **807 m NN** der höchste Punkt der Insel (☞ Wanderung Nr. 9). In für Ziegen unzugänglichen Felsabstürzen haben Botaniker in den letzten Jahren die **Zeugen des ehemaligen Laub-waldes** der Insel gefunden (☞ Das Land, Flora).

Der Ort **Morro Jable** erstreckt sich zu beiden Seiten des Cantil (= Steilklippe, 27 m NN). Hier ist durch die Bauarbeiten eine wichtige paläontologische Fundstelle in Gefahr (Meco et al.). Das Riff bei Morro Jable - El Veril de Morro Jable - steht als "Reserva Submarina Natural" unter Naturschutz. Der alte Name des Weilers war "Puerto de la Cebada" (= Gerstenhafen), ein Hinweis darauf, daß hier früher bei Gelegenheit - ohne die leidige Zollkontrolle - Getreide exportiert wurde.

Der französische Forscher René Verneau fand die gesamte **Jandía-Halbinsel 1885 noch unbewohnt** vor. Mit dem Tourismusboom hat sich die Einwohnerzahl von Morro Jable seit 1950 auf 2.788 Personen versie-benfacht. Die 62 Fischer des Ortes fingen 1968 noch 418 t Fisch.

In der Nähe des Leuchtturms an der Punta de Jandía leben 60 Personen in dem kleinen **Fischerdorf Puerto de la Cruz**. Hier führt die Ingenieur-schule von Las Palmas de Gran Canaria einen **Modellversuch** durch, um mit Windgeneratoren die **Strom- und Trinkwasserversorgung in autar-ker Weise** zu garantieren. Jährlich sollen mit Windenergie 3.500 m³ Was-ser entsalzt und 700.000 kWh Elektrizität erzeugt werden.

Jeder, der die Halbinsel Jandía bereist, fragt sich, was in dieser Einöde die während des Zweiten Weltkrieges gebaute militärische Rollbahn in der Nähe der Punta de Jandía und die festungsähnliche Villa des Deutschen Gustav Winter seinerzeit für eine Rolle spielten. Um Licht in die Legenden zu bringen, seien hier nun die neuesten Versionen vorgestellt.

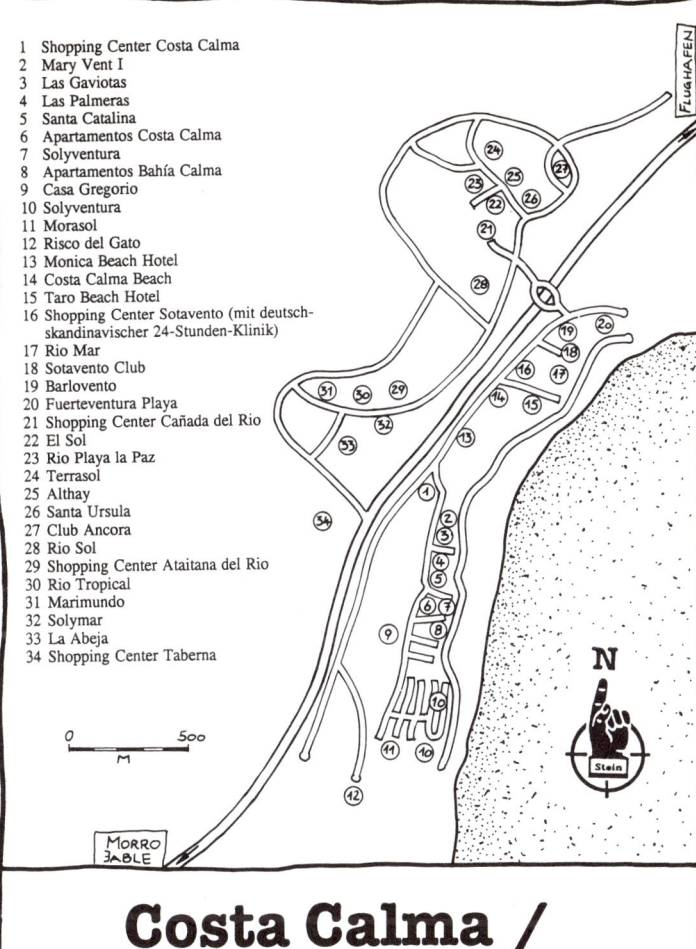

1 Shopping Center Costa Calma
2 Mary Vent I
3 Las Gaviotas
4 Las Palmeras
5 Santa Catalina
6 Apartamentos Costa Calma
7 Solyventura
8 Apartamentos Bahía Calma
9 Casa Gregorio
10 Solyventura
11 Morasol
12 Risco del Gato
13 Monica Beach Hotel
14 Costa Calma Beach
15 Taro Beach Hotel
16 Shopping Center Sotavento (mit deutsch-
   skandinavischer 24-Stunden-Klinik)
17 Rio Mar
18 Sotavento Club
19 Barlovento
20 Fuerteventura Playa
21 Shopping Center Cañada del Rio
22 El Sol
23 Rio Playa la Paz
24 Terrasol
25 Althay
26 Santa Ursula
27 Club Ancora
28 Rio Sol
29 Shopping Center Ataitana del Rio
30 Rio Tropical
31 Marimundo
32 Solymar
33 La Abeja
34 Shopping Center Taberna

FLUGHAFEN

MORRO JABLE

0   500
      M

N

Stein

Costa Calma /
Cañada del Rio

Zuerst die Ergebnisse der Forschungen des spanischen **Hochschulleh-rers Luis Fernández Fúster** (☞ Literatur) aus dem Jahre 1991:

"Ein anderer General, Franco, beeinflußte abermals die Geschichte der Insel [Fuerteventura], indem er die ganze Halbinsel Jandía der Marine des Deutschen Dritten Reichs als Seestützpunkt überließ. Die geographische Lage der Kanaren war für Deutschland in den vierziger Jahren ebenso wichtig wie für die NATO in den Siebzigern. Und innerhalb des Archipels wurde Fuerteventura durch seine geringe Einwohnerzahl und innerhalb dieser Insel wiederum die Halbinsel Jandía zum unübertrefflichen Stütz-punkt für die Unterseeboote, die den Seekrieg im Atlantik durchführen sollten ...

Die Geschichte der wenigen Bewohner der Gegend ist ab 1939 die Ge-schichte eines Exils auf ihrer eigenen Insel, denn sie wurden vertrieben auf die andere Seite der Mauer, ohne Entschädigung irgendwelcher Art und selbstverständlich ohne Erklärungen ...

Natürlich bedeutete das Ende des Krieges das Ende des Seestützpunkts Jandía. Aber es bedeutete weder die Rückgabe der Halbinsel an Spanien noch an ihre früheren Bewohner. Die Jahre vergingen, und auf der Insel wurde weiterhin ein militärisches Kommando aufrechterhalten, an dessen Spitze ein Deutscher namens Winter stand, nicht nur als Besitzer der Halbinsel, sondern auch der Küstenzone, zu der - und sogar dem umge-benden Meer - er jedwedem Neugierigen den Zutritt verbot. Jemand von Gran Canaria, der beim Entlangfahren an der Nordküste von Land aus be-schossen wurde, erstattete bei der Marinekommandantur Anzeige, aber das war alles. Zu Lande war es damals noch gefährlicher einzudringen.

Damals muß eine Junkermaschine nach Fuerteventura gekommen sein, die auf dem Flughafen von Gran Tarajal (heute Aeroclub Fuerteventura, Anm. d. A.) liegenblieb, und die man noch Anfang der siebziger Jahre bei dem bescheidenen Flughafengebäude sehen konnte. Ihre Passagiere mögen eines der letzten Unterseeboote bestiegen haben, die die später "die Rattenpiste" genannte Route befuhren.

Die Zerstörung des Stützpunkts muß gegen 1950 stattgefunden haben oder etwas früher. Die Höhlen und untermeerischen Eingänge wurden ge-sprengt und mögen in ihrem Innern die Lagerräume und Depots verschüt-tet haben. Die Explosionen wurden tagelang in Pájara und Tuineje gehört.

Dies ist eine unbekannte Geschichte, die zusammengetragen wurde aus Gesprächen mit Leuten von der Insel. Es ist gut möglich, daß sie roman-hafte Elemente enthält, vergrößert durch die schon weit zurückreichende Erinnerung und die Phantasie. Aber es wäre interessant, das Gelände und die Küste - wenn es noch möglich ist - abzusuchen und zu versuchen, eine vergessene Seite der Geschichte zu rekonstruieren."

Frau Elisabeth Althaus, die Witwe Gustav Winters, gab am 1.3.1983 der Zeitung Diario de Las Palmas ein Interview; hier die wichtigsten Fakten daraus:

• Im Alter von 28 Jahren baute Gustav Winter das E-Werk "CICER" in Las Palmas de Gran Canaria, das am 21.10.1928 vom Diktator General Primo de Rivera eingeweiht wurde.

• 1937 plante Gustav Winter auf Fuerteventura auf der Halbinsel Jandía zuerst ein Zementwerk, dann eine Fischfabrik; beide Projekte wurden nicht durchgeführt.

• Von 1939 bis August 1944 leitete Gustav Winter eine Werft der deutschen Kriegsmarine in Bordeaux/Frankreich.

• 1945 lernte sich das Ehepaar Winter-Althaus in Madrid kennen.

• 1946 wurde die "Villa Winter" in Cofete gebaut.

• Erst 1947 ließen die Alliierten das Ehepaar Winter auf die kanarischen Inseln zurückkehren.

• Die Einzäunungen wurden einzig zum Schutz der Viehherden angelegt. (Nach Austin Baillon, Island Gazette 12/90: Militärische Stacheldrahtverhaue, die von Pionieren entfernt werden mußten.)

Frau Althaus gab auch dem schon öfter zitierten Tourismusfachmann Uwe Riedel (☞ Literatur) 1969 ein Interview, in welchem sie betonte, daß auf der Halbinsel Jandía ein Flugplatz vorhanden sei, der leicht auf 3.200 m Startbahnlänge zu vergrößern sei.

Dazu meinen Austin Baillon und Luis Fernández Fúster übereinstimmend, daß es sich um einen deutschen Luftwaffenstützpunkt des Zweiten Weltkrieges gehandelt habe.

Francisco Navarro Artiles, der Leiter des Archivo histórico Insular de Fuerteventura, ist der Überzeugung, daß folgende von Austin Baillon veröffentlichte Fakten zutreffen:

• Im Jahre 1933 befand sich Gustav Winter bereits auf der Jandía-Halbinsel.

• Am 19.7.1937 wurde zwischen den Besitzern, den Erben des Conde de Santa Coloma, und Gustav Winter in Burgos/Spanien ein Pachtvertrag über die gesamte Halbinsel abgeschlossen.

• Am 28.4.1941 wurde vor einem Notar in Madrid ein Kaufvertrag über die Jandía-Halbinsel unterzeichnet; neue Eigentümer: der Offizier Manuel Girona y Fernández Maquiera und der Jurist Francisco Guitart Bella; Name der Eigentümergemeinschaft: Dehesa de Jandía S.A.; Verwalter: Gustav Winter. Kurz danach ließ Winter die Halbinsel militärisch absperren.

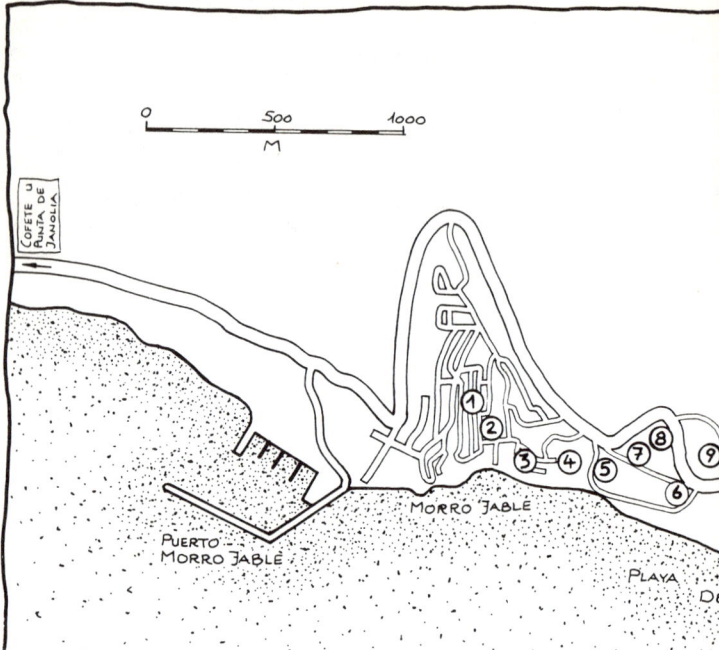

1 Post
2 Soto
3 Tankstelle
4 Riu Calypso
5 Altamarena
6 Banco Bilbao Vizcaya
7 Robinson Jandía Palace
8 Apartamentos Morro Jable
9 Jandía Mar Sol
10 El Matorral
11 Ultramarexpress
12 Alameda de Jandía
13 Shopping Center mit Centro Médico Jandía
14 Esmeralda
15 Robinson Club Jandía Playa
16 Hotel Princesa Star

17 Palmgarden mit deutsch-
   skandinavischer 24-Stunden-Klinik
18 Cactus Garden
19 Viajes Insular
20 Tauchcenter Felix
21 Apartamentos Atlántica
22 Hotel Casa Atlántica
23 Shopping Tennis Center
24 Paradiso
25 Palmeral
26 Stella Canaris
27 La Mirada
28 Aquamarin
29 El Jardín
30 Riu Ventura
31 Club Aldiana

Morro Jable / Playa de Jandía

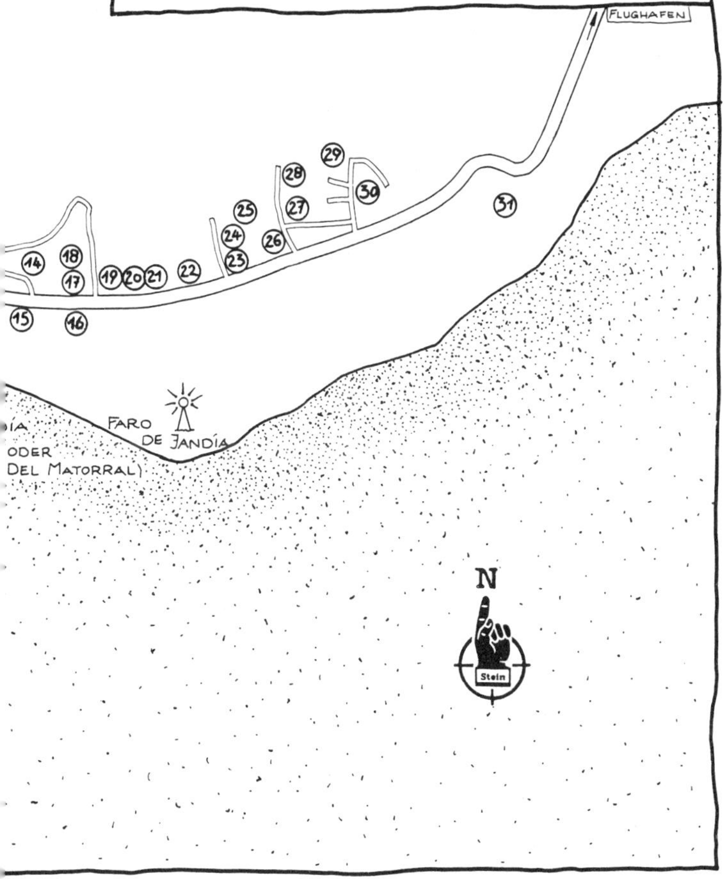

FLUGHAFEN

㉘ ㉙ ㉚

㉕ ㉗

㉔ ㉖

㉓

⑭ ⑱ ㉛

⑰ ⑲⑳㉑ ㉒

⑮ ⑯

FARO
DE JANDÍA

ÍA
ODER
DEL MATORRAL)

N

Stein

◆ Es existiert ein Dokument aus dem Jahre 1941, welches demnächst veröffentlicht wird, wonach der Bürgermeister von Pájara die vorgesetzte Behörde in Las Palmas de Gran Canaria um Auskunft bittet, von wem die Aktivitäten des Ausländers auf der Jandía-Halbinsel genehmigt seien. Diese Anfrage blieb ohne Antwort.

◆ 1968 wurde vor dem Notar in Puerto del Rosario eine Eigentumsübertragung der landwirtschaftlich nutzbaren Gebiete Jandías auf den Verwalter Gustav Winter wegen seiner Verdienste um die Verbesserung der Finca vorgenommen. Durch das Gesetz 12/1987 vom 19.6.1987 wurde der größte Teil dieses Gebietes zum Naturpark Jandía erklärt und steht somit unter Naturschutz. Die touristisch interessanten Gebiete blieben im Eigentum der Besitzer; sie sind mittlerweile weitgehend verkauft worden.

Dem Engländer Austin Baillon gelang es, in das Innere der "Villa Winter" zu gelangen. Er fand die Eingänge zu dem Kellergeschoß zugemauert vor. Mittlerweile sind auch die Fenster und Türen zugemauert, und die Ruine wird von vier Männern bewacht (☞ Wanderung Nr. 10). Diese neurotische Bewachungszeremonie in Verbindung mit der nicht aus der Landschaft zu tilgenden militärischen Rollbahn bei der Punta de Jandía sind Indizienbeweise. Dazu paßt, daß die offiziellen Stellen weiterhin zu diesem Fragenkomplex schweigen.

Da Spaniens Ministerpräsident Felipe González gegen den heftigsten Widerstand der internationalen Presseorganisationen ein "Antidiffamierungsgesetz" durchpeitschen läßt, wonach die Veröffentlichung selbst zutreffender Fakten strafbar wird, wenn sie jemand als ihm abträglich erachtet, erklärt der Autor aus wohlverstandenem Selbstschutz die Darstellungen von Frau Winter-Althaus für unumschränkt richtig.

Wanderungen

1. Vega de Rio Palmas - Presa de las Peñitas und zurück

(5,8 km; ± 200 m)

Ein bequemer und abwechslungsreicher Spaziergang führt zu der landschaftlich reizvollsten Talsperre der Insel, die just in der engen Schlucht angelegt wurde, die den Gläubigen der Insel immer als verehrungswürdig galt, weil die Legende hier die Erscheinung der **Schutzherrin der Insel**, der **Virgen de la Peña** ansiedelt. Diese Stelle, an der der bedeutendste Wasserlauf der Insel den weit und breit härtesten Gesteinsriegel aus dem tiefenmagmatischen Syenit durchsägt hat, rührt nicht nur bei den Gläubigen Isleños transzendente Saiten an.

Mit der Zufahrt zu dem im Tal gelegenen Teil von Vega de Rio Palmas in den Talgrund hinab und ihr für 1 km folgend, erreicht man die Brücke, mit der man das Bachbett zum zweiten Mal - nach links - quert: Hier geht in der rechten Talseite ein Weg ins Bachbett hinab, wo er sich alsbald auflöst. Man geht jetzt über das vom Wasser blank gewaschene Tiefengestein, den hellen, grobkörnigen Gabbro, durch lehmig-sandige Anschwemmungen, bis plötzlich wieder etwas Fahrpiste das Gehen in Sand und Kies erleichtert. So erreicht man nach weiteren 1,1 km den Rand des Auenwaldes von mächtigen Tamarisken, der die verlandende Talsperre umgibt.

Hier kann man das Bachbett mit der Piste rechts hinauf verlassen und in der Talflanke entlanggehen, immer mit Blick auf die seichte bis sumpfige Wasserfläche der Talsperre, bis man nach etwa 600 m unterhalb einen kleinen Pfad sieht, zu dem man nun, solange es noch bequem geht, hinunterquert, um mit ihm genau an die Talsperrenkrone zu gelangen.

Mit einem entschlossen-behutsamen Schritt über eine Erd- und Schutthalde, die am Ansatz des Staudamms den Weg etwas zerstört, erreicht man die nun breite, gut steinbefestigte Fortsetzung des Talweges in die Engstelle der Schlucht, die der früher ganzjährige Bach in den Syenitriegel von Las Peñas (oder Peñitas) eingesägt und auspoliert hat.

Dieser auf einer Vulkaninsel überraschende Anblick des völlig glattgeschliffenen, vollkristallinen Tiefengesteins, das im Anbruch hell mit bläulichem Schimmer, an seiner verwitterten Außenhaut rötlichbraun getönt ist, hat den Bewohnern schon immer so viel Ehrfurcht eingeflößt, daß sie hier die Erscheinung ihrer Inselschutzherrin, der Virgen de la Peña (☞ Ort für Ort, Puerto de la Peña) ansiedeln. Vielleicht identifizieren

Sie ja auf dem ab und an anstehenden Fels des Weges die Manganoxid-
ausblühung, die als Fußspur des heiligen Torcaz gezeigt wurde, der zur
Entdeckung der kleinen Alabastermadonna beigetragen haben soll!

Nach etwa 200 m liegt unterhalb die winzige, schlichte Gedenkkapelle,
in der ein naives Gemälde die Auffindung oder Erscheinung der Virgen de
la Peña getreu der Legende darstellt.

200 m weiter endet der gut ausgebaute Abschnitt des Weges vor der
Ruine eines alten Bauernhauses, an der man die Natursteinmauertechnik
bewundern kann. Von hier aus hat man einen Blick in die unterste Talstufe
des Barranco de las Peñitas, mit Äckern, Bewässerungspumpen, Palmen,
bis dahin wo sie einen Knick nach Nordwesten macht.

Auf dem Rückweg ist es leichter, dem Pfad am Talsperrengebüsch
entlang zu folgen, von dem aus man auch einen Blick auf die Bläßhühner
und Teichhühner erhaschen kann, die hinter der Tamariskenkulisse ihre
Bahnen ziehen. Für den Vogelliebhaber ist eine stille Rast am Rand dieses
Tamariskengebüsches auch hinsichtlich aller Arten von Singvögeln ergie-
big, die dieses Wasserparadies anzieht. Distelfinken und Blaumeisen findet
man im Begleitgebüsch des Bachbetts ebenso wie die Bachstelze auf den
glatten, nassen Felsen.

2. Puerto de la Peña - Vega de Rio Palmas

(8,5 km; + 300 m)
Bei dieser Tour gehen Sie den **Weg**, auf dem **1403 die Conquistadoren**
ins Herz der Insel vorgestoßen sind. Doch statt der Wasserpumpen im
Bachbett floß damals ein so reißender Gebirgsbach durch die Schluchtenge
von Las Peñitas, daß sich die Landsknechte gegenseitig die Füße festhalten
mußten, bis der Vordermann wieder Stand hatte. Eine Erinnerung an den
Palmenwald von damals rufen noch die zwischen den Äckern geduldeten
Palmen in dem nach ihnen benannten Dorf wach, in dem der Weg endet.

Vom Hafen Puerto de la Peña folgt man der Straße 3 km landeinwärts,
bis rechter Hand sich ein Tälchen mit einigen schmucken Palmen öffnet.
Hier, wo die Straße erstmals ernsthaft anzusteigen beginnt, führt links eine
Erdpiste hinunter ins Bachbett auf ein von Hunden heftig umbelltes Anwesen zu. Kurz vor den wütenden Wächtern biegen Sie nach rechts ab mit
der grobkiesigen Piste, die an dem Bachbett entlang führt. Die jetzt folgenden 2,5 km auf wohlgerundetem Bachbettgeröll sind etwas mühsam.
Doch immer wieder umrundet die Piste Überflutungsäcker ("Gavias").

Kurz vor der Steilstufe, die wie ein Talschluß wirkt, kommt man an
einem Anwesen mit Wirtschaftsgebäude und Bewässerungspumpe vorbei.

Von hier aus sieht man am gegenüberliegenden Hang ein dickes, halb eingemauertes Wasserrohr geradlinig herunterführen: Seine Stützrampe ist der bequemste und schnellste Weg hinauf zu der Ruine eines alten Natursteinhauses, an der der steinbefestigte Felsenweg durch die Schluchtenge von Las Peñitas beginnt.

200 m hinter der Hausruine sieht man unterhalb das schlichte, weiß gekalkte Gedenkkapellchen, das an die Erscheinung der Virgen de la Peña erinnern soll. Wenn man durch das vergitterte Türfensterchen hineinschaut, erahnt man, daß das kleine naive Gemälde die Szene der Auffindung der Muttergottes vom Felsen durch die Heiligen Diego und Torcaz darstellt, wie sie von der Legende berichtet wird.

Weiter führt der gebaute Weg durch die Schluchtenge, in der der bedeutendste, früher ganzjährige Wasserlauf der Insel sich durch den als rötlichbrauner Felskamm aus der Landschaft herausragenden Syenitriegel hindurchgearbeitet hat. Das kristalline Tiefengestein, das den normannischen Landsknechten wie Marmor vorkam und von den heutigen Einwohnern immer noch als "granito" bezeichnet wird, entstand durch das Erstarren von saurem Magma in großer Tiefe. Daß es heute in zwei markanten Felskämmen die Landschaft um Vega de Rio Palmas überragt, ist den gewaltigen Hebungsvorgängen zu verdanken, die das ganze Westgebirge gebildet und sogar Schichtpakete kreidezeitlichen Meeresbodens mit hochgefördert haben (☞ Das Land, Entstehung des Archipels; Geologische Formationen), die bei Puerto de la Peña (☞ Ort für Ort, Puerto de la Peña) zu sehen sind.

Das einzigartige Landschaftsschauspiel ist nach weiteren 200 m zu Ende. Ein geschickter Schritt über eine Schutt- und Erdrutsche, die unmittelbar vor der Staudammkrone den Weg weggerissen hat, führt in eine ganz andere, lieblichere Szenerie: Die verlandende und versumpfende Talsperre von Las Peñitas ist von einem dichten Tamariskengebüsch umgeben, das von der hier im Überfluß gebotenen Feuchtigkeit profitierend, möglicherweise altes Territorium zurückerobert. Dieser stattliche Auenwald von Tamarisken macht plausibel, daß das erste befestigte Standquartier des Conquistadors Gadifer de la Salle "Tamariskental" (Valtarajal, in der spanischen Form) hieß.

Für Vogelbeobachter bietet sich hier eine stille Rast im Ufergebüsch an, hinter dem Bläßhuhn und Teichhuhn sich wohlfühlen, das aber auch verschiedenen Singvogelarten Nistplätze bietet, wie sie sonst auf dieser Insel selten sind.

Der Pfad, der von der Staudammkrone taleinwärts führt, verliert sich allmählich, wo das Tal breiter wird, doch jetzt taucht links oberhalb eine Erdpiste auf, die im Bachbett weiterführt und hier das Gehen im weichen Schwemmsand etwas strukturiert und erleichtert.

Nachdem man gut 1 km im Bachbett aufwärts gegangen ist, erreicht man eine Brücke. Ab hier dem Dorfsträßchen nach links, also weiter taleinwärts folgend, kommt man nach 1 km zur Hauptstraße Pájara - Betancuria und zur Kirche des Ortes, in der eben jene hochverehrte Madonna aus dem Felsen in der Zentralnische des Hauptaltars steht (☞ Ort für Ort, Vega de Rio Palmas).

3. Puerto de la Peña - Caleta Negra - Barranco de la Peña - Peña Horadada und zurück

(3 km; ± 100 m)

Am rechten Rand der Bucht von Puerto de la Peña geht ein gut gebauter Weg aufwärts zur Steilküste. An schönen Kalksteinerosionsformen (Taffoni) vorbei, sieht man nach 600 m unterhalb die Caleta Negra, die ehemalige Hafenanlage in den riesigen Höhlen der Steilküste eingebettet. Ruinen von Betontreppen, Pfeiler und Reste einer Betonrutsche zeugen von früheren Aktivitäten, wie der Verschiffung von gebranntem Kalk und Kalksandstein auf die Nachbarinseln.

Nun verläßt man den Rand der Steilküste mit der Erdstraße nach rechts und folgt der Piste, auf die man stößt, nach links abwärts in den Barranco de la Peña, den man nach 600 m erreicht. Nun geht man noch 300 m links zur Mündung der Schlucht und sieht rechter Hand das riesige Felsentor der **Peña Horadada**. Hinter diesem **Felsentor** befindet sich ein Felsbecken, welches so geschützt liegt, daß es meistens zum Baden geeignet ist.

Der Rückweg erfolgt auf derselben Route wie der Hinweg.

4. Betancuria - Begehung des Barranco de la Peña - Peña Horadada - Caleta Negra - Puerto de la Peña

(11 km; - 500 m, + 60 m)

Im oberen Schluchtbereich sind Reste eines Rinnsals mit Palmenbewuchs. **Reste des** früheren **Tamariskenwaldes** befinden sich sowohl im oberen Barranco als auch insbesondere in Meeresnähe. Ein über 20 m hohes **Felsentor** (Peña Horadada) gibt es in der Nähe der Barrancomündung, **Reste alter Hafenanlagen** und der als Lagerräume genutzten Höhlen an der Caleta Negra und in den Küstenkalkfelsen bei Puerto de la Peña wunderschöne **Winderosionsformen** (Taffoni).

Gegenüber der Ruine der Klosterkirche San Buenaventura zweigt von der Hauptstraße nach links eine Erdstraße ab. Sie führt hinauf in die Llanos de Sta. Catalina, deren rote Erde, vielfach umgewühlt zur Anlage von "Gavias", aus dem verwitterten Material des Vulkans Morro Valdés besteht, der kaum noch als solcher auffällt, da er rund fünf Millionen Jahre alt ist.

Nach 1 km an einer Pistenverzweigung geht man rechts abwärts zum Gehöft. Nach weiteren 1,2 km endet diese Erdstraße im Grunde des Barranco de la Peña auf Terrassen, die von Palmen und Tamarisken bestanden sind. Am linken Rand der Terrassen steigt man mit in die Mauer eingelassenen Stufen 3 m in die Schlucht ab.

Anfangs ist der Barranco eng, später weitet er sich immer mehr. Nach 3,2 km liegt am rechten Abhang ein Tiefbrunnen, dessen Dieselmotor die weihevolle Stille in dieser Einöde unterbricht. Die einzigen Weggefährten sind immer wieder Ziegen und wenige Eidechsen. Nach nochmals 2,9 km mündet von rechts eine Jeeppiste ein; dieser Schotterpiste folgt man weiter küstenwärts. Durch Tamariskenhain und an Palmen und verlassenem Anwesen vorbei gelangt man nach nochmals 1,2 km an die Mündung des Barranco de la Peña. An der rechten Flanke öffnet sich kurz vorher ein gewaltiges **Felsentor**, die Peña Horadada (☞ Wanderung Nr. 3). Hinter dieser befindet sich ein geschütztes Felsbecken, welches zum Baden einlädt.

Man geht 300 m im Barranco landeinwärts zurück und nimmt die nach rechts aus der Schlucht herausführende Piste. Nach 600 m zweigt man mit der Erdpiste nach rechts in Richtung auf die Steilküste ab. Mit einem Pfad geht es nun links an der Steilküste entlang.
Unterhalb liegt die beeindruckende Caleta Negra. An dieser Bucht sieht man die Reste einer alten Anlegestelle, riesige Höhlen, Betonmauern, Pfeiler und Treppen und Reste einer Betonrutsche für den Kalksteinexport. Die greisen Fischer in Puerto de la Peña - wie Eduardo Morales Darias - erzählen gerne von den guten alten Zeiten, Anfang des 20. Jahrhunderts, wo von hier die für den Hafenbau in Las Palmas de Gran Canaria benötigten Steine verschifft wurden. Nach weiteren 600 m biegt man an eindrucksvollen Taffonikalksteinformationen vorbei in die Bucht von Puerto de las Peñas ein.

☺ Mit Wanderung Nr. 2 von Puerto de la Peña nach Vega de Rio Palmas läßt sich diese Wanderung zur Rundtour kombinieren!

5. Betancuria - Degollada de la Villa - Antigua
(5 km; + 150 m, - 300 m)

Dieser Weg heißt "Der Weg des Übergangs zur Hauptstadt", er spiegelt somit alte Verhältnisse wieder, als Betancuria noch Inselhauptstadt war. Er stellt auch einen **ökologischen Lehrpfad** dar. Nach der totalen Entfernung von Bäumen und Sträuchern in früheren Jahrhunderten kann man die Schwierigkeiten der Wiederbesiedelung durch Wolfsmilchbüsche und nur kniehohe wilde Olivenbäumchen bzw. durch Akazien-, Kiefern- und Mandelbäumchen, die sehr unter der permanenten Windschur leiden, aus nächster Nähe sehen. Die Vernichtung der Vegetation ist eben wesentlich einfacher als die Wiederbewaldung.

Die durch Trockensteinmäuerchen gegen Ziegenverbiß geschützte Opuntienkakteenpflanzung zeigt, wie effektiv diese anspruchslosen Pflanzen im Kampf gegen die Erosion einsetzbar sind. Der Senator Gerardo Mesa Noda vertritt also berechtigterweise die Auffassung, daß Aufforstungsmaßnahmen großflächige Erosionsschutzpflanzungen mit der Opuntienkaktee voranzugehen hätten (☞ Die Wirtschaft, Ökologie).

Die nach Antigua gelegene Seite des Kammes ist fast vegetationslos und entsprechend stark erodiert, der Unterschied spricht für sich!

Am Ortsschild Betancuria (aus Richtung Vega de Rio Palmas kommend) rechts aufwärts mit der Calle San Buenaventura gehen. Diese setzt sich am Hochspannungsmast in einem Weg fort, der parallel zu Steinmauer und Agavenreihe verläuft; links unterhalb ist eine mit einer Mauer geschützte Opuntienpflanzung. Im oberen Bereich findet man Anbauversuche mit Kiefern (*Pinus canariensis* und *halepensis*), *Acacia cyclops*, Mandelbäumchen und Johannisbrotbaum (*Ceratonia siliqua*), alles in Buschform wegen der starken Windeinwirkung. Im Kammbereich konnten sich auch einige Wolfsmilchbüsche (*Euphorbia obtusifolia*) wiederansiedeln (☞ Das Land, Flora). Nach 1,6 km erreicht man die Degollada de la Villa, den Paßübergang nach Antigua, rechts vom Hochspannungsmast.

Nun führt der Weg in Serpentinen abwärts und erreicht nach 1,8 km bei einem aufgegebenem Wassertank eine Erdstraße. Nach 900 m passiert man linker Hand eine **restaurierte Windmühle** und nach weiteren 700 m ist man am Kirchplatz von Antigua.

6. El Cotillo - Faro de Tostón - Casas de Majanicho - Corralejo
(24 km; ± 50 m)

Diese durchgängig mit Jeep befahrbare Erdstraße führt an den **idyllischen Badebuchten** des Nordens von El Cotillo vorbei und entlang der Nordküste durch das **junge Lavafeld von Bayuyo**.

In El Cotillo nimmt man die nach Norden führende Piste und durchquert zuerst die Urbanización "Lagos de Cotillo", sodann geht man an den kleinen Sandbuchten vorbei. Nach 4,5 km, kurz vor den drei Leuchtturmgenerationen der Punta de Tostón zweigt die Piste nach rechts ab, wo sich ein aufgegebenes Wasserreservoir befindet. Bald bahnt sich die Piste ihren Weg durch die Lavafelder des "Malpaís de Bayuyo". Wiederum 5,5 km weiter passiert man die Fischerhütten von "Cortijo de la Costilla". Nach weiteren 5,5 km erreicht man den Weiler Majanicho, bei der Verzweigung geht man geradeaus (rechts ab gelangt man nach 7 km nach Lajares). Nach weiteren 9,5 km gelangt man nach Corralejo, rechter Hand von einer alten Windmühle begrüßt.

7. Umwanderung der Insel Lobos
(10 km; ± 150 m)

⌂ Fischerboot "Poseidon" von "Antoñito el farero" täglich um 10:00 ab Corralejo, Rückfahrt täglich um 16:00 ab Lobos.

✗ ⇦ bei der Familie des Eigners der "Poseidon", Antonio Hernández Páez, ☎ 866739.

Die gesamte Insel Lobos ist durch königliches Dekret vom 15.10.1982 unter Naturschutz gestellt. Gemeinsam mit den Dünen von Corralejo und der Meerenge "El Rio" zwischen Corralejo und Lobos wurde mit dem Gesetz vom 19.6.1987 der "**Dünen- und Meerespark Corralejo - Lobos - El Rio**" als Gesamtökosystem geschützt. So sind im Prinzip die gesetzlichen Rahmenbedingungen geschaffen, um die Zerstörung dieses einzigartigen Ökosystems zu vereiteln, aber die Bedrohung wächst trotzdem ständig (☞ Ort für Ort, Corralejo; ☞ Die Wirtschaft, Ökologie).

Zwei Strandnelkenarten (*Limonium ovalifolium* und *Limonium tuberculatum*) kommen nur hier vor, und ein nur auf Fuerteventura beheimatetes Seidenpflanzengewächs mit riesigen hornartigen Samenkapseln (*Caralluma burchadii*) ist hier noch am häufigsten vertreten. Unter den Vögeln der Insel Lobos sind besonders der Fischadler (*Pandion haliaetus haliaetus*), der Schmutzgeier (*Neophron percnopterus percnopterus*) und der Berberfalke (*Falco pelegrinoides*) hervorzuheben.

Von der Mole aus geht man nach rechts durch eine Dünenlandschaft, die von kleinen Steinhügeln bedeckt ist, die in ihrem Innern einen durch Dampfexplosion leergeschossenen Schlot bergen (☞ Das Land, Geologische Formen). Diese "Hornitos" (Öfchen) sind hier landschaftsprägend.

Nach 400 m kommt man zu dem Hüttendörfchen "Casas el Puertito", dem früheren Hafen. An Pflanzen fallen besonders auf der Wolfsmilch-strauch (*Euphorbia balsamifera*), der Dornlattich (*Launea arborescens*) und die Strandnelken (*Limonium tuberculatum*).

Hinter der Siedlung Casas El Puertito umrundet der Weg zuerst weiter die Felslagune. Nun herrschen salzliebende Pflanzen wie das Sodakraut (*Mesembryanthemum crystallinum* und *nodiflorum*) und in der Lagune selbst *Limonium ovalifolium* und der an Schachtelhalm erinnernde Strauch (*Arthrocnemum fruticosum*) vor.

Nun wendet sich der Weg ins Inselinnere und stößt auf eine Wegver-zweigung; hier links weitergehen. Drei Rechtsabzweigungen ignorierend, gelangt man nach 3,8 km an eine Weggabelung; hier noch 400 m nach rechts zum Leuchtturm von Lobos. Hier an der **Punta Martiño (26 m NN)** hat man einen guten Ausblick über das Inselchen und nach Lanzarote. Der Leuchtturm (Faro de Martiño) wurde 1863 gebaut und hat eine Reichweite von 13 Seemeilen. Nun 400 m zurück zur Abzweigung und hier geradeaus weiter.

Nach 2 km stößt man auf die erste Wegabzweigung nach rechts, hier beginnt der Abstecher zur Montaña de la Caldera bzw. der **Montaña Lobos (127 m NN)**, der nur Trittsicheren und Schwindelfreien zu empfeh-len ist.

Bei der Verzweigung rechts gehen und für 200 m weglos auf den er-kennbaren Pfad zuhalten, der sich die Schulter des Kraterrandes hoch-windet. Vom Kraterrand hat man einen eindrucksvollen Rundblick über die drei Inseln: Lobos, Lanzarote und Fuerteventura. Im Halbrund des Kraters befindet sich ein **fossiler Strand**. Die Schalentiere des organischen Kalksandes wurden mit der Radiokarbonmethode **auf rund 30.000 Jahre datiert**. Die Caldera de Lobos wird von Geologen (Constantino Criado) auf ca. 10.000 v.Chr. datiert, da sie für zeitgleich mit den Eruptionen des Malpaís de Bayuyo und damit wesentlich jünger als der von ihr begrabene Strand eingeschätzt wird.

Nun zurück zum Hauptwanderweg und diesem in der bisherigen Rich-tung folgen. Nach 2 km, kurz nach Passieren einer Hütte, liegt rechts die geschützte Bucht Playa de la Calera. Nach weiteren 1,2 km erreicht man den Ausgangspunkt: die Mole. Bitte an die vorher vereinbarte Abfahrtszeit denken. Mittagessen und Übernachtungsabmachungen mit dem früheren Leuchtturmwärter und heutigen Bootsbesitzer sollten pünktlich eingehalten werden, da auch auf Lobos der Fortschritt seinen Einzug zu halten ver-sucht (☞ Ort für Ort, Corralejo; ☞ Die Wirtschaft, Ökologie).

8. Besteigung der Montaña Tindaya (401 m NN)

(6,4 km; ± 200 m)

Die Montaña Tindaya ist ein **Trachytstock**, der aus besonders festem Fels besteht, deshalb war er im Jahre 1991 auch **Ziel eines "Ökoattentates"**. Ein Bauunternehmer legte einen Steinbruch an, der aber zum Glück nach wenigen Wochen von den zuständigen Behörden eingestellt wurde. Nun zeigt die nach dem Dorf Tindaya weisende Schulter des Berges eine frische Wunde auf.

Der Berg steht seit 1987 unter Naturschutz und beherbergt in der Nähe seiner Spitze auch die bedeutendste Felszeichnungsfundstelle der Insel; hier wurden über 100 Fußumrisse gefunden (☞ Die Ureinwohner, Karte vorspanischer Fundstätten, Fundstelle Nr. 16).

☝ Die Besteigung der Montaña Tindaya setzt **Trittsicherheit** und **Schwindelfreiheit** voraus!

Vom Kirchplatz des Dorfes Tindaya folgt man der Straße 800 m in Richtung auf den Berg. Nur 50 m nach Passieren eines Umspannturms geht man mit einer Erdstraße nach rechts. Nach 150 m bei der nächsten Verzweigung nochmals nach rechts gehen.

Zuletzt weglos auf die beiden verlassenen Hütten links des Steinbruches zugehen. Direkt hinter den Häusern betritt man den Grat des Berges, dem man bis zum Gipfel hinauf folgt, den man nach 2,2 km erreicht. Der Rundblick ist beeindruckend. Die schematisierten **fußförmigen Felsgravuren** befinden sich an den glatten Felsflächen in der Nähe des Gipfels.

9. Playa Jandía - Pico de la Zarza und zurück

(16 km; ± 800 m)

Der Weg auf den höchsten Gipfel der Insel ist nicht schwierig und erfordert nur ein gutes Stück Ausdauer, da sich unterwegs recht wenig Abwechslung als Trost für die Mühe der eintönigen Piste bietet. Doch der Blick vom Gipfel entschädigt fürs Durchhalten.

300 m östlich des Hotels Riu Ventura geht - ohne Verbindung mit der Straße - eine holprige Piste bergan, die durch eine Sperrkette, Durchfahrtsverbotsschild und die Beschriftung "Prohibido el paso - peligro" auffällt. Diese ganzen Signale gelten natürlich für Jeeps, nicht für Fußgänger.

Dieser Piste bergan folgend, steht man nach 1,7 km, wo sie in der steilen Ostflanke des Rückens verläuft, plötzlich vor einem Garagentor ohne Garage, aber gut verankert, welches die ganze Pistenbreite einnimmt.

Dieses absurde Landschaftskunstwerk gibt eine Vorstellung davon, wie hartnäckig die Allradantriebler die normalen Sperrmaßnahmen am Pistenbeginn ignoriert und demontiert haben müssen. Hiermit scheint jedoch dem "Erjeepen" des höchsten Berges der Insel nunmehr ein wirksamer Riegel vorgeschoben zu sein.

Nach weiteren 2 km beginnen die Fernblicke auf die Bergzüge des Hauptteils der Insel. Das durch seine zwei Flankentürme oder Hörner auffallende breite Massiv ist die **Montaña Cardónes**. Auf diesem ersten Plateau des Rückens besteht die Dauervegetation fast nur aus *Launaea arborescens*. Die wenigen Euphorbienbüsche (*Euphorbia obtusifolia*) sind niedrig und, erstaunlich genug, trotz ihres giftigen Milchsaftes sichtbar an den Blattwirteln abgeknabbert (☞ Das Land, Flora).

Nach weiteren 4 km, kurz vor Beginn des Steilaufschwungs zum Gipfel, trifft man auf einen Flecken Buschvegetation, der wie eine Oase anmutet. Die Euphorbien erreichen hier ihre typische Wuchsform, in riesigen Espino-Hecken (*Lycium intricatum*) gedeihen prächtige *Kleinia*-Exemplare. In diesem Buschwerk hausen auch einige Pärchen der insel-endemischen "tarabilla", dem Schwarz- und Braunkehlchen ähnlich (☞ Das Land, Fauna). Unterhalb in der Flanke zum Barranco de Vinamar sieht man eine Kolonie mächtiger Säulenwolfsmilchbüsche.

Nachdem die Piste sich noch etwa 300 m in den steileren Gipfelaufbau vorgearbeitet hat, gabelt sie sich plötzlich, wie in einem letzten Versuch, wo das Kettenfahrzeug noch weiterkäme, und hört nach jeweils 20 m auf. Dem rechten Arm der Verzweigung sollte man folgen, um am Ende in der optimalen Kammlinie von Steinmännchen geleitet den mehr oder weniger getretenen Pfaden durch Blöcke und anstehenden Fels hinaufzufolgen. Zwischen diesen Felsblöcken entfaltet der insel-endemische *Asteriscus sericeus* seine kräftigen Rosettenbüsche, denen schon der geringste, früheste Regen des Jahres vereinzelte Blüten entlockt, die in der Steinwüste wie Sonnen leuchten. Am Gipfel versteckt sich zwischen ihnen das ostinsel-endemische Gliedkraut *Sideritis pumila*.

Vom Gipfel aus hat man einen Ausblick, der für den eintönigen Aufstieg entschädigt: Die unmittelbaren Nachbarn im Kamm zeigen in ihren Namen noch die frühere Bewaldung an - wie der Pico de la Zarza selbst (= Brombeerspitze). Rechts bietet der Pico del Mocán, benannt nach einem Teestrauchverwandten, der jüngst wieder hier nachgewiesen wurde, einen Einblick in seine von immergrünem Buschwerk bewachsenen Überhänge, links liegt der Pico de la Palma, dahinter errät man die Degollada de Cofete, markiert durch den pyramidenförmigen "Fraile" (= Mönch). Dahinter reicht der Blick über das sanft abfallende Bergfußglacis bis zu den vier Puntas, deren letzte die Punta del Pesebre (= Spitze der Futterkrippe) ist. Am unmittelbar unter dem Pico liegenden Bergfuß sieht man die in dieser bräunlichen Wüstenlandschaft sattgrün wirkenden Büsche der *Euphorbia canariensis*, die zu den mächtigsten des Archipels zählen.

Der einzige bedeutende weiße Fleck in der Landschaft ist die festungsartige Villa Winter (☞ Foto S. 49). Unscheinbar sind die Häuschen von Cofete.

10. Morro Jable - Gran Valle - Degollada de Cofete - Cofete
(10,1 km; + 350 m, - 270 m)

Diese Stichtour führt an den klassischen Standort der zum **Wahrzeichen der Inselflora** erhobenen *Euphorbia handiensis* und jenseits des Passes zu einer der eindrucksvollsten Populationen ihrer großen Schwester, der *Euphorbia canariensis*. Der gut erhaltene Transitweg, der durch die tiefste Einsattelung des Jandíakammes direkt die Nordseite der Halbinsel erschließt, führt an der einzigen historisch-architektonischen Kuriosität, der zugemauerten und scharf bewachten Villa Winter, vorbei. Die 12 km lange Playa de Barlovento, eine niedrige Steilküste mit schmalem Sandsaum, ist nicht zum Baden geeignet.

Von der Straße zum Hafen von Morro Jable zweigt genau oberhalb des Hafens mit dem Wegweiser "Faro de Jandía" ein anfangs asphaltiertes Sträßchen ab. Diesem folgt man für 3 km, bis am Ausgang des Gran Valle aus einer Linkskurve geradeaus eine Sand- und Kiespiste abgeht, die taleinwärts führt. Dieses breite Tal hat als einziges unter denen, die die Gebirgskette nach Süden entwässern, den Namen "Valle" bekommen, da es gegenüber den zahlreichen Barrancos tatsächlich eine weitergehende Stufe der Erosion darstellt. Hier ist das Sohlenkerbtal bereits zur weichen U-Form ausgeweitet und nachgeschliffen, das Gebirge dementsprechend tief abgetragen und eingesattelt. Auf diese tiefste Stelle zieht, seit es hier Menschen gibt, der Weg auf die andere Gebirgsseite zu.

Hier auf den flachen Talhängen am Eingang des Gran Valle wachsen in ausgedehnten Kolonien die stachligen Büsche der *Euphorbia handiensis*, der Jandíawolfsmilch.

Die Piste passiert nach 500 m ein großes Viehhaltungsanwesen. Genau vor der Zufahrt macht sie einen leichten Linksknick hinab in den Talgrund, und genau hier verläßt man sie geradeaus mit breitem, steinübersäten Weg. Nach gut 100 m quert man ein weißes, 2 cm dickes

Plastikwasserrohr, nach weiteren 50 m trifft man auf einen schwarzen, 1 cm dünnen Wasserschlauch, der den Weg jetzt ein großes Stück weit begleiten wird. Nach 600 m passiert man eine diagonal auf den Talgrund zulaufende Weidebegrenzungsmauer. Nach weiteren 1,5 km, wenn man im gegenüberliegenden Hang die Ruine des letzten Anwesens im Tal, umgeben von Feigenhecken, vor Augen hat, beschreibt der Weg eine doppelte Kehre. Nachdem man weitere 700 m taleinwärts gegangen ist und jetzt links von sich, jenseits einer Rinne, ein auffällig weißes Kalkband anstehen sieht, schwingt sich der Weg, jetzt wesentlich schmaler, als von Steinmännchen oder seitlich begleitenden Steinen markierter Pfad in vier weiten Kehren hinauf. Nach 1 km erreicht er so den Paß. Von hier aus öffnet sich ein großartiger Blick auf die Nordflanke des Gebirges, die im oberen Teil mit scharfen Steilabstürzen und sogar Überhängen die Unterschneidung durch das einstmals hier anbrandende Meer erkennen läßt, im unteren Teil jedoch weich ausläuft in die Schuttschleppen, die nach Hebung der Sockelplattform am Bergfuß liegenbleiben konnten (☞ Das Land, Geologische Formen).

Der Cofete-Paß (353 m NN) heißt auch "Orejas de Asno" (Eselohren) nach dem einheimischen Namen für den Fuerteventurasalbei (*Salvia bolleana*), der in dieser steilen Landschaft seine seltenen Standorte hat. Links liegt der **Fraile (Mönch) mit 683 m NN** und rechts der **Pico de la Zarza (807 m NN)**. Unterhalb das Naturschauspiel des 12 Kilometer langen Sandstrandes Playa de Cofete und Playa de Barlovento de Jandía.

Das kleine Anwesen Cofete fällt kaum in dieser menschenleeren Gegend auf. Umsomehr zieht der total überproportionierte Festungsbau mit Zinnenturm die Aufmerksamkeit auf sich. Unter mysteriösen Umständen entstand dieses gigantische Bauwerk in dieser abgelegenen Zone um 1940 (☞ Ort für Ort, Gemeinde Pájara). Nach 900 m Abstieg in Serpentinen, wobei der Weg stellenweise zu einem schmalem Pfad wird, wird eine kleine Schlucht nach rechts gequert. In leicht begehbarem Gelände wird der Weg nun undeutlicher, aber immer steinbegleitet und führt genau auf den festungsartigen Bau zu. Nach 1,2 km gelangt man unmittelbar an der Einfahrt zur "Villa Winter" auf die Erdstraße.

Zwei freundliche Spanier mit Präzisionsferngläsern und einheimischen Kampfhunden ("Perro de Presa Majorera") halten Neugierige auf gewünschten Abstand. Gänzlich neurotisch wird die Szenerie, wenn der Jeep mit zwei weiteren Wachmännern auftaucht, der ständig um die Festungsruine pendelt. Da Fenster und Türen des Gebäudes mit Vollbetonsteinen zugemauert sind, ist dieser Bewachungsaufwand äußerst merkwürdig.

Gefährlich ist die Benutzung dieses öffentlichen Weges allerdings nicht, da die Wachmannschaft nach eigenen Angaben nur die Aufgabe hat, das Betreten des die "Villa Winter" umgebenden Geländes zu verhindern.

Bei der Verzweigung folgt man der Erdstraße nach links und erreicht nach 1,7 km das Anwesen Cofete mit täglich geöffneter Bar.

☺ Von Cofete aus kann man mit der Wanderung Nr. 12 über Degollada de Agua Oveja, Casas de Jorós und Gran Valle eine Rundtour zurück nach Morro Jable unternehmen.

11. Strandwanderung Playa de Cofete - Playa de Barlovento de Jandía, mit Stichtour Casa de Agua Melianes

(15 km; ± 80 m)
Diese Wanderung bietet eine Grenzerfahrung für Liebhaber der Einsamkeit und der Meditation mit der menschenleeren Natur. Ein **Traumstrand, der** aber wegen gefährlicher Unterströmung **nie zum Baden benutzt werden kann.** Häufig ein grandioses Schauspiel einer beeindruckenden Brandung.

Auf den Abhängen zu der Jandía-Kette ist ein dichter Bewuchs von trockenheitsresistentem Buschwerk zu sehen (☞ Das Land, Flora). Dieser von Straucheuphorbien beherrschte **Sukkulentenbusch** der trockenheißen Tiefenstufe, der bis zur Ankunft der Europäer die weiten Ebenen der Insel bedeckte, wurde für die Gewinnung von Ackerland überall gerodet. Er wich dann erst noch auf die von Wald entblößten Hänge zurück. Schließlich konnte sich diese Buschformation vor der Verfolgung durch die eifersüchtig ihre einjährige Weideflora gegen Buschwerk verteidigenden Hirten nur noch in wenig genutzten Gegenden halten bzw. regenerieren. Dies ist der **einzige verbliebene Standort**, der **seit 1987 unter Naturschutz** gestellt wurde.

Weniger Chancen zur Regeneration hat der Wald, dessen Zeugen als Krüppelbüsche in den Felsüberhängen der Kammzone der Jandía-Kette zu erahnen sind, da die Rückkoppelungseffekte der ökologischen Zerstörung - Grundwasserspiegelabsenkung, Veränderung des Lokalklimas, Bodenerosion - ihm inzwischen seine Lebensvoraussetzungen gänzlich genommen haben (☞ Die Wirtschaft, Ökologie).

Welchen Einfluß das Vorhandensein des Buschwerks auf die Wasserversorgung in wüstenartigen Gebieten hat, erlebt man auf der Stichtour zur Süßwassersickerquelle. In dem ganzjährigen Rinnsal wächst unter anderem ein dichter Rasen von wildem Sellerie (*Apium suaveolens*).

Von der Bar Cofete geht man mit der Jeeppiste zum Strand und weiter am Rand des hellen Sandes zum Buschwerk, wo man am bequemsten geht. Nach 2,5 km liegt rechter Hand ein Viehstall. Nach weiteren 2 km liegt links das vorgelagerte Inselchen "El Islote", welches nur durch eine breite Sandbank mit der Insel verbunden ist.

Entlang des Strandes befinden sich in einigen Abständen Betonstumpf-kegel. Am Stumpfkegel mit der Nummer 27 steigt man zu der von weitem sichtbaren Hausruine der Casa de Agua Melianes auf, bei der man nach weiteren 1,1 km anlangt. Hinter der Hausruine geht es am Schluchtrand aufwärts. Nach 400 m passiert man einen Steinrundbau; nach nochmals 500 m gelangt man zur Steilstufe mit Sickerquelle, die das Rinnsal speist, welches ein Stück weiter schluchtabwärts versickert.

Zum Strand zurückgekehrt, kann man noch 900 m weitergehen, bis derselbe von heruntergebrochenen Felstrümmern überschüttet ist. Diese kann man leicht überklettern, aber nach weiteren 300 m kommt man dann endgültig zur Steilküste. Rückweg wie Hinweg.

12. Cofete - Degollada de Agua Oveja - Casas de Jorós - Gran Valle - Morro Jable
(16,5 km; + 150 m, - 230 m)
Die gesamte Strecke ist ein fahrbarer Feldweg (Piste) und stellt somit kei-nerlei Anforderungen an Trittsicherheit.
Von der Gaststätte in Cofete der Piste nach Westen folgen. Nach 5 km erreicht man den Paß des Schafwassers (Degollada de Agua Oveja) auf 223 m über Meereshöhe.
Von hier aus überblickt man ein letztes Mal die wilde Nordküste der Jandía-Halbinsel. Nach weiteren 1,5 km bei Verzweigung geradeaus gehen, rechts ab geht es zur Punta de Jandía, der Westspitze Fuerte-venturas. Weitere Rechts- und Linksabzweigungen ignorierend passiert man nach 4,5 km den Weiler Casas de Jorós, wo es einige Gewächshäuser für den Tomatenanbau gibt. Nach nochmals 2 km kommt man an der Abzweigung ins Gran Valle vorbei, und nach weiteren 3 km erreicht man Morro Jable.

☺ In Verbindung mit Wanderung Nr. 10 Rundtour Morro Jable - Cofete - Morro Jable!

📖 Wildniswandern. Planen - Ausrüsten - Durchführen (Basiswissen für Draußen, Band 7). Conrad Stein Verlag, 1993. DM 12,80.

Literatur

Afonso Pérez, L. (ed.): Geografía de Canarias, t. 1-6, Sta. Cruz Tenerife 1984-85

Augstín del Castillo, P.: Descripción Histórica y Geográfica de las Islas Canarias en el año 1737, t. 4, Madrid 1960

Alonso, D. et al.: Homenaje a Unamuno, Madrid 1982

Alonso, E.: Folklore Canario, Las Palmas de Gran Canaria 1985

Araña, V./**Carracedo**, J.: Los Volcanes de las Islas Canarias. II. Lanzarote y Fuerteventura, Madrid 1978

Araña, V. et al.: ESF Meeting on Canarian Volcanism, Lanzarote Nov./Dec. 1989, Madrid 1989

A.S.C.A.N. (Asociación Canaria para Defensa de la Naturaleza): Aves y Plantas de Fuerteventura en peligro de extinción, Las Palmas de Gran Canaria 1975

- dies.: En Defensa del Jable de Corralejo, Fuerteventura 1981

Bacallado Aránega, J.J. et al.: Fauna del Archipiélago Canario, Las Palmas de Gran Canaria 1984

- dies.: Reservas marinas de Canarias, Sta. Cruz Tenerife 1989

Bermúdez, F.: Fiesta canaria, Las Palmas de Gran Canarias 1991

Berthelot, S.: Arboles y bosques, Sta. Cruz Tenerife 1880

Bolle, C.: Botanische Rückblicke auf die Inseln Lanzarote und Fuerteventura. In: Botanische Jahrbücher für Systematik, Pflanzengeschichte und Pflanzengeographie, Bd. 16, 1893

Bramwell, D. u. Z.: Flores Silvestres de las Islas Canarias, Madrid 1990

- dies.: Historia Natural de las Islas Canarias, Madrid 1987

Brown's Madeira, Canary Islands and Azores - a practical and complete Guide for the use of Tourists, Invalids and Residents, London 1903

Cabildo Insular de Fuerteventura: Simposio Internacional de la explotación caprina en zonas áridas, Puerto del Rosario 1988

- dies.: I Jornadas de Historia de Fuerteventura y Lanzarote, Bd. I und II, Puerto del Rosario 1987

- dies.: III Jornadas de Estudios sobre Fuerteventura y Lanzarote, Bd. I und II, Puerto del Rosario 1989

- dies.: II Jornadas de Historia de Lanzarote y Fuerteventura, Bd. I-III, Puerto del Rosario 1990

- dies.: Tebeto tt. I-III, Sta. Cruz Tenerife 1988-1990

Calero Ruiz, C.: Escultura barroca en Canarias (1600-1750), Sta. Cruz Tenerife 1987

Casas, de Las, B.: Brevísima relación de la destrucción de Africa, Salamanca 1989 (Orig. Manuskript zwischen 1552 und 1556)

CEDOC: Padrón Municipal - Habitantes de Canarias 1986, Madrid 1989

Cioranescu, A. (ed.): Le Canarien - Crónicas francesas de la conquista de Canarias, Sta. Cruz Tenerife 1980
- ders.: Juan de Béthencourt, Sta. Cruz Tenerife 1982
Costa Morata, P.: Guía Natural de las Costas Españolas, Madrid 1990
Domínguez Hormiga, C.: Políticas Turísticas en Fuerteventura, Sta. Cruz Tenerife 1989
- ders.: Jornadas sobre Políticas Turísticas en Fuerteventura, Puerto del Rosario 1990
Fernández Caldas, E. (Hrsg.): La Pesca en Canarias, Sta. Cruz T. 1982
- ders.: El Transporte Regional en Canarias, Sta. Cruz Tenerife 1983
- ders.: El Turismo en Canarias, Sta. Cruz Tenerife 1985
- ders.: La Industria en Canarias, Sta. Cruz Tenerife 1986
Fernández Fúster, L.: Georgrafía general del turismo de masas, Madrid 1991
Fraga Conzález, M.C.: La arquitectura mudéjar en Canarias, Sta. Cruz Tenerife 1977
Galante, F.: Elementos del Gótico en la Arquitectura Canaria, Las Palmas de Gran Canaria 1983
García Rodríguez, J.L. (Hrsg.): Atlas Interinsular de Canarias, Sta. Cruz Tenerife 1990
Gobierno de Canarias (Hrsg.): Legislación sobre evaluación del impacto medioambiental en Canarias, 1991 (ohne Ortsangabe)
Gobierno Civil de Las Palmas (Hrsg.): Datos estadísticos de la provincia 1980 ff.
González Henríquez, M.N. et al.: Flora del Archipiélago Canario, Las Palmas de Gran Canaria 1986
González Morales, A.: Estructuras agrarias recientes de Fuerteventura, Puerto del Rosario 1989
Hernández Bravo de Laguna, J.: Las elecciones políticas en Canarias 1976-1986, Madrid 1987
Hernández Díaz, I./**Perera Betancort**, M.A.: Los Grabados rupestres de la Isla de Fuerteventura, Puerto del Rosario 1991
Hernández-Rubio Cisneros, J.M.: Fuerteventura en la Naturaleza y la Historia de Canarias, Puerto del Rosario 1983
INITEC: Plan Insular de Ordenación de la Oferta Turística de la Isla de Fuerteventura, Puerto del Rosario 1983
International Council for Birds Preservation: The Fuerteventura Stoneshat Project 1985
Kunkel, G.: Florula de la Isla de Lobos (Islas Canarias), Madrid 1970
- ders.: Inventario de los Recursos Naturales Renovables de la Provincia de Las Palmas, Las Palmas de Gran Canaria 1975

- ders.: Las Plantas Vasculares de Fuerteventura (Islas Canarias) con especial interés de las forrajeras, Madrid 1977
- ders.: Endemismos Canarios, Madrid 1977
- ders.: Die Kanarischen Inseln und ihre Pflanzenwelt, 2. Aufl., Stuttgart 1987
- ders.: Flora y Vegetation del Archipielago Canario, Las Palmas 1991
Lobos Cabrera, M.: La esclavitud en las Islas Canarias en el siglo XVI, Sta. Cruz de Tenerife 1982
Machado Carrillo, A.: Ecología, Medio Ambiente y Desarrollo Turístico en Canarias, Sta. Cruz Tenerife 1990
Maluquer y Viladot, J.: Recuerdos de un Viaje a Canarias, Barcelona 1906
Martín Rodríguez, F.G.: Arquitectura Doméstica Canaria, Sta. Cruz Tenerife 1978
Marzol Jaén, V.: La Lluvia, un Recurso Natural para Canarias, Sta. Cruz Tenerife 1988
Millares Torres, A.: Historia General de las Islas Canarias, Las Palmas de Gran Canaria 1977
Pérez Sánchez, J.M./**Moreno Batet**, E.: Invertebrados Marinos de Canarias, Las Palmas de Gran Canaria 1991
Pizarro, M.: Peces de Fuerteventura, Madrid 1985
Reifenberger, Adam: Gomera-ReiseHandbuch, Conrad Stein Verlag, Kiel 1994
- ders.: Gran Canaria-ReiseHandbuch, Conrad Stein Verlag, Kiel 1992
- ders.: Kanarische Wanderungen, Conrad Stein Verlag, Kiel 1988
- ders.: Lanzarote-ReiseHandbuch, Conrad Stein Verlag, Kiel 1994
- ders.: La Palma-ReiseHandbuch, Conrad Stein Verlag, Kiel 1993
- ders.: Teneriffa-ReiseHandbuch, Conrad Stein Verlag, Kiel 1994
Riedel, U.: Der Fremdenverkehr auf den Kanarischen Inseln, Kiel 1971
Rochford, N.: Landschaften auf Fuerteventura und Lanzarote, London 1989
Rodríguez Brito, W.: La agricultura de exportación en Canarias (1940-1980), Sta. Cruz Tenerife 1986
Roldán Verdejo, R.: El Hambre en Fuerteventura (1600-1800), Sta. Cruz Tenerife 1968
- ders.: Acuerdos del Cabildo de Fuerteventura, tt. I-III, La Laguna 1970
Rothe, P.: Kanarische Inseln. Sammlung Geologischer Führer 81, Berlin 1986
Rumeu de Armas, A.: Piraterías y Ataques Navales contra las Islas Canarias, Madrid 1947-1950
Sánchez Araña, V.: Descubra Fuerteventura, León 1989

Stone, Olivia: Tenerife and its six satellites, London 1887
Trujillo Rodríguez, A.: El retablo barroco en Canarias, Las Palmas de Gran Canaria 1977

Karten

Art Edition: **Straßenkarte Fuerteventura 1:150.000**, Sta. Cruz Tenerife 1989
Cabildo Insular de Fuerteventura, Patronato de Turismo, **Fuerteventura 1:200.000**, Barcelona 1989
Consejo Superior Geográfico: **Fuerteventura 1:175.000**, Madrid 1989
Mairs Geographischer Verlag: **Die Generalkarte. Gran Canaria, Fuerteventura, Lanzarote 1:150.000**, Ostfildern 1990/91

Index

* Orte und Punkte, die auf Wanderungen erreicht werden.

Wir sind ein ordentlicher Verlag

und räumen ständig unser Lager auf, um Platz für Neuauflagen zu schaffen.

❀ *Auslaufmodelle*
❀ *Restbestände*
❀ *Remittenden (leicht beschädigt)*

bieten wir unseren Lesern bis zu 75 % reduziert an.

Verlangen Sie unsere aktuelle Liste und bestellen Sie schnell - solange der Vorrat reicht.

Conrad Stein Verlag, Eichkoppelweg 51, 24119 Kronshagen, FAX 0431/548774

Roberto Rodríguez Castillo

brachte die Liebe zu seiner Heimat ebenso in international prämierten Dokumentarfilmen wie in Aquarellen zum Ausdruck. Der atlantischen Transparenz seiner kanarischen Landschaften verlieh der Einfluß japanischer Meister letzte Leichtigkeit, ohne daß er den bäuerlichen Boden seiner Vorfahren unter den Füßen verlor.

Aus den in frühester Jugend aufgenommenen Kontakten mit verschiedensten künstlerischen Techniken an der Kunstschule von Sta. Cruz de La Palma kristallisierte sich eine reife Konzentration auf das klassische Landschaftsaquarell heraus.

1975-1981 Präsident des Círculo de Bellas Artes von Sta. Cruz de Tenerife, leistet er seinen solidarischen Beitrag zum Kulturleben seiner engeren Heimat bis hin zum Design der berühmten Fronleichnamsteppiche seiner Heimatinsel La Palma. Doch brachten ihn zahlreiche Ausstellungen in Barcelona und Madrid auch dem internationalen Publikum nahe.

Studio LA ATALAYA - Vistabella
Calle Eusebio Ramos 16, 38009 Sta. Cruz de Tenerife, ☎ 64 28 54

walk**&**talk

Reise-Sprachführer einer neuen Generation

Brasilien Chile Mexiko Venezuela Griechenland Türkei Spanien Island Schweden Italien Frankreich Indien

✗ Floskeln und Vokabeln zu **Standardsituationen und mehr**:

Feilschen • Als Frau unterwegs • Am Strand • Umgangssprache • Ankreuzlisten für den Arzt • Geschäftsreisen • Mit dem Auto unterwegs • Großer Führer Essen & Trinken

✗ Auf wenigen Seiten **Das Wichtigste**, das in den meisten Fällen schon reicht zum Sich-verständlich-Machen

✗ **Lautschrift**, die man liest wie Deutsch

✗ **Wort-zu-Wort**-Übersetzung überall dort, wo die Satzstellung von der deutschen abweicht.

PLUS Reiseknigge & Praxistips

Denn erst die Einbeziehung der Eigenheiten und Besonderheiten eines Landes ermöglicht leichte Verständigung ohne Mißverständnisse. Z.B.:

✗ Wo darf ich feilschen, wo sollte ich es lieber nicht tun? Wie gehe ich dabei vor und wie drücke ich mich aus?

✗ Wo und wann muß ich als Frau mit Belästigungen rechnen und wie kann ich dem taktisch und verbal begegnen?

Die Reihe wird fortgesetzt.

Thomas Schreiber Verlag • 81737 München • Holzwiesenstr.25

Ägypten-Handbuch / Haag	DM 29,80
Alaska-Handbuch / Richter	DM 24,80
Alle Wale der Welt / Hoyt	DM 24,80
Argentinien-Handbuch / Junghans	DM 26,80
Auf nach Down Under / Sackstedt (edition schwarzweiß)	DM 14,80
Australien-Handbuch / Stein	DM 36,80
Australiens Norden / Dupuis-Panther	DM 24,80
Azoren-Handbuch / Jessel & von Bremen	DM 22,00
Bangladesch / Steinke (edition schwarzweiß)	DM 29,80
Brasilien-Handbuch / Junghans	DM 29,80
Bulgarien / Müller	DM 19,80
Chile-Handbuch / Junghans	DM 26,80
Dänemarks Norden / Treß & Walter	DM 29,80
Dänische Westküste / Treß & Walter (Frühjahr 1995)	DM 24,80
El Hierro / Faust-Lichtenberger (edition schwarzweiß)	DM 16,80
El Salvador & Honduras / Steinke	DM 22,00
Elfenbeinküste / Steinleitner (edition schwarzweiß)	DM 16,80
Fahr Rad um Kiel / Müller	DM 10,00
Fiji, Samoa & Tonga / Sach	DM 26,80
Finnland auf eigene Faust / Tegethof	DM 22,00
Florida / Stein	DM 24,80
Fuerteventura-Handbuch / Reifenberger	DM 26,80
Galapagos-Handbuch / Stephenson	DM 19,80
Gomera-Handbuch / Reifenberger - Cabildo Insular	DM 24,80
Gotland-Handbuch / Bohn	DM 22,00
Die Kirchen Gotlands / Lagerlöf & Svahnström	DM 24,80
Gran Canaria-Handbuch / Reifenberger	DM 24,80
Hawaii / Sach	DM 26,80
Irak / Kleuser (edition schwarzweiß)	DM 14,80
Iran / Berger	DM 29,80
Irland auf eigene Faust / Elvert	DM 22,00
Island-Handbuch / Richter	DM 29,80
Islands Geologie / Hug-Fleck (edition schwarzweiß)	DM 14,80
Israel / Kautz & Winter	DM 24,80
Italiens Vulkane / Hug-Fleck (edition schwarzweiß)	DM 12,80
Jordanien / Kleuser	DM 24,80
Kanada - Alaska Highways / Richter	DM 26,80
Kanadas Westen / Stein	DM 29,80
Kanarische Inseln / Fründt & Muxfeldt	DM 26,80

...überall im Buchhandel

Kanarische Wanderungen / Reifenberger	DM 22,00
La Palma-Handbuch / Reifenberger	DM 24,80
Lanzarote-Handbuch / Reifenberger	DM 22,00
Leben in der Wildnis / Berglund (edition schwarzweiß)	DM 14,80
Libanon / Röhl (Frühjahr 1995)	DM 24,80
Libyen / Steinke	DM 24,80
Lofoten und Vesterålen / Knoche	DM 24,80
Madeira-Handbuch / Jessel & von Bremen	DM 22,00
Manitoba & Saskatchewan / Stein (edition schwarzweiß)	DM 19,80
Mauritius-Handbuch / Ellis	DM 22,00
Mexiko, Belize & Guatemala / Fründt & Muxfeldt	DM 29,80
Nepal 1 - Trekkingrouten / Bezruchka	DM 24,80
Nepal 2 - Trekkinghandbuch / Bezruchka	DM 24,80
Neuseeland-Handbuch / Stein	DM 29,80
Niederlande / Wetters (Frühjahr 1995)	DM 29,80
Ontario-Handbuch / Stein	DM 22,00
Phuket & Ko Samui / Bolik & Jantawat-Bolik	DM 24,80
Polen / K. & A. Micklitza	DM 26,80
Prag / Aslan	DM 19,80
Québec / Hansjosten (edition schwarzweiß)	DM 19,80
Radwandern in Masuren / Ostendorf	DM 19,80
Reisen mit dem Hund / Treß	DM 22,00
Rocky Mountains Nationalparks / Patton	DM 39,80
Rumänien / Müller	DM 22,00
Schweiz / Kürschner (Frühjahr 1995)	DM 26,80
Senegal / Mang (edition schwarzweiß)	DM 14,80
Shetland & Orkney / Krüger-Hoge (edition schwarzweiß)	DM 16,80
Sibirien / Zöllner (Frühjahr 1995)	DM 29,80
Slowakei / K. & A. Micklitza	DM 24,80
Spanien a. e. Faust / Fründt & Muxfeldt	DM 26,80
Spitzbergen-Handbuch / Umbreit	DM 29,80
Sri Lanka / Müller-Wöbcke	DM 26,80
Sudan / Benjak & Enders (edition schwarzweiß)	DM 16,80
Südschweden / Sachtleben (Frühjahr 1995)	DM 26,80
Südsee-Trauminsel / Neale	DM 19,80
Tahiti & Cook Inseln / Sach (Herbst 1994)	DM 26,80
Tansania & Sansibar / Dippelreither & Walcher	DM 29,80
Tausend Tips für Trotter, Tramper, Traveller	DM 22,00
Teneriffa-Handbuch / Reifenberger	DM 29,80

Informationen aus erster Hand

Thailand / Bolik & Jantawat-Bolik	DM 29,80
Thailands Süden / Bolik & Jantawat-Bolik	DM 22,00
Touren in Böhmen / Nagel (edition schwarzweiß)	DM 19,80
Touren in Masuren / Stein	DM 24,80
Touren in Schlesien / K. & A. Micklitza	DM 24,80
Tschechei - Tschechische Republik - Tschechien / Micklitza	DM 26,80
Ungarn / Ohlberg, Jochimsen, Micklitza	DM 22,00
USA - Nordwesten / Richter	DM 26,80
USA - Südwesten / Richter	DM 29,80
Venezuela auf eigene Faust / Travelot	DM 26,80
Vereinigte Arabische Emirate / Röhl	DM 24,80
Vietnam-Handbuch / Jones	DM 24,80
Wandern in den kanadischen Rockies 1 / Patton & Robinson	DM 22,00
Wandern in den kanadischen Rockies 2 / Patton & Robinson	DM 24,80
Wandern in Neuseeland / Stein	DM 19,80
Wüsten-Survival / Nelson	DM 12,80
Zimbabwe / Zuchan (Herbst 1994)	DM 24,80
Zypern auf eigene Faust / Grandt	DM 24,80

OutdoorHandbücher
- Basiswissen für Draußen -

Band	DM	Band	DM
1 Rafting	12,80	10 Solo im Kanu	12,80
2 Mountainbiking	12,80	11 Kanuwandern	12,80
3 Knoten	12,80	12 Fotografieren	12,80
4 Karte & Kompaß	12,80	13 Wetter	12,80
5 Eßbare Wildpflanzen	12,80	14 Allein im Wald	12,80
6 Skiwandern	12,80	Survival für Kinder	
7 Wildniswandern	12,80	15 Wandern mit Kind	12,80
8 Kochen	12,80	zu Fuß • per Rad • mit Kanu	
9 Bergwandern	12,80	16 Sex (Frühjahr 1995)	12,80
		Vorbereitung • Technik • Varianten	

- Der Weg ist das Ziel -

17 Sarek (Frühjahr 1995)	12,80	18 Kungsleden (Frühjahr 1995)	12,80

☞ *Weitere Bände in Vorbereitung.*
Fordern Sie unseren aktuellen Verlagsprospekt an.

1994

	JANUAR						FEBRUAR					MÄRZ					APRIL				
M		3	10	17	24	31		7	14	21	28		7	14	21	28		4	11	18	25
D		4	11	18	25		1	8	15	22		1	8	15	22	29		5	12	19	26
M		5	12	19	26		2	9	16	23		2	9	16	23	30		6	13	20	27
D		6	13	20	27		3	10	17	24		3	10	17	24	31		7	14	21	28
F		7	14	21	28		4	11	18	25		4	11	18	25		1	8	15	22	29
S	1	8	15	22	29		5	12	19	26		5	12	19	26		2	9	16	23	30
S	2	9	16	23	30		6	13	20	27		6	13	20	27		3	10	17	24	

	MAI						JUNI					JULI					AUGUST				
M		2	9	16	23	30		6	13	20	27		4	11	18	25	1	8	15	22	29
D		3	10	17	24	31		7	14	21	28		5	12	19	26	2	9	16	23	30
M		4	11	18	25		1	8	15	22	29		6	13	20	27	3	10	17	24	31
D		5	12	19	26		2	9	16	23	30		7	14	21	28	4	11	18	25	
F		6	13	20	27		3	10	17	24		1	8	15	22	29	5	12	19	26	
S		7	14	21	28		4	11	18	25		2	9	16	23	30	6	13	20	27	
S	1	8	15	22	29		5	12	19	26		3	10	17	24	31	7	14	21	28	

	SEPTEMBER					OKTOBER						NOVEMBER					DEZEMBER				
M		5	12	19	26		3	10	17	24	31		7	14	21	28		5	12	19	26
D		6	13	20	27		4	11	18	25		1	8	15	22	29		6	13	20	27
M		7	14	21	28		5	12	19	26		2	9	16	23	30		7	14	21	28
D	1	8	15	22	29		6	13	20	27		3	10	17	24		1	8	15	22	29
F	2	9	16	23	30		7	14	21	28		4	11	18	25		2	9	16	23	30
S	3	10	17	24		1	8	15	22	29		5	12	19	26		3	10	17	24	31
S	4	11	18	25		2	9	16	23	30		6	13	20	27		4	11	18	25	

Erscheinungsfest 6. Januar · Karfreitag 1. April · Ostern 3. April · Himmelfahrt 12. Mai
Pfingsten 22. Mai · Fronleichnam 2. Juni · 3. Oktober · Allerheiligen 1. November
Buß- und Bettag 16. November · 1. Advent 27. November

1995

	JANUAR						FEBRUAR					MÄRZ					APRIL				
M		2	9	16	23	30		6	13	20	27		6	13	20	27		3	10	17	24
D		3	10	17	24	31		7	14	21	28		7	14	21	28		4	11	18	25
M		4	11	18	25		1	8	15	22		1	8	15	22	29		5	12	19	26
D		5	12	19	26		2	9	16	23		2	9	16	23	30		6	13	20	27
F		6	13	20	27		3	10	17	24		3	10	17	24	31		7	14	21	28
S		7	14	21	28		4	11	18	25		4	11	18	25		1	8	15	22	29
S	1	8	15	22	29		5	12	19	26		5	12	19	26		2	9	16	23	30

	MAI						JUNI					JULI					AUGUST				
M	1	8	15	22	29		5	12	19	26		3	10	17	24	31	7	14	21	28	
D	2	9	16	23	30		6	13	20	27		4	11	18	25	1	8	15	22	29	
M	3	10	17	24	31		7	14	21	28		5	12	19	26	2	9	16	23	30	
D	4	11	18	25		1	8	15	22	29		6	13	20	27	3	10	17	24	31	
F	5	12	19	26		2	9	16	23	30		7	14	21	28	4	11	18	25		
S	6	13	20	27		3	10	17	24		1	8	15	22	29	5	12	19	26		
S	7	14	21	28		4	11	18	25		2	9	16	23	30	6	13	20	27		

	SEPTEMBER					OKTOBER						NOVEMBER					DEZEMBER				
M		4	11	18	25		2	9	16	23	30		6	13	20	27		4	11	18	25
D		5	12	19	26		3	10	17	24	31		7	14	21	28		5	12	19	26
M		6	13	20	27		4	11	18	25		1	8	15	22	29		6	13	20	27
D		7	14	21	28		5	12	19	26		2	9	16	23	30		7	14	21	28
F	1	8	15	22	29		6	13	20	27		3	10	17	24		1	8	15	22	29
S	2	9	16	23	30		7	14	21	28		4	11	18	25		2	9	16	23	30
S	3	10	17	24		1	8	15	22	29		5	12	19	26		3	10	17	24	31

Erscheinungsfest 6. Januar · Karfreitag 14. April · Ostern 16. April · Himmelfahrt
25. Mai · Pfingsten 4. Juni · Fronleichnam 15. Juni · 3. Oktober · Allerheiligen
1. November · Buß- und Bettag 22. November · 1. Advent 3. Dezember